日本民事訴訟法註釋　全

城數馬校閲
宮川大壽著

明治廿六年四版

日本民事訴訟法註釋 全

日本立法資料全集 別巻 1442

信山社

日本法典全書

第六編

日本民事訴訟法註釋 全

法學士 城數馬君校閲
宮川大壽 著

東京 博文館藏版

東京國文社石版[illegible]印行

司法省參事官法學士　城數馬君校閲

宮川大壽著

日本民事訴訟法註釋　全

東京　博文館藏版

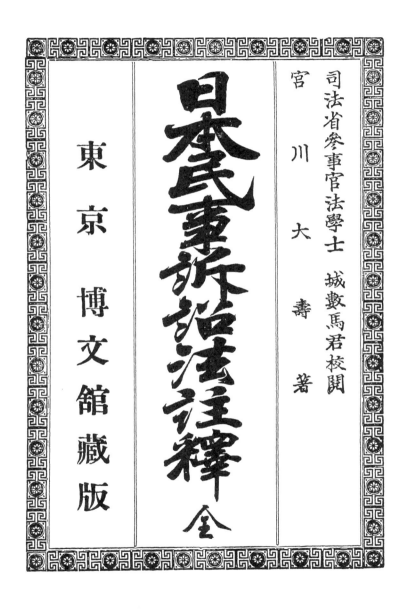

序

千里ノ沃野、禾穀常ニ成熟シ。山アリ、金銀以テ採ルベク。林アリ、材木以テ伐ルベシ。此ノ如キ地ハ果シテ富土ナル乎。未ダ必ズシモ然ラザルナリ。即チ道路八達。河川四通シテ其産物ヲ利用スルヲ得レバ眞ニ是レ富土ナリ。然レ𪜈車馬ヲ行ルノ道路ナク。舟筏ヲ通ズルノ河川ナクンバ。産物、山積スト雖モ無用ノ廢物ノミ。廢物堆積スル所ノ地豈ニ富土ト云フヲ得ンヤ。是レ以テ民法、商法ト訴訟法トノ關係ニ譬フルニ足ル、夫レ民法、商法ハ權利義務ノ基本ニ關スル規定ナリ。吾人ノ財産ハ一ニ此法律ニ頼リテ安固ナルヲ得。然レトモ民法、商法ニ頼ルノ必要ハ。實ニ諍訟生ジテ權利ノ活用ニ障碍ヲ來スノ秋ニ在リ。而シテ諍訟アルニ當リ。權利ノ安全ヲ圖ラントセバ。訴訟法ノ保護ヲ竢タサルヲ得ズ。若シ訴訟法ニシテ明カナラサレバ。假令、民法、商法ニ通スルモ。權利ハ、滅死スルヿアルベシ。故ニ權利ノ靜体ヨリ論スレバ。民法、商法ハ本ニシテ訴訟法ハ末ナレ𪜈。之カ活用ノ點ヨリ觀レバ。訴訟法ノ研究ハ急ニシテ民法、商法ハ緩ナリ。我國、民法、商法、民事訴訟法ノ發布アリシ以來。民商二法ニ關スル著書、續々、世ニ出ツ。而シテ民事訴訟法ニ註釋セル書籍ノ發刊ニ至リテハ。之ヲ聞クヿ甚タ稀ナリ。蓋シ世人ハ徒ラニ産物ノ豊饒ナルヲ喜ンテ。之カ利用ニ欠ク可ラサル道路河川ヲ問ハサルニ類スルヿナキ乎。況ンヤ民事訴訟法執行ノ期早キヲ見レバ。一層之カ研究ノ急ヲ感スルニアラスヤ。友人宮川大壽君、民事訴訟法註釋ヲ著シテ之ヲ世ニ公ニセントス。一本ヲ携來リテ示サル。之ヲ繙閲スルニ簡ナレトモ疎ニ流レス。詳ナレトモ繁ニ失セス。權利ノ活用ニ益アル鮮少ナラサルヲ信ス。乃チ數言ヲ敍シテ卷首ニ辯ス。

明治二十三年十二月

飯田宏作

例言

一、書中、人名ハ右傍ニ單柱ヲ施シ地名ハ右傍ニ雙柱ヲ付シ以テ他ノ字句ト區別ヲ爲セルハ一般ニ人ノ採用セル方法ニ循ヘリ

一、法文、古語、熟字等ニシテ書中ニ援用セルモノハ（（））ノ如キ二重括孤ヲ以テ之ヲ書セリ

一、書中、殊ニ讀者ノ注意ヲ惹クベク要セルモノハ批點又ハ圜點ヲ其右傍ニ施シテ之ヲ示ス

一、泰西ノ原語ニシテ其ノ儘此ノ書中ニ援ケルモノハ平假名ヲ用ヒテ之ヲ他ノ語ト混セサルニ注意シタリ

一、民事訴訟法ハ人ノ之ヲ稱シテ民事訴訟手續ト云フガ如ク訴訟ヲ審理シ判決シ且ツ之ヲ執行スルニ付テノ手續ヲ規定セルモノニ過ギザレバ之ヲ民法、商法等ノ法律ニ比スルニ原理ヲ含ムコト實ニ尠シ旃レニ加フルニ余ハ此一小冊子ノ中ニ民事訴訟法全部――八百餘條ニ亘ル

民事訴訟法全部ノ註釋ヲ爲シ了ルベキ旨ヲ囑セラレタレバ紙數ノ多クハ條文ノ爲メニ費サザルベカラサルヿト爲レリ因テ已ムヲ得ズ註釋ハ之ヲ難解ノ條ニノミ施シ原則ノ適用ニ過ギザル條文、手續ノ規定ニ過キサル法文ハ單ニ之ヲ列記スルニ止マリ別ニ解説ヲ加ヘザルヿトシタリ而シテ其難解ノ條ニ註釋ヲ爲スニ付テモ文字章句ノ講明ハ避ケテ之ヲ爲サズ一ニ條文全体ノ精神ヲ明晣ラカニスルニ力ヲ致セリ蓋シ文字章句ノ説明ヲ爲セル所ノ註釋書ニ至リテハ世、實ニ其類ニ乏シカラズ著者ガ曩キニ著ハシタル民事訴訟法正解ニモ亦之ヲ爲シ置キタレバ此等ノ書ニ就テ知ラレンヿヲ讀者ニ望ム

一、余ハ黄吻ノ一書生ナリ今ニ仍ホ乳臭ヲ脱セズ學ブトコロ淺ク、識ルトコロ少シ而メ大膽ニモ民事訴訟法ニ註ス思フニ數多ノ不完全ニシテ補修セサルベカラサルモノアラン是レ余ノ豫シメ期スル所ナリ余ハ此點ニ關シテハ親切ナル本書愛讀者諸彥ニ之ヲ擧示シ之ヲ指摘ス

ルノ悪意ヲ請ハザルベカラズ

一、余ハ文ニ嫻ハズ意ヲ毛公ニ介シテ之ヲ讀者ニ致スノ方ニ拙ナリ之ヲ以テ叙スルトコロノ語辭、誨澁不暢、其意ノ所在ヲ讀者ニ知ラシムルコト能ハザルモノ少ナカラザルベシ此點ニ關シテハ余ハ讀者ノ質疑ヲ俟テ答ヘントス

明治辛卯一月上澣、東都、千代田城ノ北、萬代橋ノ畔リ

經籍樂處南窓ノ下ニ於テ

北溟漁長　宮川大壽識

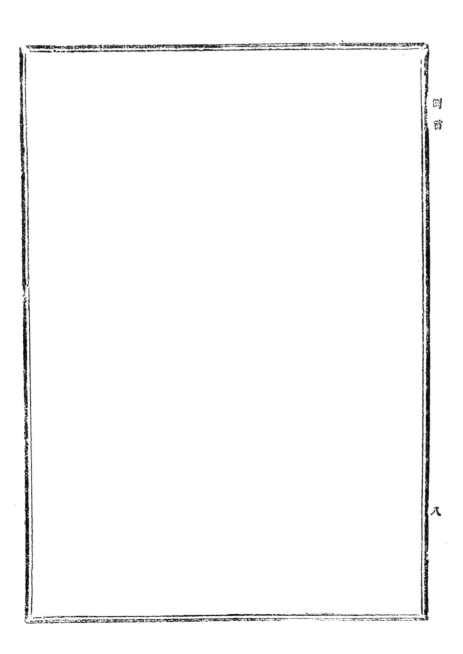

日本民事訴訟法目錄

緒論　一
第一編　總則　九
第一章　裁判所　九
第一節　裁判所ノ事物ノ管轄　一〇
第二節　裁判所ノ土地ノ管轄（裁判籍）　一八
第三節　管轄裁判所ノ指定　三〇
第四節　裁判所ノ管轄ニ付テノ合意　三三
第五節　裁判所職員ノ除斥及ビ忌避　三五
第六節　檢事ノ立會　四三
第二章　當事者　四六
第一節　訴訟能力　四六

第二節　共同訴訟人　五〇
第三節　第三者ノ訴訟參加　五四
第四節　訴訟代理人及ヒ輔佐人　六五
第五節　訴訟費用　七四
第六節　保證　八三
第七節　訴訟上ノ救助　八七
第三章　訴訟手續　九五
第一節　口頭辯論及ヒ準備書面　九六
第二節　送達　一二五
第三節　期日及ヒ期間　一四一
第四節　懈怠ノ結果及ヒ原狀回復　一四九
第五節　訴訟手續ノ中斷及ヒ中止　一五五
第二編　第一審ノ訴訟手續　一六三

第一章　地方裁判所ノ訴訟手續　一六三
第一節　判決前ノ訴訟手續　一六三
第二節　判決　一八五
第三節　闕席判決　一九八
第四節　計算事件財産分別及ヒ此ニ類スル訴訟ノ準備手續　二〇九
第五節　證據調ノ總則　二一三
第六節　人證　二三三
第七節　鑑定　二四六
第八節　書證　二五二
第九節　檢證　二六六
第十節　當事者本人ノ訊問　二六八
第十一節　證據保全　二七〇

第二章　區裁判所ノ訴訟手續　二七五
第一節　通常ノ訴訟手續　二七六
第二節　督促手續　二八一
第三編　上訴　二九一
第一章　控訴　二九二
第二章　上告　三一六
第三章　抗告　三二八
第四編　再審　三三六
第五編　証書訴訟及ヒ爲替訴訟　三四九
第六編　强制執行　三五六
第一章　總則　三五七
第二章　金錢ノ債權ニ付テノ强制執行　三九八
第一節　動産ニ對スル强制執行　三九八

第一款　通則　三九九
第二款　有体動産ニ對スル强制執行　四〇四
第三款　債權及ヒ他ノ財産權ニ對スル强制執行　四二〇
第四款　配當手續　四三六
第二節　不動産ニ對スル强制執行　四四六
第一款　通則　四四七
第二款　强制競賣　四四九
第三款　强制管理　四八五
第三節　船舶ニ對スル强制執行　四九一
第三章　金錢ノ支拂ヲ目的トセザル債權ニ付テノ强制執行　四九六
第四章　假差押及ヒ假處分　五〇一

第七編　公示催告手續　五一四
第八編　仲裁手續　五二四

日本民事訴訟法註釋目次終

日本民事訟訴法註釋

法學士　城　數馬　校閲
水月齋　宮川大壽　註釋

緒論

法ノ有スル目的

法ハ社會ノ實益ヲ度トシ各人ノ間ニ正理ノ行ハレンコトヲ確ムルヲ目的ト爲スモノナリばすかーる氏嘗テ之ヲ論シテ曰ク〔社會ハ法ナケレハ則チ立ダズ〕ト余輩ハ之ヲ世界各國ノ狀況ニ照ラシ實ニ其言ノ驗シアルヲ覺フルナリ蓋シ時未ダ黄金ノ代ナラズ人ハ皆ナ聖人君子ノミナラサレハ其交通往來スルニ際リ利益ノ牴觸セサルヲ保セス則チ爭訟ナキコト能ハザルナリ然ルニ法ニシテ存セサランカ人ハ暴力ヲ除クノ外ニ紛糾ヲ解クノ具ヲ有セサレバ公安ハ常ニ紊亂セラレ公益ハ恒ニ攪擾セラレサルヘカラス斯ノ如クンバ社會ハ一日モ安寧ナルコト能ハズ其成立ハ之ヲ保ツコト能ハサルベシ是ニ於テカ則チ法ノ社會

法ノ必要

法律ハ到底二種ノ外ニ出テズ

條則ヲ定ムル法

制裁ヲ定ムル法

此二法ノ關係

二欲クヘカラサル要具ナルヲ知ル

此法律ハ其規定スル事項ノ何タルト其基ク所ノ如何ナルニ拘ハラズ之ヲ二種ニ大別スルヲ得可シ其一ハ則チ權利義務ノ發生ヨリ其消滅變更ニ至ルマデ凡ヘテノ權利關係ヲ規畫スルモノニシテ人ノ通例之ヲ呼ンデ條則ヲ定ムルノ法ト云フモノ即チ是レナリ民法、商法、森林法等皆ナ此部ニ屬ス其二ハ則チ此等條則ヲ定ムル法ノ遵行ヲ確保スルニ用フル方法ヲ定ムル者ニシテ通例、人ノ之ヲ唱ヘテ制裁ヲ定ムルノ法ト言フ所ノモノ即是レナリ而メ法律ハ何レモ皆其循行ヲ保スル所ノモノアリテ始メテ其效用ヲ致スモノナレバ此等二法ノ間ニ於ケル其關係ハ之ヲ鳥ノ双翼ニ比スルヲ得可ク車ノ兩輪ニ較スルヲ得可ク又唇ト歯トニ喩ルヲ得ベシ鳥ハ一翼ニシテ翺翔スルヿ能ハズ車ハ片輪ニシテ其効用ヲ爲スコト能ハズ唇亡ブレバ歯即チ寒キヲ致スカ故ニ條則ヲ定ムルノ法ハ其規定スル所如何ニ嚴格ナルモ倘シ制裁法ノ之ニ伴フテ其遵行ヲ確ムルヿアルニアラズンバ則チ空理虚文タルニ過キザラントス之ヲ如何ソ能ク其效用ヲ致スヲ得ンヤ制裁法ノ必要亦大ナリト謂ハサルベカラズ

制裁法ノ効用

今夫レ民法ハ人民相互ノ關係ヲ定ムルモノナリ然レ𪜈倘シ權利ヲ有スル者、義務者ニ對シテ其義務ノ履行ニ服セシムルノ方法ヲ有セザリシトセバ則チ如何、權利モ效用ヲ致スヿ能ハサレバ人ノ有スル純然タル本分ト毫モ異ナル所非ザルベシ抑モ人ノ有スル本分ハ其執行ヲ保スルノ方法極メテ薄弱ナレハ之ヲ各人ニ守ラシメテ以テ共ニ幸福ヲ享ルノ途ヲ開クニ足ラズ厚顔無耻、人ノ毀譽ニ關心セサルモノハ則チ容易ニ其履行ヲ免カレ善良温和ノ人ハ其執行ヲ得ル能ハサル代リニ性急剛健ノ士ハ則チ腕力以テ其循行ヲ確メントスルニ至ル可シ斯ノ如クンバ社會交際ノ途ハ全ク杜絶セラレ人間ノ幸福ハ之ヲ享クルノ望ヲ失ハザルベカラズシテ而メ其發達進化ハ得テ期スルヿ能ハザル可シ是ニ於テカ則チ假スニ社會ノ公力ヲ以テシ法律上其必行ヲ確メサル可ラザルノ必要起ル

裁判所設立ノ必要

此方法ハ余輩之ヲ民法ノ各所ニ散在スルヲ見ル或ハ行爲ノ無效ヲ宣言スルモノアリ或ハ物件ノ取戻ヲ命スルモノアリ或ハ損失ノ賠償ヲ言ヒ渡スモノアリ或ヒハ又身体ノ拘束ヲ令スルモノアリテ其規定頗ル綿密ニ且ツ周到ナリト雖モ人ハ直接ニ利害ノ衝ニ當ルトキハ理非ノ所在ヲ識ルニ難ク正邪ノ二者ヲ判ツニ適當ナラザルモノナレバ已レ自ラ其爭ヿ

所ノ事實ヲ裁判スルコトヲ許スヘカラサルナリ是ニ於テカ則チ訴訟ノ審判ヲ爲スニ就テノ官衙ヲ設クル必要起ル

民事訴訟法ノナカルベカラサル所以

既ニ訴訟ノ審判ヲ爲スニ就テノ官衙ヲ設クルノ必要生シ相訴フ所ノ者ヲシテ之レニ向テ出訴スルコトヲ許セル以上ハ其官衙ノ之ヲ受理シ之ヲ審査シ而シテ之ヲ判決スルニ就テノ程式規則ノアラサルベカラザルハ論ナキナリ此程式規則ハ確定セル權利保護ノ爲メニ設ケラレタル覊勒牽制ノ手段ニ聯接スルモノニシテ實トニ其補翼ヲ爲スモノナリ而シテ之ヲ規定スルモノヲ民事訴訟法ト云フ余カ今註釋ニ從ヒツヽアル所ノ者則チ是レナリ故ニ民事訴訟法トハ左ノ如クニ定解ヲ下スヲ得可シ曰ク

民事訴訟法ノ有スル義意

民法ニ定ムル法律上ノ制裁ヲ完フセシムルニ就テノ手續ヲ定ムルモノナリ

ト此法則ノ必要ナルハ吾人容易ニ之ヲ了解スルヲ得ルモ併シ此必要ハ人ノ皆ナ之ヲ認ムルモノニハアラサルナリ

訴訟法ヲ無用ナリトスル説

或モノハ曰ク訴訟法ノ定ムル程式規則ハ繁密紛雜、人ノ容易ニ知ル能ハサルニ苦ム而シテ人ノ訴訟ヲ爲スヤ直者必スシモ勝タス曲者必スシモ敗フレス能ク手續ヲ知リ之レニ循

此説ノ不當ナル所以

行シテ事ヲ爲サザルモノハ直者ト雖モ倘ホ訴訟ニ敗者タラザル可ラズ設例ヘハ防訴ノ抗辯ヲ爲ス可キ時期ヲ誤リ証據提出ニ付テノ方法ヲ誤レルカ爲メニ其所爲ノ無效トナルヲ免レザルガ如キ即チ是ナリ義務アル者ニ義務アリト言渡シ權利ナキモノニ權利ナキヿヲ宣告スルハ則チ可ナリ義務ナキモノニ義務ノ履行ヲ爲ス可キヲ命シ權利アラサルモノニ權利ヲ行フ可キヿヲ許スニ至テハ之ヲ攻撃セザランド欲スルモ得ザルナリ然ルニ此ノ如キハ訴訟ニ於テ手續ノ無效ヲスルガ爲メニ往々現ハレ來ルヲ見ル豈不正ナリト謂ハサルヲ得ンヤト然リト雖𪜈訴訟ニ於テハ原被ヲ平等ニ保護セサル可ラズ、遷延、日月ヲ空費セシム可ラズ、判事ニ誤判ヲ爲サシム可ラズシテ而シテ此等諸種ノ目的ヲ達セント欲セバ之ヲ爲スニ就テノ精密ナル手續ヲ規畫シ且ツ之レニ其必行ヲ確ムル所ノ制裁ヲ伴ハシメザル可ラザルニヨリ難者ノ陳ブルガ如キ失アルハ之ヲ省ミルニ遑アラサルナリ若シ夫レ難者ノ云フガ如クニ訴訟ヲ爲スニ付テノ手續ヲ廢センカ余ハ却テ難者ノ所謂ル不正ノ結果カ大ナルヲ信スルナリ昔シハ((萬法精理))ノ著述ヲ以テ有名ナルもんですきゅーノ如キモ其少壯ニシテ血氣仍ホ盛ナルノ頃ニ在リテハ此ノ如キ妄論ヲ激唱セシヿアリキ然

モンテスキュー亦訴訟法ノ必要ヲ認ム

訴訟法ノ淵源

レモ其後人事ノ閲歴ヲ累ヌルニ從ヒ其才識更ラニ煉熟シ大ニ幼年ノ議論ト異ナルニ至レリ今、左ニ其所論ノ一部ヲ抄出シテ其然ルヲ証セン曰ク

倘シ訴訟ヲ爲スニ付テノ規則アルガ爲メニ其貸與セル財産ノ還償ヲ得ントスルニモ又其受ケタル耻辱ノ報復ヲ得ントスルニモ幾多ノ辛酸苦勞ヲ經ザルヘカラスト云フノ點ヨリ之ヲ言フトキハ現時ノ訴訟手續ハ或ヒハ既己ニ煩密ニ過クルモノト云フヲ得可シ然レトモ又此等ノ規則アルカ爲メニ國人ノ自由ト安寧トヲ保全シ得ルト云フノ點ヨリ之ヲ言フトキハ猶之ニテモ稀疎ニ失セルモノト謂ハサルベカラズ之ヲ以テ總テ裁判上ヨリ生スル勞苦ヤ、費用ヤ、時日ヲ彌ルヿヤ、亦或ハ却テ患害ヲ惹起スコトモ、皆ナ畢竟、國人タル者ノ其自由ヲ保存スルカ爲メニ拂フ代價ナリト云フトモ妄ナラズ（萬法精理第六卷第二章）

ト、知ル可シ訴訟手續ヲ定ムル法則ノ權利ヲ傷害スルカ如クニシテ而シテ却テ權利ヲ確保スル者ナルヿヲ之ヲ如何ゾ無用ナリト言フヲ得ンヤ

然ルニ此必要ナル法律ノ發達ハ極メテ近時ノ事ニ屬シ其以前ハ大ニ不完全ノ者ナリシ史

誓証裁判ノ方法

決鬪

ヲ案スルニ古代、法律ノ未タ發達セザル世ニ在テハ法律ハ宗敎ノ中ニ混入シ僧侶神官ハ信仰ノ大權ヲ握ルト共ニ裁判ノ利刀ヲモ携ヘタリキ而シテ其用ヒシ所ノ裁判法ハ今日ノ如クニ權利義務ノ精確ナル考ニ基キテ爲セシモノニアラズ全ク之ヲ天ノ命運ニ依賴シテ事ノ是非ト辯ノ曲直ヲ決シ或ハ熱湯ヲ探ラシメ或ハ熱鐵ヲ蹈マシメ或ハ又神符ヲ飲マシメ以テ其等ノ儀式ヲ無難ニ踰過セルモノヲ善良正直ノ者ナリト定メタルガ如シ又當時既テニ誓証裁判《てんぱるけえしよん、ばた、おしす》ノ法アリテ辯者互ニ隣人十二人ヲ伴フテ法廷ニ出テ此處ニテ誓証ヲ爲シ以テ其言ノ信實ナルヲ證明シタリト雖モ此等數種ノ方法タル屢々原被同一ノ結果ヲ生シテ辯訟者ノ孰レカ是ニシテ孰レカ非ナルカ其曲直ヲ判ツヿ能ハサルヿアリシヲ以テ當時ノ法官ハ漸ク其方法ノ不完全ナルヲ覺ルニ至レリ

於是乎決鬪ナル者現ハレ辯訟ヲ裁判スルノ方法ニ供セラレシガ其裁判方法ト〆採用サレシハ紀元二千五百十年（西洋ニテハ五百一年）ニぶるがんでィーノ王ごんでばるどガ令ヲ發〆之ヲ裁判方法ノ一ト爲セルヲ嚆矢トス此方法ノ亂暴ナル、十六世紀（西洋ノ十九世紀）ノ我々ヨリシテ之ヲ見レバ實ニ人ヲ驚殺セシムルニ足ル蓋シ惟フニ斯ノ如キ方法ヲ裁

判ノ一法ニ爲セルハ卑怯ナル者ハ必ズ心中ニ包藏スル他ノ惡心ノ徴候ニシテ兩々相對シ劍ヲ拔テ相鬪フニ當リ心事潔白、俯仰天地ニ愧チザル者ハ氣、壯ンニ腕、健カナルヲ以テ自ラ卑怯ノ徒ニ勝ツヲ得ベク天ハ能ク鬪諍者ノ心中ヲ透觀シ諍鬪ヲ照臨シテ以テ彼レヲ助ク可シト推思セルニ由ルモノナルベキモ此推思ノ一ノ妄想タルニ過ギザルハ人ノ容易ニ解シ得ル所ナリ此方法ヲ以テ之ヲ其以前ニ行ハレタリシ誓證裁判ノ方若クハ僧侶神官等ノ爲セル手品ニ比スルニ毫モ優レル所アルヲ見ズ之ヲ以テ人文漸ク發達シ法律ノ進步ヲ爲セルト共ニ人皆ナ其不當ナルヲ覺知シ漸次ニ之ヲ廢棄スルニ至レルモ佛ハ千五百四十七年、英ハ千八百十八年ニ至ルマデ其遺跡ヲ留存シタリキ

我邦ハ幸ニシテ決鬪若クハ誓證裁判ノ方法等、歐洲諸國ノ如クニ其威ヲ逞フセザリシモ訴訟ヲ爲スノ程式規則ハ實トニ不完全ヲ極メタリキ之ヲ以テ人皆ナ其手續ヲ定ムル善良完備ノ法律ガ一日モ早ク發布セラレンヿヲ望マザルモノアルヿナカリキ然ルニ今ヤ我邦ハ其母法國タル歐米諸國ノ法律ニ比スルニ出藍ノ榮譽ヲ荷フニ充分ナル訴訟法典ヲ得ルヲ得タリ甚ニ欣賀シテ之ヲ迎ヘ其法意ノ所在ヲ釋明スルニ努メザルベケンヤ今各條ノ說

明ニ入ルニ先チ一言ヲ爲スコ如斯

第一篇　総則

（解）本篇ハ本法全部ニ通スル法則ヲ擧メテ規定セリ故ニ冠ラスニ總則ノ標目ヲ以テセルモノナリ

本法ニ規定スル所ノ者固ヨリ單純ナラズ訴訟ヲ爲ス可キ裁判所、之ヲ管掌審理スル方法手續及ビ強制執行等ノ事ヨリシテ仲裁手續等ノ事ニ至ル迄、頗ブル複雑ヲ極ムルト雖𪜈又其各部ニ通ズル規則ナキニアラズ然ルニ之ヲ其各部ノ冒頭ニ規定センカ唯タ繁雑ヲ致スノミニシテ又タ何等ノ利益モアラサル可シ故ニ茲ニ此ノ種ノ法則ヲ集メテ規定セルモノナリ

第一章　裁判所

（解）裁判所トハ訴訟ノ管轄審理ヲ爲シ之レニ決定ヲ與フル官衙ヲ云フ此官衙ハ訴訟ヲ審理シ裁判スル唯一ノ機關ナリ故ニ訴訟ノ法規ヲ定メントスルヤ必ズ先ツ此官衙ノ構成

裁判所ノ事物ノ管轄

事物ニ依レル裁判管轄

訴訟物ノ價額ニヨリテ裁判管轄ヲ定ムル件ノ

並ビニ其權限ノ事ヲ定メザル可ラザルモ此官衙ハ民刑兩種ノ事件ヲ併セテ審判スル所ナルガ故ニ之ヲ民事訴訟法中ニ定ムルハ當ヲ得タルモノニアラズ故ヲ以テ我立法官ハ別ニ裁判所構成法ナルモノヲ設ケテ之ヲ規定シ此ニハ別ニ之ヲ定メザルナリ

第一節　裁判所ノ事物ノ管轄

(解)裁判所ノ事物ノ管轄トハ裁判所カ訴訟事件ヲ審理シ之ヲ判決スル權力ヲ有スルニ名ヅク即チ裁判所ノ土地ノ管轄ニ對スル所ノモノナリ

第一條　裁判所ノ事物ノ管轄ハ裁判所構成法ノ規定ニ從フ

(解)如何ナル事物ニ就テノ諍訟ハ如何ナル裁判所之ヲ管轄スヘキカ此疑問ニ對スル解答ハ裁判所ノ權限ヲ說明スル者ナリ然ルニ民事訴訟法ハ裁判所ノ權限ヲ定ムル者ニアラズ唯訴訟ヲ爲スニ就テノ方法ヲ規定スルニ止マル故ニ本條ハ裁判所ノ事物ノ管轄ニ就キ敢テ言ハズ一ニ之ヲ裁判所ノ權限ト其構成ノコトヲ規定スル裁判所構成法ニ推諉セルナリ

第二條　訴訟物ノ價額ニ依リ管轄ノ定マルトキハ以下數條ノ規定ニ從フ

訴訟物ノ價額ヲ算定スル時期

此例外

（解）本條ニ（管轄ノ定マルトキハ）ノ語ヲ用ヒアルハ訴訟物ノ價額ハ必ラスシモ事物ノ管轄ニ付キ區裁判所ト地方裁判所トノ區別ヲ定ムルモノニアラザルコトヲ示セルモノナリ讀者ハ裁判所構成法ノ第十四條第二項ヲ見バ訴訟物ノ價額カ裁判所ノ事物ノ管轄ニ何等ノ關係ヲモ有セサルモノナルヲ知ラン

第三條　訴訟物ノ價額ハ起訴ノ日時ニ於ケル價額ニ依リ之ヲ算定ス

果實、損害賠償及ヒ訴訟費用ハ法律上相牽連スル主タル請求ニ附帶シ一ノ訴ヲ以テ請求スルトキハ之ヲ算入セズ

（解）訴訟中ニ起ルヿアルヘキ訴訟物ノ價額ノ變動ハ豫メ之ヲ知ルヿ能ハサルカ故ニ管轄カ地方裁判所ナルカ將タ區裁判所ナルカヲ定ムルニ就キ訴訟物ノ價額ヲ知ルノ標準ヲ起訴以後ノ日時ニ取ルヘカラザルハ論ナキナリ左リトテ又起訴以前ニ有スル訴訟物件ノ價額ハ起訴ノ時ニ至リテ或ハ騰高スルヿアルヘク或ハ又下落スルヿアルヘキニ之レニ依テ以テ管轄ヲ爲ス可キ裁判所ノ何レナルカヲ定ムルヿトスルニ於テハ訴訟物ノ價額ニ依

數箇ノ請求ヲ一ノ訴ニヨリテ爲ストキニ訴訟物ノ價額ヲ算スルノ法

リ管轄裁判所ヲ異ニスルヿト爲セル法律ノ精神ハ之ヲ貫徹スルヿ能ハサルヘシ故ニ訴訟物ノ價額ノ幾許ナルヤヲ知ルノ時期ハ起訴ノ日時トセサルヘカラズ然ラハ則ハチ果實、損害賠償及訴訟費用ヲ法律上相牽連スル主タル請求ニ附帶シ一ノ訴ヲ以テ請求スルトキニ之ヲ其價額ノ中ニ算入セザルハ何ニ由ルカ此規定カ本條初項ノ原則ニ反スルハ明ナリ然レ𪜈如斯スルニ於テハ本訴請求ノ價額カ確定シアルモ起訴以前ニ成立セル其附帶ノ請求額ノ幾許ニ上レルヤヲ知ルニ就キ往々困擾紛雜ヲ惹起シ其証明ヲ爲サヽルヘカラサル等種々ノ煩勞アル爲メ時日ト費用ヲ費スノ弊ヲ免カルルヲ以テ余ハ此ニ原則ノ適施ヲ撓メタル我立法者ノ用意ガ宜シキヲ得タルヲ贊セサルヘカラズ

第四條　一ノ訴ヲ以テ數箇ノ請求ヲ爲ストキハ前條第二項ニ掲クルモノヲ除ク外、其額ヲ合算ス

本訴ト反訴トノ訴訟物ノ價額ハ之ヲ合算セズ

〔解〕　要メラレタル訴訟ニ於テ更ラニ反ヘシ求ムルノ訴之ヲ稱シテ反訴ト云フ例セハ賴母子講ノ會長、其或會員ニ係リテ掛金廿圓ノ請求ヲ爲セルニ其會員ヨリ巳レカ當籤セル

訴訟物ノ價額ノ算定方法

ニヨリ得ヘキ集金千圓ノ請求ヲ原告會長ニ對シテ爲スカ如キ即チ是ナリ此塲合ニ於テハ千圓ノ要求者ト廿圓ノ要求者トハ其人ヲ異ニシ且ツ相對峙シテ請求スルモノナルカ故ニ訴訟物ノ價額ヲ知ルニ付キ之ヲ合算スヘカラザルハ論ナキナリ

第五條　訴訟物ノ價額ハ左ノ法方ニヨリテ之ヲ定ム

其一

第一　債權ノ擔保又ハ債權ノ擔保ヲ爲ス從タル物權カ訴訟物ナルトキハ其債權ノ額ニ依ル但物權ノ目的物ノ價額寡キトキハ其額ニ依ル

其二

第二　地役カ訴訟物ナルトキハ要役地ニ依リ得ル所ノ價額ニ依ル但地役ノ爲メ承役地ノ價額ノ減シタル額カ要役地ノ地役ニ依リ得ル所ノ價額ヨリ多キトキハ其減額ニ依ル

其三

第三　賃貸借又ハ永貸借ノ契約ノ有無又ハ其時期ガ訴訟物ナルトキハ爭アル時期ニ當ル借賃ノ額ニ依ル但一个年借賃ノ二十倍ノ額カ右ノ額ヨリ寡キトキハ其二十倍ノ額ニ依ル

第四　定時ノ供給又ハ収益ニ付テノ權利カ訴訟物ナルトキハ一个年收入ノ二十倍ノ額ニ依ル但収入權ノ期限定マリタルモノニ付テハ其將來ノ收入ノ總額カ二十倍ノ額ヨリ寡キトキハ其額ニ依ル

（解）第一號　本條第一號ノ規定ハ之ヲ要スルニ訴訟物ノ價額ニ依リ管轄ノ定マル時ニハ要求額ニ依ルトノ原則ノ適施ニ外ナラザルナリ蓋シ請求ノ債權擔保又ハ債權ノ擔保ヲ爲ス從タル物件ニ關スル片ハ其物權ノ價額カ債權ノ額ヨリ遙カニ優レルトキニテモ債主ハ債權額ヲ出デヽハ一厘モ訟求スルノ權利ナキカ故ニ要求ハ債權額ニ止ルベク而シテ物權ノ目的物ノ價額カ債權ノ額ヨリ寡ナキ時ニハ要求ハ唯其物件ノ價額ニ止マルベケレハナリ

第二號　地役ハ要役地ヨリ視テ其價ヲ量カルヲ得ヘク又承役地ヨリ觀テ其値ヲ定ムルヲ得ヘシ然ルニ法律カ其何レニモ偏セズ要役地ガ地役ニ因テ受ル所ノ價ノ増額若クハ承役地ノ地役ニ服スルヨリ被ムル價ノ減額ノ何レカ其大ナル價額ニ依ルヿト爲セルハ訴訟物

ノ價額ニ依リ裁判所ノ管轄ヲ異ニスルコト爲セル法律ノ趣旨ニ適合スルヲ見ル蓋シ價貴ク隨テ重大ナル訴訟ヲ取扱フ裁判所ニ價卑ク隨テ輕微ナル訴訟ヲ取扱ハシムルモ訴訟人ハ何等ノ害ヲ受ケザルモ倘シ之ヲ顚倒シテ下級ノ裁判所ニ價貴キ訴訟ヲ審判セシムルニ於テハ該訴訟ハ粗略ニ取扱ハルヽモノト謂ハサルヘカラサルガ故ニ當事者ハ爲メニ害ヲ受ルヲ保セサレバナリ

第三號　賃貸借又ハ永貸借ノ有効無効又ハ其終了ノ時期ニ付キ訴訟ノ起レル片ハ賃貸借又ハ永貸借其者ニ付キ訴訟アリト言ハサル可ラザルカ故ニ管轄裁判所ヲ定ムルニハ賃貸借又ハ永貸借其者ノ價ニ依ラサル可ヲザルモ此者ヤ價ヲ有セズ隨テ之ヲ知ル可ラズト雖𪜈然レ𪜈通例ハ一ケ年借賃ノ二十倍ニ當ルモノナルカ故ニ一ケ年ノ貸賃ノ二十倍ヲ以テ率額ト爲シ以テ其價額ヲ算定スルコト爲セルナリ然ラハ則チ爭アル時期ニ當ル貸賃ノ額カ一ケ年ノ貸賃テ二十倍加算シ因テ得タル積數ヨリモ少額ナルトキニハ其額ニ依ラサルヘカラザルコト爲セルハ何ゾヤ此場合ニ於テ其評ハ爭アル時期ニ當ル借賃ノ額ヲ超過セザルコトハ則ハチ明カナルニヨルナリ若シ夫レ

訴訟物ノ價額ハ必要ナレ時ニ裁判所之ヲ定ム

地方裁判所ノ爲セル判決ハ其事件ガ區裁判所ニ屬スベキノ理由ノミヲ以テハ不服ヲ鳴ラス了能ハズ

事物ノ管轄ニ付キ區裁判所ト地方裁判所トガ管轄違ナリト宣言

第四號　ノ規定カ有スル意義如何ニ至リテハ余カ第三號ニ解釋ヲ爲スニ當リテ陳ベシ所ト異ナル了アラザレバ別ニ之ヲ解カズ

第六條　訴訟物ノ價額ハ必要ナル場合ニ於テハ第三條乃至第五條ノ規定ニ從ヒ裁判所ノ意見ヲ以テ之ヲ定ム

裁判所ハ申立ニ因リ証據調ヲ命シ又ハ職權ヲ以テ撿証若クハ鑑定ヲ命スル了ヲ得

第七條　地方裁判所ノ判決ニ對シテハ其事件カ區裁判所ノ事物ノ管轄ニ屬スベキ理由ヲ以テ不服ヲ申立ルコトヲ得ズ

（解）　區裁判ノ裁判權ハ單獨判事之ヲ行フモ（搆成法第十一條）地方裁判所ハ即チ合議制度ヲ取レリ（同第十九條）故ニ區裁判所ノ管轄ニ屬ス可キ訴件ヲ地方裁判所ガ裁判セル片ハ當事者ハ之カ爲ニ利益ヲ受ルモ害ヲ被ル了ナシ故ニ之レニハ不服ヲ唱ヘシムベカラス

第八條　事物ノ管轄ニ付キ區裁判所又ハ地方裁判所カ管轄違ナリト宣言シ其裁判確定シタルトキハ此裁判ハ後ニ其事件ノ繫

シ其裁判ノ確定セル時ニ處スル法

地方裁判所ガ事物ノ管轄違ナリトテ訴ヲ却下セル時ニ裁判所ノ爲スペキ手續

屬ス可キ裁判所ヲ羈束ス

第九條　地方裁判所カ事物ノ管轄違ナリトシテ訴ヲ却下スルトキハ原告ノ申立ニ因リ同時ニ判決ヲ以テ原告ノ指定シタル自己ノ管轄內ノ區裁判所ニ其訴訟ヲ移送ス可シ

區裁判所カ事物ノ管轄違ナリトシテ訴ヲ却下スルトキハ同時ニ判決ヲ以テ其訴訟ヲ所屬ノ地方裁判所ニ移送ス可シ

移送ノ申立ハ判決ニ接着スル口頭辯論ノ終結前ニ之ヲ爲ス可シ

移送言渡ノ判決確定シタルトキハ其訴訟ハ移送ヲ受タル裁判所ニ繫屬スル者ト看做ス

（解）地方裁判所ノ下ニハ數箇ノ區裁判所アルカ故ニ地方裁判所ニ誤テ受理セル區裁判所ニ繫屬ス可キ訴訟事件ヲ其所屬ノ區裁判所へ移送スルニ付テハ何レノ區裁判所ヘ之ヲ移送スベキカハ原告ノ申立ヲ待テ定ムルヲ要スルモ區裁判所ノ屬スル地方裁判所ハ唯一箇スラ之レアラザルカ故ニ其誤テ受理セル地方裁判所ノ管轄ニ歸ス可キ訴訟事件ヲ其所

屬ノ地方裁判所ヘ移送スルニ付テハ別ニ原告ノ申立ヲ聞クヲ要セザルナリ

移送ノ言渡確定スル片ハ其訴訟ハ移送ヲ受ケタル裁判所ニ繋屬スルモノト看做サルヽモ繋屬ス可キモノハトセラレザルカ故ニ倘シ塲所ニ付テノ管轄違ナルヿヲ發見スルヿアルニ於テハ口頭辯論ニ入ラザル前ニ之ヲ申立テ其正當ノ管轄裁判所ニ移送セシムルヲ得ベシ

裁判所ノ土地ノ管轄

第二節　裁判所ノ土地ノ管轄（裁判籍）

（解）　裁判所ノ土地ノ管轄トハ事物ト一定ノ裁判所ノ管轄區トニ基キ裁判所ノ訴訟事件ニ對シテ取扱ヲナシ得ル權能ヲ有スルヲ云フモノナリ

裁判所構成法ハ訴訟ニ係レル事物ノ上ヨリ觀察ヲ下シテ如何ナル事物ハ如何ナル種類ノ裁判所ニ於テ管轄ス可キカ明ラカニ之レヲ規定セリト雖モ然レトモ同一種類ノ裁判所ノ數モ亦少ナカラズ區裁判所ノ如キハ數百ヲ以テ數フルヲ得ベク地方裁判所ノ如キモ數十ノ多キニ及ベリ夫レ然ルトキハ同一種類ノ裁判所ニ在リテハ何レノ裁判所之ヲ管轄ス可キカ被告住居ノ地ノ裁判所ナルカ或ヒハ訴訟ヲ生セシ物件所在地ノ裁判所ナルカ將タ訴訟ヲ生セシ物件所在地ノ裁判所ニモアラズ又被告人住居ノ地ノ裁判所ニモアラザル他ノ

人ノ普通裁判籍

裁判所ナルカ、之ヲ定ムルニアラザレハ即チ訴訟ノ繫屬スベキ裁判所ヲ正確ニ知ルヿ能ハザルナリ是ニ於テカ裁判所ノ土地ニ付テノ管轄ヲ定ムルノ必要生ス本條ハ即チ此必要ニ應シテ規定セラレタルモノナリ

第十條　人ノ普通裁判籍ハ其住所ニ依リテ定マル

普通裁判籍アル地ノ裁判所ハ其人ニ對スル總テノ訴ニ付キ管轄ヲ有ス但訴ニ付キ專屬裁判籍ヲ定メサル場合ニ限ル

（解）被告ノ住所ヲ以テ人ノ普通裁判籍ヲ定ムル標準ト爲スハ遠クろーむ法以來、各國立法官ノ爲ニ採用セラレシ原則ニシテ此ノ如クスルニ於テハ被告人ハ容易ニ已レノ所思ヲ述ブルヲ得且ツ其權利ヲ保護シ得ルカ故ニ洵ニ宜シキヲ得タル者ト言ハザルベカラズ住所ノ如何ナルモノナルカハ民法ノ定ムベキ所ナリ故ニ訴訟法ハ之ヲ言ハズ而シテ人ハ必ラズシモ住所ヲ有スルモノニアラズ斯カル場合ニハ如何ニシテ其者ノ普通裁判籍ヲ定ムベキカ又人ノ住所ハ之ヲ知ルニ困難ナルヿ往々ニシテ之アリ斯カル場合ニハ之ヲ如何ニスベキカ以下數條ハ則チ此問題ヲ決スルモノナリ

軍人軍屬ノ裁判籍

外國ニ在ル本邦ノ公使及公使館ノ官吏并ニ其家族從者等ノ裁判籍上ノ住所

第十一條　軍人、軍屬ノ裁判籍ニ付テハ兵營地若シクハ軍艦定繫所ヲ以テ住所トス但此規定ハ豫備、後備ノ軍籍ニ在ル者及ヒ兵役義務履行ノ爲メノミニ服役スル軍人、軍屬ニ之ヲ適用セズ

（解）預備後備ノ軍籍ニアル者ハ假令ヒ兵營地又タハ軍艦定繫所ニ在ルモ、在ラザルベカラズシテアルモノニアラズ而シテ徵兵ノ如キハ兵役義務履行ノ爲メニ假リニ在ルモノニ過キザレバ管轄裁判所ノ何ツレナルヤヲ定ムルニハ其住所ノ何レナルヤニ因ラザルベカラズ

第十二條　外國ニアル本邦ノ公使、公使館ノ官吏幷ニ其家族從者ノ裁判籍上ノ住所ハ本邦ニ於テ本人ノ最後ニ有セシ住所ナリトス此住所ナキ者ニ付テハ司法大臣ノ命令ヲ以テ豫メ定ムル東京內ノ區ヲ以テ其住所ナリトス

（解）外國ニ在ル本邦ノ公使其他本條ニ規定セル諸種ノ官吏ガ本邦ニ於テ有セル最後ノ住所ハ即チ現時ノ住所ニ尤モ親シキ緣因アルカ故ニ其裁判籍上ノ住所ハ此住所ニ依ラサ

內國ニ住所ヲ有セサル者ノ普通裁判籍

國ノ普通裁判籍

公又ハ私ノ法人及其資格ニ於テ訴ヘラルヽヿヲ得ル者ノ普通裁判籍

ルベカラズ

第十三條　內國ニ住所ヲ有セザル者ノ普通裁判籍ハ本人ノ現在地ニヨリテ定マル若シ其現在地ノ知レサルカ又ハ外國ニ在ルトキハ其最後ニ有セシ內國ノ住所ニヨリテ定マル

然レトモ外國ニ住所ヲ有スル者ニ對シテハ內國ニ於テ生ジタル權利關係ニ限リ前項ノ裁判籍ニ於テ訴ヲ起スコトヲ得

第十四條　國ノ普通裁判籍ハ訴訟ニ付國ヲ代表スル官廳ノ所在地ニ依リテ定マル但訴訟ニ付キ國ヲ代表スルニ付テノ規定ハ勅令ヲ以テ之ヲ定ム

公又ハ私ノ法人及ヒ其資格ニ於テ訴ヘラルヽヿヲ得ル會社其他ノ社團又ハ財團等ノ普通裁判籍ハ其所在地ニ依リテ定マル此所在地ハ別段ノ定ナキトキハ事務所所在ノ地トス若シ事務所ナキトキ又ハ數所ニ於テ事務ヲ取扱フトキハ其首長又ハ事務擔當者ノ

生徒、雇人其他一定ノ地ニ永ク寓在スベキ者ノ財産權上ノ請求ニ付テノ裁判管轄

住所ヲ以テ事務所ト看做ス

（解）國ハ一ノ法人ナリ法人タルノ點ハ公私ノ他ノ法人及其資格ヲ有スル者ト異ナルコナク而ノ此等ノ法人ハ法律上ニ於テハ性理上ニ所謂ル人ト異ナル所アラザレバ其之ヲ代表スル者ノ在ル地ヲ以テ管轄裁判所ノ何レナルカヲ定ムルノ標準ト爲サヽルベカラズ

第十五條　生徒、雇人、營業使用人、職工、習業者、其他性質上一定ノ地ニ永ク寓在スベキ者ニ對スル財産權上ノ請求ニ付テノ訴ハ其現在地ノ裁判所ニ之ヲ起スコトヲ得

兵役義務履行ノ爲ノミニ服役スル軍人、軍屬ニ對スル訴ハ其兵營地若シクハ軍艦定繫所ノ裁判所ニ前項ノ訴ヲ起スコトヲ得

（解）本條ハ人ノ普通裁判籍ハ其ノ住所ニ依リテ定マルトノ原則ニ除外例ヲ爲スモノヽ一タリ然レドモ是レ唯原告ノ利益ヲ計リテ規定セルモノタルニ過キザレバ原告ハ其欲スルニ於テハ本條ニ列記セル諸種ノ者ノ住所地ニ在ル管轄裁判所ニ訴訟ノ提起ヲ爲スヲ得可シ

製造商業其他ノ營業ニ付キ直接ニ店舗ヲ有スル者ノ營業上ノ請求ニ付テノ裁判管轄

第十六條 製造、商業、其他ノ營業ニ付キ直接ニ取引ヲ爲ス店舗ヲ有スル者ニ對シテハ其店舗所在地ノ裁判所ニ營業上ニ關スル訴ヲ起スヿヲ得

前項ノ裁判籍ハ住家及ヒ農業用建物アル地所ヲ利用スル所有者用益者、又ハ賃借人ニ對スル訴ニ付テモ亦之ヲ適用ス但此訴訟カ地所ノ利用ニ付テノ權利關係ヲ有スルトキニ限ル

（解）法律カ本條ニ於テ原告ニ被告ノ有スル店舗所在地ノ裁判所ニ出訴スルヿヲ許セル諸種ノ權利關係ハ被告ガ有スル店舗所在地ニ於テ生スルヲ常トシ且ツ原告ハ大概ヲ其店舗在所地又ハ之レニ遠カラザル地ニ於テ住スル者ナルニ飽迄モ第十條ノ原則ヲ墨守シ原告所在ノ地ノ裁判所ニ非ザレバ之ヲ出訴スルヿ能ハズトセンカ原告ハ山河ヲ跋跡シテ遠ク異郷ニ入リ且ツ之ニ永ク滯留セザルベカラザルノ不便アラン此ノ如キハ迅速ト簡易トヲ貴ブ當時ノ事情ニ適セザルヿハ人ノ能ク知ル所ナリ而シテ原告ハ自身ニ又ハ其名代ヲ其住所ヨリ以外ノ地ニ置キ以テ權利關係ヲ生セシメシモノナレバ其權利關係ヲ生セシメタル

地ノ裁判所ニ訴ヘラルヽモ何等ノ苦情モ唱ヘ得ベキニアラザルナリ

内國ニ住所ヲ有セサル債務者ニ對スル財産上ノ請求ニ於ケル裁判管轄

第十七條　内國ニ住所ヲ有セザル債務者ニ對スル財産上ノ請求ニ付テノ訴ハ其財産又ハ訴ヲ爲シテ請求スル者ノ所在地ノ裁判所ニ之ヲ起スコトヲ得

債權ニ付テハ債務者(第三債務者)ノ住所ヲ以テ其財産ノ所在地トス又債權ニ付キ物カ擔保ノ責ヲ負フトキハ其物ノ所在地ヲ以テ財産ノ所在地トス

(解)　本條ハ外國ニ住所ヲ有セル債務者又ハ内國ニ一定ノ住所ヲ有セズ流浪漂寓スル債務者ニ對シテ權利者ヲ保護セルモノニ過キズ

人或ハ本條ト第十三條トノ間ニ如何ナル區別ノアルカヲ疑ハン然レドモ本條ハ財産權ノ訴訟ノミニ關シ第十三條ハ其他ノ凡テノ訴訟ノコトヲ規定セルモノナレバ彼此兩立シテ悖ル所アルヲ見ズ

契約ノ成否ニ就テ

第十八條　契約ノ成立若シクハ不成立ノ確定又ハ其履行若シクハ

ノ確定又ハ其履行若クハ銷除、廢罷解除又ハ不履行等ニ關スル賠償ノ訴ニ於ケル裁判管轄

銷除、廢罷、解除又ハ其不履行若クハ不十分ノ履行ニ關スル賠償ノ訴ハ其訴訟ニ係ル義務ヲ履行スヘキ地ノ裁判所ニ之ヲ起スコトヲ得

（解）本條ハ契約ニ關スル裁判管轄ヲ定ムルノ條則ニシテ其規定スル所ハ管內ニ財產又ハ住所ヲ要スルカ如キ一切ノ制限ヲ排除シ契約ニ關スル裁判管轄ヲシテ力メテ自由ナラシメ以テ交通上ノ利益ヲ圓滿ナラシメントスルニアルナリ故ニ人ノ普通裁判籍ハ其住所ニ依リテ定マルトノ原則ニ背反スルヤ論ヲ俟タズ

會社其他ノ社團ヨリ社員ニ對シ又ハ社員ヨリ社員ニ對スル社員タル資格ニ基ク請求ニ於ケル裁判管轄

第十九條　會社其他ノ社團ヨリ社員ニ對シ又ハ社員ヨリ社員ニ對シ其社員タル資格ニ基ク請求ノ訴ハ其會社其他ノ社團ノ普通裁判籍アル地ノ裁判所ニ之ヲ起スコトヲ得

（解）是レ訴訟ニ關スル必要書類其他ノ證據ガ多クノ場合ニ於テ會社其他ノ社團ノ普通裁判籍アル地ニ存在スルガ故ニ訴訟ヲ審理シ判決スルニハ大ニ便宜ニ、從テ其決落ガ迅速ナルヲ得レバナリ

不正ノ損害ノ訴ニ就テノ裁判管轄

第二十條 不正ノ損害ノ訴ハ責任者ニ對シ其行爲ノ有リタル地ノ裁判所ニ之ヲ起スコトヲ得

（解）不法ノ行爲ノアリシ地ハ其他ノ地ヨリハ其不法ノ行爲ノ如何ナリシカヲ知ルニ付キ便益ナリ而シテ被告人ノ住所ニ依リテ人ノ普通裁判籍ヲ定ムルノ規則ハ重モニ被告人ノ利益ヲ保護セントノ精神ニ出デシ者ナルニ不法ノ行爲ヲ爲セル者ノ如キハ法律ニ於テ此恩波ニ浴セシムベキ所以アルコトナシ故ニ不正ノ所爲ニヨリテ損害ヲ受ケタルヲ理由トシ訴訟ヲ起サンスルモノハ其ノ行爲ノ地ノ管轄裁判所ニ訴訟ノ提起ヲ爲スヲ得ベシ

辯護士又ハ執達吏ノ手數料及立替金ニ就キ其委任者ニ對スル裁判管轄

第二十一條 辯護士又ハ執達吏ノ手數料及ヒ立替金ニ付キ其委任者ニ對スル訴ハ訴訟物ノ價額ノ多寡ニ係ラズ本訴訟ノ第一審裁判所ニ之ヲ起スコトヲ得

（解）本訴訟ノ第一審ガ繫屬セル裁判所ハ辯護士其他ノ者ノ手數料又ハ立替金ノ幾許ニシテ且ツ如何ナル場合ニ要セシ者ナルヤヲ知ルニ付テノ必要書類ガ保存セラルヽ所ナルガ故ニ此等ノ者ニ關スル訴訟ノ管掌ヲ爲サシムルニ於テハ之ヲ決スルニ容易ナレバ迅速ニ

不動産ニ係テノ裁判管轄

其訴訟ヲ決落セシムルヲ得可シ故ニ我立法者ハ本條ノ如キ規定ヲ爲セルモノナリ

第二十二條　不動産ニ付テハ其所在地ノ裁判所ハ總テ不動産上ノ訴、殊ニ本權並ニ占有ノ訴及ヒ分割並ヒニ經界ノ訴ヲ管轄ス

地役ニ付テノ訴ハ承役地所在地ノ裁判所專ラ之ヲ管轄ス

（解）不動産ニ關スル訴訟ハ其不動産ニ就キ取調ヲ要スルコトアルモ之ヲ他ニ運搬シ得ザルノ不便アリ故ニ其他ノ事物ノ訴訟ニ異ナリ不動産所在ノ地ヲ以テ其管轄ヲ定ムル標準ト爲ス

地役モ不動産ナリ故ニ地役ニ關シテ訴ノ起ルヿアルニ於テハ右ノ原則ニ循テ管轄裁判所ヲ定メザルベカラザルモ併シ地役ニハ承役地ト主領地トノ二箇ノ不動産アルカ故ニ何レノ地ニ在ル裁判所ガ其管轄權ヲ有スルモノナルカヲ定メザル可ラズ本條第二項ハ則チ此疑問ヲ豫決セル者ナリ而シテ其承役地ニ在ル裁判所ニ管轄權ヲ附與セルヒノハ其地所ノ使用セラルヽニヨリ生スル損失及其毀害ノ程度ヲ探知スルノ必要アルニ其地ハ他ノ地ヨリモ之ヲ知ルニ便宜ナルニ由ルナリ

不動産上ノ訴ニ附帶シテ不動産ノ管轄裁判所ニ訴出シ得ルモノ

第二十三條　不動産上ノ裁判籍ニ於テハ債權ノ擔保ヲ爲ス從タル物權ニ基ク不動産上ノ訴ニ附帶シテ同一被告ニ對スル債權ノ訴ヲ起スコトヲ得

不動産上ノ裁判籍ニ於テハ不動産ノ所有者若シクハ占有者ニ對スル人權ノ訴又ハ不動産ニ加ヘタル損害ノ訴ヲ起スコトヲ得

（解）債權ノ擔保ヲ爲ス從タル物權ニ基ク不動産上ノ訴ニ附帶メ債權ノ訟ヲ起ストハ例之ハ抵當又ハ不動産質ニ關スル訴訟ニ附從シテ對人的義務ノ解除ニ關スル訴訟ヲ爲スカ如キ場合ヲ指ス而メ債權ノ訴ヲ物權ニ基ク不動産上ノ訴訟ヲ管轄スル裁判所ニ、物權ニ基ク訴訟ニ附帶メ訴フルヿヲ得セシムル者ハ彼此ノ間ニ聯貫セル處アリ之ヲ同時ニ審理スルハ大ニ便宜ナルニヨルナリ然レトモ此規定ヲ無限ニ擴張シ被告人ノ同シカラサルトキニモ仍ホ起訴シ得ル者トセンカ審理上、錯雜紛擾ヲ速キ却テ弊ヲ見ルニ至ラン是レ同一ノ被告人ニ對スル時ニノミ起訴シ得ルコトヽナセル所以ナリ

相續權、遺贈其他死亡ニ依リテ効果ヲ生スル處分ニ基ク請求ノ裁判管轄

而シテ其第二項ニ於テ第十條ノ原則ニ反スル規定ヲ爲セルモノハ其不動産ニ付キ取調ヲ要スルヿアル𪜀ニ容易ニ之ヲ爲シ得ルノ便アルニ由ル

第二十四條　相續權、遺贈其他死亡ニヨリテ効果ヲ生スル處分ニ基ク請求ノ訴ハ遺産者死亡ノ時、普通裁判籍ヲ有セシ裁判所ニ之ヲ起スコトヲ得

相續裁判籍ニ於テハ遺産債權者ヨリ遺産者又ハ相續人ニ對スル請求ノ訴ヲ起スコトヲ得、但遺産ノ全部又ハ一分カ其裁判所ノ管轄區內ニ存在スル𪜀ニ限ル

(解)　死者死亡ノ時ニ有セシ住所ニハ分派スベキ遺産ヨリ其參照ニ供スベキ證據徵憑等ニ至ル迄大概ヲ皆ナ存在シ居ルベキカ故ニ相續權、遺贈其他死亡ニ因リテ効ヲ生スベキ請求ニ基ク訴訟ニ就テハ死者ガ死亡ノ時ニ有セシ住所ノ地ノ管轄裁判所ニ起訴セシムルヲ可トス然𪜈遺産ノ一部スラモ之ニ在ラサル𪜀ハ此ニ起訴セシムルモ毫モ利益アルヿナシ故ニ斯ル場合ニ於テハ原則ニ復セザルベカラズ

數箇ノ管轄裁判所ノ在ル時ニ原告ノ有スル撰擇權

第二十五條　第二十二條ノ規定ヲ除ク外、原告ハ數箇ノ管轄裁判所ノ中ニ就キ撰擇ヲナスヿヲ得

（解）從來說明シ來レルガ如ク裁判管轄ニ付テノ規定、數多アルガ故ニ時ニ或ハ數多ノ普通裁判籍若クハ數多ノ特別裁判籍ガ相撞着シ又ハ特別裁判籍ト普通裁判籍ト相支梧スルヿアルベシ而シテ一訴訟ヲ同時ニ數箇ノ裁判所ニ繫屬セシムルヿ能ハザルガ故ニ原告ノ意ニ從テ其多クノ裁判籍ニ就キ撰擇ヲ爲スヿヲ許サヾルベカラズ

然レトモ第二十二條ノ場合ハ斯ノ如ク言フヿ能ハザルナリ其然ル所以ハ不動產ニ係ル訴訟ヲ他ノ裁判所ニテ管掌シ得ルコトトスルニ於テハ不動產ハ之ヲ他ニ運搬スルヿ能ハザルガ故ニ其訴訟ニ係ル不動產ニ就キ取調ヲ要スルコトアル時ハ費用ト時間ヲ要スル臨撿ノ勞ヲ採ラザルベガラザル不便アルニヨル

管轄裁判所ノ指定

第三節　管轄裁判所ノ指定

（解）人ハ已ニ屬スル訴訟ヲ自ラ判スルノ權ナシ必ラズヤ裁判所ノ裁定ヲ經テ決セザル可ラズ故ニ裁判官ハ人民ヨリ求メタル訴訟ハ正當ノ理由ナクシテ拒却シ又ハ謂ハレナク

審判ヲ遲延スル時ハ刑法ノ制裁ヲ受ルヲ免レズ然レ𪜈判事ノ權力ハ一定ノ區域ニ制限セラレ在ル者ナルガ故ニ如何ナル訴訟モ皆ナ受理セザルベカラザル義務アルベキモノニアラズ其管轄權外ニ屬スル事件ハ之ヲ受理セサルベク拒ムヲ得ベシ又拒マザル可ラズ而シテ此拒絶ハ正當ノ理由ト爲ルベシ然ルニ裁判管轄ノ事タル頗ル困難ノ問題ニ屬シ何レノ裁判所カ正當ノ管轄權ヲ有スルモノナルヤ之ヲ知ル能ハザルコト往々ニシテ存スルヲ見ル夫レ人ニハ自ラ訴訟ヲ判スルノ權ヲ與ヘズ而シテ判事ニハ管轄權外ノ訴訟ヲ拒絶スルノ力ヲ與ヘシ上ハ斯カル場合ニ於テ何レノ裁判所カ正當ノ管轄權ヲ有スルカハ法律ニ於テ之ヲ規定セザルベカラズ

管轄裁判所ノ指定ヲ爲スベキ時

第二十六條　管轄裁判所ノ指定ハ裁判所構成法ニ定メタル場合ノ外尙ホ不動產上ノ裁判籍ニ訴ヲ起ス可キ場合ニ於テ不動產カ數箇ノ裁判所ノ管轄區内ニ散在スル𬼀モ亦之ヲ爲ス

（解）本條ノ豫想スルガ如キ場合ニ於テハ讀者ハ何故ニ選定ノ權利ヲ原告ニ與ヘサルカヲ怪シマン然レ𪜈原告ニ選定ノ權利ヲ與フル𬼀ハ偏ニ原告ニ便利ヲ授ケ被告ニ不利ヲ受

ケシムルノ弊アリ而シテ原告ノ選定セル裁判所ハ事實ノ審理ニ適スルヤ否ヤヲ知リ難シ故ニ管轄裁判所ヲ選定スルノ權利ハ之ヲ原告ノ手ニ委スヘカラス

管轄裁判所ノ指定ニ付キ申請ヲ爲ス場合及其決定ヲ爲ス裁判所

第二十七條　管轄裁判所ノ指定ニ付キ申請ヲ爲ス場合及ヒ其ノ決定ヲ爲ス裁判所ハ裁判所構成法第十條ノ規定ニ從フ

管轄裁判所ノ指定ニ付テノ申請ヲ爲ス方式

第二十八條　管轄裁判所ノ指定ニ付テノ申請ハ書面又ハ口頭ヲ以テ其申請ニ付キ管轄權ヲ有スル裁判所ニ之ヲ爲スコトヲ得、右裁判所ハ口頭辨論ヲ經スシテ其申請ヲ決定ス

管轄裁判所ヲ定メタル決定ニ對シテハ不服ヲ申立ツルコトヲ得ス

(解)　管轄裁判所ノ指定ニ付テノ申請ハ口頭辨論ヲ經スシテ決定シ且ツ其決定ニ不服ヲ唱フルコトヲ許サス即チ訴訟審理ノ方ニ循ハサルモノハ申請ハ則チ裁判ニ異ナリ一司法的行政ニ屬シ評議ニ對スル判定ニアラサレハナリ然レ圧申請ヲ爲ス人ニ於テハ必要ナル事實及証據ヲ具備シテ之ヲ裁判所ニ陳供セサルヘカラサルハ論ナキナリ

裁判所ノ管轄ニ付テノ合意

當事者ノ合意ニヨリテ裁判所ノ管轄ヲ定メ得ル場合

第四節　裁判所ノ管轄ニ付テノ合意

(解) 本來其管轄スヘキ權利ヲ有セサル裁判所ニ事件ノ管掌審埋ヲ爲サシムルハ之ヲ穩當ナリト謂ヒ得サルモ併シ民事訴訟法ノ要トスル所ハ法權ノ周到ニ且ツ迅速ニ行届キ以テ一般人民カ其惠ミニ依ランコトヲ欲スルニ外ナラサレハ事ニ害ナキ限リハ如何ナル裁判所ニ出訴ヲ爲スモ之ヲ訴訟人ノ意思ニ任シテ咎メサルハ却テ能ク民事訴訟法カ達セントスル所ノ主眼ニ適合セルモノト謂フヘシ

第二十九條　第一審裁判所ハ當然管轄權ヲ有セサルモ當事者ノ合意ニ因リ管轄權ヲ有ス但書面ヲ以テ合意ヲ爲シ且ツ其合意カ一定ノ權利關係及ヒ其權利關係ヨリ生スル訴訟ニ係ルトキニ限ル

(解) 合意ヲ書面ニテ爲サレザルヘカラスト爲セルモノハ確實ナル証據ノ設備ヲ爲サシメ以テ後日ニ生ズルヿアルヘキ紛議ノ豫防ヲ爲セルモノナリ而メ認諾上、其裁判所ノ管轄ヲ變ジ得ル場合ヲ一定ノ權利關係及其權利關係ヨリ生スル訴訟ニ限リ以テ全般不定ノ

管轄違ノ裁判所ナルヿノ申立ヲ爲サズシテ本案ノ口頭辯論ニ入ルトキハ後ニ之ヲ申立ツルノ權ヲ失フ

合意ニヨリテ裁判管轄ヲ定ムル能ハサル場合

權利關係及其權利關係ヨリ生スル訴訟ニ之ヲ許サヽルハ訴訟人ヲシテ任意杜選ニ裁判所ノ管轄ヲ變更シ不利ナル結果ヲ受ケサラシメントノ注意ニ外ナラサルナリ

第三十條　被告カ管轄違ノ申立ヲ爲サスシテ本案ノ口頭辯論ヲ爲ストキハ亦前條ト同一ノ効力ヲ生ス

（解）管轄違ノ抗辯ヲ爲サス直チニ本案ノ口頭辯論ニ入レルモノハ管轄違ノ抗辯ヲ爲スノ權利ヲ拋棄セルモノト謂ハサルヘカラス故ニ復タ管轄違ノ申立ヲ爲シテ妨訴ノ抗辯ヲ爲スヿ能ハサルナリ

第三十一條　左ノ場合ニ於テハ第二十九條及ヒ第三十條ノ規定ヲ適用セス

第一　財産權上ノ請求ニ非サル訴訟ニ係ルトキ

第二　專屬管轄權ニ屬スル訴ナルトキ

（解）婚姻又ハ身分ニ關スル訴訟ノ如キハ財産權ニ關セサル訴訟ノ尤ナルモノナリ此ノ如キ訴訟及專屬管轄ニ屬スル訴訟即チ例ヘハ偏ヘニ物權上ノ裁判管轄ニ專屬スヘキ訴訟

ノ如キハ裁判管轄ノ公益上ノ理由ニ基テ規定セラレタリ而シテ人ハ私ノ合意ニヨリテ公安公益ニ基スル法律ノ規定ニ違フコト能ハサルガ故ニ合意ヲ以テ此等ノ事件ノ裁判管轄ヲ變更スルコト能ハサルナリ

裁判所職員ノ除斥及忌避

第五節　裁判所職員ノ除斥及ヒ忌避

（解）　人ハ有情動物ナリ百般情實ノ爲メニ拘掣セラレテ其愛スル所ニ寛ヤカニ其憎ム所ロニ嚴シク利ノアル時ニハ弛メ害ノアル時ニハ張ルハ免カレント欲シテ免カレ得サル所トス而シテ判事モ亦人タルヲ失ハス等シク有情界裡ノ一動物タルヲ免カレサレバ安ンゾ此定則ノ外ニ立ツヲ得ンヤ既テニ此定則ニ例外タルヲ得ズトスルニ於テハ判事ガ斯ル危險ノ地位ニ落メル時ニハ之ヲ防遏スルノ策ヲ取ラザル可ラズ然ラズンバ裁判ハ公平ナルコト能ハズ司法權ハ其神聖ノ度ヲ減シ援テ以テ國安ヲ擾スニ至ラン是ニ於テカ本節ノ規定ヲ設クル必要ヲ生ス

判事カ職務ノ執行ヨリ除斥セラルヘキ場合

第三十二條　判事ハ左ノ場合ニ於テ法律ニ依リ其職務ノ執行ヨリ除斥セヲルヘシ

其一
第一　判事又ハ其婦カ原告若クハ被告タルトキ又ハ訴訟ニ係ル請求ニ付キ當事者ノ一方若クハ雙方ト共同權利者、共同義務者若クハ償還義務者タル關係ヲ有スルトキ

其二
第二　判事又ハ其婦カ當事者ノ一方若クハ双方又ハ其配偶者ト親族ナルトキ但姻族ニ付テハ婚姻ノ解除シタルトキト雖モ亦同シ

其三
第三　判事カ同一ノ事件ニ付キ証人若クハ鑑定人ト爲リテ訊問ヲ受ルトキ又ハ訴訟代理人タル任ヲ受ルトキ若クハ受ケタルトキ又ハ法律上代理人ト爲ル權利ヲ有スルトキ若クハ之ヲ有シタルトキ

其四
第四　判事カ不服ノ申立アル裁判ヲ前審又ハ仲裁ニ於テ爲スニ當リ判事又ハ仲裁人トシテ干與シタルトキ但此場合ニ於テ判事ハ受命判事又ハ受託判事トシテハ職務ノ執行ヨ

リ除斥セラルヽコト無シ

（解）法律カ本條ノ第一第二兩號ノ場合ニ於テ判事ヲ其職務ノ執行ヨリ除斥スルモノハ此等ノ場合ニ於テハ判事ガ其訴訟ニ愛情ト利益トノ直接ナル關係ヲ有スルヲ以テ正當ノ裁判ヲ爲スコト能ハズト思量セルニ由ルナリ

法律ハ第三號ニ於テ（訊問ヲ受タルトキト）謂ハズニ（訊問ヲ受クルトキ）トノ未來ヲ指ス動詞ヲ用ヒタルハ之ヲ駁撃セザルベカラズ蓋シ判事ニ於テ證人又ハ鑑定人タリシ事件ハ前言ヲ固執シテ之ヲ改ムルニ吝ナルノ患ハアルモ將來ニ證人又ハ鑑定人ト爲ルベキ事件ハ斯カル恐レナキカ上ニ證人又ハ鑑定人トシテ後ニ陳述スベキ自巳ノ意見ヲ斟酌シ以テ本案ノ裁判ヲ爲スモ何等ノ妨ケモアルコトナケレバナリ

判事カ訴訟ニ代理タルノ權ヲ有シ又ハ有スルトキ及代理ノ委任ヲ受ル時又ハ受ケシ時ニ其職務ノ執行ヨリ除斥セラルヽ者ハ人情ノ常トシテ己レカ親シク與カリ又ハ與カルベキ事件ニ付キ公平ナル裁判ヲ下ス能ハザルニ由ルナリ

過ヲ改ムルニ憚ラザルハ人ノ美德タルニ相違ナキモ之カ美德タルノ値ヲ有スルガ如ク實

ニ庸人ノ之ヲ爲スヲ難ンスル所ナリ故ニ不服ノ申立ヲ成サレタル裁判ニハ其事件ノ前審又ハ仲裁事件ニ與カレル者ヲ與カラシムベカラズ然レ圧受命判事又ハ受託判事ハ其事件ニ就キ裁判ヲ下スノ權力ヲ有セザルモノタリ過ヲ覺ルモ之ヲ改メズ頑然、前説ヲ固執スルヿアリ圧別ニ不都合アルヿナケレバ此等ノ判事ハ之ヲ其職務ノ執行ヨリ除斥セシムベカラズ

判事ノ忌避セラル、塲合

第三十三條　判事カ法律ニ依リ職務ノ執行ヨリ除斥セラル、トキ及ヒ偏頗ノ恐アルトキハ總テノ塲合ニ於テ各當事者ヨリ之ヲ忌避スルコトヲ得

偏頗ノ忌避ハ判事ノ不公平ナル裁判ヲ爲スヿヲ疑フニ足ルヘキ事情アルトキ之ヲ爲スコトヲ得

除斥ト忌避ノ差異

（解）忌避ハ除斥ニ異ナル故ニ之ヲ混同セサルヲ要ス蓋シ除斥ハ訴訟人ノ申立アルト否トニ係ラス法律ノ力ニヨリ當然避ケザルベカラサル者ナルガ故ニ訴訟ノ進行中ハ其程度ノ如何ヲ問フヲ要セズ而ソ法律上、除斥セラルベキ判事ノ爲セル裁判申渡ハ上告ヲ爲ス

判事ハ訴訟ノ如何ナル程度ニ在ルヲ問ハズ除斥セラル

忌避ハ其原由アルヿヲ知リナガラ之ヲ嘿過スルニヨリ之ヲ唱フル權利ヲ失フ

ノ原由トナルヲ得（第四百三十六條第二號）又ハ裁判取消ノ再審ヲ求ムルノ原因トナルヲ得ルモ（第四百六十八條第六號）然レ圧忌避ハ訴訟人各自カ有スル一權利ニシテ判事ノ公平ナル裁判ヲ爲シ得ザル恐レアルトキニ其判事ノ審判ヲ受クルヿヲ避クルカ爲メニ使用スル方法ニ過キサレバ本案ノ口頭辯論ニ入ルノ前ニ之ヲ主張スルニ非レバ後ニ之ヲ唱フル權利ヲ失フ故ニ又上告若シクハ再審ヲ爲スノ原因タルヿ能ハザルナリ

第三十四條　判事カ法律ニ依リ職務ノ執行ヨリ除斥セラル、場合ニ於ケル判事ノ忌避ハ其訴訟ノ如何ナル程度ニ在ルヲ問ハズ之ヲ爲スコトヲ得

偏頗ノ恐アル場合ニ於テハ原告若クハ被告、其覺知シタル忌避ノ原因ヲ主張セズシテ判事ノ面前ニ於テ申立ヲ爲シ又ハ相手方ノ申立ニ對シ陳述ヲ爲シタル後ニハ其判事ヲ忌避スルコトヲ得ス

（解）判事カ偏頗ヲ爲スノ傾アルニモ拘ラス進ンテ訴訟ヲ爲セル者ハ忌避ヲ爲スノ權利

ヲ拋棄セル者ト言ハサルベカラズ故ニ之ヨリ以後ニ於テハ忌避ノ申立ヲ爲スコト能ハザルナリ

忌避ノ申請ヲ爲スニ付テノ手續

第三十五條　忌避ノ申請ハ判事所屬ノ裁判所ニ書面又ハ口頭ヲ以テ之ヲ爲スコトヲ得

忌避ノ原因ノ証明

忌避ノ原因ハ之ヲ疏明スルコトヲ要ス忌避セラレタル判事ノ職務上ノ陳述ハ其疏明ノ用ニ充ツルコトヲ得

原告若クハ被告カ判事ノ面前ニ於テ申立ヲ爲シ又ハ相手方ノ申立ニ對シ陳述ヲ爲シタル後、其判事ニ對シ偏頗ノ忌避ヲ爲ストキハ忌避ノ原因、其後ニ生シ又ハ之ヲ其后ニ覺知シタルコトヲ疏明ス可シ

（解）相手方ノ申述ニ對シテ申立ヲ爲セル後チニ其判事ニ偏頗ノ忌避ヲ爲ストキニ忌避ノ原由ノ其後ニ生シ又ハ覺知セルコトヲ疏明セシムル者ハ忌避ノ原因、其前ニ生シ且之ヲ知レルニ於テハ忌避ヲ爲スノ權利ヲ失却セザルベカラザルニ由ルナリ

忌避ノ申請ヲ裁判スル裁判所其裁判ニ與カルヲ得サル判事

第三十六條　忌避セラレタル判事、合議裁判所ニ屬スルトキハ其裁判所、忌避ノ申請ヲ裁判ス但忌避セラレタル判事ハ其裁判ニ參與スルコトヲ得ス

其裁判ヲ爲スヲ要セサル場合

若シ其裁判所、右判事ノ退去ニ因リ決定ヲ爲スヿ能ハサルトキハ直近上級ノ裁判所、其申請ヲ裁判ス

區裁判所判事、忌避セラレタルトキハ上級ノ地方裁判所、其申請ヲ裁判ス若シ區裁判所判事カ忌避ノ申請ヲ正當ナリト爲ストキハ裁判ヲ要セズ

忌避ノ申請ヲ爲スニ付テノ手續

第三十七條　忌避ノ申請ニ付テノ裁判ハ口頭辯論ヲ經ズシテ之ヲ爲スヿヲ得、忌避セラレタル判事ハ先ツ申請ノ理由ニ付キ職務上意見ヲ述フ可シ

（解）口頭辯論ヲ經ズシテ裁判ヲ爲スヲ許スハ訴訟ノ迅速ニ決落セントヲ欲シテナリ而シテ忌避セラレタル判事ニ先ヅ申請ノ理由ニ付キ意見ヲ述ヘシムルハ事ノ正確ヲ得ルヿ

トヲ望メルニ由ル

忌避ノ申請ニ對スル宣言ノ上訴シ得ル者及得ザルモノ

第三十八條　忌避ノ申請ヲ正當ナリト宣言スル決定ニ對シテハ上訴ヲ爲スコトヲ得ス其申請ヲ不當ナリト宣言スル決定ニ對シテハ即時抗告ヲ爲スコトヲ得

（解）忌避ノ申請ヲ正當ナリトスルトキハ上訴ヲ爲スヲ許サズ不當ナリトスル時ニノミ即時抗告ヲ爲スヿヲ得セシムル者ハ訴訟人ノ利益ヲ計レルニ外ナラズ

忌避セラレタル判事ハ執務ニ從フ事能ハズ

其例外

第三十九條　忌避セラレタル判事ハ忌避申請ノ完結スルマデ總テノ行爲ヲ避ク可シ然レ𪜈偏頗ノ爲メニ忌避セラレタル判事ハ猶豫ス可ヲサル行爲ヲナス可シ

（解）忌避ノ申請正當ナルニ於テハ忌避セラレタル判事ノ爲セル行爲ハ無効ニ歸スルカ故ニ忌避ノ申請アリシ後ニ於テハ忌避セラレタル判事ハ總テノ行爲ヲ避ケザルベカラズ然レ𪜈猶豫ス可カザル緊急ノ行爲ハ之ヲ續行セサル可ラズ蓋シ本條末段ノ規定ハ忌避ノ制ヲ設ケシ主意ヨリスレバ不當ナルニハ相違ナキモ此ノ如クセザルニ於テハ孟浪杜選ノ

忌避ニ關スル事情ハ申請ナキモ之ヲ爲ス

之ヲ爲スノ手續

書記ノ忌避セラルル場合

申請ノ爲メニ恢復ス可カザル結果ヲ誘起シ裁判所ノ爲メ及ヒ訴訟人ノ爲ニ損失ヲ被ラシムルノ種子ト爲ルベク職務ノ執行ヲ全ク停止セサルヨリハ却テ大ナル害ヲ生ズベキガ故ニ本條末段ノ規定ハ權宜ニ處スル一便方ト謂ハザルベカラズ

第四十條　忌避申請ノ管轄裁判所ハ其申請アラザルモ忌避ノ原因タル事情ニ付キ判事ヨリ申出アルトキ又ハ他ノ事由ヨリシテ判事カ法律ニ依リ除斥セラルヽ疑アルトキモ亦裁判ヲ爲ス

此裁判ハ豫メ當事者ヲ審訊セスシテ之ヲ爲ス又其裁判ハ之ヲ當事者ニ送達スルコトヲ要セズ

第四十一條　本節ノ規定ハ裁判所書記ニモ之ヲ準用ス但其裁判ハ書記所屬ノ裁判所之ヲ爲ス

(解)書記ハ書類ヲ調製シ及ヒ之ヲ保存スルノ職ヲ司ル者ナリ而メ書類ハ訴訟ニ重大ナル關係ヲ有ス故ニ又忌避ノ原因存スル時ニハ判事ノ如クニ其行爲ヲ避ケシメザル可カズ

第六節、檢事ノ立會

檢事立會

檢事ノ口頭辯論ニ立會ヒ得ル場合

（解）檢事ハ法律上、裁判所ニ於テ公安ヲ保持シ法律ノ適用ト其執行ヲ求ムル裁判所内ノ一吏員ナリ故ヲ以テ訴訟ノ中、事ノ重キニ屬シ國家社會ノ利益ニ直接ニ牽連スル者アルニ於テハ之ニ立會フテ以テ自巳ノ意見ヲ開述シ以テ判事ヲシテ其判定ヲ誤ラシメザルニ勗メサルベカラズ

第四十二條　檢事ハ左ノ訴訟ニ付キ意見ヲ述ル爲メ其口頭辯論ニ立會フ可シ

第一　公ノ法人ニ關スル訴訟

第二　婚姻ニ關スル訴訟

第三　夫婦間ノ財産ニ關スル訴訟

第四　親子若クハ養親子ノ分限、其他總テ人ノ分限ニ關スル訴訟

第五　無能力者ニ關スル訴訟

第六　養科ニ關スル訴訟

第七　失踪者及ヒ相續人虧缺ノ遺産ニ關スル訴訟
第八　證書ノ僞造若クハ變造ノ訴訟
第九　再審
檢事ノ陳述ハ當事者ノ辯論終リタルキ之ヲ爲ス
當事者ハ檢事ノ意見ニ對シ事實ノ更正ノミニ付陳述ヲ爲スコトヲ得

（解）　右等列記セル訴訟中、再審ヲ除クノ外ハ民法又ハ刑法ニ於テ此事ニ就テ爲セル規定ヲ了解スルニアラザレバ則チ其詳細ヲ知ルコト能ハズ而シテ此小冊子ハ此等ノ事ニ付キ費スベキ部分ヲ有セザレバ之ニ就テハ別ニ說明ヲ付セズ讀者倘シ之ヲ知ラント欲セバ民法又ハ刑法ニ付キ之ヲ研究セヨ之ヲ究メテ其性質ヲ知ルニ於テハ其等ニ關スル訴訟ノ直接ニ國家社會ニ利害ノ關係ヲ有スルモノナルコトヲ知ルヲ得、而シテ之レニ檢事ノ立會ヲ爲スコトノ至當ナルヲ知ルヲ得ン
檢事ハ當事者ノ辯論ヲ了レル後ニ於テ其有スル意見ヲ開述スヘシ而シテ檢事ハ法律ヲ活

用スル一機關ニシテ訴訟人ト辯論ヲ鬪ハシ優劣勝敗ヲ諍フヘキ者ニアラサレハ檢事ノ意見ヲ開述セル後ニ於テハ當事者ハ最早、陳述ヲ爲スノ權ナキ者トス然レ圧訴訟ニ於テ事實ハ洵トニ其基礎ヲナス者ニシテ而シテ局外者ノ之ヲ知ルニ難キモノナレハ檢事ニシテ若シモ此事實ヲ誤認スルヿアルニ於テハ右原則ノ例外トシテ當事者ハ檢事ノ開述セル意見ニ對シテ更正ヲナス爲メ辯明ヲ爲スヲ得ヘシ

第二章　當事者

（解）　當事者トハ我新法典ノ立法者ガ採用セル新創ノ熟語ナルモ敢テ深長ノ意味ヲ有スルモノニアラズ單ニ親シク其事ニ與カル凡ヘテノモノヲ指稱セルニ過ギザレハ此ニテハ訴訟ニ干與スル人、則チ訴訟人ト云フノ義ニ相當スルモノナリ

第一節　訴訟能力

（解）　能力トハ權利義務ノ主躰トナルヘキ法律上ノ權能ヲ云フ換言セハ爲シ又ハ爲サヾルニ付キ人ノ有スル法律上ノ力ナリト言フヲ得ベシ例之ヘハ彼レハ婚姻ヲ爲スノ能力ヲ有シ又ハ契約ヲ爲スノ能力ヲ有セズト云フ片ハ婚姻ヨリシテ生スル權利義務ノ主躰タル

ベキ權能ヲ有スルヲ言ヒ又ハ契約ヨリシテ生スル權利義務ノ主躰タルヘキ力ヲ有セザルヲ謂フカ如シ故ニ訴訟能力ト云フ片ハ訴訟ヲナシ訴訟ヨリシテ生スル權利義務ノ主躰タルヘキ法律上ノ權能ナリト知ルヘシ

訴訟能力又ハ訴訟ノ代理ヲ爲スニ付テ要スル能力

第四十三條　原告若クハ被告カ自ラ訴訟ヲ爲シ又ハ訴訟代理人ヲシテ之ヲ爲サシムル能力ト法律上代理人ニ依レル訴訟無能力者ノ代表ト法律上代理人カ訴訟ヲ爲シ又ハ一ノ訴訟行爲ヲ爲スニ付テノ特別授權ノ必要トハ民法ノ規定ニ從フ

（解）抑々訴訟能力ナルモノハ自治產ノ能力ニ其基ヲ汲ムモノニシテ而シテ如何ナル人ガ此自治產ノ能力アルヘキカハ是レ民法ノ應サニ規定スヘキ事項ニ屬スルヲ以テ本法ハ之レニ付テ何等ノ規定ヲ爲サズ一ニ民法ノ定ムル所ニ推諉セルナリ

外國人ノ訴訟能力

第四十四條　外國人ハ自國ノ法律ニ從ヒ訴訟能力ヲ有セザルモ本邦ノ法律ニ從ヒ訴訟能力ヲ有スルモノナル片ハ之ヲ有スルモノト看做ス

裁判所ハ訴訟能力ハ法律上代理人タル資格及訴訟ヲ爲スニ付テ必要ナル授權ヲ調査スル權アリ

（解）民法上ノ原則ニ循ヘハ能力ニ關スル法律ハ自國ノ法律ニ服從セサル可ラサル者ナリ此ニ外人ノ有スル訴訟ニ就テノ能力ヲ擴充シ自國若シクハ本邦ノ法律ノ何レカ一ニ於テ訴訟能力ヲ有スル時ハ訴訟能力アル者トセルハ外人ノ便宜ヲ計レルニ過キス

第四十五條　裁判所ハ訴訟ノ如何ナル程度ニ在ルヲ問ハス職權ヲ以テ訴訟能力、法律上代理人タル資格及ヒ訴訟ヲ爲スニ必要ナル授權ニ欠欲ナキ否ヤヲ調査スヘシ

裁判所ハ遲滯ノ爲メ原告若クハ被告ニ危害アリ且其欠缺ノ補正ヲ爲シ得ルモノト認ムルトキハ原告若クハ被告又ハ其法律上代理人ニ其欠缺ノ補正ヲ爲ス條件ヲ以テ一時訴訟ヲ爲スヲ許スコトヲ得、此場合ニ於テ裁判所ハ欠缺補正ノ爲メ相當ノ期間ヲ定メ其期間ノ滿了前ニ判決ヲ爲スコトヲ得ズ但其欠缺ノ補正ハ判決ニ接著スル口頭辯論ノ終結マテ之ヲ追完スルコトヲ得

（解）訴訟能力ナキ者及訴訟ヲ爲スノ權力ナキ者カ爲セル訴訟ハ無効ナリ故ニ訴訟ヲ爲

裁判所ノ特別代理人ヲ選定シ得ル場合

特別代理人ヲ選定スルニ付テノ申請ヲ爲ス手續

申請ノ却下セラレタル時ハ抗告スルヲ得ヘシ

スニ付テノ能力ナキモノカ訴訟ヲナシツヽアラサルカニ付キ疑ノ存セルトキハ裁判所ハ訴訟ノ如何ナル程度ニ進行シ居ルヲ問ハス又當事者ノ申立ノ有无ニ拘ハラス之ヲ調査シ得サルヘカラス本條カ其第二項ニ於テ訴訟ヲ爲スニ付テノ能力若シクハ權力ノアラサル者カ爲セル訴訟手續ヲ直チニ無効ト爲サズ之ヲ追完スルコトヲ許セルモノハ亦是レ權宜ニ出テタル一便法ニ過キサルナリ

第四十六條　訴訟無能力者又ハ相續人ノ未定ノ遺産又ハ不分明ナル相續人ニ對シ訴ヲ起ス可キ場合ニ於テ法律上代理人アラサルトキハ其事件ノ繫屬スヘキ裁判所ノ裁判長ハ申立ニ因リ遲滯ノ爲ニ危害ノ恐アル場合ニ限リ特別代理人ヲ任ス可シ

右申請ハ書面又ハ口頭ヲ以テ之ヲ爲スコトヲ得、此裁判ハ口頭辯論ヲ經スシテ之ヲ爲シ其裁判ハ申請人ニ之ヲ送達シ又申請ヲ認許シタルトキハ其任セラレタル特別代理人ニモ亦之ヲ送達ス可シ

申請ヲ却下スル裁判ニ對シテハ抗告ヲ爲スコトヲ得

特別代理人ノ有スル權限

裁判長ヨリ任セラレタル特別代理人ハ法律上代理人又ハ相續人ノ出頭スル迄訴訟行爲ニ付キ法律上代理人ノ權利及ヒ義務ヲ有ス

裁判所ノ特別代理人ヲ選定シ得ル場合

第四十七條　第十五條ニ揭ケタル場合ニ於テ訴訟無能力者カ其現在地又ハ兵營地若シクハ軍艦定繫所ノ裁判所ニ訴ヲ受ク可キ場合ニ於テ其法律上代理人、他ノ地ニ住スルトキハ遲滯ノ爲メ危害ナシト雖モ前條ノ規定ニ從ヒ特別代理人ヲ任スルコトヲ得此他、裁判ニ對シ抗告ヲ許ス規定ヲ除ク外總テ前條ノ規定ヲ適用ス

前二ケ條ハ起訴者ノ便宜ヲ計リテ原則ノ適用ヲ撓メタルニ過キサレハ別ニ說明ヲ與ヘズ

第二節　共同訴訟人

共同訴訟人

其義解

（解）二人以上ノ者、同一事件ニ原告若シクハ被告ト爲リ協合連結、以テ同一ノ運動ヲ爲ス時、其等ノ者ヲ指シテ共同訴訟人ト云フ

二人以上ノ人、同一事件ニ付キ各々獨立シテ原被告タラズ之ヲ一所ニ包括シテ起訴シ又ハ起訴セリト雖モ其審判上ニ變動ヲ來スヘカラサルヤ論ナキナリ而メ其表面上、曠日多

費ノ最モ嫌忌スヘキ弊ヲ除去シ得ルノ利益アル外、尙ホ評點ニ對シテ矛盾牴牾セル判決ヲ受クルノ害アラサル効アルカ故ニ法律ハ同一ノ訴訟ニ付テハ共同シテ訴訟ヲ爲スコトヲ妨クヘカラサルノミナラス之ヲ助ケテ長セシメサルヘカラス

随意的共同訴訟 必須的共同訴訟

共同訴訟ニ二アリ適意ノ共同訴訟、必須ノ共同訴訟即チ是ナリ共同シテ訴訟ヲ爲スト否トハ一ニ其欲スル所ニ隨ツテ爲シ得ルモノ之ヲ適意ノ共同訴訟ト云ヒ法律ノ規定ニ制セラレ共同シテ訴訟ヲ爲サヽルヘカラサルモノ之ヲ必須ノ共同訴訟ト云フ前者ハ法律之ヲ第四十八條ニ規定シ後者ハ第五十條ニ規定セリ余ハ之ヨリ讀者ニ其紹介ヲナセン

共同訴訟ヲ爲シ得ル塲合

第四十八條 左ノ塲合ニ於テハ共同訴訟人トシテ數人カ共ニ訴ヲ爲シ又ハ訴ヲ受クルコトヲ得

其一

第一 數人カ訴訟物ニ付キ權利共通若シクハ義務共通ノ地位ニ立ツトキ

其二

第二 同一ナル事實上及ヒ法律上ノ原因ニ基ク請求又ハ義務カ訴訟ノ目的物タルトキ

共三

共同訴訟人ノ爲セシ行爲ハ各別ニ效力ヲ生ス

第三　性質ニ於テ同種類ナル事實上及ビ法律上ノ原因ニ基ク同種類ナル請求又ハ義務カ訴訟ノ目的物タルトキ

（解）共同訴訟ヲ爲シ得ル場合ハ本條之ヲ分テ三ト爲セリ其一ハ權利義務ノ共同ナルニ基キ其二ハ訴訟ヲ爲スノ原由カ同一ナルニ因リ而シテ其三ハ訴訟物ノ同一ナルニ基ク余ハ權利義務ノ共同ナル時ノ例トシテハ貸金事件ニ於テ數多ノ人ガ連帶シテ權利ヲ有シ義務ヲ負ヘル場合ヲ示スヲ得ヘク又訴訟原由ノ同一ナル時ノ例トシテハ連帶ノ貸借事件ニ於テ權利者、義務者ガ各其一部分宛ノ權利又ハ義務ヲ有スルニ止マル場合ヲ示スヲ得ヘク而シテ最後ニ訴訟物ノ同一ナル時ノ例トシテハ保險會社ガ數多ノ被保人ヨリ別箇ニシテ同種類ナル規約券ニ依リ其約束金額ノ支拂ヲ請求セラルヽ場合ヲ指示スルヲ得ヘシ讀者若シ此他ニ本條各號ノ規定ニ相當スル類例ヲ知ラント欲セハ之ニ準シテ自ラ考察スヘシ

第四十九條　共同訴訟人ハ其資格ニ於テハ各別ニ相手方ニ對立シ其一人ノ訴訟行爲及ヒ懈怠又ハ相手方ヨリ其一人ニ對スル訴訟行爲及ビ懈怠ハ他ノ共同訴訟人ニ利害ヲ及ホサス

右ノ原則ノ例外

（解） 共同訴訟人、共同シテ訴訟ヲ爲スコトアル𪜈其訴訟人間ニ於ケル相互ノ關係ニハ變態ヲ呈スルヿナク各人ノ爲シ又ハ爲サザリシ行爲ハ之ヲ爲シ又ハ爲サヽリシ者ノミニ對シテ効果ヲ生スルヿハ各人ガ各別ニ訴ヘ又ハ訴ヘラレシ時ニ同シカルヘキニヨリ一人ノ爲シ又ハ爲サヽリシ行爲ハ其他ノ者ニハ法律上何等ノ影響ヲモ及ホサシムベカラズ

第五十條 然レ𪜈總テノ共同訴訟人ニ對シ訴訟ニ關ル權利關係ガ合一ニノミ確定ス可キトキニ限リ左ノ規定ヲ適用ス

共同訴訟人中ノ或ル人ノ攻擊及ヒ防禦ノ方法（證據方法ヲ包含ス）ハ他ノ共同訴訟人ノ利益ニ於テ効ヲ生ス

共同訴訟人中ノ或ル人カ爭ヒ又ハ認諾セサルトキト雖モ總テノ共同訴訟人カ悉ク爭ヒ又ハ認諾セサルモノト看做ス

共同訴訟人中ノ或ル人ノミカ期日又ハ期間ヲ懈怠シタルトキハ其懈怠シタル者ハ懈怠セサル者ニ代理ヲ任シタル者ト看做ス

然レ𪜈懈怠シタル共同訴訟人ニハ其懈怠セサリシ場合ニ於テ

爲ス可キ總テノ送達及呼出ヲ爲スコトヲ要ス其懈怠シタル共同訴訟人ハ何時タリトモ其後ノ訴訟手續ニ再ヒ加ハルコトヲ得

（解）然レモ又權利關係ガ合一ニノミ確定スヘキ時、即チ之ヲ換言セハ合一スルニ非ザレハ確定スルコト能ハサル場合ナキニ非ズ設例ヘバ一地所ノ共有者ニ對シ通行ノ地役又ハ汲水ノ地役ヲ請求スル時ノ如シ此場合ニ於テモ仍ホ前條ノ原則ヲ墨守スルニ於テハ其判決ニ異同ヲ來シ匡正スヘカラサル紛擾ヲ速クコトアラン是レ嘉ミスヘキコトニ非ズトス乃チ本條ノ例外ヲ生スルニ至レル所以ナリ

第三節　第三者ノ訴訟參加

第三者ノ訴訟參加

（解）第三者ノ訴訟參加トハ訴ニ關係セザリシ他人ガ現ニ他人ノ爲シ居ル訴訟ノ自己ノ權利ノ妨ケヲ來スベキコトヲ主張シ之ヲ攻擊シ自己ニ關スル部分若クバ其訴訟全部ヲ排却センガ爲メニ其訴訟ニ與カルヲ云フ

讀者ノ中或ハ裁判ノ契約ニ同ジク訴訟ニ關係セサリシ他人ニ利害ヲ及ボスベキ者ニ非サ

ルヲ以テ第三者ニ參加訴訟ヲ爲スヲ許スハ無用ニアラザルカヲ疑フ者アルベシ然レ圧是レ深ク思ハザルノ謗ヲ免カルヽヿ能ハサルナリ成程、裁判ハ契約ニ等シク關係的ノモノナレバ之レニ與カラザリシ他人ニ利害ノ影響ヲ及ホスヿ能ハザルモ他人ガ正當ニ訴ヲ起シテ權利ノ救濟ヲ爲サントスル問ニハ其物件ノ他ニ轉輾シテ之ヲ巳レニ得ルヿ能ハサルヿアルベク或ヒハ又巳レハ他ノ承權者タルガ故ニ巳レニ權利ヲ移セル者ノ訴訟ニ於テ敗ヲ取ル片ハ己レモ亦隨テ權利ノ解除ニ遭フガ如キヿ等アルベキニヨリ第三者ニ訴訟ニ參加シテ權利ノ保全ヲ計ルヿヲ許スハ決シテ益ナシト云フベザカラルナリ

第三者ノ爲ス此參加訴訟ニハ主タルモノアリ從タルモノアリ又告知參加ト稱スルモノアリ

主參加
從參加
告知參加

參加ノ目的、訴訟事件ノ原被兩造ヲ共ニ其對手トシテ請求スルニ在ル片ハ訴訟ニ主參加アリト曰ヒ訴訟事件ニ加ハリテ主タル訴訟人ノ一方ノ補助ヲ爲スニ止ル片ハ之ヲ從參加アリト曰ヒ第三者ニ訴訟ノ告知ヲ爲シテ其補助ヲ請求シ第三者ノ訴訟ニ參加スル時ハ之ヲ告知參加アリト曰フナリ

主參加ヲ爲シ得ル場合

請フ之ヨリ各條ノ解釋ニ入リ其規定ノ如何ヲ觀察セン

第五十一條　他人ノ間ニ權利拘束ト爲リタル訴訟ノ目的物ノ全部又ハ一分ヲ自己ノ爲ニ請求スル第三者ハ本訴訟ノ權利拘束ノ終ニ至ルマテ其訴訟カ第一審ニ於テ繋屬シタル裁判所ニ當事者雙方ニ對スル訴（主參加）ヲ爲シテ其請求ヲ主張スルコトヲ得

（解）權利拘束トハ我此法典ニ採用セル新創ノ熟語ナリ原告及被告ガ提起セラレタル訴訟ニ基キ其訴ヲ受理セル裁判所ニ於テ法律上、訴訟人タルノ關係ヲ生ゼシメ無闇ニ之ヲ變更スルヲ得ザルベク束縛スルヲ謂フ故ニ訴訟物ノ權利拘束トハ訴訟ニ係ル物件ヲ原被双方ノ間ニ拘束シテ之ヲ其一方ノ自由ニ因リ變動セシメザルベク制縛スルヲ謂フナリ原告被告ノ共謀ニ因リ自已ノ債權ニ害ヲ受ケントスルモノハ其訴訟ノ決落セル後ニテモ民法第三百四十條以下ノ規定ニヨリ之ヲ攻撃スルヲ得ルモノナレハ其訴訟中ニ於テ之レニ與カルヲ得ルハ論ナキナリ

主參加ニ依レル本訴訟ノ中止

此中止ノ申請ヲ爲スニ付テノ手續

從參加ヲ爲シ得ル場合

從參加人ノ爲シ得

第五十二條　本訴訟ハ第一審ニ繫屬スルト上級審ニ繫屬スルトヲ問ハス原告、被告若クハ主參加人ノ申立ニ因リ又ハ職權ヲ以テ主參加ニ付テノ權利拘束ノ終ニ至ルマテ之ヲ中止スルコトヲ得

中止ノ申請ハ書面又ハ口頭ヲ以テ本訴訟ノ繫屬スル裁判所ニ之ヲ爲スコトヲ得

決定ハ口頭辯論ヲ經スシテ之ヲ爲スコトヲ得

中止ヲ命スル決定ニ對シテハ即時抗告ヲ爲スコトヲ得

第五十三條　他人ノ間ニ權利拘束ト爲リタル訴訟ニ於テ其一方ノ勝訴ニ依リ權利上利害ノ關係ヲ有スル者ハ訴訟ノ如何ナル程度ニ在ルヲ問ハス權利拘束ノ繼續スル間ハ其一方ヲ補助(從參加)スル爲メ之ニ附隨スルコトヲ得

第五十四條　從參加人ハ其附隨スルトキニ於ケル訴訟ノ程度ヲ妨ケ

ル權利

サル限リハ其主タル原告若クハ被告ノ爲ニ攻擊及ヒ防禦ノ方法ヲ施用シ且總テノ訴訟行爲ヲ有効ニ行ヒ殊ニ主タル原告若クハ被告ノ爲ニ存スル期間內ニ故障、支拂命令ニ對スル異議又ハ上訴ヲ爲ス權利ヲ有ス

從參加人ノ爲セル行爲ト主タル訴訟人ノ爲セル行爲ノ牴觸セル時ニ標準タルヘキ行爲

從參加人ノ陳述及ヒ行爲ト主タル原告若クハ被告ノ陳述及ヒ行爲ト相牴觸スル塲合ニ於テハ主タル原告若クハ被告ノ陳述及ヒ行爲ヲ以テ標準ト爲ス但民法ニ於テ此ニ異ナル規定アルトキハ此限ニアラズ

（解）從參加人ハ單ニ訴訟本人ヲ補助スル爲メニ訴訟ニ與カル者ニ過キザレハ其參加ヲ爲ス時ニ於ケル訴訟ノ狀態ニテ滿足シ其程度ヲ妨ゲサルノ範圍內ニ於テ攻擊、辨護、其他ノ訴訟行爲ヲ行ヒ且ツ加之、其爲セル諸行爲ガ主タル原告若クハ被告ノ爲セル訴訟行爲ト相抵觸セル時ハ主タル原告若シクハ被告ノ爲セル訴訟行爲ヲ其標準ニ取ラサル可ラズ

從參加人訴訟ヨリ

第五十五條　從參加人ハ訴訟ヨリ脫退シタルトキト雖モ其補助シタ

リ脱退セル時ニ其負フベキ責任

從參加人ガ訴訟ヲ不十分ニ爲サレタリ中逃シ得ル場合

ル原告若クハ被告トノ關係ニ於テハ其訴訟ノ確定裁判ヲ不當ナリト主張スルコトヲ得ス

從參加人ハ其附隨ノ時ノ訴訟ノ程度ニ因リ又ハ主タル原告若シクハ被告ノ所爲ニ因リ攻擊及ヒ防禦ノ方法ヲ施用スルコトヲ妨ケラル、トキ又ハ主タル原告若クハ被告カ從參加人ノ當時知ラサリシ攻擊及防禦ノ方法ヲ故意又ハ重過失ニ因リ施用セサリシトキニ限リ其補助シタル原告若シクハ被告カ訴訟ヲ不十分ニ爲シタリト主張スルコトヲ得

（解）從參加人ハ其所好ニ從テ訴訟ヨリ脱退スルヲ得ヘシ然レ𪜈其好ンデ爲セル行爲ニヨリ結果ノ負擔ヲ逭ガレ得サルニヨリ其加ハリテ脱退シタル訴訟ノ確定裁判ニ就キ其責ヲ逭ガレント求ムルヿ能ハサルナリ

然レ𪜈人ハ他人ノ爲セル過失ノ結果ヲ負フヘキ責ヲ有セサレハ本條第二項ニ規定スルガ如ク早ク訴訟ノ告知ヲ爲サズ因リテ以テ從參加人ヲシテ攻擊又ハ防禦ノ方法ヲ爲スコト

從參加ヲ爲スニ付テ履ムヘキ手續。其一

其二、從參加ヲ爲スニ付テ異議ヲ述ヘラレタル時

能ハサラシメ若クハ己レニ於テ攻撃又ハ防禦ノ方法ヲ有シナカラ故ラニ之ヲ使用セサリシガ爲メニ敗訴セル原告又ハ被告ノ速ケル損失ハ之ヲ受ケサルヘク拒絶スルヲ得ヘシ

第五十六條　從參加ハ本訴訟ノ繫屬スル裁判所ニ申請ヲ以テ之ヲ爲ス可シ

申請ニ當事者及ヒ訴訟ヲ表示シ又一定ノ利害關係及ヒ附隨セントスル陳述ヲ開示ス可シ申請ハ當事者ニ之ヲ送達ス可シ

從參加ハ故障異議又ハ上訴ト併合シテ之ヲ爲スコトヲ得

第五十七條　原告若シクハ被告カ從參加ニ付キ異議ヲ述フルトキハ當事者及ヒ從參加人ヲ審訊シタル後、決定ヲ以テ參加ノ許否ヲ裁判ス其裁判ハ口頭辯論ヲ經スシテ之ヲ爲スコトヲ得

利害關係ノ存否ニ付キ爭アルトキハ從參加人、其關係ヲ疏明スルノミヲ以テ參加ヲ許スニ足ル

右ノ決定ニ對シテハ即時抗告ヲ爲スコトヲ得

從參加人ハ其附隨セル訴訟ニ本人ニ代リテ訴訟ヲ爲スヲ得ベシ

告知參加

參加ヲ許サヽル裁判確定セサル間ハ從參加人ヲ本訴訟ニ立會ハシメ殊ニ總テノ期日ニ之ヲ呼出シ又本訴訟ニ關係アル裁判ヲ爲シタルトキハ從參加人ニ其裁判ヲ送達ス可シ

第五十八條　從參加人ハ當事者雙方ノ承諾ヲ得テ其附隨シタル原告若シクハ被告ニ代リ訴訟ヲ擔任スルコトヲ得、此場合ニ於テハ其原告若クハ被告ノ申立ニ因リ判決ヲ以テ訴訟ヨリ其原告若クハ被告ヲ脫退セシム可シ

第五十九條　原告若クハ被告若シ敗訴スルトキハ第三者ニ對シ擔保又ハ賠償ノ請求ヲ爲シ得ヘシト信シ又ハ第三者ヨリ請求ヲ受クヘキコトヲ恐ルヽ場合ニ於テハ訴訟ノ權利拘束間、第三者ニ訴訟ヲ告知スルコトヲ得

訴訟ノ告知ヲ受ケタル者ハ更ニ訴訟ヲ告知スルコトヲ得

（解）本條ハ原告若クハ被告ガ其訴訟ニ敗ヲ取レルトキニハ先權者ニ向テ反求スル所アラ

ント思料シ又ハ第三者ヨリ完全ナル訴訟ヲ爲シタリト云ハルヽ恐アル場合ニ於テ其欲スル時ハ參加シ得ルノ便ヲ得セシメンガ爲メニ訴訟ノ通知ヲ爲シテ以テ後日ノ煩累ヲ免カレ得ルコトヲ規定セルモノナリ

訴訟告知ヲ爲スニ付テノ手續

第六十條　裁判告知ハ訴訟ノ繫屬スル裁判所ニ其訴訟告知ノ理由及訴訟ノ程度ヲ記載シタル書面ヲ提出シテ之ヲ爲ス可シ
此書面ハ第三者ニ送達スルコトヲ要ス又訴訟ヲ告知スル原告若クハ被告ノ相手方ニハ其謄本ヲ送付ス可シ

（解）訴訟告知ヲ爲ス書面ニ訴訟ノ程度ヲ記スルモノハ告知ノ効果ハ告知以後ニアラサレハ生ズルコト能ハサルガ故ニ訴訟カ如何ナル程度ニ在リシ時ニ告知セラレタルカヲ知ルハ、後日、告知ノ効力ニ就キ爭アル時ニ必要ナルニ由ル

訴訟ハ告知ヲ爲スニヨリ中止セラレズ

第三者參加スヘキ

第六十一條　訴訟ハ訴訟告知ニ拘ハラス之ヲ續行ス
第三者、參加ス可キコトヲ陳述スルトキハ從參加ノ規定ヲ適用ス

ノ中立ヲ爲ス片ハ從參加ニ準ズ

第三者ノ名ヲ以テ物ノ占有ヲ爲ス者ガ占有者タルノ資格ニ於テ訴ヘラレタル時ニ於ケル訴訟告知ノ手續

（解）　訴訟告知ハ第三者ヲシテ訴訟ニ從參加ヲ爲サシメンカ爲メノ手續ニ過ギス而シテ從參加ハ本訴訟ニ必要ノ者ニアラズ主タル原告又ハ被告ノ其目的ヲ達スルニ就テノ資ニ供セラルヽモノニ過キサレハ告知ヲ爲セル時ト雖トモ本訴訟ハ爲メニ其進行ヲ止ムルコトアルヘカラサルナリ

第六十二條　第三者ノ名ヲ以テ物ヲ占有スルコトヲ主張スルモノ其物ノ占有者トシテ被告ト爲リタルトキハ本案ノ辯論前、第三者ヲ指名シ之ニ陳述ヲ爲サシムル爲メ其呼出ヲ求ムルトキハ第三者ノ陳述ヲ爲シ又ハ之ヲ爲ス可キ期日マテ本案ノ辯論ヲ拒ムコトヲ得

第三者カ被告ノ主張ヲ爭フトキ又ハ陳述ヲ爲サヽルトキハ被告ハ原告ノ中立ニ應スルコトヲ得

第三者カ被告ノ主張ヲ正當ト認ムルトキハ被告ノ承諾ヲ得テ之ニ代リ訴訟ヲ引受クルコトヲ得

第三者カ訴訟ヲ引受ケタルトキハ裁判所ハ被告ノ中立ニ因リ其被告ヲ訴訟ヨリ脱退セシムル可シ其物ニ付テノ裁判ハ被告ニ對シテモ効力ヲ有シ且之ヲ執行スルコトヲ得

（解）第三者ノ爲メニ物ノ占有ヲ爲ス者ハ已レノ爲ニ之ヲ握有スルニアラス加之フルニ此者ハ其物件取得ノ原由ヲ熟知セズ從テ其取戻シノ訴訟ニ於ケル辯護ノ材料ヲ有セサルヘキガ故ニ若シモ他人ヨリシテ其物ノ取戻シヲ訴ヘラルヽコトアルニ於テハ之ヲ其本人ニ告知スルノ權利ヲ得セシメサルヘカラス而シテ此占有者ハ其訴訟ニ就テノ責任及辯護ノ義務ハ一切之ヲ其本人ニ讓リ已レハ其訴訟ヨリ脱退スベク望ムハ其常ナルヘシ被告ガ此ノ如キ希望ヲ懷クハ決シテ謂ハレナキコトニアラザレバ法律上之ヲ達セシメザルベカラズ是レ即チ原告ノ承諾ナキニ拘ハラス本人ハ自ラ其訴訟ニ與カリ被告ハ其訴訟ヨリ脱スルヲ得又其好ムニ於テハ本人ノ陳述ヲ爲シ又ハ爲スヘキ期日ニ至ルマテ被告ハ本案ノ辯論ヲ拒ムヲ得而メ尙ホ若シモ本人ガ被告ノ主張ヲ爭ヒ又ハ陳述ヲ爲サヾル時ニハ被告ニ原告ノ要求ニ應スルヲ得ルノ規定ヲ爲セル所以ナリ

第四節　訴訟代理人及ヒ輔佐人

（解）訴訟代理人トハ代理人ノ一種類ナリ其諾セル委任ニ因リテ本人ヲ代表シ本人ノ名義ヲ以テ本人ノ爲メニ訴訟ヲ爲ス者ヲ云フ而シテ此ニ所謂輔佐人ナルモノハ本人ト共ニ訟廷ニ出デ之ヲ輔助庇保シテ以テ訴訟事件ニ與カルモノヲ云フナリ盖シ訴訟代理人ハ本人ニ代リテ訴訟ヲ爲スモノナルカ故ニ本人ノ出廷ハ必要ナラサレ圧補佐人ハ本人ニ代ハリテ訴訟ヲ爲スモノニアラズ之ヲ佐ケテ訴訟ヲ爲スモノナルガ故ニ本人ハ必ラス出廷セサルヘカラス

人ハ如何ニ法律ニ通曉シ又如何ニ訴訟ニ巧妙ナルモ或ヒハ事ニ妨ケラレテ自ラ訴訟ニ從フコト能ハサルコトアルヘク或ヒハ又自カラ訴訟ヲ爲サントスルモ法律ヲ知ラズ訴訟ニ明ラカナラズシテ之ヲ遂クルコト能ハサルコトアルヘシ於是乎則チ訴訟代理人又ハ輔佐人ナルモノヲ撰定スルノ必要ヲ生ス既テニ此必要アリ之レニ就テノ規定ナカルヘカラス本節ハ則チ此必要ニ應シテ起レルモノナリ請フ是レヨリ其各條目ニ就キ其規定ノ如何ヲ講究セン

當事者自ヲ訴訟ヲ為サザル時ニ代理人ト為シ得ル人

第六十三條　原告若クハ被告自ラ訴訟ヲ為サザルトキハ辯護士ヲ以テ訴訟代理人ト為シ之ヲ為ス
辯護士ノ在ラサル場合ニ於テハ訴訟能力者タル親族若クハ雇人ヲ以テ訴訟代理人ト為シ若シ此等ノ者ノ在ラサルトキハ他ノ訴訟能力者ヲ以テ訴訟代理人ト為スコトヲ得
區裁判所ニ於テハ辯護士ノ在ルトキト雖モ訴訟能力者タル親族若クハ雇人ヲ以テ訴訟代理人ト為スコトヲ得

（解）此ニ訴訟代理人トナリ得ルモノニ制限ヲ加ヘ辯護士又ハ本人ノ親族若シクハ雇人タラサルヘカラサルモノト為セルモノハ彼所謂三百代言ヲ一掃シ盡サントスル政略上ノ理由ニ基ケルモノナルモ理論上ヨリスレハ充分ニ批難ヲ加フルノ餘地ヲ存スルヲ見ル殊ニ本人ノ器械ト為リテ働キ其身ニ義務ヲ負ハザル訴訟代理人ハ訴訟能力アル者ナラサルヘカラストセルガ如キハ余ハ其何ノ意ニ基ケルモノナルヤヲ知ルコト能ハズ瘋癲白痴、菽麥ヲ辨セサルモノノ如キハ固ヨリ訴訟代人タラシムヘカラサルモ訴訟能力ヲ有スルモノ

ナラサレバ訴訟代人タルヲ得スト爲セルハ狹隘ニ失セルノ甚ダシキモノニアラズヤ余ハ我立法者ガ如是規定ヲ爲セルヲ惜シム

其末段ニ於キテ辯護士ノアル時ニテモ他ノ者ヲ以テ訴訟代人タルヲ得セシメシハ區裁判所ハ輕微ノ事件ヲ取扱フモノナルガ故ニ訴訟人ニ成ルヘク費用ヲ爲サシメサラシメント欲セルニ由ルナリ

訴訟委任ニ付テノ證據

第六十四條　訴訟委任ハ裁判所ノ記錄ニ備フ可キ書面委任ヲ以テ、之ヲ證ス可シ

私署證書ハ相手方ノ求ニ因リ之ヲ認證ス可シ其認證ハ公證人之ヲ爲シ又相當官吏之ヲ爲スコトヲ得

口頭辯論ノ期日又ハ受命判事若クハ受託判事ノ面前ニ於テ口頭委任ヲ爲シ其陳述ヲ調書ニ記載セシムルトキハ書面委任ト同一ナリトス

訴訟委任ノ證據ニ就キ斯ク丁寧ナル手數ヲ爲スヿヲ要メシハ其委任ノ有无ハ訴訟手續ノ

訴訟委任ノ常然惹起スル區域

有効無効ニ關係ヲ有スレハナリ

第六十五條　訴訟委任ハ反訴、主參加、故障、假差押若クハ假處分又ハ强制執行ニヨリ生スル訴訟行爲ヲ併セ訴訟ニ關スル總テノ訴訟行爲ヲ爲シ及ヒ相手方ヨリ辨濟スル費用ノ領收ヲ爲ス權ヲ授與ス

訴訟代理人ハ特別ノ委任ヲ受クルニ非サレハ控訴若クシハ上告ヲ爲シ再審ヲ求メ代人ヲ任シ和解ヲ爲シ訴訟物ヲ抛棄シ又ハ相手方ヨリ主張シタル請求ヲ認諾スル權ヲ有セス

（解）訴訟委任カ惹起スル所ノ効果ノ餘マリニ狹少ナルハ訴訟ノ確實ニシテ迅速ナル結局ヲ期スルノ目的ト相觸ルヽガ故ニ之ヲ許スハ不可ナリ然レドモ扣訴若シクハ上告ヲ爲シ又ハ再審ヲ求ムルヿノ如キハ一訴訟ノ既ニ一段落ヲ結ヘル者ナルガ故ニ之レ等ノヿヲ爲セルモノハ更ラニ特別ノ委任ヲ受ケサルヘカラサル者ト爲スモ何等ノ不都合モ之レアルヿナシ加之、本人ニ於テモ此ノ如キヿハ其際ニ荐マサレハ之ヲ爲スノ意、定マルモノ

委任權限ニ付テノ合意

ニアラザルガ故ニ先キニ爲セル委任ノ中ニ之等ノ事ヲ含メル者ト見ルヿ能ハサルナリ故ニ之ヲ委任ノ當然、惹起スル効果ノ中ニ列ス可ラス若シ夫レ更ニ代人ヲ任シ和解ヲ爲シ訴訟物ヲ抛棄シ又ハ相手方ノ請求ヲ認諾スルヿノ如キハ委任ノ目的ト相反スルモノナレハ特別ノ委任アルニアラサレハ之ヲ爲スコトヲ許スヘカラズ

第六十六條　訴訟委任ハ法律上ノ範圍(第六十五條第一項)ヲ制限スルモ其制限ハ相手方ニ對シ効力ナシ

然レ𪜈辨護士ニ依レル代理ヲ除ク外ハ各箇ノ訴訟行爲ニ付キ委任ヲ爲スコトヲ得

(解)委任者ト代理者ハ如何ナル契約ヲナシテ其相互ノ關係ヲ定ムルモ自由ナルガ故ニ代理人ニ〆委任事項ニ背キ以テ本人ニ損失ヲ受ケシムルヿアルニ於テハ本人ハ代理人ニ之ヲ賠ハシメ得ルハ論ヲ待タズ然レ𪜈代理者ガ訴訟ノ對手人ニ對スル關係ニ付テハ之ヲ〆効アラシムヘカラズ若シ夫レ然ラズ法律上、代理セサルヘカラサル事マデモ制限スルヿアランカ審理上最モ嫌フヘキ訴訟ノ澁滯遲延ヲ惹起スルコトヲ免カルル能ハズ之ヲ以

テ余ハ本條初項ノ規定ハ之ヲ嘉ミスルモ其次項ニ於テ此規則ニ例外ヲ置キシハ之ヲ非難セサルヘカラズ何者、辯護士ニ依ラサル代理人ヲ選定セル時ニ於テモ其權限ヲ狹メルニヨリ生スル効果ハ辯護士ニ依レル代理人ヲ選ビシ時ニ異ナル所アラサレハナリ

訴訟代理人數人アル時ニ其代理人ノ有スル權限

第六十七條　訴訟代理人、數人在ルトキハ共同若クハ格別ニテ代理スルコトヲ得、但委任ニ此ト異ナル定メ在モ相手方ニ對シ其効力ナシ

(解) 是亦訴訟ヲシテ迅速確實ニ了ラシメント欲セルニ由ル然レトモ此ニハ委任者ト代理人トノ關係ニ就キ毫モ規定セル所アラサルニヨリ委任者ハ其代理人ガ委任權外ニ出デ、損失ヲ被ラシムルコトアルニ於テハ之ヲ賠ハシムヘク要ムルヲ得ヘシ

訴訟代理人ノ爲セル行爲ノ効力

第六十八條　訴訟代理人カ委任ノ範圍內ニ於テ爲シタル裁判上ノ行爲及ヒ不行爲ハ原告若クハ被告ニ對シテハ其本人ノ行爲又ハ不行爲ト同一ナリトス

其制限

然レトモ代理人ノ事實上ノ陳述ハ其代理人ト共ニ裁判所ニ出頭シタル原告若クハ被告ヨリ即時ニ之ヲ取消シ又ハ更正シタルトキ

委任消滅ノ届出ナクシテ相手方ニ効ナキモノ

代理人ノ代理權消滅後モ爲サザルベカラサル行爲

ニ限リ其効力ヲ失フ

（解）事實上ノ陳述ニ就キ本人ニ取消又ハ更正ノ權利ヲ與ヘ、以テ一般通則ニ例外ヲ置キシ者ハ代理人ハ親シク事ニ當リシモノニアラザレバ事實ヲ知ラサルモノナルニ其誤リテ爲セル陳述ニ効アラシムルハ苛酷ナルニ由ル

第六十九條　委任者ノ死亡、訴訟能力若クハ法律上代理ノ變更、委任ノ廢罷及ヒ代理ノ謝絕ニ因ル委任ノ消滅ハ其消滅ヲ通知スルマデ相手方ニ對シ其効力ナシ

此通知書ハ原告若クハ被告ヨリ受訴裁判所ニ之ヲ差出シ裁判所ハ相手方ニ之ヲ送達スベシ

代理人ハ謝絕ヲ爲スモ委任者、他ノ方法ヲ以テ自己ノ權利ノ防衞ヲ爲サヽル間ハ其委任者ノ爲メニ行爲ヲ爲スコトヲ得

（解）委任ニシテ消滅センカ、ソレト同時ニ代理權ハ消滅ス可キガ故ニ其以後ニ爲セル代理人ノ行爲ハ無効タラザルベカラザルモ知ラザル對手ニ如此効果ヲ受ケシムルハ酷ナ

リ故ニ其或消滅ノ原由殊ニ委任ノ廢罷ニ基ケル代理權消滅ノ時ノ如キハ對手ノ之ヲ知ルマデ其効アラシムヘカラズ然レドモ代理人ノ行爲ガ委任ノ消滅ト共ニ無効ト爲ルハ原則ニシテ假令其對手ニ對スル時ト雖モ之ヲ知ル迄ヽ効アラシメザルハ例外ナリ例外ハ法律ノ規定以外ニ存スベカラザルモノナレバ本條ニ明言セル塲合ノ外ハ委任ノ消滅ハ當然代理ノ消滅ヲ惹起スルモノト知ル可シ

本條末項ノ規定ハ代理人ノ勝手ニテ爲ス代理消滅ノ爲メニ權利ノ防護ニ准備アラサル委任者ガ受ケントスル所ノ害ヲ防ケルモノナリ

委任ノ欠缺ガ惹起ス効果

第七十條　委任ノ欠缺ハ原告若クハ被告ノ爲メ其代理人ナキモノト做看ス

裁判所ハ職權ヲ以テ委任ノ欠欿ヲ調査シ委任ナク又ハ適式ノ委任ナク代理人トシテ出頭スル者ニ事情ニ從ヒ費用及ヒ損害ノ保証ヲ立テシメ又ハ之ヲ立テシメズシテ假ニ訴訟ヲ爲スコトヲ許スコトヲ得

輔佐人ニ付テノ規定

判決ハ欠缺ヲ補正シ又ハ之ヲ補正スル爲メ裁判所ノ適宜ニ定ムル期間ノ滿了後ニ限リ之ヲ爲スコトヲ得、欠缺ノ補正ハ判決ニ接著スル口頭辯論ノ終結マデ之ヲ追完スルコトヲ得

（解）委任ノ欠缺ガ代理人ナキ者ト見ラルヽハ當然ノヿナリ而メ其欠缺セルヤ否ヤヲ調査スルノ權利ヲ裁判所ニ附與セルモノハ適當ノ委任ナキ者ヲ徒ラニ審判スルノ勞ヲ防遏スルニハ適切ニシテ且ツ簡便ナレバナリ

又委任ヲ受ケズ本人ノ事務管理人トナリ又ハ法式ニ適ヒル委任ナク訴訟代人ト爲リテ裁判所ニ出頭セル者ニ裁判所ノ見ル所ニヨリテ後ニ其欠缺ヲ追完セシムルノ條件ヲ以テ假リニ訴訟ヲ爲スコトヲ許セル者ハ不在、其他ノ事故ノ爲メニ權利ノ保護ヲ爲シ得ザルモノ及ビ有効ノ委任ヲ爲サヽリシ者ノ爲メニ其利益ヲ保護セントスルニ由ル

第七十一條　原告若クハ被告ハ辯護士ヲ輔佐人ト爲シ又ハ何時ニテモ裁判所ノ取消シ得可キ許可ヲ得テ他ノ訴訟能力者ヲ輔佐人ト爲メ共モニ出頭スルヿヲ得、其ノ輔佐人ハ口頭辯論ニ於テ權

訴訟費用

利ヲ伸張シ又ハ防禦スル爲メ原告若クハ被告ヲ補助スルモノトス輔佐人ノ演述ハ原告若クハ被告、即時ニ之ヲ取消シ又ハ更正セサルトキニ限リ原告若クハ被告自カラ演述シタルモノト看做ス

（解）辨護士以外ノ訴訟能力者ヲ輔佐人ト爲ストキニハ何時ニテモ取消シ得可キノ許可ヲ得サルヘカラズトセルモノハ三百代言ヲ裁判所ニ近ツカシメス以テ健訟ノ弊ヲ矯メンカ爲メニ外ナラズ而シテ輔佐人ノ爲セル陳述ヲ即時ニ之ヲ取消シ又ハ更正セザル本人ハ之ヲ認メシ者ト見ザルベカラズ故ニ自己ノ爲セル陳述ト同一ノ効果ヲ生ス可キナリ

第五節　訴訟費用

（解）訴訟ヲ爲スニ付キ要セル入費之レヲ訴訟費用ト云フ此費用ハ如何ナル場合ニ於テ如何ナル額迄、如何ナル人カ之ヲ負ハザル可ヲザルカ之レ即チ本節ニ規定スル所ニシテ其條目甚多キモ其原理ハ却テ極メテ簡單、約シテ之ヲ言ヘバ（權利ナクシテ人ニ損害ヲ加ヘシモノハ之レヲ償ハサルベカラズ）トノ原則ノ適用ニ外ナラザルナリ讀者本節ヲ讀

ムノ時ニ際リ此原則ヲ服膺シテ忘ルヽコナクンバ何レノ條ニ臨ムモ鑿々、其肯綮ニ中ルヲ得ン故ニ余ハ詳細ノ説明ヲ爲サズ匆々、本節ヲ經過スベシ

敗訴者ハ訴訟費用ヲ負擔ス

第七十二條　敗訴ノ原告若クハ被告ハ訴訟ノ費用ヲ負擔シ殊ニ訴訟ニ因リ生シタル費用ヲ相手方ニ辨濟ス可シ但其費用ハ裁判所ノ意見ニ於テ相當ナル權利伸張又ハ權利防禦ニ必要ナリト認ムルモノニ限ル

敗訴者ト看ラルヘキ場合

訴訟中ニ訴ヲ取下ケ請求ヲ拋棄シ又ハ相手方ノ請求ヲ認諾スル原告若クハ被告ハ敗訴ノ原告若クハ被告ニ同シ

（解）相當以外ノ權利伸張及ヒ權利防禦ニ付テノ費用ハ之ヲ其對手ノ爲メニ費セルモノト云フ能ハザルニヨリ之ヲ爲セルモノ自ラ之ヲ負ハザルベカラズ而シテ其相當ナルヤ否ヤノ認定ハ裁判所ノ自由ナル意見ニ委セラレタレバ訴訟人ハ之レニ容喙スルノ權利ヲ有セズ

取下クル訴ヲ起シ拋棄スル請求ヲ認諾セル者ノ如キハ其訴訟ニ就テノ費用ヲ自己ノ所爲

勝敗相半セハ時ニ訴訟入費ヲ負擔スルモノ

其例外

被告直チニ請求ヲ認メ及其所爲ニヨリ起訴セシメタルニアラサル時ニ訴訟入費ノ貟擔ヲ爲スモノ

ニテ致セルモノト言ハザルベカラズ故ニ又自カラ之ヲ負ハザルベカラズ

第七十三條　當事者ノ各方、一分ハ勝訴ト爲リ一分ハ敗訴トナル時ハ其費用ヲ相消シ又ハ割合ヲ以テ之ヲ分擔スベシ第一ノ場合ニ於テハ各當事者ハ其支出シタル費用ヲ自ラ貟擔シ他ノ一方ニ對シ辨濟ヲ請求スルコトヲ得ス

然レトモ裁判所ハ相手方ノ要求格外ニ過分ナルニアラズ且別段ノ費用ヲ生セサリシキ又ハ判事ノ意見、鑑定人ノ鑑定若クハ相互ノ計算ニ因リ要求額ヲ定ムルニ非レバ容易ニ過分ノ要求ヲ避クルコトヲ得サリシトキハ當事者ノ一方ニ訴訟費用ノ全部ヲ貟擔セシムルコトヲ得

第七十四條　被告直チニ請求ヲ認諾シ且其作爲ニ因リ訴ヲ起スニ至ラシメタルニ非サルトキハ訴訟費用ハ原告ノ勝訴ト爲リタルニ拘ハラズ其貟擔ニ歸ス

期日若クハ期間ノ懈怠ヲ爲シタルカ爲メニ致セル費用ノ負擔者

無益ナル攻擊又ハ防禦ヲ爲セルニヨリ生シタル費用ノ負擔者

無益ナレ上訴又ハ取下ケタル上訴費用ヲ負フ者

上訴ニヨリ裁判ノ全部又ハ一部ヲ廢棄シ又ハ破毀セル時ニ訴訟

第七十五條　期日若シクハ期間ヲ懈怠シ又ハ自己ノ過失ニ因リ期日ノ變更、辯論ノ延期、辯論續行ノ爲メニスル期日ノ指定、期間ノ延長、其他訴訟ノ遲滯ヲ生セシメタル原告若クハ被告ハ本案ノ勝訴者ト爲リタルニ拘ヲズ此カ爲メニ生シタル費用ヲ負擔ス可シ

第七十六條　裁判所ハ無益ナル攻擊又ハ防禦ノ方法（証據方法ヲ包含ス）ヲ主張シタル原告若クハ被告ヲシテ本案ノ勝訴者ト爲リタルニ拘ハラズ其方法ノ費用ヲ負擔セシムルコトヲ得

第七十七條　無益ナル上訴又ハ取下ケタル上訴ノ費用ハ之ヲ提出シタル原告若クハ被告ノ負擔ニ歸ス

第七十八條　上訴ニ因リ裁判ノ全部又ハ一分ヲ廢棄若クハ破毀スルトキハ訴訟ノ總費用（上訴ノ費用ヲ包含ス）ノ裁判ハ本案ノ終局裁判ト併合シテ更ニ之ヲ爲スベシ

費用ノ裁判ヲ管轄スル裁判所

原告若クハ被告ガ前審ニ於テ主張スルコトヲ得可カリシ事實又ハ攻擊若クハ防禦ノ方法ヲ新ニ提出スルニ因リ勝訴者ト爲ルトキハ其原告若クハ被告ニ上訴費用ノ全部又ハ一分ヲ負擔セシムルコトヲ得

（解）前審ニ於テ主張スルコトヲ得ベカリシ事實又ハ攻擊若クハ防禦ノ方法ヲ新ニ提出セルニヨリ訴訟ニ勝テル者ハ濫リニ訴訟ヲ起セルノ過失ハナキモ早ク事實ノ主張ヲ爲シ又ハ攻擊若クハ防禦ノ方法ヲ爲サヽリシノ怠慢アレバ訴訟入費ノ一部ヲ負ハザルベカラズ

當事者ノ和解ヲ爲セル時ニ訴訟入費ノ負擔ヲ爲ス者

第七十九條　當事者カ訴訟物ニ付キ和解ヲ爲ストキハ其訴訟ノ費用及ヒ和解ノ費用ハ共ニ相消シタルモノト看做ス但當事者、別段ノ合意ヲ爲シタルトキハ此限ニアラズ

當事者カ訴訟物ニ就キ和解ヲ爲ストキハ大概ネ皆ナ訴訟入費ノ負擔ニ付キ合意ヲ爲スコトアルベシ然ルニ若シ之ヲ爲サザリシトセンカ互ニ其費セルモノヲ負擔スルノ意ナリシト推定セザルベカラズ

共同訴訟人間ニ於ケル費用ノ負擔方

第八十條　法律ノ規定ニ從ヒ費用ニ付キ共同訴訟人ノ連帶義務ノ生セサルトキニ限リ其共同訴訟人ハ相手方ニ對シ平等ニ費用ヲ負擔ス然レトモ共同訴訟人ノ訴訟ニ於ケル利害ノ關係著ク相異ナルトキハ裁判所ハ其利害關係ノ割合ニ從ヒ費用ヲ負擔セシムルコトヲ得

共同訴訟人中ノ或ル人カ特別ノ攻擊又ハ防禦ノ方法ヲ主張シタルトキハ他ノ共同訴訟人ハ此レカ爲メニ生シタル費用ヲ負擔セズ

第八十一條　從參加ニ對シ原告若クハ被告カ異議ヲ述フルトキハ其異議ノ決定ニ於テ從參加人ト其原告若クハ被告トノ中間訴訟ノ費用ニ付キ第七十二條乃至第七十八條ノ規定ニ從ヒテ裁判ヲ爲スベシ

從參加ヲ許シタルトキ又ハ異議ヲ述ベザルトキハ本訴訟ノ判決ニ於

訴訟費用ニ對スル裁判

裁判所書記、法律上代理人、辨護士其懈怠等ニテ訴訟入費ヲ

テ從參加人ト相手方ナル原告若クハ被告トノ間ニ從參加ニ因リ生シタル費用ニ付テモ亦前數條ノ規定ニ從テ裁判ヲ爲ス可シ

第八十二條　費用ノ點ニ限リタル裁判ニ對シテハ不服ヲ申立ツルコトヲ得ス然レトモ本案ノ裁判ニ對シ許ス可キ上訴ヲ提出シ且追行スル時ニ限リ費用ノ點ニ付キ不服ヲ申立ツルコトヲ得

費用ノ點ニ限リタルトキト雖モ相手方ヨリ提出シタル上訴ニ附帶スル場合ニ於テハ不服ヲ申立ツルコトヲ得

（解）費用ノ点ニ限リタル裁判ニ不服ノ申立ヲ爲スコヲ許サヽルハ其裁判ヲ爲セル裁判所ハ其上級ノ裁判所ヨリ其事實ニ通シ居ル譯合ナルガ上ニ些細ノ事件ノ爲メニ審判ノ手數ヲ煩ハサシムルハ厭フ可キ事ナレバナリ

第八十三條　裁判所書記、法律上代理人、辨護士其他ノ代理人及ヒ執達吏ノ過失又ハ懈怠ニ因リ費用ノ生シタルトキハ受訴裁判所ハ申立ニ因リ又ハ職權ヲ以テ其費用ノ辨濟ヲ負擔セシムル

爲サシメタル時ニ裁判所ノ有スル權能

費用額確定ノ申請

決定ヲ爲スコトヲ得、但其決定前、關係人ニ口頭又ハ書面ニテ陳辯ヲ爲ス機會ヲ與フヘシ

此裁判ハ口頭辯論ヲ經ズシテ之ヲ爲スコトヲ得、其決定ニ對シテハ即時抗告ヲ爲スコトヲ得

（解）本條ニ列載スル一定ノ人ガ拂ハザル可ラサル訴訟費用ハ申立アルヲ待タズニ受訴裁判所カ職權ヲ以テ之ヲ拂フ可ク決定スルヲ得ル所以ハ此等ノ者タル此裁判所ノ監督ノ下ニアルモノナレバ之ヲ懲シテ其將來ヲ戒シムルノ必要アルニ倘シモ被害者ノ申立ヲ待タサルベカラストスルニ於テハ被害者ハ往々、後來ノ危惧ノ爲メニ憚リテ訟求ヲセサルコトアルベク然ルトキハ此等ノ者ハ其過失ヲ免カルヽヲ得テ而シテ懲戒ノ功ハ得テ生スルコト能ハザレバナリ

第八十四條　辨濟スヘキ費用額ノ確定ハ申請ニ依リ訴訟ノ第一審ニ繫屬シタル裁判所ノ決定ヲ以テ之ヲ爲ス

申請ハ第七十二條第二項又ハ上訴取下ノ場合ヲ除ク外、執行シ

得ヘキ裁判ニ依ルトキニ限リ之ヲ爲スコトヲ得
申請ハ口頭ヲ以テ之ヲ爲スコトヲ得
申請ニハ費用計算書、相手方ニ付與ス可キ計算書ノ謄本及ヒ各箇費用額ノ疏明ニ必要ナル證書ヲ添附スヘシ

費用額確定ノ裁判

第八十五條　費用額確定ノ裁判ハ口頭辯論ヲ經スシテ之ヲ爲スコトヲ得
裁判所ハ裁判所書記ニ費用計算書ノ計算上ノ撿査ヲ命スルコトヲ得
裁判所ハ費用額確定ノ決定ヲ爲ス前、相手方ニ計算書ヲ附與シテ裁判所ノ定ムル期間內ニ陳述ヲ爲スヘキ旨ヲ之ニ催告スルコトヲ得、此決定ニ對シテハ即時抗告ヲ爲スコトヲ得

費用額確定ノ裁判ヲ爲スニ付テノ手續

第八十六條　當事者ハ訴訟費用ノ全部又ハ一分ヲ割合ニ從ヒ負擔ス可キ時ハ裁判所ハ費用額確定ノ決定ヲ爲ス前、相手方ニ

裁判所ノ定ムル期間內ニ其費用ノ計算書ヲ差出ス可キ旨ヲ催告ス可シ此期間ヲ徒過シタル後ハ費用額確定ノ決定ハ相手方ノ費用ヲ省ミズ之ヲ爲ス可シ但相手方ハ後ニ自己ノ費用ヲ以テ其費用額確定ノ申請ヲ爲ス妨ト爲ルコトナシ

（解）本案ノ裁判ハ訴訟費用ヲ辨償ス可キノ義務アルコトヲ言渡スニ過キザレバ更ニ其額ノ幾許ナルヤヲ定ムルノ申請ヲ爲スコハ必要ナリ費用ノ計算書ヲ差出ス可ク催告セラレ乍ラ其期間內ニ提出セザル怠慢者ノ爲メニ他ノ一方ノ者ニ費用額ノ確定ヲ爲サシメザルノ謂ハレナケレバ若シモ斯カル場合ノ之アルニ於テハ其計算書ノ提出ヲ爲サザル者ノ爲セシ費用ハ之ヲ省ミズ求メラレタル費用額ノ確定ヲ爲サヾルベカラザルモ併シ之カ爲メニ怠慢者ニ負ハザルモ可ナル費用ヲ負ハシム可キニアラザレバ自己ノ費用ヲ以テ費用額確定ノ申請ヲ爲スヲ妨グヘカラザルナリ

第六節　保證

（解）此ニ所謂保證トハ或ル義務ノ執行ヲ保スルカ爲メニ爲ス現金又ハ有價證券ノ供託

ヲ云フ此保證ハ原告ノ敗訴セルトキ及ビ敗訴セサルモ訴訟費用ヲ負ハザルベカラザル時ニ被告ヲシテ訴訟費用ノ辨償ヲ得セシメンカ為ニ要求セラレタルモノナリ即チ被告ノ利益ノ為メニ要メラレタルモノニ過キザレハ被告ハ原告ニ此義務ノ免除ヲ得セシムルハ自由ナリ

無資無産ノ徒ノ、確乎タル定見モナク萬一ノ勝訴ヲ僥倖ノ他人ニ係リテ訴訟ヲ為シ其敗訴スル𪜈ハ逃亡潜匿、以テ訴訟費用ノ辨償ヲモ被告ニ得セシメサル者、世間、往々ニシテ之アリ是レ悪ム可ク防カザル可カラサルナリ我立法者ノ本節ノ規定ヲ為セルハ則チ此趣旨ニ出テタルモノ也

保證ヲ為スベキ場合及保證ニ充ツベキモノ

第八十七條　訴訟上ノ保證ハ當事者カ別段ノ合意ヲ為ス場合又ハ此法律ニ於テ保證ヲ定ムルコトヲ裁判所ノ自由ナル意見ニ任スル場合ヲ除ク外、裁判所ノ意見ニ於テ擔保ニ十分ナリトスル現金又ハ有價證券ヲ供託シテ之ヲ為ス

外人ノ保證ヲ立ツ

第八十八條　原告又ハ原告ノ從參加人タル外國人ハ被告ニ對シ

其求ニ因リ訴訟費用ニ付キ保證ヲ立ツ可シ
左ノ場合ニ於テハ保證ヲ立ツル義務ヲ生セズ
第一　國際條約又ハ原告ノ屬スル國ノ法律ニ依リ本邦人カ
同一ノ場合ニ於テ保證ヲ立ツル義務ナキトキ
第二　反訴ノ場合
第三　證書訴訟及ヒ爲替訴訟ノ場合
第四　公示催告ニ基キ起シタル訴ノ場合

（解）人倘シ內國人カ訴訟ヲ起スニ付テモ保證ヲ立テザルベカラザルノ必要ヲ知ラバ外人ノ原告タル時ニハ其必要ノ愈々大ナルヲ知ラン故ニ訴訟ニ原告タラントスル外人ノ保證ヲ立テザルベカラザル事ニ付テハ別ニ之カ説明ヲ爲サヽルモ其之ヲ立ツルヲ要セザル場合ニ付テハ一言之ヲ謂ハザルベカラズ
本條第一ノ場合カ原告ハ保証ヲ立テサルヘカラズトノ規則ノ例外ニ入ルハ一ハ條約ニヨリテ守ラサルヘカラサルノ義務我ニ在ルト二ニ彼ノ好意ニ酬フルノ義ニ基ケルモノナリ

其第二ノ塲合即チ反訴ニ因レル事件ニ被告カ(反訴ニ就テノ)保証ヲ立ツベク要求スルノ權利ヲ有セザルハ已ヨリ先キニ訴訟ヲ起セルノ事實アルニ由ル

又証書訴訟ハ其要求確實ナルカ故ニ而シテ爲替訴訟ト共ニ簡易ニシテ迅速手續ニ服スヘキモノナルカ故ニ此訴訟ニ被告タルモノニ保証ヲ要求スルノ權利ヲ與フベカラズ是ニ於テカ則チ第三ノ例外生ズ

其最後ニ公示催告手續ニ從テ起セル塲合カ本章原則ノ例外ニ入ルハ此ノ如キ訴訟ヲ起スモノニハ訴訟費用ヲ辨濟セザルカ如キ恐ナシト思量セルナリ

保証ノ額ヲ定ムルモノ

第八十九條　裁判所ハ前條第一項ノ塲合ニ於テハ保証ヲ立ツ可キ數額ヲ確定スベシ

之レニ付テノ標準

此數額ヲ確定スルニハ被告ノ訴ヲ受ケタルカ爲メ各審級ニ於テ支出ス可キ訴訟費用ノ額ヲ標準ト爲ス可シ

保証ノ不足セルニヨリ追增保証ノ求メアル時

訴訟中ニ保証ノ不足ヲ生シ且追增保証ヲ立ツ可キコトヲ被告カ求ムルトキハ前項ト同一ノ手續ニ依ル可シ但爭ナキ請求ノ部分

保證ヲ立ツヘキ期間

此期間内ニ保證ヲ立テサル制裁

カ擔保ニ十分ナルトキハ此限ニ在ラス

第九十條　裁判所ハ保証ヲ立ツ可キ期間ヲ定ム可シ

此期間ノ經過後、裁判アルマテニ保証ヲ立テサル場合ニ於テハ被告ノ申立ニ依リ判決ヲ以テ訴ヲ取下ケタリト宣言シ又原告カ上訴ヲ爲シタルトキハ其上訴ヲ取下ケタリト宣言ス可シ

本條ハ則チ原告カ其與ヘラレタル期間内ニ保証ヲ立テサル時ノ制裁ヲ定メタルモノナリ原告ニ於テ被告ノ利益ノ爲メナル保証ヲ立テザル時ニ被告カ其對手タルヲ拒ムハ至當ト謂フヘシ此ノ如キ場合ニ於テハ其訴訟ハ之ヲ取下ケシメザルヘカラス

第七節　訴訟上ノ救助

訴訟上ノ救助

訴訟上ノ救助トハ貧困窮迫ニシテ自已及其家族ノ必要ナル生活ヲ害スルニ非レバ訴訟ニ付テノ費用ヲ支出スルコト能ハサル者ニ假リニ又ハ確實ニ其費用ヲ拂フコトヲ免除スルヲ云フ

此制ハ獨國ニテハ羅馬法時代ヨリ現ニ行ハレテ現時ハ其制大イニ發達シ居ルモ佛朗西ノ

如キハ輓近ニ至ルマデ此ノ如キ法律アルコト無ク代言人組合ニ於テ手數料ナシニ代言スルノ一慣習アリシニ過キズ千八百五十一年一月二十二日ニ至リ法律ヲ以テ漸ク之ヲ規定セリト雖モ獨逸ノ法制ニ比スレバ下位ニ居ラサルヘカラズ我國ニ於テハ此種ノ制度全クナカリシニアラザルモ其救助ヲ與フル塲合ヲ人事ニ關スル事件ニノミ限リシヲ以テ其區域甚タ狹隘、加之フルニ其規定、不完全ナリケレバ則トルニ足ル可キ價値ハアラザリシニ立法者カ今此完備セル制度ヲ設クルニ至レルハ余輩之ヲ賞揚セサルヘカラズ

ソレ貧ニ陷ルハ必スシモ懶惰ノ致ス所ニアラズ勉勵ノ結果、却テ貧困ヲ誘起シ懶惰若クハ不義ヲ爲セルノ結果、却テ幸福ノ攫取ヲ爲スヿ往々ニ〆之レアリ而ルニ權利ノ枉屈ニ遭ヒ無法ノ所爲ニ惱サルヽモ金ナキノ一事ヲ以テ之ヲ伸ハシ之ヲ斥クルヿ能ハストセンカ余ハ其規定ノ苛酷ナルヲ咎メサルヘカラズ救助ハ之ヲ濫漫ニ失スベカラサルモ又全ク之ヲ廢スヘカラズ若シ夫レ然ラズ(金是權)ノ俚諺ノ如ク金ナケレバ訴訟シ得サルヿトスルニ於テハ失望ノ極、金ナキ者ハ自ラ裁判スルノ暴擧ニ出ツルモ計ルヘカラズ主治者タルモノ豈之ヲ省ミズシテ可ナランヤ是レ則チ本章ノ規定アルニ至レル所以ナリ

救助ヲ受ケ得ル人

第九十一條　何人ヲ問ハス自已及ヒ其家族ノ必要ナル生活ヲ害スルニ非レハ訴訟費用ヲ出タスコト能ハサル者ハ訴訟上ノ救助ヲ求ムルコトヲ得、但其目的トスル權利ノ伸暢又ハ防禦ノ輕忽ナラス又ハ見込ナキニ非スト見ユルトキニ限ル

（解）如何ニ貧困ノ者ト雖モ權利伸暢若クハ其防禦ノ輕忽ナルカ又ハ見込ノアラサル𪜈ハ之ヲ助ケテ爲サシム可キニ非サレハ斯ル訴訟ヲ爲サントスル者ニハ訴訟上ノ救助ヲ與フ可カラス

外國人ノ救助ヲ求メ得ル場合

第九十二條　外國人ハ國際條約又ハ其屬スル國ノ法律ニ依リ本邦人カ同一ノ場合ニ於テ訴訟上ノ救助ヲ求ムルコトヲ得ルトキニ限リ之ヲ求ムルコトヲ得

救助ノ申請ヲ爲スニ付テノ手續

第九十三條　訴訟上救助ノ申請ハ訴訟ノ關係ヲ表明シ且証據方法ヲ開示シテ其救助ヲ求ムル審級ノ裁判所ニ之ヲ提出スヘシ其申請ハ口頭ヲ以テ之ヲ爲スコトヲ得

與ヘラレタル救助ノ有スル區域

第一審ニ救助ヲ受ケタル者ノ上級審ニ於テ更ニ之ヲ受クル時ニ證明スヘキ事項

原告若クハ被告ハ申請ノ提出ト共ニ管轄市町村長ヨリ發シタル証書ヲ出スコトヲ要ス其証書ニハ原告若クハ被告ノ身分、職業、財產、幷ニ家族ノ實况及ビ其納ム可キ直稅ノ額ヲ開示シテ訴訟費用支拂ノ無資力ヲ証ス可シ

（解）本條初項ニ規定セル手續ハ訴訟ノ訴訟上ノ救助ヲ受クルニ足ル可キ者ナルヤ否ヲ知ルニ必要ニシテ而ソテ其末項ノ規定スル所ハ救助ヲ受ク可キ條件ヲ具ヘル人ナルヤ否ヤヲ知ルカ爲ニ必要ナレバ救助ヲ求メントスル者ハ必ス之ヲ爲サヽルヘカラザルナリ

第九十四條　訴訟上ノ救助ハ各審ニ於テ各別ニ之ヲ附與ス第一審ニ於テハ強制執行ニ付テモ之ヲ附與スルモノトス

前審ニ於テ訴訟上ノ救助ヲ受ケタルトキハ上級審ニ於テ無資力ヲ証スルコトヲ要セス相手方、上訴ヲ提出シタルトキハ上級審ニ於テハ訴訟上ノ救助ヲ求ムル原告若クハ被告ノ權利ノ伸張又ハ防禦ノ輕忽ナラス又ハ見込ナキニ非スト見ユルヤヲ調査スル

コトヲ要セズ

（解）權利伸張又ハ防禦ノ輕忽ナルカ若クハ見込ノアラザルトキニハ訴訟上ノ救助ヲ與フヘカラサルモノナルカ故ニ裁判所ハ之ヲ調査セサル可ラズ而シテ此調査ハ各審ニ於テ各別ニ之ヲ爲サヽルヘカラサルモノナルカ故ニ訴訟上ノ救助ノ附與ハ各審ニ於テ各別ニ之ヲ爲サヽルベカラズ

訴訟上救助ノ取消原由

第九十五條　訴訟上ノ救助ハ之ヲ受ケタル條件ノ存セサリシトキ又ハ消滅シタルトキハ何時タリトモ之ヲ取消スコトヲ得

訴訟上救助ノ消滅由原

第九十六條　訴訟上ノ救助ハ之ヲ受ケタル原告若シクハ被告ノ死亡ト共ニ消滅ス

（解）是レ其人ニノミ與ヘラレタルモノナルニ由ル併シ倘シ其原由ノ存セルニ於テハ相續人ト雖、亦等シク之ヲ要ムルヲ得ヘシ

訴訟上ノ救助ガ惹起ス効果

第九十七條　訴訟上ノ救助ハ之ヲ受ケタル原告若クハ被告ノ爲ニ左ノ効力ヲ生ス

訴訟上ノ救助ノ附與ハ相手方ニ拂フベキ義務ニハ影響セズ

救助ヲ受ケタル者

第一　裁判費用（國庫ノ立替金ヲ包含ス）ヲ濟清スルコトノ假免除
第二　訴訟費用ノ保證ヲ立ツルコトノ免除
第三　送達及ビ執行行爲ヲ爲サシムル爲メ一時、無報酬ニテ執達吏ノ附添ヲ求ムル權利

受訴裁判所ハ必要ナル場合ニ於テハ訴訟上ノ救助ヲ受ケタル原告若クハ被告ノ申立ニ因リ又ハ職權ヲ以テ一時、無報酬ニテ辯護士ノ附添ヲ命スルコトヲ得

第九十八條　訴訟上ノ救助ハ相手方ニ生シタル費用ヲ辨濟スル義務ニ影響ヲ及ホサス

（解）國家ト雖、人ニ損害ヲ加ヘシモノヲ辨償セサルヘク猶豫シ若クハ許可ヲ與フルノ權ナシ故ニ訴訟上ノ救助ハ相手方ニ生シタル費用ヲ賠フノ義務ヲ免カレシメズ

第九十九條　救助ヲ受ケタル原告若クハ被告ノ爲メ假リニ濟清

相手方ヨリ受メ得ル訴訟費用ノ取立

救助ヲ受ケタル者ノ諸費用ヲ濟清スベキ時期

訴訟上救助並ニ辯護士添附ノ申請等ニ付キ決定ヲ爲スノ手續

ヲ免除シタル裁判費用ハ訴訟費用ニ付キ確定裁判ヲ受ケタル相手方又ハ訴若クハ上訴ノ取下、抛棄、認諾若クハ和解ニ因リ訴訟費用ヲ負擔ス可キ相手方ヨリ之ヲ取立ツルコトヲ得

救助ヲ受ケタル原告若シクハ被告ニ附添ヒタル執達吏又ハ辯護士ハ同一ノ條件アルトキハ亦自已ノ權利ニ依リ費用確定ノ方法ヲ以テ其手數料及ヒ立替金ヲ取立ツルコトヲ得

第百條　救助ヲ受ケタル原告若クハ被告ハ自已及ビ其家族ノ必要ナル生活ヲ害セスシテ費用ノ濟清ヲ爲シ得ルニ至ルトキハ假免除ヲ得タル數額(第九十七條第一號)ヲ直ナニ追拂ヒスル義務アリ

第百一條　裁判所ハ檢事ノ意見ヲ聽キタル後、訴訟上救助ノ付與並ニ辯護士附添ノ命令ニ付テノ申請、訴訟上救助ノ取消及ヒ數額追拂ノ義務ニ付キ決定ヲ爲ス

右ノ決定ニ對スル抗告

此裁判所ハ口頭辯論ヲ經スシテ之ヲ爲スコトヲ得

第百二條　訴訟上ノ救助ヲ付與シ又ハ其取消ヲ拒ミ若クハ費用追拂ヲ命スルコトヲ拒ム決定ニ對シテハ檢事ニ限リ抗告ヲ爲スコトヲ得

辯護士ノ附添ヲ命スル決定ニ對シテハ上訴ヲ爲スコトヲ得ス

訴訟上ノ救助ヲ拒ミ若クハ取消シ又ハ辯護士ノ附添ヲ拒ミ又ハ費用ノ追拂ヲ命スル決定ニ對シテハ原告若クハ被告ハ抗告ヲ爲スコトヲ得

（解）　本條第一項ニ規定スル諸種ノ決定ハ皆其決定ヲ爲サレタル原告若クハ被告ヲ利スルモノナレハ原告又ハ被告ハ之レニ對シテ不服ヲ唱フルヲ許サス但シ檢事ハ國家ノ爲メニ其利益ヲ保護スルノ任ニ在ルモノナレバ其決定ノ不當ニシテ利益ヲ受クベカラサル者ガ受ケタリト認ムルニ於テハ抗告シテ改正ヲ求ムルヲ得ベシ若シ夫レ訴訟上ノ救助ヲ受ケタル者ノ對手人ニ至テハ更ニ何等ノ關係ヲモ有スルヿナケレハ固ヨリ抗告ヲ爲スノ權

利ヲ有セズ

辯護士ノ附添ヲ命スル決定ハ裁判所ガ訴訟上ノ救助ヲ受ケタルモノヲ訴訟ヲ爲スニ不適當ナリト認ムル時ニ之ヲ爲スモノニシテ訴訟ノ迅速完全ニ決落セシムヘク爲スモノナレバ撿事ト雖モ此決定ヲ攻擊スルヲ許サズ

然レ𪜈裁判所カ爲ス決定ニシテ以上ト全ク反對ノモノナルニ於テハ即チ本條第三項ニ規定スル塲合ニ於テハ其決定ヲ受ケタル原告又ハ被告ハ直接ニ利害ノ關係ヲ有スルモノナレハ抗告ヲ爲シテ決定ヲ攻擊スルヲ得ザルヘカラス

第三章　訴訟手續

（解）　凡ソ人ノ或事ヲ爲サントスルニハ先後アリ順序アリ苟クモ此先後順序ニ從ハズ先ナルモノヲ後ニ爲シ又後ナル者ヲ先ニ爲スガ如キヿアレハ到底、其爲サント欲スル事ニ對スル目的ヲ完全ニ達スル能ハサルナリ訴訟ニ於テモ亦然リトス今夫レ一ノ訴訟起リ之ガ是非曲直ヲ法廷ニ爭ヒ而シテ公明ナル裁判官ニ正當ナル判決ヲ請求セシトスルニハ勢ヒ其當事者ガ當サニ盡ス可キ事ニ對スル先後順序ナカル可ラズ而シテ是等ノ順序ニシテ

口頭辯論及準備書面

其事ノ訴訟上ニ關係ヲ有スルモノ之ヲ稱シテ訴訟手續ト云フ本章ハ實ニ此訴訟上ノ手續ヲ規定セルモノニシテ本法中尤モ必要ノ部分ヲ占ムルモノナリ

第一節　口頭辨論及ヒ準備書面

（解）訴訟審理ノ法方、分テ二トス其第一ハ原被告兩造、即チ當事者ヲシテ或一定ノ時迄ニ書面ニテ攻擊若クハ辨護ヲ爲サシメ裁判官ハ此書面ニ依リテ双方ノ正否曲直ヲ審判スル方法ニシテ其第二ハ當事者ヲシテ口頭ニテ法廷ニ辨論ヲ爲サシメ裁判官ハ此辨論ヲ聽テ相當ノ判決ヲ下スノ方法是ナリ夫レ如此ク訴訟審理ノ方法ニハ二箇アレドモ我立法者ハ後者ヲ採用セリ是誠ニ其宜シキヲ得タルモノトス蓋シ若シ書面ヲ以テ當事者双方ニ辯論ヲ爲サシムルニ於テハ當事者ハ互ニ無益ナル冗辯贅語ヲ列ネテ各、自已ノ利益アルヿヲ主張シ到底、其際限アルヿナク終ニ訴訟審判ノ澁滯ヲ來スヤ必セリ、ソレ訴訟ノ澁滯ハ啻ニ當事者双方ヲシテ時間ト費用トヲ空シク增加セシムルノ損害アルノミナラズ權利ノ所在ヲ永ク不明ニ置クガ故ニ社會ノ爲メニモ之ヲ忌マサルベカラズ然ガルニ口頭辯論ノ主義ニ從フトキハ此弊ヲ除クヲ得テ而シテ裁判官ハ單ニ書面ノ上ニ於ケル辯論ヲ以テ判決ノ

訴訟ニ付テノ當事者ノ辯論ハ口頭ナリ

材料ト爲スヨリモ（親シク自己ノ目前ニ於テ）當事者ノ辯論スル處ヲ聽取スルトキハ默々ノ間ニ双方ノ陳述何レカ正ナルヤヲ認メ得ルノ便アリ故ニ我立法者ガ口頭辯論ノ制ヲ採用シタルハ大ニ之ヲ稱賛セサルベカラズ

然レ𪜈若シ何等ノ準備ヲモナサズシテ突然、當事者ヲ判決裁判所ニ出廷セシメ直チニ口頭辯論ニ入ラシムルハ輕忽ニ失スルノ嫌ナキニアラズ故ニ口頭辯論ヲ爲スニ先チ當事者ヲシテ訴訟ノ準備ヲ爲サシムルカ爲メ書面ヲ提出セシムルヲ可トス

第百二條　判決裁判所ニ於ケル訴訟ニ付テノ當事者ノ辯論ハ口頭ナリトス但此法律ニ於テ口頭辯論ヲ經スシテ裁判ヲ爲スコトヲ定メタルトキハ此限ニ在ラス

（解）訴訟審判ノ方法ハ當事者ヲシテ互ニ書面ヲ以テ辯論セシムルノ制ト口頭ヲ以テ辯論セシムルノ制トアリ然レトモ我立法者ハ前既ニ述ルカ如ク此二制中ノ一ナル口頭辯論ヲ以テ判決スベキ主義ヲ採用シタルガ故ニ當事者ガ判決裁判所ニ於テ訴訟ノ曲直ヲ爭フニハ必ズ口頭ヲ以テ辯論セサル可ラズ（法律ニ定メタル或例外ノ場合ハ格別ナレ𪜈）從

口頭辯論ハ書面ヲ以テ準備ス

テ其裁判官ガ依テ以テ判決ヲ爲スノ憑據トスベキモノハ自已ガ親シク聽取リタル辯論ヲ以テ主タル基本ト爲サヽルヘカラズシテ準備書面ニ豫メ明記シ在ル事ナルト否トヲ問ハズ若クハ書面ニ記シタル處ト同一ナラサル陳述ニテモ可ナリトス然レ𪜈既ニ口頭辯論ノ制ヲ採リ裁判官モ亦其自ラ聽取リタル陳述ニ依テ判決ヲ下スベキモノトセハ此結果トメ訴訟ノ判決ヲ爲スハ必ズ其辯論ノ席ニ臨ミタル裁判官ニ限ル可ク又從テ中途ニ裁判官ノ變更アリタルトキハ更ニ初メヨリ辯論ヲ爲サシメサル可ラサルナリ若シ然ラサランカ後ノ裁判官ハ其以前ニ爲シタル當事者ノ辯論ヲ親シク聽取セズメ判決スルヿトナリ終ニ口頭辯論ノ制ヲ採用セシ立法者ノ主旨ヲ貫徹セサル可キナリ但シ如何ニ口頭辯論ノ制ヲ取ルト雖モ當事者ノ起訴或ハ上告ノ提起ノ如キ一定ノ申立ハ書面ニ明示スルヲ要スルハ勿論トス

第百四條　口頭辯論ハ書面ヲ以テ之ヲ準備ス

(解) 判決裁判所ニ於テ當事者ガ口頭辯論ヲ爲スベキヿハ前條既ニ陳述シタル處ノ如シ然レ𪜈訟廷ニ立テ權利ノ有無ヲ論シ理ノ當否ヲ辯ゼントスルニハ豫メ其爭訟ニ關スル

攻擊若クハ辯護ノ準備ヲ爲サヾル可ラズ若シ夫レ何等ノ準備ヲモ爲サズ突然、辯論ヲ開ク者トセハ如何ナル裁判官ト雖モ容易ニ之ガ理非ヲ斷定スルヲ得サル可ク當事者モ亦其辯論ヲ爲ス可キ一定ノ方針、腹案等定ラズ到底、完全ナル審理ヲ遂ケテ正當ナル判決ヲ下スヲ得サル可シ故ニ法律モ其口頭辯論ニ着手スル前ニ當リ豫メ双方ニ準備書面ヲ作ル可キ䖏ヲ命ジ此準備ノ整頓シタル上ニテ始メテ口頭辯論ヲ爲ス可キ者ト爲セリ此書面ノ準備ハ實ニ口頭辯論ノ基礎トモ爲ルベキモノニシテ又訴訟審理ノ進行ヲ迅速ナラシムル至大ノ利益アルモノナリ

準備書面ニ揭クベキ諸件

第百五條　準備書面ニハ左ノ諸件ヲ揭クヘシ

第一　當事者及ヒ其法律上代理人ノ氏名、身分、職業、住所、裁判所、訴訟物及ヒ附屬書類ノ表示

第二　原告若クハ被告カ法廷ニ於テ爲サント欲スル申立

第三　申立ノ原因タル事實上ノ關係

第四　相手方ノ事實上ノ主張ニ對スル陳述

第五　原告若クハ被告カ事實上主張ノ證明又ハ攻擊ノ爲メ用井ントスル證據方法及ヒ相手方ノ申出テタル證據方法ニ對スル陳述

第六　原告若クハ被告又ハ其訴訟代理人ノ署名及ヒ捺印

第七　年月日

（解）凡ソ訴訟ニハ必ス對手人ナカルヘカラズ既ニ對手人アラサル訴訟ナキモノトセバ其當事者ノ氏名、身分、職業、住所等ヲ記シ豫メ何人ニ向テ起シタル訴訟ナルカヲ示サヾル可ラサルハ勿論ナリ裁判所ヲ記スルハ管轄違等ニアラサルヤ否ヤヲ知ルガ爲メニノ訴訟物及附屬書類等ノ表示ヲ要スルハ訴訟ノ基源ヲ示ス爲ニ必要ナリ（但シ當事者ノ氏名ハ必ズシモ本人ノ氏名ヲ指スニアラズ時トシハ妻ニ對スル本夫、又ハ幼者ニ對スル後見人ノ如キ法律上代人ノ氏名ヲ記スベキヿアリ）第二號ノ記載ハ其對手人ヲシテ辯論ノ準備ヲ爲サシムルニ付キ必要ナリ又第三號、第四號、第五號ニ記シタル爭訟ノ原因、相手方ノ主張ニ對スル陳述、自己ノ權利ヲ主張シ或ハ相手方ノ主張スル處ヲ反駁スル證據

準備書面ヲ作ルニ付テノ注意及記スベカラサルモノ

方法等ハ皆是レ後日ニ至リ口頭辯論ヲ爲スノ準備ト〆尤モ必要ナル事柄ナリ但シ準備書面ニ明記スベキハ必ズ其訴訟ノ事實上ニ關スルヿニ限ル之等ノ理由ハ次條ニ於テ説明ス可シ最後ニ年月日ノ記載ヲ要スルモノハ出訴ノ期日ハ時効ノ計算及ヒ其他ノ事ニ關シ往々之ヲ知ルノ必要アル場合アレバナリ

第百六條　準備書面ニ於テ提出ス可キ事實ハ簡明ニ之ヲ記載ス可シ此他事實上ノ關係ノ説明並ニ法律上ノ討論ハ書面ニ之ヲ掲クルコトヲ得ス

（解）準備書面ヲ作成スルノ目的ハ第百四條ニ述ヘタル如ク主ト〆口頭辯論ノ準備ノ爲メト訴訟審理ノ進行ヲ迅速ナラシメンカ爲メニ外ナラズ果シテ然レバ準備書面ニ記スベキ訴訟ノ事實ハ成ル可ク之ヲ簡單ニシ其要領ノミヲ載スベキハ勿論ナリ若シ夫レ此書面ノ中ニ事實ノ景況ニ關スル一切ノ事ヲ詳細ニ網羅シ之ヲ冗長ニ記述スルガ如キヿアラバ大イニ此書面ヲ作成スル趣旨ト背馳スルニ至ル可シ此他、本條第二項ニ示シタル事實上ニ關スル説明及ヒ法律上ノ討論等ノ如キモノヲ準備書面ニ記スルコトヲ禁シタル法律ノ精神モ亦タ右ト仝一ナリ蓋シ是レ等ノ事ヲ諜々論明シテ更ラニ訴訟ヲ煩難ナラシムルニ至ラバ立法者ガ企圖セル準備書面ノ目的（即チ訴訟審理ノ迅速）ハ遂ヒニ之レヲ達スルコト能ハザルベシ是レ等ノ説明及ヒ法律上辯論ノ如キハ實際上ヨリ見ルモ全ク判決裁判所ノ訟廷ニ於テ口頭ニテ辯論ヲ爲スベキモノナルガ故ニ之レヲ準備書面ニ記載スルノ必要アラサルナリ

準備書面ニ添フベキ證書謄本

第百七條　準備書面ニハ訴訟ヲ爲ス可キ資格ニ付テノ證書ノ原本正本又ハ謄本、其他總テ原告若クハ被告ノ手中ニ存スル證書ニシテ書面中ニ申立ノ原因トシテ引用シタルモノ、謄本ヲ添附ス可シ

證書ノ一部分ノミヲ要用トスルトキハ其ノ冒頭、事件ニ屬スル部分、終尾、日附、署名及ヒ印章ヲ謄寫シタル抄本ヲ添附スルヲ以テ足ル

證書カ既ニ相手方ニ知レタルトキ又ハ大部ナルトキハ其證書ヲ表

示シ且相手方ニ之ヲ閲覧セシメント欲スル旨ヲ附記スルヲ以テ足ル

（解）本條ノ規定ハ證書、其他ノ證據ノ提出ニ關スル規則ト尤モ親密ノ關係ヲ有スルモノナリ蓋シ當事者ガ訴訟審理期日前ニ準備書面ヲ提出セシトキハ之ニ對スル辯論ノ準備ヲ爲シ得ベク又若シ審理期日前ニ證書ノ閲覧ヲ請求シ得ベキ場合ニ於テハ其之ヲ提出シタル時直チニ該證ノ眞否ニ付キテ説明スルヲ得ベシ本條ハ乃チ此二ケノ場合ノ爲メニ規定セラレタルモノニシテ亦是レ訴訟審理ヲ迅速ナラシムルニ切要ノ法則ナリ然レモ本條ノ適用ヲ受ケンニハ左ノ二箇ノ條件ヲ必要トス其一ハ當事者ガ準備書面中ニ申立ノ原因トシテ引用シタルモノナルヿ其二ハ其證書ガ當事者ノ手中ニ存シタルヿ即チ是ナリ然レモ右ハ其證書ノ全部ガ必要ナル場合ニ付テ述ヘタルモノニシテ若シ單ニ一部分ノミヲ要スルトキハ其必要ナル部分ノミヲ謄寫シタル抄本ヲ提出スルヲ以テ足レリトシ（第二項）又證書カ相手方ニ知レ居レルトキ及ヒ其大部ナルトキハ必スシモ其全文ノ謄本ヲ添付スルニ及バズ只之ヲ相手方ニ閲覧セシメント欲スル旨ヲ準備書面ニ附記スレバ即チ可ナリ(第三項)蓋シ相手方ノ既ニ其證書ヲ知リ居ル塲合ハ更ニ之ヲ知ラシムルノ必要ナク又非常ニ大部ノ者ナルトキハ之ヲ謄寫セン爲メニ多クノ時間ヲ費シ却テ本條ノ目的即チ訴訟審理ヲ迅速ナラシムルノ道ヲ妨害スルヿアルヲ以テナリ

當事者ノ書類ヲ提出スヘキ塲處

第百八條　當事者ハ準備書面及ヒ其附屬書類并ニ相手方ニ付與スル爲メ必要ナル謄本ヲ裁判所書記課ニ差出ス可シ

(解)訴訟當事者ニ本條ノ義務ヲ負ハシタル主タル理由ハ其判決裁判所ヲシテ審理ニ付テノ適當ノ處置ヲ爲ス可キ準備ヲ爲サシムルニ在リ此他ノ理由ハ第百五條ノ初ニ說明シタル處ヲ參照ス可シ而シテ此規定ハ我民事訴訟法ノ母法タル獨乙國訴訟法ニ於テモ同一ノ法則ヲ規定セラレ在レ圧其初メ本法ノ未ダ草案タリシ頃、獨乙帝國議會、委員ノ各讀會ニ於テ此規定ノ存廢ニ付テ劇烈ナル議論アリタリ乃チ本條維持ノ論者ハ從來、書面審理ノ制ノ行ハレタル邦國ニ口頭辯論ノ主義ヲ以テ成立セシ新訴訟法ヲ實施スル爲ニハ本條ハ尤モ欠ク可ラサル法則ナリト主張シ他ノ反對論者ハ本條ヲ以テ口頭審理制ト矛盾シ相容レザル法則ナリト主張セシガ遂ニ大多數ヲ以テ本條ヲ維持スルノ說ヲ可決シ終ニ當今ノ獨乙現行訴訟法中ニ此法則ヲ認ムルニ至レリ誠ニ一目スルノミニテハ本條ハ口頭審理ノ原則ト相抵觸スル規則ナルニ相違ナシ然レ圧純然タル口頭審理制ニ慣ルヽマデノ間ニハ又尤モ欠ク可ラサル救濟法ト云ハサル可ラズ我國ノ立法會議ニ於テハ此條ノ規定ノ存廢ニ付キ果シテ獨乙ノ如キ議論アリタルヤ否ヤ今之ヲ知ル〻能ハサレ圧立法者ガ獨乙訴訟法ノ規定ヲ其マヽニ遷シテ此ニ明示シタル處ヨリ考フレハ其意蓋シ前述シタル處ト大差ナカルベキヲ信スルナリ

第百九條　裁判長ハ口頭辯論ヲ開キ且之ヲ指揮ス

裁判長ハ發言ヲ許シ又其命ニ從ハサル者ニ發言ヲ禁スル〻ヲ得

裁判長ハ事件ニ付キ十分ナル說明ヲ爲サシメ且間斷ナク辯論ノ終了スルコトニ注意ス又必要ナル場合ニ於テハ直チニ辯論續行ノ期日ヲ定ム

裁判所ニ於テ事件ニ付キ十分ナル說明ヲ爲セリト認ムルトキハ裁判長ハ口頭辯論ヲ閉チ及ヒ裁判所ノ判決並ニ決定ヲ言渡ス

口頭辯論開始ノ時當事者ノ演述ハ事實上及ヒ法律上ノ點ニ於ケル訴訟關係ヲ包括スヘシ口頭演述ニ換フルニ書類ヲ援用スルヲ許サス

第百十條　口頭辯論ハ當事者ノ申立ヲ爲スニ因リテ始マル

當事者ノ演述ハ事實上及ヒ法律上ノ點ニ於ケル訴訟關係ヲ包括ス可シ

口頭演述ニ換ヘテ書類ヲ援用スルコトヲ許サス文字上ノ旨趣ヲ要用トスルトキハ其要用ナル部分ニ限リ之ヲ朗讀スルコトヲ得

（解）裁判所ハ其訴訟本旨ノ申立ニ依リ緊要ナル點ヲ了知セル後、當事者ニ申立ヲ始メシムル者ニ〆此申立ハ不羈ノ言論ヲ以テシ且其爭アル事件ニ對〆ハ事實上及ヒ法律上ノ關係ヲ併セ論スベキ者ナレドモ只書面全文ノ朗讀ハ之ヲ許サズ蓋シ若シ之ヲ許ス者トセハ口頭辯論ノ主義及ヒ目的ニ反シ辯論ハ只一ノ虛式タルニ陷ル可シ其他又、口頭辯論ニ代ヘ書面ヲ援用スルヿモ亦タ之ヲ許サズ是實ニ口頭辯論ノ原則ト直接ナル反對ヲ爲スノミナラズ其極終ニ書面上ノ審理ト爲リ訴訟事件ノ辯論ヲ親シク聽キ取リタル裁判官自ラ之カ審理判決ヲ爲サヽルニ至ラサルヲ得サレハナリ（第百十條第二項及第三項）

口頭辯論ノヿニ付テハ大畧右ノ如クナレドモ時トシテハ當事者ノ申立ノミニテハ猶ホ十分ニ

各當事者ノ爲スベキ陳述

陳述セサルニ因リ

訴訟事件ノ爭點ヲ明瞭ナラシムル能ハサル場合アルガ故ニ如此場合ニハ之ガ裁判長タル者ハ當事者ヲ〆其事件ニ付キ十分ナル説明ヲ爲サシムルノ注意ヲナスベキハ勿論、間斷ナク辯論ヲ終結セシムルヿニ付テモ能ク注意セサル可ラズ何トナレハ當事者ノ辯論、不十分ニ〆其事件ノ爭點、明白ニ歸着セサル片ハ之レニ判決ヲ下ス能ハサル可ク又辯論ニ間斷アラシムレハ訴訟澁滯ノ弊ヲ來ス可キヲ以テ斯クノ如キハ裁判長ノ職務上當サニ注意ヲ爲ササルベカラサル事ナレハナリ然レ圧事件ノ重大ニ〆複雜ナル片ハ到底、一日ニ辯論ノ終決ヲ爲シ得サルガ故ニ此クノ如キ場合ニ於テハ其訟廷ニ於テ直チニ、來ル幾日ヲ期シ再ヒ辯論ヲ續行スベキ旨ヲ定メサル可ラズ（第百九條第三項）斯ノ如クシテ結局双方共、十分ナル説明ヲ爲シタリト認ムルニ於テ裁判長ハ其辯論ヲ閉チ及ヒ其裁判所ノ判決ヲ言渡スベキモノニ〆（仝條第四項）此言渡ハ實ニ訴訟ノ最終處分ナリトス

第百十一條　各當事者ハ相手方ノ主張シタル事實ニ對シ陳述ヲ爲ス可シ

明カニ爭ハサル事實ハ原告若クハ被告ノ他ノ陳述ヨリ之ヲ爭ハ

自白シタリト認メヲルヽ場合
不知ノ陳述ノ効及ビ此陳述ヲ爲シ得ル場合

ントスル意思カ顯レサルトキハ自白シタルモノト看做ス

不知ノ陳述ハ原告若クハ被告ノ自己ノ行爲ニ非ス又自己ノ實驗シタルモノニモ非サル事實ニ限リ之ヲ許ス此場合ニ於テ不知ヲ以テ答ヘタル事實ハ爭ヒタルモノト看做ス

（解）各當事者ハ相手ノ一方ヨリ主張シタル事實ニ對シ陳述セサルヘカラサルガ故ニ若シ其ノ相手方ノ陳述ニ對シ明白ニ之レヲ抗爭セサル以上ハ自ラ對手人ノ陳述ノ如キコトヲ自白シタルモノト見做スノ推測ヲ生ズ然レ𪜈當事者ハ一タヒ相手方ノ陳述ニ付何等ノ抗爭ヲモ爲サザルモ他ノ事實ニ關スル陳述ヲ待チテ之ヲ抗爭セントスルヿモアル可キガ故ニ若シ斯クノ如ク他ノ陳述ヲ待ツ爲ニ一時相手方ノ陳述ニ對スル抗爭ヲ爲サヾリシ場合ノ如キハ抗爭ナキノ一事ヲ以テ直チニ當事者ノ自由アリタルモノト斷定ス可ラズ然レトモ其一般ニ亘リテ爲シタル抗爭ハ果シテ十分効力アルヤ否ヤニ付テハ各場合ニ於テ裁判所ノ取捨判斷ニ任カスベキモノニシテ又全体ニ亘リ自認スル所カ各事實ニ付テノ特別ナル辯明ヲ概括スル𪜊ハ更ニ一々明言スルヲ要セサルハ勿論ナリ此他、又タ本條第三項ニ

裁判長ノ有スル審問ヲ爲スノ權利

陪席判事ノ有スル審問ヲ爲スノ權利

各當事者ノ裁判長ヲ經テ訊

示スガ如ク當事者ハ自己ノ行爲ニアラサル事實ナルカ又ハ自己ノ實驗シタルニモアラサル事實ハ之ヲ知ラスト陳述シ他ノ辯明ヲ爲スニ及ハス然レ圧此不知ノ陳述ヲ爲シタルモノハ即チ相手方ノ陳述ニ對シ抗爭シタルモノト見做サヾル可ラズ何トナレハ相手方ノ陳述ヲ自ラ認ムル以上ハ敢テ不知ノ陳述ヲ爲スノ理ナク又不知ノ陳述ヲ爲シタル以上ハ他人ノ陳述ヲ排斥シ否認スルノ意思ナルコハ別段、疑ノ存スベキ處アラサレバナリ

第百十二條　裁判長ハ職權上、調査ス可キ點ニ關シ相手方ヨリ起サヽル疑ノ存スルトキハ其疑ニ付キ注意ヲ爲スコトヲ得

裁判長ハ問ヲ發シテ不明瞭ナル申立ヲ釋明シ主張シタル事實ノ不十分ナル證明ヲ補充シ證據方法ヲ申出テ其他、事件ノ關係ヲ定ムルニ必要ナル陳述ヲ爲サシム可シ

陪席判事ハ裁判長ニ告ケテ問ヲ發スルコトヲ得

當事者ハ相手方ニ對シ自ラ問ヲ發スルコヲ得ス然レトモ其問ヲ發ス可キ旨ヲ裁判長ニ求ムルコトヲ得

問セサルカラズ當事者ガ問ニ對シテ答ヘス又判然答ヘサルニヨリ生スル効果

事件ノ指揮ニ關スル裁判長ノ命令又ハ裁判長若クハ陪席判事ノ爲セル問ニ對スル異議

若シ其問ニ對シテ答ヘス又ハ判然答ヘサルトキハ相手方ノ利益ト爲ル可キ答ヲ爲シタルモノト看做スコトヲ得

（解）裁判長ハ裁判所ノ機關トシテ其訴訟ノ始ヨリ終リニ至ル迄一切ノ監督者タル任ヲ有スルモノナリ故ニ裁判長ハ只當事者ノ陳述辯論ヲ默々トメ聽取スルノミニテハ未タ足レリトセス既ニ第百九條ニモ陳ブルカ如ク口頭辯論ヲ聞キ且ツ之ヲ指揮シ十分ニ其訴件ヲ審理提督シ訴訟ノ蘊奥ヲ盡スベキノ任アリ既ニ此任アリトセハ又之ヲ全フスルニ必要ナル方法ナクンハアラズ是レ即ハチ本條第一項及ヒ第二項ノ規定アル所以ナリ又タ本條ノ第三項ニ當事者ノ相手方ニ對シテ自ラ問ヲ發スルヿヲ禁シタルハ若シ之ヲ許セハ互ニ自由ナル辯論ヲ爲シ終ニ訴訟審理ノ上ニ非常ナル錯雜ヲ生スルノ恐アルニ由ル

第百十三條　事件ノ指揮ニ關スル裁判長ノ命又ハ裁判長若クハ陪席判事ノ發シタル問ニ對シ辯論ニ與カル者ヨリ不適法ナリトシテ異議ヲ述ヘタルトキハ裁判所ハ其異議ニ付キ直チニ裁判ヲ爲ス

裁判所ハ當事者自身ノ出頭ヲ命スルヲ得ベシ

裁判所ハ其手中ニ在レ證書ノ提出ヲ當事者ニ命ジ得、其外國語ニ係ルキハ譯書ヲ付スベク命ジ得

裁判所ハ其他ノ關

第百十四條　裁判所ハ事件ノ關係ヲ明瞭ナラシムル爲メ原告若クハ被告ノ自身出頭ヲ命スルコトヲ得

（解）人ハ皆ナ自己ノ身体ニ付テハ自由ノ權利ヲ有スルガ故ニ訴訟ノ場合ト雖モ亦必ズ自ラ出廷スルヲ要セズ或ハ代言人ヲ以テ或ハ朋友、親戚ヲ以テ自己ノ代理人トシテ裁判所ニ出スヲ得ベシ然レモ事件ノ性質ニ依テハ本人ノ陳述ヲ聽カサルニ於テハ十分、其事實ヲ闡明ナラシムル能ハサルコトアリ又其事實ハ明瞭ナルモ被告本人ヲ勸解スル等ノ爲メ是非トモ本人ヲ出廷セシムルノ必要ナルヿアリ故ニ斯クノ如キ場合ニハ其事件ノ關係ヲ明瞭ナラシムル爲メ裁判所ニ原被告本人ノ自身出頭ヲ命スルノ權ヲ與ヘサルベカラス

第百十五條　裁判所ハ原告若クハ被告ノ援用シタル證書ニシテ其手中ニ存スルモノヲ提出ス可キヲ命スルコトヲ得

裁判所ハ外國語ヲ以テ作リタル證書ニ付テハ其譯書ヲ添附ス可キヲ命スルコトヲ得

第百十六條　裁判所ハ當事者ノ所持スル訴訟記錄ニシテ事件ノ辯

係書類ノ提出ヲモ命シ得

裁判所ハ檢證又ハ鑑定ヲ命スルヲ得ベシ

論及ヒ裁判ニ關スルモノヲ提出ス可キヲ命スルコトヲ得

第百十七條　裁判所ハ檢證及ヒ鑑定ヲ命スルコトヲ得

此手續ハ申立ニ因リ命スル檢證及ヒ鑑定ニ付テノ規定ニ從フ

裁判長ハ其職權上調査スベキ訴訟事件ニ關シ相手方ヨリ起サヾル疑點ノ存スルトキ若クハ事實及ヒ證明ノ不明瞭ナル點ニ關シテハ素ヨリ之ヲ質問シ事件ノ關係ヲ定ムルニ必要ナル陳述ヲ爲サシムルヲ得ルノ權アレ圧猶此質問ノミニテハ未タ事件ヲ明瞭ナラシムルニ足ラサルヿアリ故ニ立法者ハ右ノ三條ヲ制ゼ〆以テ裁判所ノ權利ヲ廣フシ前條ニ示セル裁判長ノ質問權ト同一ニ裁判所カ裁判ヲ爲スニ付キ必要ナル基礎ヲ成サシメンヿヲ期シタリ然レ圧此三ケ條ノ如キハ其字句ニ付キ深重ナル意味ヲ有スルニアラサレバ別ニ詳細ナル説明ヲ與ヘズ

裁判所ノ有スル訴訟ヲ分離スルノ權

第百十八條　裁判所ハ一箇ノ訴ニ於テ爲シタル數箇ノ請求又ハ本訴及ヒ反訴ニ付テノ辯論ヲ分離シテ爲ス可キヲ命スルコトヲ得

裁判所ノ有スル辯論ヲ制限

第百十九條　同一ノ請求ニ關シ數箇ノ獨立ナル攻撃及ヒ防禦ノ方

スルノ權利

法ヲ提出シタルトキハ裁判所ハ先ツ辯論ヲ其一二ニ制限ス可キヲ命スルコトヲ得

此兩條ハ何レモ裁判所ニ訴訟ヲ分離スルノ權ヲ與ヘタルモノニシテ其目的ハ複雜繁多ノ口頭審理ヲ爲スニ當リ能ク其事件ノ關係ヲ明白ニシ審理ノ順序ト秩序トヲ保維センガ爲メナリトス故ニ此規定モ亦、前數條ノ規定ト相待テ竝ヒ行ハル丶口頭審理ノ制ニ必要不可欠法則ナリト云フ可シ

此兩條ニ〔數個ノ請求及同一ノ請求〕ナル文字アリ此文字中ニハ財產權ニ關スル請求ト又財產權ニ關係セサル請求トノ二義ヲ有ス例ヘハ遺產相續ニ關スル訴訟ニ於テ貸金請求ノ訴ヲ爲ス可キ塲合ニハ第百十八條ニ依リ之ヲ二ケニ分離メ審理スルヿヲ得ベク又例ヘハ家督相續ニ關スル訴件ニ於テ同時ニ贈與契約及ヒ遺囑等ノ訴ノ併起セシ塲合ニハ第百十九條ニ從ヒ其各原由ニ依リ之ヲ數箇ニ分離メ審理スルヿヲ得ヘキガ如シ

裁判所ノ有スル訴訟併合ノ權利

第百二十條　裁判所ハ同一ノ人又ハ別異ノ人ノ數個ノ訴訟ニシテ其裁判ニ繫屬スルモノノ辯論及ヒ裁判ヲ併合ス可キヲ命スルコ

トヲ得、但其訴訟ノ目的物タル請求ヲ元來、一個ノ訴ニ於テ主張シ得ヘキトキニ限ル

(解) 訴訟物件及ヒ訴訟人ノ相連合スル訴件ハ前二條ニ於テ裁判官ニ其辯論ヲ分離スルノ命令ヲ下スベキ權利ヲ與ヘタレ圧本條ハ全ク之ニ反シ同一ノ人、又ハ別異ノ人ノ數個ノ訴訟ニシテ其裁判所ニ繫屬スルモノヽ辯論及ヒ裁判ヲ同一ニ併合スルヿヲ得ル旨ヲ規定セリ然レ圧之ガ理由ノ如キハ既ニ前條ニ説明シタル處ト同一ナルヲ以テ今之ヲ省ク但此ニ一言セザルベカラザルハ斯ノ如ク數個ノ訴訟ノ辯論及ヒ裁判ヲ併合スルハ本條但書ニ云フガ如ク其訴訟ノ目的物タル請求ヲ元來一個ノ訴ニ於テ主張シ得ベキ時 (例ヘバ甲者カ乙者ニ對スル債權ヲ數人ニ分割シテ賣却シタルカ爲メ其債權ノ數個ニ分割シタル場合ノ如キ時) ニ限リ之ニ反スル場合ハ決メ數個ノ訴訟ノ辯論及ヒ裁判ヲ同一ニ併合スルヲ得サルヿ是ナリ何トナレハ全ク其性質ノ異ル訴訟ヲ同一ニ併合スルヿハ到底之ヲ爲スヿ能ハサレバナリ

裁判所ノ命ズル訴訟中止ノ

第百二十一條　裁判所ハ訴訟ノ全部又ハ一分ノ裁判カ他ノ繫屬ス

標精

ル訴訟ニ於テ定マル可キ權利關係ノ成立又ハ不成立ニ繫ルトキハ他ノ訴訟ノ完結ニ至ルマテ辯論ヲ中止ス可シ

同ジク二

第百二十二條　裁判所ハ民事訴訟中、罰ス可キ行爲ノ嫌疑生スルトキハ刑事訴訟手續ノ完結ニ至ルマテ辯論ヲ中止ス可シ但其罰ス可キ行爲カ訴訟ノ裁判ニ影響ヲ及ホストキニ限ル

（解）本條ハ民事裁判所ニ起リタル民事訴訟中ニ或罰ス可キ行爲ノ嫌疑生シ若シ民事ノ裁判ヲ前ニ決定スルニ於テハ之ガ爲メ刑事ノ訴訟ニ影響ヲ及ホス恐アルトキハ先ツ其刑事訴訟ノ落着スル迄、民事訴訟ノ審理ヲ中止スベシト云フヿヲ定メタルナリ蓋シ若シ如此セサルニ於テハ一方ニ於テハ民事裁判ノ判決ハ大ニ刑事ニ影響テ及ホシ刑事裁判官ヲシテ豫メ被告人ノ有罪ナルベキ思想ヲ惹起サシメ他ノ一方ニ於テハ民事刑事兩裁判ノ抵觸ヲ來スノ弊アルニ由ルナリ

裁判所ハ分離若クハ併合ノ命令ヲ取消スヲ得

第百二十三條　裁判所ハ分離若クハ併合ニ關シ發シタル命ヲ取消スコトヲ得

又閉チタル辯論ノ再開ヲ命スルヲ得

第百二十四條　裁判所ハ閉チタル辯論ノ再開ヲ命スルコトヲ得

（解）㊀又裁判長ハ事件ニ付キ十分ナル説明ヲ爲セリト認ムルトキハ口頭辯論ヲ閉ヅルノ言渡ヲ爲スモノナレ圧（第百九條末項）其後ニ至リ猶審理ノ不十分ニシテ未タ結了セサルヿヲ發見スル時ハ裁判所ハ本條ニ依リテ一旦閉チタル辯論ヲ再ヒ開クヿヲ命令スルヲ得ベク又此結果ハ即先キノ審理ヲ新ニ開キタルト仝一ニ見做シ從テ其辯論ヲ再ヒ開カシメタル以前ノ點ニ立戻リテ更ニ陳述スルヲ得セシメサル可ラス本條ハ裁判所ヲシテ訴訟事件ノ審理ヲ完全ナラシメ十分ニ其蘊奥ヲ研究シ以テ正當公明ノ裁判言渡ヲ爲サシムルニ尤モ適當ナル法則ナリトス

辯論ニ與カル者ノ日本語ニ通セサル時ノ規定

第百二十五條　裁判所ハ辯論ニ與カル者、日本語ニ通セサルトキハ通事ヲ立會ハシム但裁判所構成法第百十八條ノ場合ハ此限ニ在ラス

辯論ニ與カル者ガ聾又ハ唖ナル時ノ規定

第二百十六條　裁判所ハ辯論ニ與カル者、聾又ハ唖ナルトキ之ニ文字ヲ以テ理會セシムルコトヲ得サル場合ニ限リ通事ヲ立會ハ

裁判所ガ相當ノ演述ヲ爲ス能力ヲ欠ケル者ニ對シテ有スル處分ノ權利

裁判所ノ有スル訴訟代理人若クハ輔佐人ヲ退斥セシメ得ル權利

其例外

シムルコトヲ得

第百二十七條　裁判所ハ相當ノ演述ヲ爲ス能力ノ缺ケタル原告若クハ被告又ハ訴訟代理人若クハ輔佐人ニ其後ノ演述ヲ禁シ且新期日ヲ定メ辯護士ヲシテ演述セシム可キコトヲ命ス可シ

裁判所ハ裁判所ニ於テ辯論ヲ業トスル訴訟代理人若クハ輔佐人ヲ退斥セシムルコトヲ得、此場合ニ於テハ新期日ヲ定メ且退斥ノ決定ヲ原告若クハ被告ニ送達ス可シ

本條ノ規定ニ從ヒ爲シタル命ニ對シテハ不服ヲ申立ツルコトヲ得ス

辯護士ニハ本條ノ規定ヲ適用セス

（解）例ヘハ咽喉病ノ爲メ發聲スルヲ得ズメ言語ノ通セサル如キ身体上ノ事由ニ基テ演述ヲ爲ス能ハサルモノハ勿論、愚ニシテ事理ヲ解セサルモノヽ如キ知識上、欠乏スル所アリ爲メニ相當ノ演述ヲ爲ス能ハサルモノヽ如キハ總テ裁判所ニ於テ口頭辯論ヲ爲ス能ハ

辯論ニ與カル者、

サルカ故ニ裁判所ハ斯クノ如キ者ノ演述ヲ禁シ且ツ後日ノ開廷期日ヲ定メテ辯護士ニ代テ演述セシム可キヿヲ命セサル可ラズ(第一項)此他又、裁判所ハ裁判上ノ辯論ヲ業トスル訴訟代理人又ハ輔佐人ヲ退斥セシムルノ權アリ(第二項)此權ヲ裁判所ニ與ヘタルハ世人ノ所謂三百代言人ナルモノヽ増殖ト其弊風トヲ防遏矯正スルノ目的ニ出テタルニ外ナラズ然レ圧此等ノモノヲ退斥スルハ一ニ裁判所ノ權內ニ存シ必スシモ之ヲ退斥セサル可ラサルニ在ラズ但不都合ト認メタル場合ニ限リ裁判所ニ退斥ノ命令ヲ下スヿヲ許セシノミ故ニ若シ裁判所ガ之ヲ退斥セシメタル片ハ其決定ト辯論ノ新期日トヲ當事者ニ告達セサル可ラズ若シ然ラズンバ當事者ハ自巳ノ代人ノ退斥セラレタルヲ知ラサル間ニ計ラズモ欠席裁判ノ言渡ヲ受クルガ如キ不都合ノ生スルヿアレバナリ而メ本條ニ從ヒ裁判所ノ爲シタル命令ハ啻ニ當事者ノ利益ノ爲メノミニ在ラスメ寧ロ公益上取締ノ理由ニ基ケル法則ナルヲ以テ當事者ハ必ス其命令ニ服從スベク之ニ對シテ不服ノ申立ヲ爲スヲ許サヾルナリ(第三項)

第百二十八條　辯論ニ與カル者、秩序維持ノ爲メ辯論ノ場所ヨリ

秩序維持ノ爲メ辯論ノ場所ヨリ退斥セラレタル時ニ取扱ヒ得ル方法及第百二十九條場合ニ於テ禁止又ハ退斥ノ命ヲ受ケタル者ガ再ピ出頭セシ時ニ取扱ヒ得ル方法

退斥セラレタルトキハ申立ニ因リ本人ノ任意ニ退去シタルト同一ノ方法ヲ以テ之ヲ取扱フコトヲ得、但裁判所構成法第百十條ニ依リ中止シタル場合ハ此限ニ在ラス

前條ノ場合ニ於テ禁止又ハ退斥ノ命ヲ受ケタル者再ヒ出頭スルトキハ前項ノ方法ヲ以テ之ヲ取扱フコトヲ得

（解）裁判長ハ裁判所構成法第百八條ニ依テ訟廷ノ秩序維持ニ關スル總テノ全權ヲ有ス去レハ若シ辯論ニ與カルモノニシテ審問ノ妨害又ハ不當ノ行狀ヲ爲スヿアルニ於テハ裁判長ノ此特權ニ依リ訟廷ノ秩序ヲ維持センガ爲メ辯論ノ場所ヨリ退斥セラルヽヿアル可ク又タ退斥ヲ命セラレタル者ハ自己ノ所爲ヨリ招ケルモノナルガ故ニ自ラ辯論ノ利益ヲ抛棄シ任意ニ退去シタルモノト同一ニ取扱ハルベク若シ其退斥セラレタル時ガ既ニ審理中ナル場合ナルトキハ夫レヨリ以後ニ提出シタルモノハ裁判所ニ於テ之ヲ採用セヲサル可ク未ダ審理アラサル場合ニ係ルトキハ之ヲ欠席セル者ト見做シ缺席判決ノ言渡ヲ受ケサルベカラサルヿアルベシ但シ本條第一項ノ但書ノ場合ハ格別ナリトス

口頭辯論ニ付テハ調書ヲ作ラザルベカラス其調書ニ掲クベキ諸件

辯論進行ニ付テ調書ニ記スベキモノ

第百二十九條　口頭辯論ニ付テハ調書ヲ作ル可シ
調書ニハ左ノ諸件ヲ掲ク可シ
第一　辯論ノ場所、年月日
第二　判事、裁判所書記及ヒ立會ヒタル檢事若クハ通事ノ氏名
第三　訴訟物及ヒ當事者ノ氏名
第四　出頭シタル當事者、法律上代理人、訴訟代理人及ヒ輔佐人ノ氏名若シ原告若クハ被告闕席シタルトキハ其闕席シタルコト
第五　公ニ辯論ヲ爲シ又ハ公開ヲ禁シタルコト
第百三十條　辯論ノ進行ニ付テハ其要領ノミヲ調書ニ記載ス可シ
調書ニ記載シテ明確ニス可キ諸件ハ左ノ如シ
第一　自白、認諾、抛棄及ヒ和解
第二　明確ニス可キ規定アル申立及ヒ陳述

第三　證人及ヒ鑑定人ノ供述、但其供述ハ以前聽カサルモノナルトキ又ハ以前ノ供述ニ異ナルトキニ限ル
第四　檢證ノ結果
第五　書面ニ作リ調書ニ添附セサル裁判、（判決、決定及ヒ命令）
第六　裁判ノ言渡
附錄トシテ調書ニ添附シ且調書ニ附錄トシテ表示シタル書類ニ於ケル記載ハ調書ニ於ケル記載ニ同ジ

（解）本條モ亦裁判所書記ガ調書ニ記載ス可キ事項ニ關シ一層精細ノ規則ヲ示シタルニ過キス依之見之辯論ノ進行ニ付テハ一ヨリ十迄總テノ事ヲ調書ニ記載スルニ及バズ只其要点ノミヲ摘記スレバ即足レリト雖此條ニ示セル六ケノ事項ハ必ス明確ニ調書ニ記載セサル可ラズ蓋シ此六ケノ事項ノ如キハ裁判所ガ法律ニ從ヒテ適當ノ裁判ヲ下セシヤ否ヤヲ後日ニ確カムル爲メ尤モ缺ク可ラサル事柄ナルニ由ルナリ

關係人ニ讀ミ聞カスベキ調書ノ部分

調書ノ捺印

受命判事若クハ受託判事又ハ區裁判所判事ガ法廷外ニ爲ス審問ニモ書記ヲ立會ハシム

第百三十一條　前條第一號乃至第四號ニ掲ケタル調書ノ部分ハ法廷ニ於テ之ヲ關係人ニ讀聞カセ又ハ閲覽ノ爲メ之ヲ關係人ニ示ス

調書ニハ前項ノ手續ヲ履ミタルコト及ヒ承諾ヲ爲シタルコト又ハ承諾ヲ拒ミタル理由ヲ附記ス可シ

第百三十二條　調書ニハ裁判長及ヒ裁判所書記、署名捺印ス可シ裁判長差支アルトキハ官等最モ高キ陪席判事之ニ代リ署名捺印ス區裁判所判事、差支アルトキハ其裁判所書記ノ署名捺印ヲ以テ足ル

第百三十三條　受命判事若クハ受託判事又ハ區裁判所判事カ法廷外ニ於テ爲ス審問ニモ亦裁判所書記ヲ立會ハシム

前四條ノ規定ハ右ノ審問調書ニ之ヲ準用ス

（解）或事柄ニノミ限テ審問スベキ旨ヲ命セラレタル判事ヲ受命判事ト稱シ又其訴訟ノ

口頭辯論ノ定式ノ遵守ハ規定ノ方式ノ證據

審問ヲ爲スベキ裁判所ノ管轄以外ノ地ニ於テ取調ヲ要スル事アリテ其地ヲ管轄スル裁判所ノ判事ニ該事件ノ取調ヲ管轄裁判所ヨリ依託スルコアリ此依託ヲ受ケタル判事ヲ稱シテ受託判事ト云フ是等ノ判事若クハ區裁判所ノ判事等ガ臨撿又ハ出張等シテ法廷以外ニ爲ス可キ審問ニモ亦裁判所ノ書記ヲ立會ハシメ又其立會書記ハ前四條ニ記スル調書作成ノ法則ニ準シ正確ナル調書ヲ作ラサル可ラサルモノト定メシハ同シク審問ノ有樣及ヒ正確ニ法律ニ適ヒタルヤ否ヤヲ後日ニ證明シ殊ニ裁判官ノ不正ノ行爲ヲ防キテ以テ公平ナル訊問ヲ爲サシムルニ必要ナルヲ以テナリ

第百三十四條　口頭辯論ノ爲メ規定シタル方式ノ遵守ハ調書ヲ以テノミ之ヲ證スルコトヲ得

（解）法律ハ第百九條ヨリ第百三十三條ニ至ル迄ノ間ニ於テ口頭辯論ノ爲メニ遵守ス可キ種々ノ規定ヲ爲シタリト雖モ裁判所モ亦時トシテハ此等規定ノ方式ニ違背スルガ如キコナシトセズ從テ訴訟當事者ト裁判所トノ間ニ於テ果シテ法定ノ方式ヲ遵守セシヤ否ヤニ關スル爭ノ生スル如キコモ必ス無シト云フ可ラズ立法者モ亦之ヲ豫想シテ若シ如此爭ノ

此法律ニ從ヒ口頭ニテ訴、抗告、申立、申請

生セシ時ニ於ケル立証ノ方法ヲ定メンカ爲メニ本條ヲ設ケタルナリ其規定スル所ニ依レハ口頭辯論ノ爲メ定メシ方式ヲ遵守シタルヤ否ヤヲ証明スルニハ他ノ場合ト異リテ單ニ調書ノミヲ以テ十分ノ証據トナシ其調書ニ記シタル處ニ於テ別段違式ノ事アラサル以上ハ完全ニ法律ノ定メタル方式ヲ遵守シタルモノト爲セリ法律ガ如此ク調書ヲ信用メ之ニ重大ノ証據力ヲ與ヘタルモノハ口頭辯論ニハ第百二十九條ニ依リテ必ス調書ヲ作ル可ク又其調書ハ裁判所書記ガ職務上公平ニ之ヲ作リタルモノナルガ故ニ他ノ証書ト異リ必ス正確ニ作爲セラレタルモノト推測シ得ベキヲ以テナリ去レ圧如何ニ公務ヲ帶ヒタル裁判所書記ノ作レル調書ト雖モ或ハ正確ナラサルガ如キヿモアラン故ニ此場合ニハ更ニ僞造ナリトノ証據ヲ擧ケテ調書ノ効力ヲ破ルヲ得ルハ勿論トス之ヲ要スルニ本條ハ調書ガ僞造ナリトノ反對ノ証據アル迄ハ法律ハ其調書ヲ以テ眞正確實ノモノト見做スニ在リト知ル可シ

第百三十五條　此法律ニ從ヒ口頭ヲ以テ訴、抗告、申立、申請及ヒ陳述ヲ爲シ又ハ證言ヲ拒ム場合ニ於テハ裁判所書記ハ其調書

陳述ヲ爲シ又ハ証言ヲ拒ム場合ニハ書記ハ調書ヲ作ラザルヘカラス

送達

送達ヲ爲サシムル人

送達ヲ爲ス人

ヲ作ル可シ

（解）口頭ニテ陳述ヲ爲シ又ハ証言ヲ拒ム場合ニハ必ズ後日ニ至ル迄、之ガ証據トナルベキ書類ヲ作ラサル可ラズ故ニ是等ノ事ニ就テモ書記ハ必ス調書ヲ作リ他日ニ保存スルヲ要ス

第一節　送達

（解）送達トハ訴訟ニ關スル總テノ書類ヲ受取ルベキ資格アルモノ若クハ其名前人ニ交付シテ其書類中ニ記載セラレタル事項ヲ知ラシムルノ目的ヲ以テ爲ス所ノ一ノ手續ヲ云フ而メ訴訟書類ノ送達ハ本人又ハ其代理トメ受取ルベキ資格アルモノニ休暇日ニアラサル日ノ晝間ニ於テ之ヲ爲スヲ原則トシ只止ムヲ得サル場合ニ於テノミ之ニ對スル若干ノ例外ヲ設クルモノトス公示送達ノ如キハ其例外中ノ尤ナルモノナリ

第百三十六條　送達ハ裁判所書記、職權ヲ以テ之ヲ爲サシム

裁判所書記ハ執達吏ニ送達ノ施行ヲ委任シ又ハ送達ヲ施行ス可キ地ヲ管轄スル區裁判所ノ書記ニ送達ノ施行ヲ執達吏ニ委任ス

可キコトヲ囑託ス

裁判所書記ハ郵便ニ依リテモ亦送達ヲ爲サシムルコトヲ得

第二項ノ場合ニ於テハ執達吏、又第三項ノ場合ニ於テハ郵便配達人ヲ以下ニ規定スル送達吏ト爲ス

送達ノ事ヲ以テ訴訟當事者ノ隨意ニ一任セハ法律ニ通曉セサルモノハ其方法、日時、場所及ヒ其他、法律ノ規定ヲ知ラサル爲メ大ニ不利益ノ結果ヲ受クヘキノ恐アリ故ニ送達ノ事ハ一切裁判所書記ノ職權ヲ以デ之ヲ爲サシムルコトナシ訴訟本人ヲシテ普ク裁判所ノ保護ヲ得セシメンコトヲ期ス（裁判所構成法第八條第一項參照）

送達スベキ書類

第百三十七條　送達ハ其送達ス可キ書類ノ正本又ハ認證シタル謄本ヲ交付ス可キ規定アルトキハ其正本又ハ其謄本ノ交付ヲ以テ之ヲ爲シ其他ノ場合ニ於テハ謄本ノ交付ヲ以テ之ヲ爲ス

其數

原告若クハ被告數人ノ代理人ニ爲シ又ハ同一ナル原告若クハ被告ノ代理人數人中ノ一人ニ爲ス可キ送達ハ謄本又ハ正本ノ一通

ヲ交付スルヲ以テ足ル

第百三十八條　訴訟能力ヲ有セサル原告若クハ被告ニ對スル送達ハ其法律上代理人ニ之ヲ爲ス

公又ハ私ノ法人及ヒ其資格ニ於テ訴ヘ又ハ訴ヘラルヽコトヲ得ル會社又ハ社團ニ對スル送達ハ其首長又ハ事務擔當者ニ之ヲ爲スヲ以テ足ル

數人ノ首長若クハ事務擔當者アル場合ニ於テハ送達ハ其一人ニ之ヲ爲スヲ以テ足ル

(解)　訴訟能力ヲ有セサル原告若クハ被告トハ幼者、禁治產者、有夫ノ婦(例外ノ場合ハ格別)ノ如キヲ云ヒ法律上代理人トハ父母、後見人、管理者又ハ本夫ノ如キ者ヲ云フ本條第一項ハ之等法律上代理人ニ送達ヲ爲スベキ場合ヲ示ス又法人、會社、々團ノ如キモノハ法律上之ヲ有形的ノ人ト見做シ其名ヲ以テ訴訟ヲ起シ又ハ訴訟ノ被告人ト爲ルベキ資格アルヿヲ認ムレ𪜈元來之等ノモノハ無形的團体ニ過キサルガ故ニ之カ代表者タル首長又ハ事務担當者ニ送達スレハ則チ有効ニシテ又實際之ヨリ外ニ送達スルノ方法非サルナリ例ヘハ會社ノ社長、頭取若クハ支配人ノ如ク又ハ官廳ノ長官、市町村ノ市町村長ニ於ケルガ如キ者即チ是ナリ

其二

第百三十九條　豫備、後備ノ軍籍ニ在ラサル下士以下ノ軍人、軍屬ニ對スル送達ハ其所屬ノ長官又ハ隊長ニ之ヲ爲ス

(解) 軍人軍屬ハ常ニ長官又ハ隊長ノ配下ニ屬シ且ツ一家ヲ爲サスシテ鎭臺軍艦等ノ内ニ在ル可キモノナレバ自ラ通常ノ人ニ送達スル手續ト異ラサルヲ得サルナリ

其三

第百四十條　囚人ニ對スル送達ハ監獄署ノ首長ニ之ヲ爲ス

(解) 囚人モ亦已レノ家ニ住居セスシテ監獄署内ニ一身ヲ拘束セラレ且ツ嚴格ナル紀律ヲ受ケ容易ニ他人ト面接談話スルガ如キ自由ヲ有セサルモノナリ故ニ之ガ取締ヲ爲スベキ監獄署ノ首長即チ典獄ニ送達シ其典獄ノ手ヲ經テ更ニ本人ニ交付スルモノト爲セルナリ

其四

第百四十一條　送達ハ財産權上ノ訴訟ニ付テハ總理代人ニ之ヲ爲

シ又商業上ヨリ生シタル訴訟ニ付テハ代務人ニ之ヲ爲スヲ以テ原告若クハ被告ノ本人ニ爲シタルト同一ノ効力ヲ有ス

（解）財産ニ關スル一切ノ管理ヲ本人ヨリ委任セラレタル總理代人及ヒ商法第一編第五章ニ列示セル商業上ノ代務人ハ財産ニ關シ其本人ノ全權ヲ代理スルモノニシテ之等代理人ノ爲ス事ハ常ニ本人ノ爲シタルト同一ニ見做サルベキモノナリ且ツ既ニ本人ヨリ如此重大ノ權利ヲ附與セラレタル信用上ノ關係ヲ有スルガ故ニ訴訟ノ場合モ特更ニ委任ヲ受タルヲ要セズ本人ト全一ナル權利及義務ヲ有スルモノト云フ可シ是本條ニ於テ訴訟書類ハ總理代人及ヒ代務人ニ送達スレハ有効ナリトノ簡便法ヲ規定シタル所以ナリ然レモ條文ニモ財産權上ノ訴訟ニ付テハト在ル如ク事若シ人ノ身分ニ關スル訴訟ニ付テハ必ス本人ニ送達スベキモノニシテ此條ヲ適用スルヲ得ズ蓋シ人ノ身分ニ付テハ容易ニ他人ノ代理スベキモノニアラサレバナリ

第百四十二條　訴訟代理人アルトキハ送達ハ其代理人委任ノ旨趣ニ依リ原告若クハ被告ノ代理ヲ爲ス權ヲ有スルトキニ限リ其代

理人ニ之ヲ爲ス
然レトモ原告若クハ被告ノ本人ニ爲シタル送達ハ其訴訟代理人アルトキト雖モ効力ヲ有ス

假住所ヲ撰定セサルヘカラサル者

之ヲ爲スヘキ時期

之ヲ爲サヽリシニヨリ生スル制裁

第百四十三條　受訴裁判所ノ所在地ニ住居ヲモ事務所ヲモ有セサル原告若クハ被告ハ其所在地ニ假住所ヲ撰定シテ之ヲ届出ツ可シ
假住所選定ノ届出ハ遲クモ最近ノ口頭辯論ニ於テ之ヲ爲シ又其前ニ書面ヲ差出ストキハ其書面ヲ以テ之ヲ爲スヘシ
前項ノ届出ヲ爲サヽルトキハ裁判所書記又ハ其委任ヲ受ケタル吏員ハ交付スヘキ書類ヲ原告若クハ被告ノ名宛ニテ郵便ニ付シテ送達ヲ爲スヿヲ得、此送達ハ其書類ノ原告若クハ被告ニ到達スルト否トヲ問ハズ又何時ニ到達スルトヲ問ハズ郵便ニ付シタル時ヲ以テ之ヲ爲シタルモノト看做ス

送達スヘキ場所ニ付テノ規定

（解）原告若クハ被告ノ住所ハ書類送達等ノ爲メ必ス之ヲ一定シ置クノ必要アリ故ニ當事者ガ受訴裁判所ノ所在地ニ住居ヲモ有セズ又第十四條第二項ノ事務所ヲモ有セサル場合ハ本條第一項ニ依リ其裁判所々在地ニ一時仮住所ヲ選定シ又之ヲ選定シタル上ハ本條第二項ニ依リ之ヲ届出テサル可ラズ而シテ若シ當事者ガ此届出ヲ怠リタルトキハ第三項ノ結果ヲ受ケ時トシテハ實際本人ノ手ニ書類ノ到達セサルヿアリトモ猶自ラ甘ンシテ其不利益ヲ受ケサルベカラズ

第百四十四條　送達ハ何レノ地ヲ問ハス送達ヲ受ク可キ人ニ出會ヒタル地ニ於テ之ヲ爲スヿヲ得、然レトモ其人カ其地ニ住居又ハ事務所ヲ有スルトキ其住居又ハ事務所ノ外ニ於テ爲シタル送達ハ其受取ヲ拒マサリシトキニ限リ効力ヲ有ス

第百三十八條第二項ノ場合ニ於テ特別ノ事務所アルトキハ其事務所ノ外ニ於テ法律上代理人又ハ首長若クハ事務擔當者ニ爲シタル送達ハ其受取ヲ拒マサリシトキニ限リ効力ヲ有ス

受取ヘキ本人ノ在ラザル片ニ送達ヲ爲スヘキ人

（解）送達ハ元來其本人ノ手ニ書類ヲ渡ス手續ニ過キサルヲ以テ若シ現ニ送達ヲ受クベキ人ニ出會ヒタル片ハ其地ニ於テ直チニ之ヲ手渡スレバ効アリ然レ圧是實際ノ便宜ヨリ出テタル法則ニシテ可成ハ其住所又ハ事務所ニ於テスベキモノナルガ故ニ若シ本人ガ途中等ニ於テ受取ルヿヲ拒ミタルトキハ強テ之ヲ受取ラシムルヲ得ズ若シ之ヲ強ヒテ渡スモ其送達ハ無効ニ歸スルモノトス且ツ又法人 會社又ハ社團等ニ送達スルハ原則上、之等ノ事務所ニ送達スベキモノナレ圧若シ之等ノモノ、法律上代理人、首長又ハ事務擔當者ニ事務所外ニ於テ出會ヒタル片モ前ト同シク其受取人ガ受取ルヿヲ拒マサリシトキニ限リ有効ノ送達ト爲ス唯々第一項ハ一箇人ノ塲合ヲ規定シ第二項ハ法人タル無形ノ團体ニ送達スル塲合ヲ規定シタルノ差アルノミ

第百四十五條　送達ヲ受ク可キ人ニ住居ニ於テ出會ハサルトキハ其住居ニ於テスル送達ハ成長シタル同居ノ親族又ハ雇人ニ之ヲ爲スコトヲ得

此規定ニ從ヒ送達ヲ施行スルコトヲ得サルトキハ其送達ハ交付

ス可キ書類ヲ其地ノ市町村長ニ預置キ送達ノ告知書ヲ作リ之ヲ住居ノ戸ニ貼附シ且近隣ニ住居スル者二人ニ其旨ヲ口頭ヲ以テ通知シテ之ヲ爲スコトヲ得

（解）訴訟書類ノ送達ハ成ルベク之ヲ受クベキモノ、住所ニ於テ其本人ニ手渡スルヲ普通トスレ𪜈或ハ其本人ガ住所ニアラサルカ若クハ仮令住居ニ在ルモ送達吏ニ出會ハサルヿナシトセズ此場合ニモ必ズ本人ヨリ以外ノ者ニ送達スルヲ得ズト爲セバ其送達ヲ避ケントスルモノハ送達吏ニ出會ハサランコトヲ務メ從テ何時迄モ有効ノ送達ヲ爲ス能ハサル弊ヲ生スルヿアリ故ニ若シ本人ニ出會ハサルトキハ成長シタル親族又ハ雇人ニシテ本人ト同居スルモノニ之ヲ爲スヲ得ルトナシ以テ前述ノ弊ナカラシメタルナリ而シテ成長シタルノ語ハ丁年ノ語ト異リ必スシモ何年以上ト制限スベキニアラズ必竟送達ヲ受クルニ足ル相當ノ年齡ニ達セシ者ヲ云フ然ルニ時トシテハ又其住居ニ親族モ雇人モアラサル場合アラン此時ハ前述ノ規定ニ從ヒ送達ヲ施行スルヿモ得サルニ依リ立法者モ亦斯クノ如キ場合アルヿヲ豫想シテ本條第二項ノ方法ヲ規定シ以テ送達ノ手續ヲ終ラシメンヿヲ期

住居ノ外ニ事務所ヲ有スル者ニ對スル送達ヲ爲シ得ル人

公私ノ法人又ハ其資格ニ於テ訴ヘ得ベキ者ニ在リテ首長又ハ事務擔當者ノ在ラザル時ニ送達シ得ル人

セルナリ

第百四十六條　住居ノ外ニ事務所ヲ有スル人ニ對スル送達ハ事務所ニ於テ之ニ出會ハサルトキハ其事務所ニ在ル營業使用人ニ之ヲ爲スコトヲ得、此規定ハ辯護士ニモ亦之ヲ適用ス但此場合ニ於ケル送達ハ筆生ニモ亦之ヲ爲スコトヲ得

第百四十七條　第百三十八條第二項ノ場合ニ於テ法律上代理人又ハ首長若クハ事務擔當者ニ事務所ニ於テ出會ハス又ハ此等ノ者受取ニ付キ差支アルトキハ送達ハ事務所ニ在ル他ノ役員又ハ雇人ニ之ヲ爲スコトヲ得

第百四十八條　前二條ノ規定ニ從ヒ送達ヲ施行スルコトヲ得サルトキハ第百四十五條第二項ニ準シ送達ヲ爲ス可シ但住居ニ於ケル送達ヲ施行スルヲ得サルコトノ明白ナルトキニ限ル

前項ノ場合ニ於テハ送達告知書ノ貼附ハ事務所又ハ住居ノ戸ニ

理由ナク送達ノ受取ヲ拒ム者アル時ノ處分送達シ得ザル日

送達シ得ザル時間

右ノ日ト時間ヲ守ラザルヿヲ許シ得ル者

之ヲ爲ス

第百四十九條　法律上ノ理由ナクシテ送達ノ受取ヲ拒ムトキハ交付ス可キ書類ヲ送達ノ場所ニ差置ク可シ

第百五十條　日曜日及ヒ一般ノ祝祭日ニハ執達吏ノ爲ス可キ送達ハ裁判官ノ許可ヲ得ルトキニ限リ之ヲ施行スルコトヲ得

前項ノ規定ハ郵便ニ付シテ爲ス送達ヲ除ク外ハ夜間ニ爲ス可キ送達ニ之ヲ適用ス夜間トハ日沒ヨリ日出マテノ時間ヲ謂フ

右ノ許可ハ受訴裁判所ノ裁判長又ハ送達ヲ爲ス可キ地ヲ管轄スル區裁判所ノ判事之ヲ與ヘ又ハ受命判事若クハ受託判事ノ完結ス可キ事件ニ在テハ其判事之ヲ與フ

許可ノ命令ハ認證シタル謄本ヲ以テ送達ノ際之ヲ交付ス可シ

本條ノ規定ヲ遵守セサル送達ハ之ヲ受取リタルトキニ限リ効力ヲ有ス

送達ヲ施行スル吏員ハ調書ヲ作ラザル可ラズ

（解）日曜日及ビ一般ノ祝祭日ノ如キハ人々、業ヲ休ミテ喜悦祝賀シ上下四民、和氣藹々以テ太平ノ恩澤ヲ頌歌スベキ日ナリ然ルニ是等ノ日ニ訴訟ノ書類ヲ送達スル如キヿアレハ大ニ人ノ感情ヲ害シ不快ノ心ヲ起サシム可シ又夜間モ同ク總テノ事務ヲ止メテ一日ノ勞苦ヲ慰ムル者ナレバ猥リニ其安眠ヲ害スベカラズ此故ニ日曜日、一般ノ祝祭日、夜間等ニ於テハ本條第三項ニ定ムル裁判所ノ判事ガ能ク〳〵至急ノ送達ヲ要スル事件ト認メテ特別ニ許可ヲ與ヘタル場合ノ外ハ決メ送達ヲ為スヲ得サルナリ乍去本條ニ於テ送達スルヲ得ズト定メタル日時ノ送達ト雖モ之ヲ受ル本人ガ承諾シテ送達ヲ受取リタル𪜈ハ法律ガ强テ之ヲ無効トスル必要モナキ故ニ第五項ニ規定スルガ如ク有効ノ送達ト為ルベシ且本條第四項ニ休暇日若クハ夜間ノ送達ヲ許可セラレシ場合ハ必ス其許可ノ命令ヲ認証シタル謄本ヲ送達ノ際、本人ニ交付セサル可ラズ是即チ非常例外ノ場合ニ屬スルヲ以テ若シ此謄本ヲ交付セサレハ本人ニ於テ其送達ヲ受クベク拒絶スルノ恐アルガ故ナリ

第百五十一條　送達ニ付テハ之ヲ施行スル吏員ハ送達ノ場所、年月日時、方法及ヒ受取人ノ受取證并ニ送達吏ノ署名捺印ヲ具備

此調書中ニ記スヘキ諸件

郵便ニテ送達セル時ニ於ケル送達ノ

外國ニ在ル本邦ノ公使其他ノ關係ニ爲ス送達

外國ニテ送達ヲ爲スハニ囑託スヘキモノ

スル調書ヲ作ルコトヲ要ス
受取人受取ヲ拒ミ若クハ受取書ヲ出タスコトヲ拒ミタルトキ又ハ受取證ヲ作ルコト能ハサル旨ヲ述フルトキハ之ヲ送達證書ニ記載ス可シ
第百四十三條第三項ノ場合ニ於テハ郵便ニ付シタル吏員ノ報告書ヲ以テ送達ノ證ト爲スニ足ル

第百五十二條　外國ニ在ル本邦ノ公使及ヒ公使館ノ官吏並ニ其家族、從者ニ對スル送達ハ外務大臣ニ囑託シテ之ヲ爲ス

第百五十三條　前條ノ場合ヲ除ク外、外國ニ於テ施行ス可キ送達ハ外國ノ管轄官廳又ハ外國ニ駐在スル帝國ノ公使又ハ領事ニ囑託シテ之ヲ爲ス

（解）此兩條ハ訴訟書類ヲ外國ニ送達スル手續ヲ示シタルモノニシテ其手續ハ送達ヲ受クヘキ人ノ身分及住所ニ依テ之ヲ異ニス即チ先ツ外國ニ在ル日本國ノ公使、及公使館ノ官

出陣ノ軍隊又ハ役務ニ服セル軍艦ノ乘組員ニ對スル送達

吏幷ニ其家族、從者等ニ對シ送達スル場合ヨリ之ヲ言ハンニ元來公使ナル者ハ主權者タル　天皇陛下ノ御命ヲ奉シ日本全國ヲ代表シ外國ニ派遣セラレタル者ナレバ其公使館ハ取モ直サズ純然タル小日本國ノ形ヲナシ全ク獨立不羈ニシテ毫モ其公使館所在國ノ配下ニ管轄セラル丶者ニ非ズ去レバ其内ニ住スル者ニ送達スルニハ到底、外國政府ノ手ヲ經由スベキモノニアラサルガ故ニ其所屬長官トモ云フベキ外務大臣ニ囑託スルモノト爲シタルナリ然レ𪜈之ニ反シテ普通ノ人民ガ外國ニ住スル場合ニ書類ノ送達ヲ爲サントスルトキハ自ラ之ヲ管轄シ支配スルモノアルガ故ニ其管轄者ニ送達ノ囑託ヲ爲スモノトス即チ第百五十三條ニ依レバ或ハ外國ノ官廳ニ囑託スルカ或ハ其者ノ住スル外國ニ駐在スル日本帝國ノ公使又ハ領事ニ囑託シテ之ガ送達ヲ爲スベキモノト定メラレタリ

第百五十四條　出陣ノ軍隊又ハ役務ニ服シタル軍艦ノ乘組員ニ屬スル人ニ對スル送達ハ上班司令官廳ニ囑託シテ之ヲ爲スコトヲ得

（解）豫備後備ノ軍籍ニ在ラサル下士以下ノ軍人軍屬ニ對スル送達ニ就テハ既ニ第百三

十九條ニ於テ述ヘタル如ク其所屬ノ長官又ハ隊長ニ之ヲ爲スヘキモノナレ𪜈出陣ノ軍隊又ハ役務ニ服シタル軍艦ハ常ニ其居所ニ定マリナク從テ普通ノ法則ヲ適用スル能ハサル場合アルガ故ニ本條ヲ以テ特ニ上班司令官廳ニ囑託シテ送達ヲ爲スヘキモノト定メ其不都合ナカラシメタルナリ

送達囑託書ヲ發スル者

第百五十五條　前三條ノ場合ニ於テ必要ナル囑託書ハ受訴裁判所ノ裁判長之ヲ發ス

囑託シテ送達シタル場合ニ於ケル送達ノ証

第百五十六條　原告若クハ被告ノ現在地知レサルトキ又ハ外國ニ於テ爲ス可キ送達ニ付テハ其規定ニ從フコト能ハス若クハ之ニ從フモ其効ナキコトヲ豫知スルトキハ其送達ハ公ノ告示ヲ以テ之ヲ爲スコトヲ得

公示送達ヲ爲シ得ル場合

公示送達ヲ爲ス時

第百五十七條　公示送達ハ原告若クハ被告ノ申立ニ因リ裁判所ノ

及人

公示送達ヲ爲ス方法

公示送達ノ效果

同一事件ニ付キ同一ノ訴訟人ニ爲ス其後ノ公示送達

命ヲ以テ裁判所書記之ヲ取扱フ

此送達ハ交付ス可キ書類ヲ裁判所ノ掲示板ニ貼附シテ之ヲ爲ス判決及ヒ決定ニ在テハ其裁判ノ部分ノミヲ貼附ス可シ

右ノ外裁判所ハ送達ス可キ書類ノ抄本ヲ一個又ハ數個ノ新聞紙ニ一回又ハ數回掲載ス可キヲ命スルヿヲ得、其抄本ニハ裁判所當事者并ニ訴訟物及ヒ送達ス可キ書類ノ要旨ヲ掲クルヿヲ要ス

第百五十八條　公示送達ハ書類ノ貼附ヨリ十四日ヲ經過シタル日ヲ以テ之ヲ爲シタルモノト看做ス然レトモ裁判所ハ公示送達ヲ命スルニ際シ此ヨリ長キ期間ヲ必要トスルトキハ相當ナル期限ヲ定ムルコトヲ得

同一ノ事件ニ付キ同一ノ原告若クハ被告ニ對シテ爲ス其後ノ公示送達ハ貼附ヲ以テ之ヲ爲シタルモノト看做ス

（解）公示送達ハ之カ期間ヲ定メサレハ殆ント際限ナキヲ以テ本條ニ於テ常通之ヲ十四

日ト定メ此期間ヲ經過スレハ原告又ハ被告ニ於テ其送達ヲ知リタル者ト見做スナリ但シ事件ノ性質ニ依リ裁判所ニ於テ之ヨリ永キ期間、公示スルノ必要アリト認ムレハ其日數ヲ延バスノ權アリト雖圧如何ナル場合ニモ十四日ヨリ短縮スルヲ得ズ然レ圧其後ニ至リ再ビ全一ノ事件ニ付キ且同一ノ原被告ニ對シテ爲ス送達ハ既ニ一旦公示シタル事ナルカ故ニ單ニ貼附ヲ以テ之ヲ爲シタル者ト見做シ敢テ定規ノ送達ノ方式ニ依ルヲ要セズ

第三節　期日及ヒ期間

(解) 期日トハ裁判所ニ於テ訴訟ニ關スル或事ヲ行フカ爲メニ指シ定メラレタル時日ニシテ裁判長ノ之ヲ定ムルモノナリ又期間トハ或事ヲ行ヒ或ハ準備スル爲メニ與ヘラルヽ猶豫時間ノ謂ヒニシテ法律又ハ裁判上ニテ與フルモノナリ故ニ期日ト期間トハ多少其間ニ差違アルハ勿論ノヿナレ圧其性質ニ於テハ畧全一ナルガ故ニ之ヲ此一節中ニ記シタルナリ

凡ソ或事ヲ爲シ又ハ準備スル爲メニハ豫メ其日時ヲ確定スルコト必要ニシテ若シ之ヲ定メズンバ互ニ行違ヒヲ生シ訴訟事件ヲシテ徒ラニ紛擾澁滯セシメ其局、終ニ裁判官ヲメ

期日ヲ定ムル人

期日ハ已ムヲ得ザレバ休暇日ニモ之ヲ定メ得

期日ニ付テノ呼出ヲ爲ス人及其方法

期日ノ開始スベキ塲所其及例外

期日ノ開始

期日ノ終リマテ當

錯誤ノ判決ヲ爲サシムルニ至ルヲ免レス故ヲ以テ之レニ付テモ亦詳細ノ規定ナカルベカラズ

第百五十九條　期日ハ裁判長、日及ヒ時ヲ以テ定ム

第百六十條　期日ハ已ムヲ得サル場合ニ限リ日曜日及ヒ一般ノ祝祭日ニ之ヲ定ムルコトヲ得

第百六十一條　期日ニ付テノ呼出ハ裁判長ノ命ニ從ヒ裁判所書記正本ノ送達ヲ以テ之ヲ爲ス但在廷シタル者ニ期日ヲ定メ出頭ヲ命シタルトキハ之ヲ送達スルコトヲ要セス

第百六十二條　期日ハ裁判所内ニ於テ之ヲ開ク但臨檢又ハ裁判所ニ出頭スルニ差支アル人ノ審問、其他裁判所内ニ於テ爲スヿヲ得サル行爲ヲ要スルトキハ此限ニ在ラス

第百六十三條　期日ハ事件ノ呼上ヲ以テ始マル

原告若クハ被告ハ期日ノ終ニ至ルマテ辯論ヲ爲ササルトキハ期

事者ノ辯論ヲ爲サザル時ノ制裁

日ヲ怠リタルモノト看做ス

（解）本條ニ依レハ期日ハ事件ノ呼上ケヲ以テ始マル者ナリ而メ事件ノ呼上ハ法廷ニ使役セラル丶執達吏ガ裁判長ノ命令ニ從ヒ原告被告等ノ名ヲ呼上ケ之ヲ法廷ニ導クノ謂ヒナリ故ニ當事者モ亦豫メ期日開始ノ時刻ヲ計リ其呼上ケニ應スルノ準備ヲ爲サヾル可ラズ

期間進行ノ始期

第百六十四條　裁判所又ハ裁判長ノ定ムル期間ノ進行ハ期間ヲ定メタル書類ノ送達ヲ以テ始マリ又其送達ヲ要セサル場合ニ於テハ期間ノ言渡ヲ以テ始マル但期間指定ノ際、此ヨリ遲キ起期ヲ定メタルトキハ此限ニ在ラス

期間ノ計算方、其一

第百六十五條　期間ヲ計算スルニ時ヲ以テスルモノハ即時ヨリ起算シ又日ヲ以テスルモノハ初日ヲ算入セス

其二

第百六十六條　一日ノ期間ハ二十四時トシ一ケ月ノ期間ハ三十日トシ一ケ年ノ期間ハ曆ニ從フ

期間ノ終カ日曜日又ハ一般ノ祝祭日ニ當ルトキハ其日ヲ期間ニ算入セス

期間ノ伸長

第百六十七條　法律上ノ期間ハ裁判所ノ所在地ニ住居セサル原告若クハ被告ノ爲メ其住居地ト裁判所々在地トノ距離ノ割合ニ應シ海陸路八里毎ニ一日ヲ伸長ス八里以外ノ端數三里ヲ超ユルトキモ亦同シ

裁判所ハ外國又ハ嶋嶼ニ於テ住所ヲ有スル原告若クハ被告ノ爲メニ特ニ附加期間ヲ定ムルコトヲ得

期間進行ノ休止

第百六十八條　期間ノ進行ハ裁判所ノ休暇ニ依リテ停止ス其期間ノ殘餘ノ部分ハ休暇ノ終ヲ以テ其進行ヲ始ム期間ノ初カ休暇ニ當ルトキハ其期間ノ進行ハ休暇ノ終ヲ以テ始マル

不變期間ニハ期間進行ノ休止ナシ

前項ノ規定ハ不變期間及ヒ休暇事件ノ期間ニハ之ヲ適用セス

不變期間

不變期間ハ此法律ニ於テ不變期間トシテ掲ケタル期間ニ限ル

期日ノ變更、辯論ノ延期、辯論續行ノ期日ノ指定

休暇事件トハ裁判所構成法第百二十八條、第百二十九條ニ掲ケタル事件ヲ謂フ

(解) 裁判所ノ休暇中ハ當事者ガ如何ニ自已ノ權利ヲ保全セン爲メニ必要ナル行爲ヲナサント欲スルモ能ハサルトキナリトス然ルニモ拘ハラズ只其期間ヲ經過セシ一事ニ依リ汝ハ期間ヲ怠リタルモノナレハ失權ノ不利益ヲ甘受スベシト云フハ不道理ノ甚ダシキヿト云ハサル可ラズ去レバ裁判所ノ休暇中ハ其期間ノ進行ヲ停止スルハ誠ニ至當ノ法則ト言ハサル可ラズ然レ圧第二百五十五條、第四百條、第四百三十七條、第四百六十六條、第四百七十四條、第七百七十五條等ニ規定スル不變期間及ヒ裁判所構成法第百二十七條ニ示シタル裁判所ノ休暇中ト雖モ猶審理スベキ休暇事件(即チ裁判所構成法第百二十八條及其次條ニ示セリ)ニハ右ノ法則ヲ適用セズ是事件ノ性質上正サニ然ラサルヲ得サルモノナレバナリ

第百六十九條 期日ノ變更、辯論ノ延期、辯論續行ノ期日ノ指定ハ申立ニ因リ又ハ職權ヲ以テ之ヲ爲スコトヲ得、但申立ニ因レ

ル期日ノ變更ハ合意ノ場合ヲ除ク外、顯著ナル理由アルトキニ限リ之ヲ許ス

（解）裁判所ノ職權ヲ以テ期日ノ變更、辯論ノ延期及辯論續行ノ期日ヲ指定スルハ即チ裁判所審理ノ都合上ニテ當事者ノ申立ニ依ル場合ハ必ス顯著ナル理由アルトキニノミ限リ他ハ之ヲ許サズ蓋シ此ノ如ク定メサルニ於テハ故ナク訴訟ノ審判ヲ澁滯スルノ恐アレバナリ

期間ノ短縮及其延長

第百七十條　期間ハ不變期間ヲ除ク外、當事者ノ合意ノ申立ニ因リ之ヲ短縮シ又ハ伸長スルコトヲ得

裁判所又ハ裁判長ノ定ムル期間及ヒ法律上ノ期間ハ合意ナキモ申立ニ因リ顯著ナル理由アルトキハ之ヲ短縮シ又ハ伸長スルコトヲ得、然レドモ法律上ノ期間ノ短縮又ハ伸長ハ此法律ニ特定シタル場合ニ限リ之ヲ許ス

伸長ニ係

伸長ニ係ル新期間ハ前期間ノ滿了ヨリ之ヲ起算ス

ル期間ノ起算點

期日ノ變更又ハ期間ノ短縮若クハ伸長ニ付テノ申請

（解）期間ハ原被告及ヒ其他ノ者ニシテ之ニ關係ヲ有スル當事者ノ爲メニ設ケタル者ナレバ其利害ニ關係ヲ有スル者ガ自ラ承諾シテ期間ヲ伸張シ若クハ短縮スルコトニ付合意セル以上ハ之ヲ制限セズシテ許スベキハ當然ナリ但シ不變期間ハ單ニ當事者ノ利害ニ關スルノミナラズ若シ之ヲ自由ニ變スルヲ許セバ大ニ公益上ニモ害ヲ及ホス恐アルガ故ニ當事者ノ申立ニ依リ之ヲ伸縮スルヲ得ズ（第一項）此他又、裁判上期間、法律上期間ハ合意ニヨリテ定メシモノニアラザルガ故ニ合意ナキモ若シ顯著ナル理由ヲ具スルトキハ其伸縮ヲ爲スヲ得ベキモ法律上期間ハ法律ヲ以テ豫シメ規定スルカ如ク重要ナル者ナレバ合意アラサルトキハ法律ノ特ニ明言セル場合ニノミ限リ、其他ハ之ヲ許スベカラズ（第二項）

第百七十一條　期日ノ變更又ハ期間ノ短縮若クハ伸長ニ付テノ申請ノ理由ハ之ヲ疏明ス可シ其申請ハ口頭ヲ以テ之ヲ爲スコトヲ得

申請ノ裁判ハ口頭辯論ヲ經スシテ之ヲ爲スコトヲ得

同一期日ノ再度ノ變更又ハ同一期間ノ再度ノ伸長ハ相手方ノ承

期日又期間ニ付キ受命判事及受託判事ノ行ヒ得ル權利

諸書ヲ提出セサルトキハ相手方ヲ審訊シタル後ニ限リ之ヲ許スコトヲ得、又相手方カ異議ヲ述フルトキハ顯著ナル差支ノ理由及ヒ其差支ヲ除去スルコノ特別ナル困難ヲ生シタルコヲ證スルトキニ限リ之ヲ許スコヲ得、訴訟代理人ノ差支ニ原因スル期日ノ再度ノ變更又ハ期間ノ再度ノ伸長ハ相手方ノ承諾アルニ非サレハ之ヲ許サス
期日ノ變更又ハ期間ノ伸長ニ付テノ申請ヲ却下スル裁判ニ對シテハ不服ヲ申立ツルコトヲ得ス

第百七十二條　本節ニ於テ裁判所及ヒ裁判長ニ與ヘタル權ハ受命判事又ハ受託判事モ亦其定ム可キ期日及ヒ期間ニ付キ之ヲ行フコトヲ得

(解)　先キニ一言セルカ如ク受命判事及ヒ受託判事ノ執ル職務ハ他ノ裁判所及ヒ裁判長等ノ執ル職務ニ異ナルヿナシ（素ヨリ其事件ノ全体ヲ審理スルト僅カニ其一部分ノミニ

止ルトノ差違ハアレ圧）故ニ前數條ニ於テ期日又ハ期間ノ丁ニ關シ裁判所及裁判長ノ有スル權利ハ之ヲ受命判事及ヒ受託判事ニモ亦與ヘサルベカラザルナリ

第四節　懈怠ノ結果及ヒ原狀回復

（解）故意ニ出テシニアラサルモ爲スベキ時ニ之ヲ爲サヾルカ又ハ爲スベキ丁ヲ全ク爲サヾリシニハアラサレ圧其不十分ナル場合ニ於テ正當辯解ノ理由ヲ有セサルトキ之ヲ稱シテ懈怠ト云フ此懈怠アリタル圧ハ其懈怠者ヲ如何ニスベキ乎、又タ懈怠者ノ他人トノ關係ハ如何ニ之ヲ定ムベキヤ本節ハ即チ之等ノ疑問ニ就キ詳細ノ規定ヲ爲セルモノナリ元來、法律ハ自已ノ權利ヲ貴重シ相當ノ行爲ヲナセルモノヲ保護スルノミニメ權利ノ上ニ睡眠ヲ貪ボルモノヽ如キハ決メ之ヲ保護スルニ及ハサルナリ故ニ法律ハ懈怠者ニハ不利ナル結果ヲ生セシメ訴訟行爲ヲ爲スコト若クハ爲サヾルコトヲ怠リタルモノハ後ニ至リテハ最早之ヲ爲シ又ハ爲サヾルヲ得ル權利ヲ失却セシムトノ制裁ヲ負ハシム是レ誠ニ法律ノ規定ヲシテ徒法タラサラシムルガ爲メニ必要ナルヲ覺フルナリ

然レ圧訴訟人ニ於テ訴訟行爲ヲ爲シ又ハ爲サヾリシハ正當ノ事由アリシニ依ルモノナル

原狀回復ヲ許スノ規定ハ偽善的規定ニ過ギズ

ドキハ此者ヲ懈怠者ト同一ニ取扱フベキニアラサルガ故ニ立法者ハ此クノ如キ時ニハ其一タビ失却シタル權利ヲ再ビ恢復セシムルコトセリ之ヲ稱シテ原狀回復ト云フ是亦當然ノ規定ナリ然レドモ退テ考フルニ訴訟行爲ヲ爲シ又ハ爲サヽリシニ付キ其者ガ正當辯解ノ事由ヲ有スル場合ハ之ヲ眞トニ所謂ル懈怠者ト云フベカラズ之ヲ懈怠者ニアラズトセバ法律上、只懈怠者ニノミ負ハシムル所ノ失權ノ制裁ハ之ヲ此者ニ負ハシム可ラザルナリ之ヲ以テ正當辯解ノ事由ヲ有シテ期日又ハ期間ヲ誤マレル者ニハ原狀回復ノ恵ヲ施サントル能ハザルコトヲ知ラザルベカラズ何トナレバ原狀回復ヲ許ストスレバ之ヲ許サヽル者ニ失權ノ制裁ヲ受ケタルヿアルヲ想像セサルベカラズ然ルニ失權ノ制裁ヲ被ムル者ハ自己ノ過失ニ出デテ期日若クバ期間ヲ誤マレルモノニ限ルニ正當ノ事由アリテ期日又ハ期間ヲ誤レル者ハ之ヲ懈怠アリシ者ト云フヿ能ハズ從テ失權ノ制裁ヲ受クベキ者ニアラサレバナリ故ニ正當ノ事由アリテ期日又ハ期間ヲ誤マレル者ニ原狀回復ヲ許スヿヲ言ヘル法律ノ規定ハ實トニ善良完美ノ如クニ見ユルモ其善良完美ナルハ唯々其皮想ニ止マリ人ノ物ヲ取リテ人ニ與フル偽善的規定ニ過キサルモノト謂フベシ

憲法・民法関係論と公序良俗論

〔民法研究レクチャー〕　**山本敬三** 著

四六変・並製・144 頁　ISBN978-4-7972-1136-8 C3332

定価：1,650 円（本体 1,500 円）

「理論」や「学説」は知れば知るほど面白い！「憲法と民法」の問題提起から公序良俗論の再構成へと展開し、法体系や法の役割を根底から学ぶ。新しい民法を拓く、民法研究レクチャー。

不当利得法〔全訂第2版〕

〔法律学の森〕　**藤原正則** 著

A5 変・上製・572 頁　ISBN978-4-7972-2395-8 C3332

定価：7,480 円（本体 6,800 円）

2002 年初版以来の待望の改訂版。債権法改正、物権法改正、相続法改正などにあわせて内容を整理、新しい判例、学説を考慮した、待望の訂版。

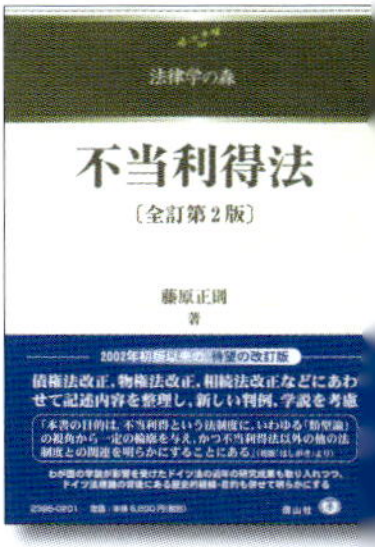

日本と世界の墓地埋葬法制

大石 眞・片桐直人・田近 肇 編

A5 変・並製・308 頁　ISBN978-4-7972-3439-8 C3332

定価：4,950 円（本体 4,500 円）

樹木葬・散骨などの新しい葬送と墓地の埋葬、各国のお墓事情と日本の墓地をめぐる緊急課題に迫る。「死者の尊厳」「葬送の自由」、終活の自己決定は実現できるか。

〒113-0033 東京都文京区本郷6-2-9-102 東大正門前
TEL:03(3818)1019 FAX:03(3811)3580 E-mail:order@shinzansha.co.jp
信山社
http://www.shinzansha.co.jp

経済的人間と規範意識

〔学術選書〕　嶋津　格 著

A5変・上製・280頁　ISBN978-4-7972-8291-7 C3332

定価：8,360円（本体7,600円）

法と経済学のすき間は埋められるか。「法と広義の経済学」を哲学的知見で、人間モデルにおける規範意識の位置から追究する。法と経済学／私的秩序／ハイエクの法理論等。

越境サイバー侵害行動と国際法

国家実行から読み解く規律の行方

〔学術選書〕　中村和彦 著

A5変・上製・244頁　ISBN978-4-7972-8288-7 C3332

定価：7,920円（本体7,200円）

国境を越えた不正アクセス、経済的損害等、喫緊の脅威にどう対応できるか。各国の立場やあり得べき国家実行の方向性等を考究する。

ドイツ相続法〔法学翻訳叢書〕

ディーター・ライポルト 著　田中宏治 訳

A5変・並製・444頁　ISBN978-4-7972-2374-3 C3332

定価：7,150円（本体6,500円）

基本的な事柄から詳細な重要事項までを明示した、ドイツにおける定番教科書（第23版）の待望の邦訳。ドイツ相続法全体および個々の制度を知るために必読の書。

-0033 東京都文京区本郷6-2-9-102 東大正門前
3(3818)1019 FAX:03(3811)3580 E-mail:order@shinzansha.co.jp
信山社 http://www.shinzansha.co.jp

訴訟行爲ヲ怠リタル者ノ受クヘキ制裁

第百七十三條　訴訟行爲ヲ怠リタル原告若クハ被告ハ其訴訟行爲ヲ爲ス權利ヲ失フ但此法律ニ於テ追完ヲ許ストキハ此限ニ在ラス

法律上懈怠ノ結果ハ當然生スルモノトス但此法律ニ於テ失權ヲ爲サシムルコトニ付キ相手方ノ申立ヲ要スルトキハ此限ニ在ラス

（解）原告又ハ被告ニ於テ一定ノ期日若クハ期間内ニ於テ必ズ爲スベキ訴訟行爲ヲ怠リテ爲サヾル片ハ其懈怠ノ結果トシテ既ニ經過シタル期日若クハ期間後ニ再ビ之ヲ爲スノ權利ヲ失ハシム法律ガ斯クノ如キ制裁ヲ附シタル所以ハ前既ニ之ヲ説明シタル如ク上述ノ期日及期間ニ關スル法律ノ徒法ト爲ルヲ防グガ爲メニ外ナラサルナリ（但シ法律ノ追完ヲ許セル場合ノ如キハ格別ナリ例ヘハ第四百十七條ノ如シ）

原状回復ヲ許ス場合

第百七十四條　天災、其他避ク可ラサル事變ノ爲ニ不變期間ヲ遵守スルヿヲ得サル原告若クハ被告ニハ申立ニ因リ原状回復ヲ許

ス

原告若クハ被告カ故障期間ヲ懈怠シタルトキハ其過失ニ非スシテ闕席判決ノ送達ヲ知ラサリシ場合ニ於テモ亦之ニ原狀回復ヲ許ス

（解）不能ノ事ハ法律ト雖トモ人ニ之レヲ强フルヿ能ハサルガ故ニ天災事變等、正當ノ事由アリテ期日又ハ期間ヲ誤レル時ニハ權利ノ失却ヲ爲サシムベカラザルハ余ガ節首ニ於テ辯セシガ如シ故ニ余ハ法律ガ此止ムヲ得スシテ期日又ハ期間ヲ誤レル者ニ原狀回復ヲ爲スヿヲ許スト明言セルヲ怪シマズンバアラサズ

原狀回復ノ申立ヲ爲シ得ル期間

第百七十五條　原狀回復ハ十四日ノ期間內ニ之ヲ申立ツルコトヲ要ス

此期間、開始ノ期

右期間ハ障碍ノ止ミタル日ヲ以テ始マル此期間ハ當事者ノ合意ニ因リ之ヲ伸長スルコトヲ得ス

原狀回復ノ申立ヲ

懈怠シタル不變期間ノ終ヨリ起算シテ一ケ年ノ滿了後ハ原狀回

復ヲ申立ツルコトヲ得ス

（解）際限ナク原狀回復ノ申立ヲ爲スヿヲ許スベカラサルガ故ニ法律ハ之ヲ十四日ノ期間内ニ申立ツベキヿト爲セリ而メ法律ガ此十四日ノ期間ヲ障碍ノ止ミタル日即チ暴風又ハ洪水等ノ止ミテ平狀ニ復シタルトキヨリ起算スルモノト爲セルハ其障碍ノ存スル間ハ何日マデモ回復ノ申立ヲ爲スヲ得サルニ依ルナリ此期間ハ第百七十條第一項ト異リテ當事者ノ合意ニテ伸長スルヿヲ得ズ盖シ本條ノ塲合ハ公益ニ關係ヲ有スル期間ナレバ一私人ノ合意ニテ之ヲ左右スルヲ得サルナリ而シテ其末項ニ於テ懈怠シタル不變期間ノ終ヨリ一年ヲ經過セシ後ハ原狀回復ヲ許サズト定メタルハ是レ亦無際限ニ之ヲ許ストスル片ハ永ク權利ノ確定ヲ妨ケ公益上ニ害ヲ及スヿアルニ由ル

爲シ得ザルニ至ル期限

第百七十六條　原狀回復ハ追完スル訴訟行爲ニ付キ裁判ヲ爲ス權アル裁判所ニ書面ヲ差出シテ之ヲ申立ツ可シ

原狀回復ノ申立ヲ管轄スル裁判所

此書面ニハ左ノ諸件ヲ具備スルコトヲ要ス

原狀回復ノ申立書ニ具備スベキ諸件

第一　原狀回復ノ原因タル事實

第二　原狀回復ノ疏明方法

第三　懈怠シタル訴訟行爲ノ追完

即時抗告ノ提出ヲ懈怠シタルトキハ原狀回復ノ申立ハ不服ヲ申立テラレタル裁判ヲ爲シタル裁判所又ハ抗告裁判所ニ之ヲ爲スコトヲ得

原狀回復ノ申立ヲ審理スル手續

第百七十七條　原狀回復ノ申立ニ付テノ訴訟手續ハ追完スル訴訟行爲ニ付テノ訴訟手續ト之ヲ併合ス然レトモ裁判所ハ先ツ申立ニ付テノ辯論及ヒ裁判ノミニ其訴訟手續ヲ制限スルコトヲ得

申立ノ許否ニ關スル裁判及ヒ其裁判ニ對スル不服ノ申立ニ付テハ追完スル訴訟行爲ニ於テ行ハル可キ規定ヲ適用ス然レトモ申立ヲ爲シタル原告若クハ被告ハ故障ヲ爲スコトヲ得ス

原狀回復ノ費用ノ負擔者

原狀回復ノ費用ハ申立人之ヲ負擔ス但相手方ノ不當ナル異議ニ因リ生シタルモノハ此限ニ在ラス

訴訟ノ中斷及ビ中止

(解)　原狀回復　中立ニ付テノ訴訟手續ハ追完スル訴訟行爲ノ手續ト併合シ之ヲ同一ニ取調ヲ爲スモノトシタルハ必竟此二ケノ訴訟ハ同一ノ事柄ニ基因シタルモノナレハ之ヲ併合シテ審理スルハ便宜ナルニ由ル然レ圧既ニ之ヲ併合スルコトガ便宜ヨリ出テタリトセバ若シ裁判所ニ於テ之ヲ分離メ辯論セシメ或ハ裁判スル方ヲ便宜ナリト考フル場合ハ先ツ何レカ其中一方ノ訴訟手續ノミヲ爲スヿニ制限スルヲ得ベキハ勿論ナリ（第一項）又申立ノ許否ニ關スル裁判及ヒ之ニ對スル不服ノ申立ニ付テモ前ト全ク追完スル訴訟行爲ノ規定ヲ適用スルモノナレ圧法律ハ之ニ故障ヲ許サズ然ラズンバ其裁判ヲ幾度繰リ返スモ更ニ停止スル處ナカルベキヲ以テナリ（第二項）

第五節　訴訟ノ中斷及ヒ中止

(解)　法律ニ特定シタル或原因ノ存スル片ニ訴訟手續ノ進行ヲ止メ之ヲメ其時ニ於ケル同一ノ有樣ニ存セシムルヿヲ訴訟ノ中斷若クハ中止ト云フ而メ此二者ハ共ニ其期間中、訴訟手續ノ進行ヲ止メ又其原因ノ終リシ後ハ更ニ全期間ノ進行ヲ始ムル者ナルカ故ニ此點ハ互ニ相異ナルナヿモ併シ此二者ハ全ク同一ノ者ニアラザルナリ即チ法定ノ原因ノ存

死亡ニ依レル訴訟中斷及其中斷ノ繼ク時間

訴訟中斷ノ生セル後ニ於ケル訴訟審理ノ手續

スル場合ニ裁判官ガ必ズ訴訟手續ノ進行ヲ止メサル可ラサルトキハ之ヲ中斷ト云ヒ之ニ反シテ當事者ガ法律ニ定メタル原因アルヿヲ申立テ、訴訟手續ノ進行ヲ中止センヿヲ請求スルニ依リ裁判官之ヲ正當ナリト認メテ訴訟手續ノ進行ヲ一時止メシムルモノハ之ヲ中止ト云フ彼ノ時効ノ場合ニ於ケル區別、即チ中斷ハ先キニ爲セル手續ヲ全ク無効タラシムルモ中止ハ只一時其進行ヲ止ムルノミニシ既ニ爲セル以前ノ手續ニ繼デ爲シ得ルモノナリト云フ區別ノ如キハ則チ此場合ノ中斷ト中止ノ區別ニ適用スルヲ得ズ讀者ハ第百八十六條ヲ熟讀スルニヨリ余ノ此言ノ誤ラサルヲ知ラン

第百七十八條　原告若クハ被告ノ死亡シタル場合ニ於テハ承繼人カ訴訟手續ヲ受繼クマテ之ヲ中斷ス

受繼ヲ遲滯シタルトキハ裁判所ハ申立ニ因リ受繼及ヒ本案辯論ノ爲メ其承繼人ヲ呼出ス

承繼人期日ニ出頭セサルトキハ申立ニ因リ相手方ノ主張シタル承繼ヲ自白シタルモノト看做シ且裁判所ハ闕席判決ヲ以テ承繼

破産ニ依レル訴訟ノ中斷及其中斷ノ繼ク時間

人訴訟手續ヲ受繼キタリト言渡ス又本案ノ辯論ハ故障期間ノ滿了後始メテ之ヲ爲シ又其期間内ニ故障ヲ申立テタルトキハ其完結後始メテ之ヲ爲ス

訴訟ニハ必ス對手人ナカルベカラズ然ルニ原被告ノ一方ガ死亡スル片ハ其對手人アラサルヿトナル故ニ承繼人ノ定マル迄ハ訴訟手續ヲ中斷スルナリ而メ先人ノ權利義務ニ關スル訴訟ハ通常其相續人ガ受繼クベキモノナレ圧若シ此受繼人ガ長ク定ラサルトキハ其相手ノ者ハ非常ニ迷惑ヲ受クベキガ故ニ裁判所ハ申立アルヲ待チ受繼及本案辯論ノ爲メ其承繼人ヲ呼出スヲ得ベシ

第百七十九條　原告若クハ被告ノ財産ニ付キ破産ノ開始シタル場合ニ於テ訴訟手續カ破産財團ニ關スルトキハ破産ニ付テノ規定ニ從ヒ手續ヲ受繼キ又ハ破産手續ヲ解止スルマテ之ヲ中斷ス

（解）破産トハ支拂ノ停止ヲ爲セル商人ノ狀況ヲ云フ

商人ノ不幸ニシテ此狀況ニ陷レル時ハ其有スル財産ハ悉ク破産管財人ノ手裡ニ歸シ集リ

訴訟能力ノ喪失ニ依レル訴訟中斷及其中斷ノ繼ク時間

當事者ノ死亡ニ基キテ中斷スル場合ニ於ケル訴訟手續ノ受繼ニ

テ一財團ヲ形成シ破產者ハ破產財團ニ付テハ管理ノ權スラ之ヲ失フガ故ニ破產ニ就テノ規定ニ從ヒ手續ノ受繼ヲ爲サル、カ又ハ破產ノ解止セラレテ破產者ノ能力ヲ復スルニ至ルマデハ訴訟ハ中斷セラレサルベカラズ

第百八十條　原告若クハ被告カ訴訟能力ヲ失ヒ又ハ其法律上代理人カ死亡シ又ハ其代理權カ原告若クハ被告ノ訴訟能力ヲ得ル前ニ消滅シタルトキハ訴訟手續ハ法律上代理人又ハ新法律上代理人カ其任設ヲ相手方ニ通知シ又ハ相手方カ訴訟手續ヲ續行セントスルコトヲ其代理人ニ通知スルマテ之ヲ中斷ス

(解)　訴訟人、訴訟ヲ爲スニ付テ能力ヲ失フ𪜈ハ訴訟ニ從フヿ能ハサルカ故ニ訴訟ハ斯ニ中斷セラレサルベカラズ

第百八十一條　原告若クハ被告ノ死亡ニ因リ訴訟手續ヲ中斷スル場合ニ於ケル訴訟手續ノ受繼ニ關シ遺產ニ付キ管理人ヲ任設スルトキハ前條ノ規定又ハ遺產ニ付キ破產ヲ開始スルトキハ第百七

關スル特別ノ規定

戰爭其他ノ事故ニ基テ裁判所ガ行務ヲ止ムルニヨリ生スル訴訟中斷

訴訟代理人ニ依テ訴訟ヲ爲ス場合ニ於テ當事者又ハ其代理人ノ能力ノ喪失又ハ死亡ニヨリ代理權ノ消滅スルニヨリ生スル訴訟中斷及此受繼ニ付テノ規定

十九條ノ規定ヲ適用ス

第百八十二條　戰爭其他ノ事故ニ因リ裁判所ノ行務ヲ止メタルトキハ此事情ノ繼續間、訴訟手續ヲ中斷ス

第百八十三條　訴訟代理人ヲ以テ訴訟ヲ爲ス場合ニ於テ原告若クハ被告カ死亡シ又ハ訴訟能力ヲ失ヒ又ハ法律上代理人カ死亡シ又ハ其代理權カ消滅スルトキハ委任消滅ノ通知ニ因リ訴訟手續ヲ中斷ス

訴訟手續ノ受繼ニ付テハ第百七十八條、第百八十條、第百八十一條ノ規定ニ從フ

（解）假令ヒ委任權ノ消滅スルヿアルモ之ガ通知ヲ受ケサル以上ハ其相手方ニ向テ委任ノ消滅ヲ對抗スルヲ得ズ故ニ本條ノ場合ハ第百八十條ニ依リ訴訟手續ノ中斷ヲ爲スハ勿論ナレ𪜈其中斷ヲ爲スハ必ス委任消滅ノ通知以後ニ關スルモノニメ其前ハ實際委任ノ消滅スルトモ猶訴訟手續ノ進行スルヿヲ妨ケサルナリ

訴訟中止

第百八十四條　原告若クハ被告カ戰時兵役ニ服スルトキ又ハ官廳ノ布令、戰爭、其他ノ事變ニ因リ受訴裁判所ト交通ノ絶エタル地ニ在ルトキハ受訴裁判所ハ申立ニ因リ又ハ職權ヲ以テ障碍ノ消除スルマテ訴訟手續ノ中止ヲ命スルコトヲ得

訴訟手續中止ノ申請

第百八十五條　訴訟手續中止ノ申請ハ受訴裁判所ニ之ヲ提出ス其申請ハ口頭ヲ以テ之ヲ爲スコトヲ得

此裁判ハ口頭辯論ヲ經スシテ之ヲ爲スコトヲ得

訴訟中斷及ヒ中止ノ効果

第百八十六條　訴訟手續ノ中斷及中止ハ各期間ノ進行ヲ止メ及中斷又ハ中止ノ終リタル後更ニ全期間ノ進行ヲ始ムル効力ヲ有ス

中斷及ヒ中止ノ間、本案ニ付キ爲シタル原告若クハ被告ノ訴訟行爲ハ他ノ一方ニ對シ其効力ナシ

口頭辯論ノ終結後ニ生シタル中斷ハ其辯論ニ基キテ爲ス可キ裁判ノ言渡ヲ妨クルコト無シ

訴訟手續ノ受繼及ヒ其他ノ通知送達方法

當事者ノ合意ニヨリ爲ス訴訟休止

(解) 中斷及ヒ中止ノ効果ハ何レモ之ガ爲メニ訴訟期間ノ進行ヲ止メ且其源因ノ終了セル後ハ中斷及ヒ中止ノアリタル前ニ經過シタル期間ハ進行セサルモノトシテ更ラニ新タニ全期間ノ進行ヲ始メシムルモノトス換言スレハ中斷及ヒ中止ノ終ル迄ハ毫モ訴訟ノ始ラサルト同一ニ見做スト云フニ在リ故ニ中斷中止ノ間ニ爲セル一方ノ訴訟行爲ハ更ニ何等ノ効力ヲモ生セサルヲ當然トス然レ𪜈口頭辯論ノ終結セル後ニ生シタル中斷ハ其裁判ヲ妨ケサルガ故ニ假令一タヒ中斷アルトモ之ガ爲メ再ヒ辯論ヲ開クヲ要セズ直チニ判決ノ言渡ヲ爲スヲ得ベシ

第百八十七條　中斷シ又ハ中止シタル訴訟手續ノ受繼及ヒ本節ニ定メタル通知ハ原告若クハ被告ヨリ其書面ヲ受訴裁判所ニ差出シ裁判所ハ相手方ニ之ヲ送達ス可シ

第百八十八條　當事者ハ訴訟手續ヲ休止ス可キ合意ヲ爲スヿヲ得

其合意ハ不變期間ノ進行ニ影響ヲ及ホサス

口頭辯論ノ期日ニ於テ當事者雙方出頭セサルトキハ訴訟手續ハ

其一方ヨリ更ニ口頭辯論ノ期日ヲ定ム可キコトヲ申立ツルマテ之ヲ休止ス

一ケ年內ニ前項ノ申立ヲ爲サヽルトキハ本訴及ヒ反訴ヲ取下ケタルモノト看做ス

（解）彼ノ控訴上告等ノ如キ場合ニ適用スル不變期間ハ公益ノ爲メニ規定セラレタルモノナルヲ以テ一已人ノ便益ノ爲メ之ヲ動カスヲ得サルハ勿論ナレ𪜈其他ノ場合ニ於テハ當事者ノ意思ヲ法律ニテ強制スルハ却テ訴訟自由ノ原則ニ反スルヲ以テ當事者ノ合意アル以上ハ訴訟ノ休止ヲ爲スヲ許サヽルヘカラス

訴訟手續ノ中止ヲ命スル裁判ニ對スル抗告

第百八十九條　本節ノ規定其他此法律ノ規定ニ基キ訴訟手續ノ中止ヲ命スル裁判ニ對シテハ抗告ヲナスコトヲ得、又其中止ヲ拒ム裁判ニ對シテハ即時抗告ヲ爲スコトヲ得

第一審ノ訴訟手續

第二編　第一審ノ訴訟手續

(解) 訴訟ニハ第一審ノ訴訟ト第二審ノ訟訟トノ二アリ第一審トハ初メテ起シタル訴訟ニ付テ審理スル場合ヲ云ヒ第二審トハ既ニ一タヒ判決セラレタル事件ニ付キ再ヒ訴訟ヲ起シ之ヲ覆審スル場合ニ用ユル語ナリ而メ本編ニ定ムル所ノモノハ此其第一審ノ訴訟ニ適用スヘキ手續ニシテ地方裁判所ト區裁判所トノ裁判ニ用ヒラルヘキ法則ナリ

地方裁判所ノ訴訟手續

第一章　地方裁判所ノ訴訟手續

(解) 第一審ノ訴訟ヲ審理スヘキハ前ニモ既ニ言フ如ク地方裁判所ト區裁判所ノ二アレ𪜈此兩裁判所ハ各裁判權ヲ有スル事項モ同一ナラズ既ニ其審理スヘキ事項ト權限ニ大小ノ別アレハ之ヲ實際ニ行フニ付テ必要ナル訴訟手續ニモ精粗煩簡ノ差異アラサルヘカラサルハ勿論ナリ故ニ立法者モ亦此二箇ノ裁判所ニ適施スル訴訟手續ハ之ヲ各別ニ規定セサルヘカラズ

判決前ノ訴訟手續

第一節　判決前ノ訴訟手續

本節ハ訴訟ノ起リテヨリ其判決ノ裁斷ヲ爲スニ至ルマテノ間ニ於テ適施スヘキ一切ノ訴

訟手續ヲ規定シタルモノニシテ訴訟ヲ爲サントスル者ノ第一着ニ行ハサルヲ得サル規則ナリ若シ夫レ所謂判決後ノ訴訟手續ニ至テハ第三編、第四編、第六編ニ至リテ知ル處アルベシ

訴ノ提起

第百九十條　訴ノ提起ハ訴狀ヲ裁判所ニ差出シテ之ヲ爲ス

訴狀中ニ記スベキ事項

此訴狀ニハ左ノ諸件ヲ具備スルコトヲ要ス

第一　當事者及ヒ裁判所ノ表示

第二　起シタル請求ノ一定ノ目的物及ヒ其請求ノ一定ノ原因

第三　一定ノ申立

此他、訴狀ハ準備書面ニ關スル一般ノ規定ニ從ヒ之ヲ作リ且裁判所ノ管轄カ訴訟物ノ價額ニ依リ定マル場合ニ於テ訴訟物カ一定ノ金額ニ非サルトキハ其價額ヲ揭ク可シ

通常ノ訴訟ノ併合ヲ爲シ得ル場合

第百九十一條　同一ノ被告ニ對スル原告ノ請求數個アル場合ニ於テ其ノ各請求ニ付キ受訴裁判所カ管轄權ヲ有シ且法律ニ於テ同

訴状カ之ヲ作タルニ付テノ程式ニ循ヒサル時ノ規定

訴状カ之ヲ作ルニ付テノ程式ニヨリテ作ラレタル時ノ規定

訴状送達ト口頭辯論ノ期日トノ間ニ

一種類ノ訴訟手續ヲ許スキハ原告ハ其請求ヲ一個ノ訴ニ併合スルコトヲ得、但民法ノ規定ニ反スルトキハ此限ニ在ラズ

數箇ノ請求ヲ一箇ノ訴ニ併合スルヲ許スハ一ニハ手數ト費用ヲ省キ二ニハ証據等ノ提出ヲ爲スニ付テ煩雑ヲ免ル、ノ便益ヲ與ヘ從テ訴訟ノ結局ヲ迅速ナラシムル益アルニ由ル

第百九十二條　訴狀カ第百九十條第一號乃至第三號ノ規定ニ適セサルキハ相當ノ期間ヲ定メ裁判長ノ命令ヲ以テ其期間內ニ欠缺ヲ補正ス可キコトヲ命ス若シ原告此命ニ從ハサルトキハ其期間ノ滿了後、訴狀ヲ差戻ス可シ

此差戻ノ命令ニ對シテハ即時抗告ヲ爲スコトヲ得

第百九十三條　訴狀カ第百九十條第一號乃至第三號ノ規定ニ適スルトキハ口頭辯論ノ期日ヲ定メテ之ヲ被告ニ送達ス可シ

第百九十四條　訴狀ノ送達ト口頭辯論ノ期日トノ間ニハ少ナクトモ二十日ノ時間ヲ存スルコトヲ要ス

存スベキ時間

外國ニ於テ送達ヲ施行スヘキトキハ裁判長、相當ノ時間ヲ定ム

(解) 是レ原被告ヲシテ辯論ヲ爲スノ備準ヲ爲サシメシガ爲メニ外ナラザルナリ

訴訟物ノ權利拘束ノ効力

第百九十五條　訴訟物ノ權利拘束ハ訴狀ノ送達ニ因リテ生ス

權利拘束ハ左ノ効力ヲ有ス

第一　權利拘束ノ繼續中、原告若クハ被告ヨリ同一ノ訴訟物ニ付キ他ノ裁判所ニ於テ本訴又ハ反訴ヲ以テ請求ヲ爲シタルトキハ相手方ハ權利拘束ノ抗辯ヲ爲スコトヲ得

第二　受訴裁判所ノ管轄ハ訴訟物ノ價額ノ增減、住所ノ變更其他管轄ヲ定ムル事情ノ變更ニ因リテ變換スルコト無シ

第三　原告ハ訴ノ原因ヲ變更スル權利ナシ但變更シタル訴ニ對シ本案ノ口頭辯論前、被告カ異議ヲ述ヘサルトキハ此限ニ在ラズ

(解) 訴訟物ノ權利拘束トハ訴訟ニ係ル物件ヲ原被双方ノ間ニ拘束シテ其一方ノ自由ニ

ヨリ之ヲ變動スルヿヲ許サザルノ故ナルカ故ニ其繼續中ニ原告若クハ被告ヨリ同一ノ訴訟物ニ付キ他ノ裁判所ニ於テ本訴又ハ反訴ヲ以テ請求ヲ爲セル片ニ其相手方ヨリ權利拘束ノ抗辯ヲ爲シ其訴ヲ斥却セシメ得ベキハ論ナキナリ(第一號)

訴訟物ノ價ト人ノ住所ニヨリテ裁判管轄ヲ定ムル片ハ起訴ノ時ニ於ケル價ト起訴ノ時ニ於ケル住所ヲ標準トスベキ者ナルヿハ余ガ先キニ陳ベシ所ナリ故ニ起訴後ニ價ノ變更アリ訴訟中ニ住所ニ異動アルモ此變更、此異動ハ其訴訟ノ裁判管轄ノ上ニ何等ノ影響ヲモ及ボスベキニアラザルナリ(第二號)

訴訟ノ原因ハ訴訟ヲ構成スル一ノ要素ナリ之ヲ變ズレバ訴訟ニ消滅ヲ來スベキガ故ニ訴訟ノ原因ノ變更ハ之ヲ行フベカラズ然レ圧是レ只其對手ノ利害ニ關スルニ過ギザレバ其相手方ニシテ承諾スルニ於テハ裁判所ハ之ヲ問ハズシテ可ナリ而シテ相手方ノ與フル此承諾ハ明然タルト暗嘿タルトヲ問フベカラザルガ故ニ被告ガ異議ヲ述ベズニ本案ノ辯論ニ係リ以テ暗ニ原告ノ所爲ヲ承認セル時ハ之レヨリ後ニ異議ノ申立ヲ爲スヿヲ許スベカラズ(第三號)

原告ノ有スル訴訟ヲ變更スルノ權利

第百九十六條　原告カ訴ノ原因ヲ變更セズシテ左ノ諸件ヲ爲スト
キハ被告ハ異議ヲ述フルコトヲ得ズ

第一　事實上又ハ法律上ノ申述ヲ補充シ又ハ更正スルコト

第二　本案又ハ附帶請求ニ付キ訴ノ申立ヲ擴張シ又ハ減縮ス
ルコト

第三　最初求メタル物ノ滅盡又ハ變更ニ因リ賠償ヲ求ムルコト

(解) 訴ノ性質ヲ變ゼザルノ範圍内ニ於テハ原告ガ之ヲ變更スルモ被告ニ何等ノ利害ヲ
及ボスコトナケレバ法律ハ之ヲ禁スベキニアラサルナリ

訴ノ原因ニ變更ナシトスル裁判ニ不服ノ申立ヲ爲スヲ許サズ

第百九十七條　訴ノ原因ニ變更ナシトスル裁判ニ對シテハ不服ヲ
申立ツルコトヲ得ズ

訴訟ノ取下

第百九十八條　訴ノ全部又ハ一分ハ本案ニ付キ被告ノ第一口頭辯
論ノ始マルマテハ被告ノ承諾ナクシテ之ヲ取下ケ又其後、口頭辯
論ノ終結ニ至ルマテハ被告ノ承諾ヲ得テ之ヲ取下クルコトヲ得

之ヲ爲ス方法

之ヲ爲セルニヨリ生ズル效果

訴ノ取下ハ口頭辯論ニ於テ之ヲ爲サヽルトキハ書面ヲ以テ之ヲ爲ス可シ

訴狀ヲ既ニ送達シタル塲合ニ於テハ訴取下ノ書面ハ之ヲ被告ニ送達ス可シ

適法ナル取下ハ權利拘束ノ總テノ效力ヲ消滅セシムル結果ヲ生ス

取下ケタル訴ヲ再ヒ起シタルトキハ被告ハ前訴訟費用ノ辨濟ヲ受クルマテ應訴ヲ拒ムコトヲ得

（解）訴訟ハ社會ニ於ケル一ノ疾病ナリトハ西洋人ノ言ニ之ヲ聞ケリ故ニ訴訟ノ多キハ一箇人ノ爲ニモ公益ノ爲ニモ嘉ミスベキヿニアラズ之ヲ以テ縱令一タビ訴ヲ起スモ其後ニ至リ自已ニ夫レ丈ケノ權利アラサルヲ思考シ又ハ權利アルモ訴訟ヲ起ス必要ナシト認メタル塲合ニハ自由ニ其訴ノ取下ヲ爲スヲ得セシムルヲ可トス然レ圧此訴ノ取下ヲ爲スガタメ却テ又被告ニ損害ヲ被ラシムルガ如キヿナキヲ要ス故ニ本條ハ原則上、訴ノ取下ハ原告ノ自由權内ニ任ジタレ圧又場合ニ依テハ幾分カ制限チ設ケ兩者ノ間ニ調和チ爲セリ而ノ若シ一旦其爲セル訴ノ取下チ爲スニ於テハ初メヨリ曾テ訴ノ起ラサルト同一ノ形狀ニ還ラシムルモノナレバ訴訟ヨリシテ生セシ權利拘束ノ効力ハ總テ消滅セサルベカラサルナリ

被告ノ爲ス答辯書差出ノ催告

第百九十九條　訴狀送達ノ際、十四日ノ期間内ニ答辯書ヲ差出ス可キコトヲ被告ニ催告ス可シ

答辯書ニハ準備書面ニ關スル一般ノ規定ヲ適用ス

被告ガ反訴チ爲シ得ル場合

第二百條　訴カ管轄裁判所ニ於テ權利拘束ト爲リタルトキハ被告ハ原告ニ對シ其裁判所ニ反訴ヲ起スコトヲ得

然レトモ財產權上ノ請求ニ非サル請求ニ係ル反訴又ハ目的物ニ付キ專屬管轄ノ規定アル反訴ハ若シ其反訴カ本訴ナルトキ其裁判所ニ於テ管轄權ヲ有ス可キ場合ニ限リ之ヲ爲スコトヲ許ス

反訴ニ對シテハ更ニ反訴ヲ爲スコトヲ得ズ

反訴ヲ為ス方法

反訴ヲ起シ得ル時間ニ就テノ制限

（解）財産權上ノ請求ニアラサル請求ノ管轄及法律ガ專屬管轄ヲ定メ置ケル場合ハ常ニ公益上ノ理由ニ其基ヲ汲ムヲ以テ反訴ヲ爲ス時ト雖𪜈其反訴カ本訴ナル𬼂ニ其裁判所ニ於テ管轄ノ權利ヲ有スベキ場合ナラサレバ反訴ノ提起ヲ爲スヿヲ許シ以テ裁判管轄ニ變動ヲ生セシムベカラザルナリ

第二百一條　反訴ハ答辯書若クハ特別ノ書面ヲ以テ又ハ口頭辯論中、相手方ノ面前ニ於テ口頭ヲ以テ之ヲ爲スコトヲ得

然レトモ答辯書差出ノ期間内ニ差出シタル書面ヲ以テ起ササル反訴ハ被告ノ請求ノ全部又ハ一分ト相殺ヲ爲ス可キ場合ニ於テ同時ニ被告カ自己ノ過失ニ因ラスシテ其以前反訴ヲ起スヲ得サリシコトヲ疏明スルトキニ限リ之ヲ爲スコトヲ許ス

（解）答辯書差出ノ期間内ニ差出セル書面ニテ起サヾル反訴ヲ爲シ得ル場合ニ制限ヲ付セル者ハ被告ニ於テ反訴ヲ爲スノ權利ヲ抛棄セルモノト看做シ以テ訴訟ノ落着ヲ迅速ナラシメントノ意ニ外ナラサルナリ

反訴ニ適用セラルヘキ規定

裁判長ノ有スル期間短縮ノ權利

第二百二條　訴ニ關スル此法律ノ規定ハ反訴ニ之ヲ適用ス但其規定ニ因リ差異ノ生ス可キトキハ此限ニ在ラス

第二百三條　裁判長ハ申立ニ因リ其命令ヲ以テ第百九十九條ニ定メタル期間ヲ相當ニ短縮若クハ伸長シ又第百九十四條ニ定メタル時間ヲ切迫ナル危險ノ塲合ニ限リ二十四時マテニ短縮スルヿヲ得

前項時間ノ短縮ハ此カ爲メ答辯書ヲ差出スコトヲ得サルトキト雖モ亦之ヲ爲スコトヲ得

本條ノ規定ハ第百六十七條ニ揭ケタル規定ヲ妨ケス

（解）　答辯書ハ訴狀ノ送達ヨリ十四日ノ期間内ニ之ヲ差出サヽル可ラス（第百九十九條）然レトモ訴訟事件ノ煩雜ナルト簡易ナルトニ依リ裁判長ハ之ヲ伸縮スルノ命令ヲ下スヲ得ベシ又訴狀ノ送達ト口頭辯論ノ期日トノ間ニハ少クトモ二十日ノ時間ヲ存スルヲ要ス（第百九十四條）然レトモ時トシテハ此期間内ニ被告人ノ逃亡シ又ハ其他ノ事故ノ爲メ證據ノ湮

相手方ガ豫メ穿鑿スルニアラザレバ陳述ヲ爲スヿ能ハザルモノト思料セラル丶訴訟事項ノ通知口頭辯論ノ延期ヲ爲セル時ニ必要ナル準備書面ノ提出ヲ爲サシムルニ付キ期間ヲ定ムル裁判所ノ權

過スルガ如キ恐アル場合アラン若シ此恐アルニモ拘ハラズ猶二十日ノ時間ヲ經過スル迄ハ手ヲ拱シテ傍觀セサル可ラズトスルハ却テ不都合ナルヲ以テ若シ如此危險ノ迫リシ場合ニハ裁判長ニ右期間ヲ短縮スルノ命令ヲ發シ得ル權利ヲ得セシメサル可ラズ是本條ノ規定アル所以ナリ然レ圧之ガ爲メニ第百六十七條ニ定ムル出廷ニ付テ要スル里程ノ猶豫期日ヲ短縮スルヲ得ズ若シ然ラズトセハ裁判所ハ人ニ難キヲ強ユルニ至ルベケレバナリ

第二百四條　各當事者ハ訴狀又ハ答辯書ニ掲ケサリシ事實上ノ主張若クハ證據方法又ハ申立ニ付キ相手方カ豫メ穿鑿ヲ爲スニ非サレハ陳述ヲ爲ス能ハスト豫知スル事項アルトキハ口頭辯論ノ前ニ書面ニテ差出ス可シ但其書面ヲ相手方ニ送達スル時間及ヒ相手方ヲシテ必要ナル穿鑿ヲ爲ス時間ヲ得セシム可シ

口頭辯論ノ延期ヲ爲ストキハ裁判所ハ爾後、必要ナル準備書面ヲ差出ス可キ期間ヲ定ムルコトヲ得

第二百五條　口頭辯論ハ一般ノ規定ニ從ヒテ之ヲ爲ス

口頭辯論ヲ爲ス方式 妨訴ノ抗辯ヲ提出スベキ時期 妨訴ノ抗辯ノ種々

第二百六條　妨訴ノ抗辯ハ本案ニ付テノ被告ノ辯論前、同時ニ之ヲ提出ス可シ

左ニ掲クルモノヲ妨訴ノ抗辯トス

第一　無訴權ノ抗辯

第二　裁判所管轄違ノ抗辯

第三　權利拘束ノ抗辯

第四　訴訟能力ノ欠缺又ハ法律上代理ノ欠缺ノ抗辯

第五　訴訟費用保證ノ欠缺ノ抗辯

第六　再訴ニ付キ前訴訟費用未濟ノ抗辯

第七　延期ノ抗辯

本案ニ付キ被告ノ口頭辯論ノ始マリタル後ハ妨訴ノ抗辯ハ被告ノ有効ニ抛棄スルコトヲ得サルモノナルトキ又ハ被告ノ過失ニ非スシテ本案ノ辯論前ニ其抗辯ヲ主張スル能ハサリシヿヲ疏明

妨訴ニ付テノ辯論及ヒ裁判

スルトキニ限リ之ヲ主張スルコトヲ得

(解) 妨訴ノ抗辯トハ原告ヨリ或事件ニ付キ訴ヲ受ケタル被告ガ其相手ト爲ルベキヲ拒絶シ原告ニ對抗スルノ方法ニシテ即チ本條ニ列スル七ケノ抗辯是ナリ此抗辨ハ必ス本案ノ辯論前同時ニ之ヲ提出スベキモノニシテ若シ之ヲ提出セズシテ本案ノ辯論ヲ始ムレハ最早之ヨリ後ニ提出スルヲ得ズ何トナレハ若シ原告ノ訴ヲ排斥セントスル者ナレハ本案辯論前ニ之ヲ爲スベキニ實際之ヲ爲サヾリシハ暗ニ原告ニ對抗スルノ權利ヲ拋棄セルモノト見サルベカラサレバナリ故ニ本條第三項ニ記スルガ如ク被告ガ有効ニ妨訴權ヲ拋棄スルヲ得サルモノ(裁判所ノ權限及管轄ノ如シ)若クハ被告ガ本案辯論前ニ妨訴抗辯ノ提出ヲ爲サヾリシハ自己ノ過失ニアラサルヲ証明スルニ於テハ仮令ヒ本案ノ辯論ニ入レル後ト雖モ之ヲ提出スルヲ許ス是レ前ノ場合ハ被告ガ元來拋棄スルヲ得サル者ニシテ後ノ場合ハ被告ニ咎ムベキ過失ノヿナク從テ前ニ述ベシガ如キ權利拋棄ノ推測ヲ適用スベカラサル例外ノ場合ナレバナリ

第二百七條 被告カ妨訴ノ抗辯ニ基キ本案ノ辯論ヲ拒ムトキ又ハ

妨訴ノ抗辯ヲ棄却スル判決ノ効力

裁判所カ申立ニ因リ若クハ職權ヲ以テ別ニ辯論ヲ命スルトキハ其抗辯ニ付キ別ニ辯論ヲ爲シ及ヒ判決ヲ以テ裁判ヲ爲ス可シ
妨訴ノ抗辯ヲ棄却スル判決ハ上訴ニ關シテハ終局判決ト看做ス但裁判所ハ申立ニ因リ本案ニ付キ辯論ヲ爲ス可キヲ命スルコトヲ得

本條第一項ハ讀デ字ノ如シ第二項ハ被告ヨリ第二百六條ノ妨訴ノ抗辯ヲ提出シタルモ裁判所ニ於テ之ヲ不當ナリトシテ棄却セシ時、其判決ノ性質ヲ規定セシナリ蓋シ下ニ說明スル第三百九十六條ニ依レハ上訴ヲ爲シ得ル判決ハ終局判決ニ限リ他ハ之ヲ許サヽルガ故ニ若シ本條ノ塲合ノ判決ノ性質ヲ明定セサレハ從テ此判決ニ對シテハ上訴スルヲ得ルヤ否ヤノ疑義ヲ生スル恐アリ而シテ此條ノ示ス處ニ依レハ妨訴ノ抗辯ヲ不當ナリトスル判決ハ元來其性質ヨリ見レハ中間判決ニ外ナラサレドモ法律ハ之ヲ終局判決ト見做スト云フニ在リ立法者ガ如此規定シタル所以ハ妨訴ノ抗辯ハ通常ハ本案ノ辯論前ニ提出スベキ者ニシテ此抗辯ノ正當ナルヤ否ヤガ分明セサル以上ハ從テ本案ノ判決ヲ爲スヲ得ズ故ニ之ヲ終局

判決ト見做シ上訴ヲ許シ速ニ其當否ヲ決セシメサル可ラスト云フノ意ニ外ナラサル也

計算事件及ヒ財産分別等ニ關スル裁判所ノ權限

第二百八條　裁判所ハ計算事件、財産分別及ヒ此ニ類スル訴訟ニ於テハ口頭辯論ヲ延期シ準備手續ヲ命スルコトヲ得、但妨訴ノ抗辯アリタルトキハ其完結後之ヲ爲ス

攻撃及ヒ防禦ノ方法ヲ提出シ得ベキ期限

第二百九條　攻撃及ヒ防禦ノ方法（反訴、抗辯、再抗辯等）ハ第二百一條ニ規定スル制限ヲ以テ判決ニ接着スル口頭辯論ノ終結ニ至ルマテ之ヲ提出スルコトヲ得

防禦法ヲ却下シ得ル場合

第二百十條　被告ヨリ時機ニ後レテ提出シタル防禦ノ方法ハ裁判所カ若シ之ヲ許スニ於テハ訴訟ヲ遲延ス可ク且被告ハ訴訟ヲ遲延セシメントスル故意ヲ以テ又ハ甚シキ怠慢ニ因リ早ク之ヲ提出セサリシコトノ心證ヲ得タルトキハ申立ニ因リ之ヲ却下スルコトヲ得

原被告ノ訴訟中ニ

第二百十一條　訴訟ノ進行中ニ爭ト爲リタル權利關係ノ成立又ハ

超レル權利關係ヲ確定スルノ中立テナシ得ヘキ場合

不成立カ訴訟ノ裁判ノ全部又ハ一分ニ影響ヲ及ホストキハ判決ニ接着スル口頭辯論ノ終結ニ至ルマテ原告ハ訴ノ申立ノ擴張ニ依リ又被告ハ反訴ノ提起ニ依リ判決ヲ以テ其權利關係ヲ確定セシコヲ申立ツルコトヲ得

（解）今例ヘハ貸金ノ利息ノミヲ請求スル訴訟進行中ニ於テ更ニ元金ノ爭ヲ生シタル場合ノ如キハ該元金ニ付テノ權利ガ成立スルト否トニ依リ大ニ利息請求ノ裁判ニ影響ヲ及ボスベシ何トナレハ若シ元金ヲ貸シタルコナシト判決セラルヽニ於テハ從テ利息請求ノ權利モ無キコトナレバナリ斯ノ如キ場合ニハ之ガ爲メ本案ノ裁判ニ不利益ノ影響ヲ及ホス恐アルガ故ニ本條ヲ以テ先ヅ本案ノ裁判ト其進行中ニ生セル權利ノ爭ヒトノ關係ヲ確定セシコヲ申立ルノ權ヲ原告又ハ被告ニ與ヘタルハ適當ナリト言ハザルベカラズ

書面ニ於テ主張セサル請求チ得ヘキ場合

第二百十二條　訴狀其他ノ準備書面ニ於テ主張セサル請求ノ權利拘束ハ口頭辯論ニ於テ其請求ヲ主張シタル時ヲ以テ始マル

當事者ハ證據方法

第二百十三條　各當事者ハ事實上ノ主張ヲ證明シ又ハ之ヲ辯駁セ

ヲ陳述ヲスヘキコト

陳述ノ方法

證據ノ方法及ヒ證據抗辯ヲ主張シ得ヘキ時限

其主張ノ期ヲ失ヒタル時ノ期定

證據調ノ手續ノ命

ン爲ニ用ヰントスル證據方法ヲ開示シ且相手方ヨリ開示シタル證據方法ニ付キ陳述スヘシ

各箇ノ證據方法ニ付テノ證據申出及ヒ之ニ關スル陳述ハ第六節乃至第十節ノ規定ニ從フ

擧証ノ責任ハ之ヲ主張シテ利益ヲ得ントスル者ニ屬ストハ証據法ノ原則ナリ故ニ自ラ或事柄ヲ主張セントシ又ハ他人ノ主張スルコトヲ辯駁セントスルニハ必ス自已ノ陳述ヲ証明スルニ足ル丈ケノ証據方法（人証、書証、鑑定、臨檢、宣誓等ヲ云フ）ヲ提出シ且相手方ヨリ開示セシ証據方法ニ付キ辯駁ヲ爲サヽル可ラズ

第二百十四條　證據方法及ヒ證據抗辯ハ判決ニ接着スル口頭辯論ノ終結ニ至ルマテ之ヲ主張スルコトヲ得

證據方法及ヒ證據抗辯ノ時機ニ後レタル提出ニ付テハ第二百十條ノ規定ヲ準用ス

第二百十五條　證據調幷ニ證據決定ヲ以テスル特別ノ證據調手續

ノ命令ハ第五節乃至第十節ノ規定ニ從フ

令ニ付テノ規定

証據調ノ結果ニ付テノ辯論

又其結果ノ演述

第二百十六條　當事者ハ訴訟ノ關係ヲ表明シ證據調ノ結果ニ付キ辯論ヲ爲ス可シ

受命判事又ハ受託判事ノ面前ニ於テ證據調ヲ爲シタルトキハ當事者ハ證據調ニ關スル審問調書ニ基キ其結果ヲ演述ス可シ

裁判所ノ心證

第二百十七條　裁判所ハ民法又ハ此法律ノ規定ニ反セサル限リハ辯論ノ全旨趣及ヒ或ル證據調ノ結果ヲ斟酌シ事實上ノ主張ヲ眞實ナリト認ム可キヤ否ヤヲ自由ナル心證ヲ以テ判斷ス可シ

（解）事實ノ社會ニ現ハレ來ルヤ千態萬狀之ヲ豫メ定ムルニ由ナシ故ニ其認定ハ之ヲ裁判所ノ自由ナル心証ニ委子サルベカラズ

證スルヲ要セサル事實

第二百十八條　裁判所ニ於テ顯著ナル事實ハ之ヲ證スルコトヲ要セス

立證ヲ要スル事項

第二百十九條　地方慣習法、商慣習及ヒ規約又ハ外國ノ現行法ハ

疏明ノ方法トシテ申出ツル証據

之ヲ證ス可シ裁判所ハ當事者カ其證明ヲ爲スト否トニ拘ハラス職權ヲ以テ必要ナル取調ヲ爲スコトヲ得

（解）地方慣習、商慣習及規約又ハ外國ノ現行法律ハ訴訟ヲ決定スル基礎ヲ爲スモノナレバ裁判所ハ職權ヲ以テモ必要ナル取調ヲ爲シ得サルベカラザルナリ

第二百二十條　此法律ノ規定ニ依リ事實上ノ主張ヲ疏明ス可キトキハ裁判官ヲシテ其主張ヲ眞實ナリト認メシム可キ證據方法ヲ申出ツルヲ以テ足ル但即時ニ爲スコトヲ得サル證據調ハ疏明ノ方法トシテハ之ヲ許サス

（解）第三十五條、第五十七條、第八十四條、第百七十一條、第二百八十四條及之ニ類スル其他ノ各條ニ〆此法律ノ規定ニ依リ事實上ノ主張ヲ疏明スベキトキハ敢テ鄭重ナル方法ト煩雑ナル手數トヲ要スル証據方法ヲ用フルヲ要セズ只裁判官ヲ〆眞實ナリト認メシムル証據方法ヲ申出レバ即チ可ナリ是當事者ヲシテ証據方法申出ノ不便ナル爲メ至當ノ權利ヲ失ハシムルガ如キヿナカラシメン爲メト裁判遲滯ノ弊害ヲ防止スル爲トニ過ギズ

裁判所ノ有スル和解ヲ試ムル權利

従テ即時ニ爲スコヲ得サル証據調ハ疏明ノ方法トメ提出スルヲ許スベカラズ

第二百二十一條　裁判所ハ事件ノ如何ナル程度ニ在ルヲ問ハス自ヲ又ハ受命判事若クハ受託判事ニ依リ訴訟又ハ或ル爭點ノ和解ヲ試ムル權アリ和解ヲ試ムル爲ニハ當事者ノ自身出頭ヲ命スルコトヲ得

(解)　凡ソ訴訟ハ當事者双方ニ於テ時間ト費用ヲ徒消スルノ不利益アルノミナラズ一歩進ソデ勝敗ノ判決ヲ受ケ强制執行ニ依リ家資分產ヲ爲スガ如キ結局ニ至レバ之ガ爲メ當事者間ニ言フベカラサル確執ヲ生シ從來親和交通セシ間柄ニ在リシ者モ一朝忽チ不和トナリ互ニ睚眦ノ怨恨ヲ含ムニ至ル是眞ニ當事者間ノ不利益ノミナラズ又社會公益ノ爲メニモ好マシカラサル事ト云フベシ故ニ本條ハ裁判所ニ和解ヲ試ムルノ權ヲ與ヘ以テ可成訴訟ノ數ヲ少カラシメンコヲ期シタリ

和解ヲ爲スニハ本人ニ直接シテ之ヲ爲スト代人ニ依リテ之レヲ爲ストハ其効大ニ差違アリ前ニハ和解ヲ承諾セサルモ裁判官ノ諭告ヲ其面前ニテ受クルトキハ終ニ之レニ服シテ

書面ヲ以テ申立ツヘキ事項

又其書面ニ漏届若クハ異別ナル申立ヲナス方法

書面ニ掲ケサル重要ナル陳述又ハ書面ノ旨趣ト重要ノ點ニ於テノ差異ノ存スル事項ヲ明確ニスヘキヿ

和解ヲ爲スニ至ルガ如キハ往々ニシテ之レ有リ故ニ裁判官ハ此和解ヲ試ムルガ爲ニハ當事者ノ自身出頭ヲ命スルヿヲ得サルベカラズ

第二百二十二條　判決ヲ受クヘキ事項ノ申立ハ書面ニ基キ之ヲ爲スコトヲ要ス

書面ニ掲ケザル申立アルトキハ調書ニ附録トシテ添附スヘキ書面ヲ差出シテ之ヲ爲スコトヲ要ス

重要ノ點ニ於テ以前申立テタル者ト異ナル申立ニ付テモ亦同シ

本條ノ規定ヲ遵守セサルトキハ申立ナキモノト看做ス

第二百二十三條　前條ノ申立ヲ除ク外、書面ニ掲ケザル重要ナル陳述又ハ其書面ノ旨趣ト重要ノ點ニ於テ差異ノ存スル事項ハ其差異カ附加、削除其他ノ變更ニ係ルヲ問ス申立ニ因リ又ハ職權ヲ以テ調書若クハ其附錄トシテ添附ス可キタメ差出シタル書面ニ依リテ之ヲ明確ニス可シ

當事者ハ訴訟記錄ノ閲覽、抄本及ヒ謄本ノ請求ヲ爲スヲ得ヘシ

第三者ノ右ノ請求ヲ爲シ得ヘキ場合

閲覽ヲ許サヽル書類

第二百二十四條　當事者ハ訴訟記錄ヲ閲覽シ且裁判所書記ヲシテ其正本、抄本及ヒ謄本ヲ付與セシムルコトヲ得

裁判長ハ第三者カ權利上ノ利害ヲ疏明スルトキニ限リ當事者ノ承諾ナクシテ訴訟記錄ノ閲覽及ヒ其抄本並ニ謄本ノ附與ヲ許スコトヲ得

判決、決定、命令ノ草案及ヒ其準備ニ供シタル書類並ニ評議又ハ處罰ニ關スル書類ハ其原本ナルト謄本ナルトヲ問ハス之ヲ閲覽スルコトヲ許サス

（解）訴訟記錄トハ總テ訴訟中ニ起リ又ハ爲シタル事柄ノ摸樣ヲ記載シタル書付ニシテ此記錄ハ訴訟中ハ勿論、上訴ヲ爲スニモ裁判言渡ノ執行ヲ爲スニモ時々當事者ハ必要ナルコト在ヲ以テ何時ニテモ之ヲ閲覽シ又ハ裁判所書記ヲシテ其記錄ノ正本、抄本及謄本ヲ付與セシムルコトヲ得セシメサル可ラズ而シテ之等ノ事ヲ請求スル權利ハ之ヲ單ニ訴訟ニ關係ヲ有スル當事者ニ限ルヲ原則トスレトモ時トシテハ其訴訟ニ關係ナキ第三者カ之ニ加ハリ自己

ノ權利上ノ利害ヲ疏明スルノ必要アル場合モアルガ故ニ如此場合ハ第三者ト雖圧亦該訴訟ニ付利害ノ關係ヲ有スルモノナレハ仝ク記錄ノ閲覽又ハ抄本、謄本ノ付與ヲ求ルコヲ許ス然レ圧元來第三者ハ訴訟當事者ニアラサルヲ以テ正本ノ付與ヲ求ルヲ得ズ是二者ノ間ニ存スル差違ナリ又本條ニ於テ如此訴訟記錄ノ閲覽或ハ付與ヲ許スハ此記錄ガ自已ノ權利上ノ利害ニ付キ必要ノ存スル爲メニ外ナラサルヲ以テ其必要ナキ書類ハ之ヲ閲覽スルヲ許スニ及ハズ又決メ許スベカラサルナリ(第三項)

第二節　判決

(解)　判決トハ訴ヘラレタル訴訟事件ノ一部若クハ全部ニ對シテ裁判官ガ與フル裁斷ヲ云フ人ノ訴訟ヲ起ス所以ハ皆其判決ヲ得テ以テ其對手ニ已レノ權利ヲ遵奉セシメント欲スル爲ナリ故ニ訴訟法中ニ記スル諸種ノ法則ハ必竟、此判決ヲ得ンガ爲メノ準備方法ニニ過キズ然レ圧判決ノ當否ハ概シテ其準備ノ精粗完否ニ基クモノナレハ此等ノ準備方法ニ付テハ尤モ愼重ナラサルベカラサルナリ

判決ハ分テ終局判決、一部判決、闕席判決、追加判決ノ數種トナス然レ圧是只其觀察ノ

終局判決ヲナスヘキ場合

一分ノ終局判決

點ヲ異ニスルガ爲メ種々ノ名稱ヲ附スルノミニ過ギザルナリ

第二百二十五條　訴訟カ裁判ヲ爲スニ熟スルトキハ裁判所ハ終局判決ヲ以テ裁判ヲ爲ス

同時ニ辯論及ヒ裁判ヲ爲ス爲メ併合シタル數個ノ訴訟中ノ一ノミ裁判ヲ爲スニ熟スルトキモ亦同シ

（解）訴訟ニ付キ十分ノ審理ヲ遂ゲ口頭辯論モ了リヲ告ゲ裁決ヲ爲スノ外他ニ何モ無キヿニ至レバ本條ニ所謂訴訟ガ裁判ヲ爲スニ熟シタル時ニシテ此期ニ達スレハ裁判所ハ終局判決ヲ以テ其裁斷ノ言渡ヲ爲ササルベカラサルナリ

第二百二十六條　一ノ訴ヲ以テ起シタル數個ノ請求中ノ一個又ハ一個ノ請求中ノ一分又ハ反訴ヲ起シタル場合ニ於テハ本訴若クハ反訴ノミ裁判ヲ爲スニ熟スルトキハ裁判所ハ終局判決（一分判決）ヲ以テ裁判ヲ爲ス

然レモ裁判所ハ事件ノ事情ニ從ヒテ一分判決ヲ相當トセサルト

中間判決ヲナスヘキ塲合

キハ之ヲ爲サヽルコトヲ得

（解）數個ノ請求ヲ一ノ訴ノミヲ以テ起シタル片其中ノ一個ノ請求ノミ裁判ヲ爲スニ熟スルモ他ノ請求ハ未ダ熟セザルヿアリ又一個ノ訴訟中ノ或一部分ノミ判決ヲ爲スニ熟スルヿアリ或ハ被告人ガ原告人ニ反訴ヲ爲セシ片其本訴若クハ反訴ノ一方ノミ熟スルモ他ノ一ハ未ダ熟セサルヿアリ此クノ如キ塲合ニ於テ其全部ガ熟セサルノ故ヲ以テ既ニ熟シタルモノ迄モ判決ヲ與ヘズトセバ大ニ當事者ノ不利益ト迷惑トヲ來ス恐アルガ故ニ裁判所ニ於テ一分判決ヲ不相當ナリト認メサル以上ハ其裁判ヲ爲スニ熟セシ事件ニ付テノミ一分判決ヲ爲サシメサルベカラズ

第二百二十七條　各個ノ獨立ナル攻擊若クハ防禦ノ方法又ハ中間ノ爭カ裁判ヲ爲スニ熟スルトキハ中間判決ヲ以テ裁判ヲ爲スヿヲ得

（解）中間判決トハ訴訟ノ中間ニ起レル事件ニ與フル判決ナリ此判決ハ時ト〆ハ終局判決ヲ準備スルガ爲メニ獨立ナル攻擊防禦ノ方法ニ付キ爲スヿアレ圧如何ナル塲合ニモ訴

訟ノ終局ヲ爲スコナク豫備若クハ中間ノ事項ニ付テ爲ス所ノ者タルヲ忘ルベカラズ何トナレバ此一點コソ實ニ中間判決ト終局判決トノ間ニ存スル重要ノ差違ナレバナリ

原因ニ付テノ裁判

第二百二十八條　請求ノ原因及ヒ數額ニ付キ爭アルトキハ裁判所ハ先ツ其原因ニ付キ裁判ヲ爲スコトヲ得

請求ノ原因ヲ正當ナリトスル判決ハ上訴ニ關シテハ終局判決ト看做シ其判決確定ニ至ルマテ爾後ノ手續ヲ中止ス然レモ裁判所ハ中立ニ因リ其數額ニ付キ辯論ヲ爲スベキヲ命スルコトヲ得

（解）今玆ニ或訴訟ヲ起シ或請求ヲ爲シタル者アルモ其請求ノ原因數額等ニ爭アレハ本案ノ請求ニ對スル當否如何ノ裁判前ニ先ツ其原因ニ付キ裁判ヲ爲サヾル可ラズ何トナレハ此原因ノ爭ニシテ先ツ定ラサル以上ハ到底之ニ基キタル本案ノ裁判ヲ爲スヲ得ザル者ナレバナリ而シテ此場合ニ原因ノ爭ニ對スル裁判ハ性質上ヨリ云ヘハ實ニ中間判決ニ外ナラサレモ之ヲ速カニ確定セサレハ前ニ云フガ如ク本案裁判ニ着手スル能ハサルヲ以テ法律ハ之ヲ終局判決ト看做シ且ツ其原因ニ對スル判決ガ確定スル迄、一時、訴訟手續ノ中止ヲ

却下又ハ敗訴ノ言渡ヲ爲ス可キ場合

判決ノ包括スベキモノ

申立テサル事ハ裁判スルヲ得ス

其例外

命スベキモノトス（但シ申立ニ依リ其數額ニ付テノ辯論ヲ爲スコトヲ命スルヲ得是レ訴訟ノ進行ヲシテ迅速ナラシメン爲ナリトス）

第二百二十九條　口頭辯論ノ際、原告其訴ヘタル請求ヲ抛棄シ又ハ被告之ヲ認諾スルトキハ裁判所ハ申立ニ因リ其抛棄又ハ認諾ニ基キ判決ヲ以テ却下又ハ敗訴ノ言渡ヲ爲ス可シ

第二百三十條　判決ハ辯論ヲ經タル總テノ攻擊及ヒ防禦ノ方法ヲ包括ス

然レトモ數個ノ獨立ナル攻擊又ハ防禦ノ方法中其一個ヲ適切ナリトスルトキハ裁判所ハ他ノ方法ニ付キ判斷スル義務ナシ

第二百三十一條　裁判所ハ申立テサル事物ヲ原告若クハ被告ニ歸セシムル權ナシ

裁判所ハ終局判決ヲ爲ス場合ニ於テハ訴訟費用ノ負擔ニ限リ申立アラサルモ判決ヲ爲ス可シ然レトモ一分判決ヲ爲ス場合ニ於

テハ費用ノ裁判ヲ後ノ判決ニ讓ルコトヲ得

（解）求メサル者ニ判決ヲ與フベカラサルハ民事裁判ノ原則ナルモ訴訟費用ハ其訴訟ニ從タルモノニ過ギサレバ主タルモノヲ判決スル時求メラレサルモ判決スルヲ得ベシ

判決ヲナシ得ヘキ判事

第二百三十二條　判決ハ其基本タル口頭辯論ニ臨席シタル判事ニ限リ之ヲ爲ス

判決ヲ言渡スヘキ期限

第二百三十三條　判決ハ口頭辯論ノ終結スル期日又ハ直チニ指定スル期日ニ於テ之ヲ言渡ス但其期日ハ七日ヲ過クルコトヲ得ズ

判決ノ方法

第二百三十四條　判決ノ言渡ハ判決主文ノ朗讀ニ因リ之ヲ爲ス欠席判決ノ言渡ハ其主文ヲ作ラサル前ト雖モ之ヲ爲スコトヲ得

裁判理由ノ言渡

裁判ノ理由ヲ言渡スコトヲ至當ト認ムルトキハ判決ノ言渡ト同時ニ其理由ヲ朗讀シ又ハ口頭ニテ其要領ヲ告ク可シ

（解）訴訟事件ノ曲直ヲ判決スル主要ナル文詞ヲ稱シテ之ヲ判決主文ト云ヒ此主文ノ朗讀アレハ即チ判決ノ言渡アリタルモノトス然レ圧欠席判決ハ其名ノ如ク當事者ノ出頭セ

サル場合ニ下スベキ判決ニシテ仮令判決主文ヲ朗讀スルモ之ヲ聞ク者アラサルガ故ニ其主文ヲ作ラサル前ニモ判決言渡ヲ爲スヲ得ルトナシタルナリ而シテ判決ノ理由ハ其判決ヲ下サシメタル理由ニシテ別ニ當事者ニ直接ノ關係ヲ有スルモノニアラサレハ必スシモ之ヲ朗讀スルニ及ハサレトモ時トシテハ此理由ヲ示サヾレハ判決主文ノ明瞭ヲ欠クガ如キヿアリ故ニ裁判所ニテ裁判ノ理由ヲ言渡スヲ至當トスル場合ニハ判決言渡ト同時ニ之ヲ朗讀スルカ又ハ口頭ニテ其要領ヲ告クルヲ要ス

第二百三十五條　判決ノ言渡ハ當事者又ハ其一方ノ在廷スルト否トニ拘ハラス其效力ヲ有ス

言渡アリタル判決ニ基キ訴訟手續ヲ續行シ又ハ他ニ其判決ヲ使用スル原告若クハ被告ノ權ハ此法律ニ特定シタル場合ヲ除ク外相手方ニ其判決ヲ送達スルト否トニ拘ハラサルモノトス

（解）判決言渡ノ効力ヲ生スルハ必スシモ當事者カ言渡ノ席ニ列スルヲ要セス故ニ原被告中ノ一人ガ在廷セサル片ハ勿論、仮令原被告ノ双方共ニ出廷セサルモ猶ホ判決言渡ノ效力ヲ生ズ蓋シ當事者ノ口頭辯論ノ席ニ列ナラサレバ之ヲ稱〆欠席判決ト云フト雖モ苟クモ口頭辯論ニ出席シ十分自已ノ利益トナルベキ辯護及ヒ答辯反駁等ヲ爲シタル以上ハ最早何等ノ遺感モ存セサルベキガ故ニ其判決言渡ノ時ニ在廷セサルモ該言渡ノ効力ヲ生セサル筈ハナキナリ

判決ニ要スヘキ條件

第二百三十六條　判決ニハ左ノ諸件ヲ掲ク可シ

第一　當事者及ヒ其法律上代理人ノ氏名、身分、職業及ヒ住所

第二　事實及ヒ爭點ノ摘示、但其摘示ハ當事者ノ口頭演述ニ基キ殊ニ其提出シタル申立ヲ表示シテ之ヲ爲ス

第三　裁判ノ理由

第四　判決主文

第五　裁判所ノ名稱、裁判ヲ爲シタル判事ノ官氏名

判決ノ原本ニ署名捺印スルヲ要スルモノ

第二百三十七條　判決ノ原本ニハ裁判ヲ爲シタル判事署名捺印ス若シ陪席判事署名捺印スルニ差支アルトキハ其理由ヲ開示シテ

判決原本ノ交付

當事者ハ判決ノ送達ヲ求ムルヲ得

書記ハ明リニ判決ノ正本、抄本及謄本ヲ付與スルヿヲ得ス

書記ノ認證

裁判長其旨ヲ附記シ裁判長差支アルトキハ官等最モ高キ陪席判事之ヲ附記ス

判決ノ原本ハ言渡ノ日ヨリ起算シテ七日內ニ裁判所書記ニ之ヲ交付ス可シ

裁判所書記ハ言渡ノ日及ヒ原本領收ノ日ヲ原本ニ附記シ且其附記ニ署名捺印ス可シ

第二百三十八條　各當事者ハ判決ノ送達アランコトヲ申立ツルコトヲ得、其申立アリタルトキハ判決ノ正本ヲ送達ス可シ

第二百三十九條　未タ判決ヲ言渡サズ又ハ未タ判決ノ原本ニ署名捺印セサル間ハ裁判所書記ハ其正本、抄本及ヒ謄本ヲ付與スルコトヲ得ス

裁判所書記ハ判決ノ正本、抄本及ヒ謄本ニ署名捺印シ且裁判所ノ印ヲ捺シテ之ヲ認證ス可シ

裁判所ハ其言渡シタル裁判ニ從フ可シ

裁判ノ更正

更正ハ口頭辯論ヲ經ルヲ要セス更正ノ申立ヲ却下シタル裁判ニ對シテハ上訴ヲ許サス

第二百四十條　裁判所ハ其言渡シタル終局判決及ヒ中間判決ノ中ニ包含シタル裁判ニ覊束セラル

（解）裁判所ガ一旦言渡シタル判決ニ覊束セラレ再ビ之ヲ變更スルヲ得サルハ誠ニ當然ノ事ニシテ若シ之ヲ幾タビモ變更スルヲ得ルモノトセハ人民ノ權利ハ安固ナルヲ得サルノミナラズ之ガ爲メ裁判ノ信用モ地ニ墜チ裁判權ハ其威嚴ヲ保ツヿ能ハサルベシ是レ則チ本條ノ規定アル所以ナリ

第二百四十一條　裁判所ハ中立ニ因リ又ハ職權ヲ以テ何時ニテモ判決中ノ違算、書損及ヒ此ニ類スル著シキ誤謬ヲ更正ス

此更正ニ付テハ口頭辯論ヲ經スシテ裁判ヲ爲スコトヲ得

右更正ノ中立ヲ却下スル決定ニ對シテハ上訴ヲ爲スヿヲ得ス更正ヲ宣言スル決定ニ對シテハ即時告抗ヲ爲スコトヲ得

（解）裁判所ハ其言渡シタル判決ニ覊束セラレ再ヒ之ヲ變更スルヲ得ズトハ前條ニ規定セシ原則ナレ圧若シ此原則ヲ嚴格ニ適用スル片ハ其裁判所ニ於テ全ク誤謬ノ判決ナルヿ

ヲ認知シ得タルニ拘ハラズ依然トシテ不正ノ判決ヲ爲サヾル可ラズ是裁判ノ公平ヲ保ツ道ニアラズ故ニ事實上又ハ法律上ニ付前ノ判決ヲ變更セサル限リハ當事者ノ申立ニ因リ若クハ裁判所ノ職權ヲ以テ判決中ノ違算、書損、及ヒ之ニ類スル著大ノ誤謬ヲ更正スルヲ許サザルベカラズ

追加ノ裁判ヲナス本基

此裁判ヲナシ得ヘキ期限

此裁判ノ申立アリタルトキノ手續

第二百四十二條　主タル請求若クハ附帶ノ請求又ハ費用ノ全部若クハ一分ノ裁判ヲ爲スニ際シ脱漏シタルトキハ申立ニ因リ追加ノ裁判ヲ以テ判決ヲ補充ス可シ

判決ノ言渡後直チニ追加裁判ノ申立ヲ爲サヽルトキハ遲クトモ判決ノ正本ヲ送達シタル日ヨリ起算シテ七日ノ期間内ニ之ヲ爲スコトヲ要ス

追加裁判ノ申立アルトキハ即時ニ又ハ新期日ヲ定メテ口頭辯論ヲ爲サシム可シ其辯論ハ訴訟ノ完結セサル部分ニ限リ之ヲ爲ス

〔解〕脱漏アル裁判ハ決シテ之ヲ完全ノ裁判ナリト云フヲ得ズ故ニ當事者ノ申立ニ因リ其脱

漏シタル判決ヲ補充スベキ義務ヲ裁判所ニ負ハシメタルナリ而メ此追加裁判ノ申立ヲ為スハ通常判決ノ言渡後直チニ為スベキモノナレ𪜈若シ直チニ為サヽレハ遲クトモ第二項ニ定メシ期日内ニ必ス之ヲ爲スベク萬一之ヲ經過スレハ當事者ノ懈怠トメ最早之ヲ申立ルヲ許サズ(第百七十四條ニ依リ原狀回復ノ訴ヲ爲シ得ル場合ハ格別)

更正又ハ補充裁判ノ正本ヲ作ルヘキ場合

第二百四十三條　判決ヲ更正シ又ハ補充スル裁判ハ判決ノ原本及ヒ正本ニ之ヲ追加シ若シ正本ニ之ヲ追加スルコトヲ得サルトキハ更正又ハ補充ノ裁判ノ正本ヲ作ル可シ

判決ノ確定力ヲ有スヘキモノ

第二百四十四條　判決ハ其主文ニ包含スルモノニ限リ確定力ヲ有ス

是レ判決ノ主旨ガ判決主文ニ在ルニ由ルナリ

言渡ヲ必要トスル裁判所ノ決定

第二百四十五條　口頭辯論ニ基キ爲ス裁判所ノ決定ハ之ヲ言渡スコトヲ要ス

決定又ハ命令ノ準

第二百三十三條、第二百三十四條ノ規定ハ裁判所ノ決定ニ之ヲ

用ヰナス規定

言渡ヲナサヾル決定及ヒ命令ノ送達

シ又第二百三十五條、第二百三十九條及ヒ第二百四十條ノ規定ハ裁判所ノ決定及ヒ裁判長並ニ受命判事又ハ受託判事ノ命令ニ之ヲ準用ス

言渡ヲ爲サザル裁判所ノ決定及ヒ言渡ヲ爲ササル裁判長並ニ受命判事又ハ受託判事ノ命令ハ職權ヲ以テ之ヲ當事者ニ送達ス可シ

（解）口頭辯論ハ曾テ說明スル如ク當事者ヲ訟廷ニ召喚シ辯論セシメ其言フ所ヲ聞キタル上ニテ是非曲直ノ審理ヲ爲ス者ナレハ之ニ本テ爲シタル裁判所ノ決定ハ必ス之ヲ言渡スヿヲ要スルハ勿論ナリ此事ハ第二項ニ規定スル數ケノ場合ノ裁判所ノ決定、裁判長又ハ受命判事、受託判事ノ命令ニモ準用スル者トス是同ク一箇ノ判決ニメ別ニ差異ヲ設クル理由アラサレハ也然レ圧第三項ノ決定及ヒ命令ハ元來言渡ヲ爲サヾル場合ニシテ從テ當事者ハ其言渡アリタルヿヲ知ラサルベキヲ以テ裁判所ノ職權ヲ以テ必ス之ヲ當事者ニ送達セサルベカラザルナリ

判決席ヲナス場合

第三節　闕席判決

（解）闕席判決トハ原被告双方ノ者ガ口頭辯論ノ期日ニ出頭セサル場合ニ於テ其一方ノ者ノ申立ニ依リ爲ス所ノ判決ヲ云フ去レハ口頭辯論ノ日ニ出廷スル以上ハ假令ヒ双方共ニ言渡ノ日ニ出廷セサルモ之ヲ以テ闕席判決ト云ヲ得ズ要スルニ闕席判決タルニハ當事者ノ一方ガ辯論ノ期日ニ欠席シタルコト又此判決ヲ爲スニハ裁判所ノ職權ヲ以テスルニ非ズ必ズ當事者ノ一方ヨリ申立ツルヲ要スト云フノ二事ヲ忘ルベカラザルナリ

之ニ依テ之ヲ見レハ欠席判決トハ口頭辯論ニ依リテ訴訟ノ曲直ヲ判斷スルニ非ズメ只一方ノ言フ所ノミニ依リ訴訟ヲ決スル者ナレハ少シク正理ニ反スル不當ノ事アルガ如シ然リト雖モ對手人ガ故意又ハ懈怠ニ依リテ出頭セサルガ爲メ長ク審判ノ期日ヲ延引スルハ不都合此上ナシ故ニ之ヲ許ス可ラズ然ラサルニ於テハ自已ニ不利益ナル訴訟ヲ起サレタル者ハ常ニ必ス裁判所ニ出頭セスシテ義務履行ノ遲延ヲ計ル方便トナスコトアルベシ故ニ闕席判決ノ制ヲ設クルハ誠ニ不得止ニ出ツルモノト云フベシ

第二百四十六條　原告若クハ被告、口頭辯論ノ期日ニ出頭セサ

ル場合ニ於テハ出頭シタル相手方ノ申立ニ依リ闕席判決ヲ爲ス

原告ノ出頭セサル場合

第二百四十七條　出頭セサル一方カ原告ナルトキハ裁判所ハ闕席判決ヲ以テ其訴ノ却下ヲ言渡ス可シ

（解）原告ハ進ンテ訴訟ヲ起セル者ナレハ絶ヘズ其利益ヲ保護シ伸暢スルニ注意セサル可ラズ然ルニ人ヲ裁判所ニ呼出シ已レハ欠席ヲ爲スカ如キ不都合アランカ此レガ爲ニ生スル結果ヲ被告ニ負ハシメ以テ審理ノ延期ヲ爲スベキニアラサレバ其請求ハ之ヲ却下セサルベカラズ

被告カ出頭セサル場合

第二百四十八條　出頭セサル一方カ被告ナルトキハ裁判所ハ被告カ原告ノ事實上ノ口頭供述ヲ自白シタルモノト看做シ原告ノ請求ヲ正當ト爲ストキハ闕席判決ヲ以テ被告ノ敗訴ヲ言渡シ又其請求ヲ正當ト爲ササルトキハ其訴ノ却下ヲ言渡ス可シ

（解）本條ハ前ニ反シテ被告ノ出頭セサル場合ナリ凡ソ或人ヲ被告トシテ或請求ヲ裁判所ニ爲サントスル原告ハ本法第百五條ニ規定セラルヽ諸件ヲ記載シタル準備書面ヲ提出

口頭辯論ノ延期及ヒ續行ニ付テノ期日

原告若クハ被告ノ出頭セサルモノト見做サルル場合

シ裁判所ノ書記ハ第百三十六條以下ノ手續ニ從ヒ被告人ハ或一定ノ期間內ニ之ニ對スル答辯書ヲ差出スベキモノナリ故ニ口頭辯論前ニ於テ既ニ被告ハ原告ノ訴訟ノ趣意ヲ了知シタルモノナレバ若シ原告ノ請求ヲ排斥スル意思ナリトセハ被告ハ口頭辯論ノ當日ニ至リ必ス自己又タハ代理人ヲ出頭セシメテ是非ノ辯論ヲ爲スベキ筈ナリ然ルニ其被告ガ出席セサリシトセハ暗ニ之ヲ以テ原告ノ請求ヲ正當ト認メタルモノト推測スベキハ當然ノ事タリ然レ𪜈若シ此場合ニ原告ノ陳述スル所ガ不當ナルニモ拘ハラズ單ニ欠席ノ一事ヲ以テ被告ヲ敗訴トスルハ理ニ合ハサル不當ノ決定ナルヲ以テ此場合ハ被告ガ出頭ヲ爲サヽルトモ裁判所ハ原告ノ訴ヲ却下セサルベカラズ

第二百四十九條　延期シタル口頭辯論ノ期日又ハ口頭辯論ヲ續行スル爲ニ定ムル期日モ亦第二百四十六條ノ辯論期日ニ同シ

第二百五十條　原告若クハ被告、出頭スルモ辯論ヲ爲サヽル𪜈又ハ辯論ヲ爲サスシテ任意ニ退廷シタルトキハ出頭セサルモノト看做ス

本案ノ辯論ヲ為セル後ニ退廷シ又ハ陳述ヲ為サヽルモ欠席トハ見ズ

闕席判決ノ申立ヲ却下スル場合

（解）出廷スルハ辯論スルカ為メナリ出廷シテ辯論セサルモノハ出廷セサルニ異ナルヿナシ故ニ出廷シテ辯論ヲ為ササルモノハ出頭セザルモノト看做ス

第二百五十一條　原告若クハ被告カ本案ノ辯論ヲ為シタルトキハ各個ノ事實、證書又ハ發問ニ付キ陳述ヲ為サス又ハ任意ニ退廷スルモ本節ノ規定ヲ適用セス

（解）裁判所ヘ出頭シタル原被告ニシテ本案ノ辯論ヲ為シ只其辯論ノ眞偽ヲ確カムル為メノ各事實又ハ證書又ハ判事ノ質問ニ付テ陳述ヲ為サヾルノミナレバ之ヲ以テ欠席者ト見做スヲ得ズ何ントナレバ欠席判決ヲ為スベキ場合ハ第二百四十六條ニ示スガ如ク當事者ノ一方ガ出頭セサルカ或ハ前條ノ如ク双方出頭シテ少シモ辯論ヲ為サヾル場合ニ限ルモノナルニ本條ノ場合ハ此二ケノ場合中何レニモ相當セサルヲ以テナリ

第二百五十二條　左ノ場合ニ於テハ闕席判決ノ申立ヲ却下ス然レモ出頭シタル原告若クハ被告ハ口頭辯論ノ延期ヲ申立ツルコトヲ得

闕席判決ノ申立ヲ却下スル

第一　出頭シタル原告若クハ被告カ裁判所ノ職權上調査ス可キ事情ニ付キ必要ナル證明ヲ爲ス能ハサルトキ

第二　出頭セサル原告若クハ被告ニ口頭上事實ノ供述又ハ申立ヲ適當ナル時期ニ書面ヲ以テ通知セサルトキ

辯論ヲ延期シタルトキハ出頭セサル原告若クハ被告ヲ新期日ニ呼出ス可シ

（解）出頭シタル原告若クハ被告ガ裁判所ノ職權上調査スベキ事情ニ付キ必要ナル證明ヲ爲ス能ハサル片トハ裁判所ガ職權ヲ以テ爲ス訴訟能力、法律上代理人タル資格、及ビ訴訟ヲ爲スニ必要ナル特別授權ノ欠缺（第四十五條及第七十條等規定）等ニ付キ爲ス調査ニ對シテ出頭セル原告若クハ被告ガ證明ヲ爲シ得ザル時ヲ云フ此等ノ場合ハ第二號ニ規定スル場合ニ等シク未タ判決ヲ爲スニ成熟セザレバ出頭セル原告若クバ被告ヨリシテ闕席判決ノ申立ヲ爲スコトアリトモ裁判所ハ之ヲ却下セザルベカラズ

第二百五十三條　闕席判決ノ申立ヲ却下スル決定ニ對シテハ即時

決定ハ告シ得此決定ヲ取消シタルトキニ爲ス欠席判決・裁判所ガ職權ヲ以テ闕席判決ノ申立ニ付テノ辯論ヲ延期シ得ル場合

闕席判決ニ對シテハ故障ヲナスヲ得

抗告ヲ爲スヿヲ得・又其決定ヲ取消シタルトキハ出頭セサリシ原告若クハ被告ヲ新期日ニ呼出サスシテ闕席判決ヲ爲ス

第二百五十四條　裁判所ハ左ノ場合ニ於テハ職權ヲ以テ闕席席判決ノ申立ニ付テノ辯論ヲ延期スルコトヲ得

第一　出頭セサル原告若クハ被告カ合式ニ呼出サレサリシトキ

第二　出頭セサル原告若クハ被告カ天災其他避ク可ラサル事變ノ爲ニ出頭スル能ハサルヿノ眞實ト認ム可キ事情アルトキ

出頭セザリシ原告若クバ被告ハ新期日ニ之ヲ呼出ス可シ

（解）欠席判決ノ言渡ヲ爲スハ前既ニ屢々說明スル如ク自已ノ利益ヲ拋棄シテ裁判所ニ出頭セサル怠慢アルガ爲メナレバ此條ニ規定スルガ如ク正當ノ理由アリテ欠席シタル原告又ハ被告ニ對シ此不利益ノ制裁ヲ被ラシムベカラサルナリ

第二百五十五條　闕席判決ヲ受ケタル原告若クハ被告ハ其判決ニ對シテ故障ヲ申立ツルコトヲ得

右申立ノ期限

故障ヲナシ得ヘキ場合

故障申立ノ期間ハ十四日トス此期間ハ不變期間ニシテ闕席判決ノ送達ヲ以テ始マル

故障申立ハ判決ノ送達前ト雖モ之ヲ爲スコトヲ得

外國ニ於テ送達ヲ爲ス可キトキ又ハ公ノ告示ヲ以テ之ヲ爲ス可キトキハ裁判所ハ闕席判決ニ於テ故障期間ヲ定メ又ハ後日決定ヲ以テ之ヲ定ム此決定ハ口頭辯論ヲ經スシテ爲スコトヲ得

（解）欠席判決ヲ受ケタル原被告ハ其判決ヲ爲セル裁判所ニ向テ判決ノ送達アリシヨリ起算シ十四日ノ期間内ハ故障ヲ爲スヲ得ベシ之ヲ一目スレハ一事不再理ノ原則ニ反スルガ如クナレモ欠席判決ハ未ダ双方ノ口頭辯論ヲ聞キテ審理シタル者ニアラサルガ故ニ同一裁判所ガ同一事件ノ審理ヲ再ビスルモノト云ヲ得ズ從テ一事不再理ノ原則ト抵觸スルノ嫌ヒアルヿアラザルナリ

法律ハ前既ニ述ブルガ如ク欠席判決ニ對スル故障ノ申立ハ其判決ノ送達後、十四日間ニ於テ爲スベキコトヲ命セリ然レモ是只欠席判決ヲ出頭セサル原被告ニ知ラシムル目的ニ

故障ノ申立ヲ爲ス手續

故障申立ノ書面ニ具備スヘキ要件

故障ノ却下スベキ場合

出デタル者ニシテ其ノ送達前ニ於テ既デニ欠席判決ノアリタルコトヲ知レル者ニ對シ送達前ノ故障申立ヲ禁シタル精神ニアラズ否却テ法律ハ訴訟落着ノ一日モ速ナランヿヲ希望スル者ナレバ若シ右送達ノ前ニ故障申立ヲ爲シタル𪜈モ之ヲ有効トナスベキハ當然ナリ外國ニ於テ送達ヲ爲スベキ時及公ケノ告示ノ方法ニテ送達ヲ爲スベキ𪜈ハ事情ニヨリ期間ヲ定メサルベカラサルニヨリ法律ハ之ヲ定ムルノ權利ヲ裁判所ニ委セリ

第二百五十六條　故障申立ハ闕判席決ヲ爲シタル裁判所ニ書面ヲ差出シテ之ヲ爲ス

此書面ニハ左ノ諸件ヲ具備スルコトヲ要ス

第一　故障ヲ申出テラレタル闕席判決ノ表示

第二　其判決ニ對スル故障ノ申立

此書面ニハ本案ニ付テノ口頭辯論準備ノ爲ニ必要ナル事項アルトキモ亦之ヲ揭ク可シ

第二百五十七條　判然許ス可カラサル故障又ハ判然、法律上ノ方

式ニ適セス若クハ其期間ノ經過後ニ起シタル故障ハ裁判長ノ命令ヲ以テ之ヲ却下ス可シ

却下ニ對スル抗告

此却下ノ命令ニ對シテハ即時抗告ヲ爲スコトヲ得

故障申立ノ書面ノ送達及ヒ呼出

第二百五十八條　前條ノ場合ヲ除ク外、裁判所ハ故障申立ノ書面ヲ相手方ニ送達シ且故障ニ付キ口頭辯論ノ新期日ヲ定メ當事者ノ雙方ヲ呼出ス可シ

裁判所ハ故障ヲ許スベキヤ否ヤ又故障ノ適法ナルヤ否ヤヲ調査スベシ

第二百五十九條　裁判所ハ職權ヲ以テ故障ヲ許ス可キヤ否ヤ又法律上ノ方式ニ從ヒ若クハ其期間ニ於テ故障ヲ申立テタルヤ否ヤヲ調査ス可シ

若此要件ノ一ヲ缺クトキハ判決ヲ以テ故障ヲ不適法トシテ棄却ス

適法ナル故障ノ効果

第二百六十條　故障ヲ適法トスルトキハ訴訟ハ闕席前ノ程度ニ復ス

新判決ト闕席判決ト符合スルト否トニ付テ爲

第二百六十一條　新辯論ニ基キ爲ス可キ判決カ闕席判決ト符合スルトキハ闕席判決ヲ維持スルヿヲ言渡シ其符合セサル場合ニ於

ヘキ判決

闕席判決ノ訴訟費用ノ負擔者

新闕席判決ヲナス場合

テハ新判決ニ於テ闕席判決ヲ廢棄ス

（解）口頭辯論ノ當日ニ原被告ノ一方出頭セサルニ依リ其出頭シタル一方ノ申立ニ依リテ欠席判決ヲ言渡シタルニ其判決ヲ受ケタル者ガ之ニ服セズシテ故障申立ヲ爲シ更ニ新辯論ヲ開キテ審理判決スルニ當リ其ノ後ノ判決ガ前ノ欠席判決ト符合スルトキハ矢張、故障ヲ爲シタル者ノ敗訴ニ歸スベキガ故ニ以前爲シタル欠席判決ヲ維持スルノ言渡ヲ爲スモノナレ𪜈反之シテ新辯論ニ基キテ後日爲スベキ判決ガ前ノ欠席判決ト符合セサルトキハ欠席判決ハ斯ニ始テ正當ノ判決ニアラサリシモノトナル故ニ之ヲ廢棄セザルベカラズ

第二百六十二條　法律ニ從ヒ闕席判決ヲ爲シタルトキ闕席ニ因リテ生シタル費用ハ相手方ノ不當ナル異議ニ因リ生セサルモノニ限リ故障ノ爲メ闕席判決ヲ變更スル場合ニ於テモ其闕席シタル原告若クハ被告ニ之ヲ負擔セシム

第二百六十三條　故障ヲ申立テタル原告若クハ被告、口頭辯論ノ期日又ハ辯論延期ノ期日ニ出頭セサルトキハ第二百五十二條及

ビ第二百五十四條ニ規定シタル場合ヲ除ク外、出頭シタル相手方ノ申立ニ因リ故障ヲ棄却スル新闕席判決ヲ言渡ス

新闕席判決ニ對シテハ故障ヲ申立ツルコトヲ得ス

（解）新闕席判決ニ對シテハ再ヒ故障ヲ申立ルヿヲ許サズ其故ハ既ニ第一ノ辯論ニモ出席セサル怠慢アルモ法律ハ猶ホ之ヲ寛假シ故障ノ申立ヲ許シタルニ其第二ノ辯論期日ニモ再ヒ欠席スル者ノ如キハ自已ノ權利及ヒ利益ヲ保護スルノ方法ヲ十分ニ盡サヾル怠慢者ナリト決セサルベカラズ而シテ如此怠慢ナルモノヽ利益ヲ保護センヿニノミ務メテ幾タビニテモ故障ノ申立ヲ為スヲ許ストキハ訴訟ハ決落ニ至ルノ期アルヿナケレバナリ

故障ノ拋棄及其取下ノ手續

第二百六十四條　故障ノ拋棄及ビ其取下ニ付テハ控訴ノ拋棄及ヒ其取下ニ付テノ規定ヲ準用ス

本節ノ適用

第二百六十五條　本節ノ規定ハ反訴又ハ既ニ原因ノ確定シタル請求ノ數額ノ定ヲ目的物トスル訴訟手續ニ之ヲ準用ス

中間訴訟ノ辯論ノ為メ期日ヲ定メタルトキハ其闕席訴訟手續及

計算事件財產分別及ビ此ニ類スル訴訟ノ準備手續

ヒ闕席判決ハ其中間訴訟ヲ完結スルニ止マリ本節ノ規定ヲ之ニ準用ス

第四節　計算事件、財產分別及ヒ此ニ類スル訴訟ノ準備手續

（解）本節ハ既ニ法ノ明文ニ示スガ如ク口頭辯論ノ前ニ於テ爲スベキ一ノ準備手續ヲ規定シタル法則ナリ抑モ社員其他、々人ノ爲メニ或事ヲ爲セル代理人ノ如キハ他日之ガ計算ヲ爲サヾル可ラサル者ナレドモ其計算ノ當否ニ付キ爭ヒヲ生スルヿ少シトセズ又例ヘハ數多ノ財產ニ付キ爭訟ノ起リシ場合（相續等ノ場合ニ於テ多ク其適例ヲ見ルベシ）ニ於テ本案ノ裁判ヲ爲スノ前ニ先ツ其財產ノ分別ヲ爲サヾレハ到底辯論ノ錯雜ヲ來シ審理ノ材料一定シガタキ場合往々ニシテ之レ有リ其他總テ之ニ類スル事件ハ只一箇ナルモ爭ヒアル異議若クハ請求ノ數多ニシテ口頭辯論ノ席ニ於テハ之ヲ直ニ明述スルヿヲ得サル如キ訴訟ニ際シテハ其口頭辯論ヲ開始スル以前ニ先ツ之レ等ヲ調査シテ辯論ノ材料トナスベキ準備ヲ盡スハ尤モ必要欠クベカラサル手續ナリ故ニ本法ハ特ニ此一節ヲ設ケテ右ニ記シタ

ル訴訟準備ノ手續ヲ規定シ請求、抗辨、證據及ヒ其他ノ方法ヲ明確ニシ徒ラニ訴訟ヲ錯雑ナラシメ審理ニ數多ノ時日ヲ徒消シ其極終ニ誤判ニ陷ルガ如キコトナカラシメンコトヲ期シタルナリ去レバ本節ノ題目ハ一見シタルノミニテハ何ノ困難モアラサル容易ノ法條ナルガ如ク思ハルレドモ其實尤モ必要ナル訴訟手續ノ一ナリト云ハサル可ラズ讀者モ亦タ之ヲ輕々ニ看過シテ立法者ノ精神ヲ誤ラサルニ注意セサルベカラサルナリ

受訴裁判所準備手續ヲ命スルコトヲ得ル場合

第二百六十六條　計算ノ當否、財産ノ分別又ハ此ニ類スル關係ヲ目的トスル訴訟ニ於テ計算書又ハ財産目錄ニ對シ許多ノ爭アル請求ノ生シ又ハ許多ノ爭アル異議ノ生シタルトキハ受訴裁判所ハ受命判事ノ面前ニ於ケル準備手續ヲ命スルコトヲ得

準備手續ヲ命スル決定ヲ言渡スニ付テノ手續

第二百六十七條　準備手續ヲ命スル決定ヲ言渡スニ際シ裁判長ハ受命判事ヲ指定シ決定執行ノ期日ヲ定ム可シ若シ裁判長、此期日ヲ定メサルトキハ受命判事之ヲ定ム又受命判事、其委任ヲ施行スルニ差支アルトキハ裁判長、更ニ他ノ判事ヲ任ス

第二百六十八條　準備手續ニ於テハ調書ヲ以テ左ノ諸件ヲ明確ニス可シ

第一　如何ナル請求ヲ爲スヤ及ヒ如何ナル攻擊、防禦ノ方法ヲ主張スルヤ

第二　如何ナル請求及ヒ如何ナル攻擊、防禦ノ方法ヲ爭フヤ又ハ之ヲ爭ハサルヤ

第三　爭ト爲リタル請求及ヒ爭ト爲リタル攻擊、防禦ノ方法ニ付テハ其事實上ノ關係及ヒ當事者ノ表示シタル證據方法主張シタル証據抗辯、証據方法並ニ証據抗辯ニ關シテ爲シタル陳述及ヒ提出シタル申立

此手續ハ受訴裁判所ニ於テ訴訟又ハ中間訴訟カ判決又ハ証據決定ヲ爲スニ熟スルマテ之ヲ續行ス可シ

第二百六十九條　原告若クハ被告カ期日ニ於テ受命判事ノ面前ニ

ノ面前ニ出頭セサルトキノ裁判上ノ手續及ヒ其新期日ニモ出頭セサルトキノ効果

口頭辯論ノ期日ノ通知

當事者ハ準備手續ノ結果ニ付テ演述セサルベカラズ原告若クハ被告ノ闕席セルトキニ生スル効果結果

出頭セサルトキハ受命判事ハ前條ノ規定ニ依リ調書ヲ以テ出頭シタル原告若クハ被告ノ提供ヲ明確ニシ且新期日ヲ定メ出頭セサル原告若クハ被告ニハ調書ノ謄本ヲ付與シテ新期日ニ之ヲ呼出ス可シ原告若クハ被告カ新期日ニモ亦出頭セサルトキハ送達セシ調書ニ掲ケタル相手方ノ事實上ノ主張ヲ自白シタリト看做シ其主張ニ付テノ準備手續ハ完結シタルモノトス

第二百七十條　受訴裁判所ハ準備手續ノ終結後ニ口頭辯論ノ期日ヲ定メ之ヲ當事者ニ通知ス可シ

第二百七十一條　當事者ハ口頭辯論ニ於テ準備手續ノ結果ヲ調書ニ基キ演述ス可シ

原告若クハ被告カ出頭セサルトキハ準備手續ニ於テ爭ハサル請求ハ一分判決ヲ以テ之ヲ完結ス其他ニ付テハ申立ニ因リテ闕席判決ヲ爲ス可シ

口頭辯論ヲ以テ追完スルヿヲ得サル事項

第二百七十二條　受命判事ノ調書ヲ以テ明確ニス可キ事實又ハ證書ニ付キ陳述ヲ爲サス又ハ之ヲ拒ミタルトキハ口頭辯論ニ於テ之ヲ追完スルコトヲ得ス

請求、抗擊若クハ防禦ノ方法、證據方法及ヒ證據抗辯ニシテ受命判事ノ調書ヲ以テ之ヲ明確ニセサルモノニ付テハ後日ニ至リ始メテ生シ又ハ後日ニ至リ始メテ原告若クハ被告ノ知リタルコトヲ疏明スルトキニ限リ口頭辯論ニ於テ之ヲ主張スルコトヲ得

證據調ノ總則

第五節　證據調ノ總則

（解）證據トハ或人ノ申立テタル事實ノ不明ヲ明カニシ裁判官ヲシテ眞實ナリト確信セシムルガ爲ニ用ユル方法ヲ云ヒ當事者ガ提出シタル此証據方法ヲ取調ブルニ付キ總テ則ルベキ法則ヲ証據調ノ總則ト云フ凡ソ人ハ容易ニ自已ノ不利益ナル事柄ヲ申立テサルト同時ニ自已ノ利益トナルヿハ少シク他人ノ利益ヲ害スルモ猶ホ之ヲ主張スルヲ憚カラサル者ナリ故ニ當事者自身ノ申立ル言語ノミヲ以テ眞實ニシテ少シモ誤謬ナキモノトセハ

証據調ヲナスヘキ者

証據調ヲ命スル決定

此決定ノ不服申立

証據調ノ限度

証據調ヲ新期日ニ爲シ又ハ受命判事若クハ受

原告モ被告モ各自己ニ利益アルヿヲ主張シ何レニ據テ是非曲直ノ裁斷ヲ下スベキヤ實ニ其標準トスル處ナキニ苦シマサルベカラズ是其各自ガ申立ル言語ノミヲ眞實ナリトセズ又別ニ其言フ處ノ眞正確實ナルヿヲ証明セサル可ラズ是ニ於テ乎証據方法ノ規定ヲ爲スノ必要起ル是法律ガ殊ニ証據ノ事ニ關スル數節ヲ設ケタル所以ナリ

第二百七十三條　證據調ハ受訴裁判所ニ於テ之ヲ爲スヲ以テ通例トス

證據調ハ此法律ニ定メタル場合ニ限リ受訴裁判所ノ部員一名ニ之ヲ命シ又ハ區裁判所ニ之ヲ囑託スルコトヲ得

此證據調ヲ命スル決定ニ對シテハ不服ヲ申立ツルコトヲ得ス

第二百七十四條　當事者ノ申立テタル數多ノ證據中、其調フ可キ限度ハ裁判所之ヲ定ム

當事者ノ演述ニ引續キ直チニ証據調ヲ爲サスシテ受訴裁判所ニ於テ新期日ニ之ヲ爲シ又ハ受命判事若クハ受託判事ノ面前ニ於

託判事ノ面前ニ於テ爲スベキトキハ證據決定ニ因リ之ヲ命ス

證據調ヲ爲スベキ期間

テ之ヲ爲ス可キトキハ證據決定ニ因リ之ヲ命ス可シ

(解) 當事者ハ各自巳ノ利益トナラン限リノ証據ヲ提出シ可成勝訴者タル可キヲ期スベシ、故ニ裁判所ハ其數多ノ証據ヲ殘ラズ調ベサル可ラサルニアラズ故ニ只一ノ証據調ノミニテモ訴訟ノ事實明瞭ニシテ十分ニ熟スルモノト認ムレバ直チニ他ノ証據調ヲ止ムルヿヲ得ベシ而〆証據調ハ必スシモ口頭辯論ノ席ニ於テ當事者ノ演述ニ引續キテ直チニ爲サヽル可ラサルニアラズ故ニ時ト〆ハ新期日ヲ定メテ之ヲ爲シ又ハ受命判事若クハ受託判事等ノ面前ニ於テ之ヲ爲スベキヿモアラン此場合ハ下ニ述ル第二百七十六條ノ証據決定ニ依リ之ヲ命スルナリ

第二百七十五條　証據調ニ付キ不定時間ノ障害アルトキハ申立ニ因リ相當ノ期間ヲ定ム可シ此期間ノ滿了後ト雖モ訴訟手續ヲ遲滯セシメサル限リハ其証據方法ヲ用ヰルコトヲ得

(解) 不定時間ノ障碍トハ或時間ヲ定メサレハ訴訟ノ延滯ヲ來シ或ハ其他訴訟ノ利害ニ關係ヲ及ホス如キヿアル妨碍ヲ云フ此場合ニハ裁判所ニ於テ証據調ニ付キ相當ノ期間ヲ

證據決定ニ掲クヘキ諸件

定ムルヲ得ルナリ然レﾄﾓ此期間ハ彼ノ不變期間ノ如キ重大ノ性質ヲ有スルモノニアラズソ只訴訟ノ延滯ヲ防グガ爲メニ設ケラレタルニ過キサルガ故ニ假令當事者ガ此期間內ニ證據方法ヲ提出セサル時ト雖トモ訴訟手續ヲ遲滯セシメサル限リハ之ヲ許ササルベカラズ

第二百七十六條　證據決定ニハ左ノ諸件ヲ掲ク可シ

第一　証ス可キ係爭事實ノ表示

第二　証據方法ノ表示、殊ニ証人又ハ鑑定人ヲ訊問ス可キトキハ其表示

第三　証據方法ヲ申出タル原告若クハ被告ノ表示

（解）證據決定トハ受訴裁判所ガ其調ブベキ證據方法ヲ決定シテ之ヲ當事者又ハ受命判事若クハ受託判事等ニ知ラシムルモノナリ故ニ其証明ハ如何ナル事實ノ爲ナルヤ其証據方法ハ如何（書証カ人証カ鑑定カト云フ如シ）又タ其証明ハ如何ナル人ヨリ申出テタルコトナルヤ等ヲ詳細ニ記ササルベカラサルハ論ナキナリ

証據決定ヲ變更スルニ付テノ申立及ヒ其執行

第二百七十七條　証據決定ノ變更ハ其決定ノ施行完結前ニ在リテ新ナル辯論ニ基クトキニ限リ之ヲ申立ツルコトヲ得

証據決定ノ施行ハ職權ヲ以テ之ヲ爲ス

（解）一旦定メタル証據決定ハ容易ニ之ヲ變更セシムヘカラサルモ其未ダ施行中ナル𪜈ハ之ヲ變スルモ格別ノ害ナク且ツ新ナル辯論ニ基ク𪜈ハ新規ニ証據調ヲ爲スヿノ必要ヲ生セルモノナレバ之ヲ變更スルヿヲ許ササルベカラズ

証據調ノ期日ノ確定

第二百七十八條　受訴裁判所ノ部員カ証據調ヲ爲ス可キトキハ裁判長、証據決定言渡ノ際、受命判事ヲ指名シ且証據調ノ期日ヲ定ム若シ其期日ヲ定メサルトキハ受命判事之ヲ定ム

受命判事其命ヲ施行スルニ差支アルトキハ裁判長、更ニ他ノ部員ヲ命ス

証據調ノ囑託

第二百七十九條　他ノ裁判所ニ於テ証據調ヲ爲ス可キトキハ裁判長ハ其囑託書ヲ發ス可シ

証據調ニ關スル書類送致及ヒ其受領

証據調ノ期日及ヒ其場所ヲ通知

外國ニ於ケル証據調ノ手續

受命判事又ハ受託判事ノ証據調ヲ他裁判所ニ囑託シ得ル場合

証據調ニ付キ爭ノ

証據調ニ關スル書類ハ原本ヲ以テ受託判事ヨリ受訴裁判所書記ニ之ヲ送致シ其書記ハ之ヲ受領シタルコトヲ當事者ニ通知ス可シ

第二百八十條　受命判事又ハ受託判事カ証據調ノ期日ヲ定メタルトキハ其期日及ヒ場所ヲ當事者ニ通知ス可シ

第二百八十一條　外國ニ於テ爲ス可キ証據調ハ外國ノ管轄官廳又ハ其國駐在ノ帝國ノ公使若クハ領事ニ囑託シテ之ヲ爲ス其囑託ニ付テハ第百五十二條及ヒ第百五十五條ノ規定ヲ準用ス

第二百八十二條　受命判事又ハ受託判事ハ他ノ裁判所ニ於テ証據調ヲ爲ス可キコトノ至當ナル原因ノ爾後ニ生シタルトキハ其裁判所ニ証據調ヲ囑託スルコトヲ得、此囑託ヲ爲シタルトキハ當事者ニ之ヲ通知ス可シ

第二百八十三條　受命判事又ハ受託判事ノ面前ニ於テ証據調ノ際

生シタルトキニ其証據調ヲ完結ヲスル者

証據調ノ當日ニ當事者ノ出頭セサルモ後ニ其追完又ハ補充ヲ為シ得ル場合

ニ爭ヲ生シ其爭ノ完結スルニ非サレバ證據調ヲ續行スルコトヲ得ス且其判事之ヲ裁判スル權ナキトキハ其完結ハ受訴裁判所之ヲ為ス

第二百八十四條　當事者ノ一方又ハ雙方、證據調ノ期日ニ出頭セサルトキハ事件ノ程度ニ因リ為シ得ヘキ限リハ證據調ヲ為ス可シ

原告若クハ被告ノ出頭セサルカ為ニ證據調ノ全部又ハ一分ヲ為スコトヲ得サル場合ニ於テハ其追完又ハ補充ハ此カ為メ訴訟手續ノ遲滯セサルトキ又ハ舉證者其過失ニ非スシテ前期日ニ出頭スル能ハサリシコトヲ疏明スルトキニ限リ判決ニ接着スル口頭辯論ノ終結ニ至ルマテ中立ニ因リ之ヲ命ス

（解）當事者ノ一方又ハ双方ガ証據調ノ期日ニ出頭セサル共之ヲ以テ直チニ証據調ヲ止メシムベキニ非サレハ裁判所ハ出來得ル丈ケ其証據調ヲ為シ又其當事者ガ出頭セサルガ為メ証據調ヲ為シ得サルヿニ付テハ欠席者ニ怠慢ノ責アルガ故ニ最早之ヲ為スヲ得ズシテ

証據調補充ノ決定

証據調ノ期日ヲ職權ヲ以テ定ムヘキ場合

其者ノ不利益ニ歸着スベキモノト爲ス然レ𪜈是原則ノミ強テ此原則ヲ如何ナル場合ニモ適施スル者トセバ少シク過嚴ノ嫌ヒナキニ非サルガ故ニ下ノ如キ條件ヲ具備スル場合ニ限リテ口頭辯論ノ終決ニ至ル迄ハ之ヲ追完シ若クハ補充スルヿヲ許スモノトセリ其例外ノ場合ハ即チ左ノ如シ

第一　其追完又ハ補充ノ爲メニ訴訟手續ノ遲滯セサルトキ

第二　擧證者ガ證據調ノ期日ニ出頭セサリシハ自己ノ過失ニアラズメ正當ノ理由アルヿヲ疏明セシトキ

然レ𪜈是只一ノ例外タルニ過キサルヲ以テ此二ツノ場合ノ外ハ以後ニ至リ決メ追完シ又ハ補充スルヲ得サルモノト知ルベシ

第二百八十五條　裁判所ハ事件ノ未タ判決ヲ爲スニ熟セスト認ムルトキハ証據調ノ補充ヲ決定スルコトヲ得

第二百八十六條　証據調又ハ其續行ノ爲メ新期日ヲ定ムル必要アルトキハ擧證者又ハ當事者雙方、前期日ニ出頭セサリシトキト雖モ

受訴裁判所ニ於テ証據調ヲナス片ハ其期日ハ又口頭辯論ヲ為ス期日タリ口頭辯論續行ノ期日

証據調ノ費用

職權ヲ以テ之ヲ定ム

第二百八十七條　受訴裁判所ニ於テ證據調ヲ為ストキハ其期日ハ同時ニ口頭辯論ヲ續行スル期日ナリトス

受命判事又ハ受託判事ノ面前ニ於テ證據調ヲ為ス可キコトヲ命シタルトキハ受訴裁判所ハ證據決定中ニ併セテ口頭辯論續行ノ期日ヲ定ムルコトヲ得若シ之ヲ定メサルトキハ證據調ノ終結後職權ヲ以テ其期日ヲ定メ之ヲ當事者ニ通知ス可シ

第二百八十八條　舉證者ハ裁判所ノ定ムル期間内ニ證據調ノ費用ヲ豫納ス可シ若シ其期間内ニ豫納セサルトキハ證據調ヲ為サス

但期間ノ滿了後ト雖モ豫納シタルトキハ訴訟手續ノ遲滯ヲ生セサル場合ニ限リ證據調ヲ許ス

（解）舉証者ヲシテ裁判所ノ定ムル期間内ニ証據調ノ費用ヲ豫納セシムル所以ノモノハ此制ヲ設ケサル片ハ自己ニ利益アル証據調ベヲ為サシメタル上、其利益ノミヲ受ケテ費用ヲ出サヾル如キ狡猾ナル者ノ有ランヿヲ恐ルルニ由ル去レハ此豫納金ヲ爲サヾル間ハ裁判所ハ証據調ニ着手セサルナリ然レ𪜈其期間内ニ豫納金ヲ爲サヾル爲メ証據提出ノ權利ヲ全ク失ハシムルハ酷ナルガ故ニ假令期間後ト雖モ之ガタメ訴訟手續ノ遲滯ヲ生セサル場合ニ限リテ証據調ベヲ爲スヲ許ス

第六節　人証

（解）人証トハ自巳ノ見聞シタル事柄ヲ裁判官ニ向テ陳述シ其事實ノ正確ナルヲ保証スルノ謂ヒニシテ是亦証據中ノ一方法ト〆多クノ場合ニ用ヒラルヽモノナリ夫レ人証ハ如此多クノ場合ニ用ヒラルヽニモ拘ハラズ其危險ナルニ至テハ許多ノ証據中尤モ甚シキモノトス蓋シ人ハ自ラ斯ク々々ト信スルヿニテモ實際、自巳ノ見聞ノ誤リアル場合ナシトセズ況ンヤ人情ナルモノハ常ニ正シキ方角ニノミ向テ存スルモノニアラズ〆或一種ノ緣因若クハ感情ノ爲メニ甲ヲ保護シ乙ニ不利益ヲ被ラシメント希望スルヿ往々ニ〆之レ有リ從テ証人ノ言フ所ヲ以テ必ス正確ナリ眞實ナリト信スルヲ得サルナリ故ニ立法者タルモノハ此危險ナル人証ヲ以テ証據方法ノ一種ト〆訴訟審理ノ場合ニ之ヲ使用セシムルヲ

人ハ皆ナ証言ヲ為スノ義務アリ

吏、公ノ証ヲ訊

許スト同時ニ又能ク之レガ監督ニ注意シ證人ガ前述ノ危險ヲ社會ニ及ボシ爲メニ是非善悪ノ判斷ヲ誤ル如キヿナキ樣、十分ニ警戒ヲ加ヘサル可ラズ是殊ニ本節ヲ設ケテ証人ヲ訊問スルノ方法及ヒ之ニ對スル制裁等ヲ綿密ニ規定シタル所以ナリ

第二百八十九條　何人ヲ問ハス法律ニ別段ノ規定ナキ限リハ民事訴訟ニ關シ裁判所ニ於テ證言スル義務アリ

（解）夫レ裁判所ヲ設ケテ吾人ノ權利財産ニ關スル爭訟ヲ斷決スルハ啻ニ一箇人相互ノ私益ヲ保護スル爲ノミニアラズメ大ニ公益上ニ關ス而メ証人ハ其爭證事實ノ眞否ヲ知リ裁判所ニ於テ是非ノ判斷ヲ下スニ尤モ必要ナル證據ノ一ナリ然ルニ人ガ証人トメ裁判所ヨリ証言ヲ爲スベキヿヲ命セラルヽニ當リ自由ニ之ヲ拒絶スルヲ得ルモノトセバ裁判所ハ到底、眞實公平ナル判斷ヲ下スベキ材料ヲ得ル能ハサルヿアラン是實ニ區々タル一身上ノ理由ヲ以テ公益ヲ後ニスルモノト云フベシ故ニ本條ニハ何人ト雖モ民事訴訟ニ關シ裁判所ニ於テ証言スル義務アルモノトナシ容易ニ之ヲ拒絶スルヿ能ハザラシメタリ

第二百九十條　官吏、公吏ハ退職ノ後ト雖モ其職務上默秘ス可キ

聞スルトキノ手續

義務アル事情ニ付テハ其所屬廳又ハ其最後ノ所屬廳ノ許可ヲ得タルトキニ限リ證人トシテ之ヲ訊問スルコトヲ得、大臣ニ付テハ敕許ヲ得ルコトヲ要ス

許可ノ拒否

此許可ハ證言カ國家ノ安寧ヲ害スル恐アルトキニ限リ之ヲ拒ムコトヲ得

許可ノ通知

右許可ハ受訴裁判所ヨリ之ヲ定メ且證人ニ之ヲ通知ス可シ

（解）裁判上、証據ノ必要ナルハ前ニ言ヘルカ如クナルモ之ガ爲メニ國家ノ秘事ヲ公ニセサルベカラサル所以アルヿナケレバ官吏又ハ公吏ノ職務上默秘スベキ事項ニ就テハ之ヲ言ハシムベク强フル能ハサルナリ

人證ノ申出ヲナスニ付テノ手續

第二百九十一條　人證ノ申出ハ證人ヲ指名シ及ヒ證人ノ訊問ヲ受ク可キ事實ヲ表示シテ之ヲ爲ス

證人呼出狀ニ備フヘキ要件

第二百九十二條　證人ノ呼出狀ニハ左ノ諸件ヲ具備スルヿヲ要ス

第一　證人及ヒ當事者ノ表示

軍人軍屬ヲ證人トシテ呼出ストキノ手續

第二　證據決定ノ旨趣ニ依リ訊問ヲ爲ス可キ事實ノ表示
第三　證人ノ出頭ス可キ場所及ヒ日時
第四　出頭セサルトキハ法律ニ依リ處罰ス可キ旨
第五　裁判所ノ名稱

第二百九十三條　豫備、後備ノ軍籍ニ在ラサル軍人、軍屬ヲ證人トシテ呼出スニハ其所屬ノ長官又ハ隊長ニ囑託シテ之ヲ爲ス其長官又ハ隊長ハ期日ヲ遵守セシムル爲ニ其呼出ヲ受ケタル者ノ闕勤ヲ許ス可シ若シ軍務上之ヲ許ス能ハサルトキハ其旨ヲ裁判所ニ通知シ且他ノ期日ヲ定ムル求ヲ爲ス義務アリ

（解）軍人軍屬ハ普通ノ人ト異リ嚴格ナル軍規ノ下ニ服從スルモノニシテ且此軍規ハ普通人ハ勿論、假令裁判所ノ權力ト雖モ猥リニ之ヲ左右スルヲ得ベキモノニアラズ從テ斯クノ如キ特殊ノ位置ニ在ル軍人軍屬ヲ證人トシテ呼出スノ必要アルトキハ自ラ通常人ヲ呼出ス手續ト異リタル手續ナカル可ラサルナリ

証人ノ謂ハレナク出頭セサル者ノ制裁

証人ガ出頭セサル者ニ科スル制裁ニ付テノ抗告及ヒ其効力

出頭セサル軍人タル證人ニ科スル制裁ノ執行

第二百九十四條　合式ニ呼出サレタル證人ニシテ正當ノ理由ナクシテ出頭セサル者ニ對シテハ申立ナシト雖モ決定ヲ以テ其不參ニ因リ生シタル費用ノ賠償及ヒ二十圓以下ノ罰金ヲ言渡ス可シ

證人カ再度出頭セサル場合ニ於テハ更ニ費用ノ賠償及ヒ罰金ヲ言渡ス可シ又其勾引ヲ命スルコトヲ得

證人ハ右ノ決定ニ對シテ抗告ヲ爲スコトヲ得、此抗告ハ執行ヲ停止スル効力ヲ有ス

豫備、後備ノ軍籍ニ在ラサル軍人、軍屬ニ對スル罰金ノ言渡及ヒ執行ハ軍事裁判所又ハ所屬ノ長官又ハ隊長ニ囑託シテ之ヲ爲ス

其勾引ニ付テモ亦同シ

（解）何人ヲ問ハズ法律ニ別段ノ規定ナキ限リハ民事訴訟ニ關シ裁判所ニ於テ証言スル義務アリ既ニ斯クノ如キ義務ヲ法律ニテ規定スル以上ハ此義務ヲ履行セサル者ニ對スル制裁法ヲ定メサル可ラズ何トナレハ制裁ナキ法律ハ法律トシテノ効力ヲ及ボサズ所謂徒

証人不出頭ノ┐ニ付キ正當理由アル片ハ制裁ヲ免カル

証人ノ皇族ナル片ニ訊問スル手續

證人ノ大臣ナル片ニ訊問スル手續

法空文タルニ過キサレバナリ是ヲ以テ本條第一項及ヒ第二項ハ証人トシテ呼出ヲ受ケタル者ガ之ニ應セサリシ片ノ制裁ヲ規定セリ

本條ノ出頭セサル證人ニ拘引ヲ命スルヲ得ルハ大ニ鑑定人ニ異ナル鑑定人ハ學術技藝若クハ經驗ニ富メル者ハ何人モ之ヲ爲スヲ得レ圧證人ハ訴ニ係ル事實ヲ見聞セルモノニアラザレハ則チ能ハザルガ故ニ强テ之ヲ引致スル┐ヲ得セシメタルナリ

第二百九十五條　證人其出頭セサリシコトヲ後日ニ正當ノ理由ヲ以テ辯解スルトキハ罰金及ヒ賠償ノ決定ヲ取消ス可シ

證人ノ不參屆及ヒ決定取消ノ申請ハ書面又ハ口頭ヲ以テ之ヲ爲スコトヲ得

第二百九十六條　皇族證人ナルトキハ受命判事又ハ受託判事其所在ニ就キ訊問ヲ爲ス

各大臣ニ付テハ其官廳ノ所在地ニ於テ之ヲ訊問ス若シ其所在地外ニ滯在スルトキハ其現在地ニ於テ之ヲ訊問ス

帝國議會ノ議員ノ證人タルトキ訊問スル手續

證言ヲ拒ムコトヲ得ル者

帝國議會ノ議員ニ付テハ開會期間其議會ノ所在地ニ滯在中ハ其所在地ニ於テ之ヲ訊問ス

（解）是レ唯ニ此等ノ諸人ヲ優待スルノミニ止ラズ其職務ノ妨ヲ爲サヽラシメント欲シテナリ

第二百九十七條　左ニ揭クル者ハ證言ヲ拒ムコトヲ得

第一　原告若クハ被告又ハ其配偶者ト親族ナルトキ但姻族ニ付テハ婚姻ノ解除シタルトキト雖モ亦同シ

第二　原告若クハ被告ヲ後見ヲ受ル者

第三　原告若クハ被告ト同居スル者又ハ雇人トシテ之ニ仕フル者

裁判長ハ訊問前ニ前項ノ者ニ證言ヲ拒ム權利アル旨ヲ告ク可シ

（解）法律カ本條ニ規定セル各人ニ證言ヲ爲スコトヲ拒ムノ權利ヲ附與セル所以ノモノハ其親シキ者ノ爲ニ不利ナル證言ヲ爲スガ如キハ人情ノ忍ヒザル所ナルノミナラズ後日ニ

受クベキ不利ナル結果（雇人ナラバ解傭セラルルカ如キ）ヲ甘ズルニアラザレバ則チ之ヲ爲スヿ能ハザレバナリ

證言ヲ拒ムヿヲ得ル場合

第二百九十八條　左ノ場合ニ於テハ證言ヲ拒ムコトヲ得

第一　官吏、公吏又ハ官吏、公吏タリシ者カ其職務上默秘ス可キ義務アル事情ニ關スルトキ

第二　醫師、藥商、穩婆、辯護士、公証人、神職及ヒ僧侶カ其身分又ハ職業ノ爲メ委託ヲ受ケタルニ因リテ知リタル事實ニシテ默秘ス可キモノニ關スルトキ

第三　問ニ付テノ答辯カ証人又ハ前條ニ揭ケタル者ノ恥辱ニ歸スルカ又ハ其刑事上ノ訴追ヲ招ク恐アルトキ

第四　問ニ付テノ答辯カ証人又ハ前條ニ揭ケタル者ノ爲メ直接ニ財産權上ノ損害ヲ生セシム可キトキ

第五　證人カ其技術又ハ職業ノ秘密ヲ公ニスルニ非サレバ答

第二百九十七條第一號及ビ其ニ條ノ四號ノ場合ト雖モ證言ヲ拒ムヿヲ得サル事項

辯スルコト能ハサルトキ

（解）第一號　官吏、公吏又ハ官吏、公吏タリシ者ガ其職務上嘿秘セザル可ラザルヿノ如キハ之ヲ漏セバ國家公益ノ上ニ害アリ且ツ此等ノ者ハ之ヲ漏ラスニ於テハ制裁ヲ受ケザベルカラザルモノナルカ故ニ之レニハ證言ヲ拒ムノ權利ヲ與ヘザルベカラズ

第二號　是レ人ヲシテ安ンジテ事ヲ人ニ托セシメントノ婆心ニ外ナラザルナリ

第三號、第四號及ヒ第五號　何人ト雖モ自已及ヒ其親シキ者ノ利益ヲ守ルハ人ノ情ナリ法律ヲ以テ之ニ反スルヿヲ強フルカ如キハ難キヲ人ニ責ムルモノト云フベシ故ニ之ヲ許スベカラズ

第二百九十九條　證人ハ第二百九十七條第一號及ヒ第二百九十八條第四號ノ場合ニ於テ左ノ事項ニ付キ證言ヲ拒ムコトヲ得ス

第一　家族ノ出産、婚姻又ハ死亡

第二　家族ノ關係ニ因リ生スル財産事件ニ關スル事實

第三　証人トシテ立會ヒタル場合ニ於ケル權利行爲ノ成立及ヒ旨趣

第四　原告若クハ被告ノ前主又ハ代理人トシテ係爭ノ權利關係ニ關シタル行爲

前條第一號、第二號ニ掲ケタル者、其默秘ス可キ義務ヲ免除セラレタルトキハ証言ヲ拒ムコトヲ得ス

(解) 本條第一乃至第四ノ數號ニ規定スル事實ニ係ルキトハ第二百九十八條第一號及ヒ其次條ノ第四號ニ規定スルモノト雖ドモ証言ヲ爲ササヾベカラサルコトト爲セルハ人ノ言フ所ニヨレバ其事ノ辭訟事件ニ重キ關係ヲ有シ之レヲ知ルニアラサレハ則チ訴訟ノ審理ヲ爲ス能ハサルニ由ルト云フニアレトモ訴訟ニ於テ証人ノ訊問ヲ必要トスル場合ハ皆ナ証言ガ訴訟ニ重要ノ關係ヲ有スル場合ナラサルハナシ(訴訟ニ重要ノ關係ヲ有スレハコソ証人ノ訊問ヲ爲スモノナリ)豈ニ獨リ第三百九十七條第一號及ヒ其次條第四號ノ場合ノミナランヤ而シテ此レ等ノ場合ニ証人ヲシテ其ノ利益ニ抵觸スル証言ヲ爲スベク

証言ヲ拒ム者ノ盡スベキ手續

其手續ヲ履メルニ因リ生スル効果

原告若クハ被告ノ出頭セザル者ト看做サルル場合

餘儀ナクスルガ如キハ難キヲ人ニ强フルノ失ヲ免カルヽ能ハサルニヨリ余ハ法律ガ本條ノ第一號乃至第號ノ事實ヲ第二百九十七條第一號及ビ其次條第四號ノ塲合ニ於ケルモノニモ証言ヲ爲サヾルベカラズト爲セルノ規定ハ之レヲ批難セザラント欲スルモ得ザルナリ

第三百條　證言ヲ拒ム證人ハ其訊問ノ期日前ニ書面又ハ口頭ヲ以テ又ハ期日ニ於テ其拒絶ノ原因タル事實ヲ開示シ且之ヲ疏明ス可シ

期日前ニ證言ヲ拒ミタル證人ハ期日ニ出頭スル義務ナシ

裁判所書記ハ拒絶ノ書面ヲ受領シ又ハ其陳述ニ付キ調書ヲ作リタルトキハ之ヲ當事者ニ通知ス可シ

第三百一條　拒絶ノ當否ニ付テハ受訴裁判所當事者ヲ審訊シタル後、決定ヲ以テ其裁判ヲ爲ス但第二百九十八條第一號ノ塲合ニ於テ爲シタル證絶ノ當否ニ付テハ所屬廳又ハ最後ノ所屬廳ノ裁

定ニ任ス

原告若クハ被告ガ出頭セサルトキハ出頭シタル者ノ申述ヲ斟酌シテ決定ヲ爲ス

其決定ニ對スル抗告及其効

右決定ニ對シテハ即時抗告ヲ爲スコトヲ得、此抗告ハ執行ヲ停止スル効力ヲ有ス

故ナク証言ヲ拒ミタルモノヽ制裁

第三百二條　原因ヲ開示セスシテ証言ヲ拒ミ又ハ開示シタル原因ノ棄却確定シタル後ニ之ヲ拒ミタルトキハ申立ヲ要セスシテ決定ヲ以テ証人ニ對シ其拒絶ニ因リテ生シタル費用ノ賠償及ヒ四十圓以下ノ罰金ヲ言渡ス

此制裁ニ對スル抗告

証人ハ費用ノ賠償及ヒ罰金ノ言渡ニ對シ抗告ヲ爲スコトヲ得

此抗告ハ執行ヲ停止スル効力ヲ有ス

軍人軍屬ニ對スル制裁ノ執行

豫備、後備ノ軍籍ニ在ヲサル軍人、軍屬ニ對スル罰金ノ言渡及ヒ執行ハ軍事裁判所ニ囑託シテ之ヲ爲ス

證人ノ忌避

第三百三條　原告若クハ被告ハ相手方ト相手方ノ証人トノ方ニ第二百九十七條第一號乃至第三號ノ關係アルトキハ其証人間忌避スルコトヲ得

忌避ノ申請ヲナス方法

第三百四條　忌避ノ申請ハ證人ノ訊問前ニ之レヲ爲ス可シ此時限後ハ其前ニ忌避ノ原因ヲ主張スルヲ得サリシコトヲ疏明スルトキニ限リ其証人ヲ忌避スルコトヲ得

忌避ノ申請ハ書面又ハ口頭ヲ以テ之ヲ爲スコトヲ得

忌避ノ原因ハ之ヲ疏明ス可シ

忌避ノ申請ニ付テノ裁判

第三百五條　忌避ノ申請ニ付テノ裁判ハ口頭辯論ヲ經スシテ之ヲ爲スコトヲ得

忌避ノ原因ノ有無ニ就テノ決定ニ對スル上訴及ヒ抗告

忌避ノ原因アリト宣言スル決定ニ對シテハ上訴ヲ爲スコトヲ得ス忌避ノ原因ナシト宣言スル決定ニ對シテハ即時抗告ヲ爲スコトヲ得

宣誓ノ延期

第三百六條　各証人ニハ其携帯ス可キ呼出状、其他適當ノ方法ヲ以テ人違ナラサルコトヲ判然ナラシメタル後、訊問前各別ニ宣誓ヲ爲サシム可シ

然レトモ宣誓ハ特別ノ原因アルトキ殊ニ之ヲ爲サシム可キヤ否ヤニ付キ疑ノ存スルトキハ訊問ノ終ルマテ之レヲ延フルコトヲ得

（解）訴訟事件ニ關シ證人ヲ呼出シ証人ガ其命ニ應メ裁判所ニ出頭セル片ハ裁判所ハ其訊問ニ取懸ラサル前ニ二ケノ事柄ヲ行ハサル可ラズ即チ其一ハ證人ノ人違ヒニアラサルヿヲ判然ナラシムルヿニメ之ハ呼出状及ヒ其他適當ノ方法ニ依リテ之ヲ爲スナリ其二ハ證人ヲメ各別ニ宣誓ヲ爲サシメサル可ラズ是證人ノ證言ヲメ眞實正確ナラシムル一ノ方式ニ外ナラズ然レ𪜈是レ只一ノ原則ニ過キズメ如何ナル場合ニモ證人ニハ訊問前ニ宣誓ヲ爲サシメサレバ訊問ニ取懸ルヲ得サルニアラズ即チ或特別ノ原因アリテ宣誓ヲ爲サシムベキヤ否ヤノ疑存スルトキハ訊問ノ終リタル後ニ宣誓セシムルヿアリ之ハ第二項ニ明

記スル處ナリ法律ガ如此例外ヲ定メシハ宣誓ヲ爲シタル後ニ若シ虚僞ノ證言ヲ爲ストキハ刑法上必ス僞證ノ責任ヲ負ハシメサル可ラサルガ故ニ如何ナル場合ニモ訊問前ニ宣誓ヲ爲サシムルモノトセハ之ガ爲メ見ス〱犯罪人ヲ増加スル恐アリ犯罪人ノ増加スルハ決メ國家ノ爲メ喜ブベキ事ニアラサルヲ以テ判事ヲメ場合ニ從ヒ斟酌ノ餘地ヲ存セシメタルニ外ナラザルナリ

宣誓ノ旨詞

第三百七條　証人ハ訊問前ニ宣誓ヲ爲ス可キ場合ニ於テハ良心ニ從ヒ眞實ヲ述ベ何事ヲモ默秘セス又何事ヲモ附加セザル旨ノ誓ヲ宣フ可シ

又訊問後ニ宣誓ヲ爲ス可キ場合ニ於テハ良心ニ從ヒ眞實ヲ述ヘ何事ヲモ默秘セス又何事ヲモ附加セザリシ旨ノ誓ヲ宣フ可シ

僞証ノ罰戒ノ諭示

第三百八條　判事ハ宣誓前ニ相當ナル方法ヲ以テ宣誓者ニ僞証ノ罰ヲ諭示ス可シ

宣誓ノ拒絶ニ付テノ規定

宣誓ヲ要セスシテ訊問シ得ヘキ者

（解）本條ハ法律上ニ規定シタル刑罰ヲ知ラズシテ犯罪人トナル如キモノヽ增加ヲ豫防シ又他ノ一方ヨリハ僞證ノ刑罰ヲ恐ルヽカ爲メニ事實ノ眞正ナル證言ヲ爲サシメテ公平無私ノ裁判ヲ下ス材料ヲ得ント欲セルニ出ルナリ

第三百九條　宣誓ヲ拒ム証人ニ付テハ第三百條乃至第三百二條ノ規定ヲ適用ス

第三百十條　左ノ者ハ宣誓ヲ爲サシメスシテ參考ノ爲メ之ヲ訊問スルコトヲ得

第一　訊問ノ時未タ滿十六歳ニ達セザル者

第二　宣誓ノ何物タルヤヲ了解スルニ必要ナル精神上ノ發達ノ缺クル者

第三　刑事上ノ判決ニ因リ公權ヲ剝奪又ハ停止セラレタルモノ

第四　第二百九十七條及ヒ第二百九十八條第三號並ニ第四號

ノ規定ニ依リ証言ヲ拒絶スル權利アリテ之レヲ行使セザル者、但第二百九十八條第三號並ニ第四號ノ場合ニ於テハ拒絶ノ權利ニ關スル事實ニ付キ証言ヲ爲ス可キコトヲ申立テラレタルトキニ限ル

第五　訴訟ノ成績ニ直接ノ利害關係ヲ有スル者

（解）屢前ニ陳述スルガ如ク證人ハ宣誓ヲ爲シタル上ニテ訴訟ニ關スル事實ヲ証言スルモノニシテ若シ虚僞ノ證言ヲナスニ於テハ刑法上僞証ノ罰ヲ被ムル程ノモノナレバ證人タルニハ必スヤ自己ガ證人タルノ責任ノ如何ナルヤヲ十分ニ了知セルモノニシテ且其證言ニ信用ヲ置クベキノ價値アルモノナラサル可ラズ然ルニ本條ニ列記スル處ノ者ハ是等ノ價値ナクシテ其言ニ信ヲ置クベカラサルモノナレハ證人トシテ之ヲ訊問スルヲ得ズ併シナカラ是等ノ者ノ陳述ト雖モ其事實ノ顛末等ヲ知ルニハ多少益スル所アルベキガ故ニ裁判所ハ事實參考人トシテ之ヲ訊問スルヲ得ルナリ之ヲ要スルニ證人ハ必ス宣誓ヲナスベキモノナレ𪜈事實參考人ニハ宣誓ヲ要セズ從テ證人カ虚僞ノ陳述ヲ爲セハ僞證ノ刑ニ處セラル

証人訊問ノ場所

對質セシメ得ル場合

証人訊問ノ着手

レ圧事實參考人ハ此クノ如キ責任ナシ既ニ責任ノ度ニ於テ輕重ノ區別アルガ故ニ裁判官ニ於テ其陳述スル處ヲ信用スルノ度ニ於テモ自カラ輕重ノ別ナカル可ラズ之レ兩者ノ間ニ存スル差異ナリトス

第三百十一條　証人訊問ハ後ニ訊問ス可キ証人ノ在ラザル場所ニ於テ各別ニ之ヲ爲ス

証人ノ供述互ニ齟齬シタルトキハ之レヲ對質セシムルコトヲ得

(解) 證人數名アル場合ニ之ヲ同一ノ場所ニテ訊問セバ其者等ハ雷同スルヿアリ終ニ眞正ノ事實ヲ發見スルヲ得サルニ至ルノ恐アリ故ニ證人訊問ハ之ヲ各別ニ爲サヾル可ラズ然レ圧其數名ノ證人ノ陳述ガ互ニ齟齬シ何レヲ以テ眞實ナリト爲スベキヤ分明ナラサル場合ハ之ヲ對質セシメテ双方ノ辯論ヲ聞キ其間ニ事實ノ眞僞ヲ判別スルノ方法ヲ取ルヲ得ベシ

第三百十二條　証人訊問ハ証人ニ其氏名、年齡、身分、職業及ヒ

証人ニ訊問スベキ事項

証人ガ爲ス供述ノ方法

住居ヲ問フヲ以テ始マル又必要ナル場合ニ於テハ其事件ニ於テ証言ノ信用ニ關スル事情、殊ニ當事者トノ關係ニ付テノ問ヲ爲ス可シ

第三百十三條　証人ニハ其訊問事項ニ付キ知リ得タルモノヲ牽連シテ供述セシム可シ

証人ノ供述ヲ明白及ヒ完全ナラシメ且其知リ得タル原因ヲ穿鑿ズル爲メ必要ナル場合ニ於テハ尚ホ他ノ問ヲ發ス可シ

第三百十四條　証人ハ其供述ニ換ヘテ書類ヲ朗讀シ其他覺書ヲ用井ルコトヲ得ス但シ算數ノ關係ニ限リ覺書ヲ用井ルコトヲ得

（解）證人ノ供述ハ必スロ頭ヲ以テ爲サシム故ニ其口頭供述ニ代ルニ書類ヲ朗讀シ其他覺書ヲ用ユルコトヲ禁ゼサル可ラズ若シ此禁令ヲ設ケサルニ於テハ訊問前ニ豫メ種々ノ前仕度ヲ爲シ置キテ眞正ノ供述ヲナサヾルノ弊アレバナリ但シ人ノ記憶ニハ限リ有リ彼ノ

數ニ關スル事ノ如キハ到底之レヲ暗記シテ即座ニ裁判官ノ訊問ニ答フルヲ得ズ故ニ此ノ如キ事柄ハ覺書ヲ用ユルヿヲ許サヾルベカラズ

陪席判事ノ訊問權限

第三百十五條　陪席判事ハ裁判長ニ告ケテ証人ニ問ヲ發スルコトヲ得

當事者ハ親シク証人ニ發問スルヿヲ得ス

當事者ハ証人ニ對シ自ラ問ヲ發スルコトヲ得ス然レトモ當事者ハ証人ノ供述ヲ明白ナラシムル爲ニ其必要ナリトスル問ヲ發セシコトヲ裁判長ニ申立ツルコトヲ得

發問ノ許否ニ關スル異議ノ裁判

發問ノ許否ニ付キ異議アルトキハ裁判所ハ直チニ之レヲ裁判ス

宣誓ヲ爲セシ時期ハ調書ニ記セサルベカラズ

第三百十六條　調書ニハ証人カ其訊問ノ前若クハ後ニ宣誓シタルヤ又ハ宣誓セスシテ訊問ヲ受ケタルヤヲ記載ス可シ

受訴裁判所カ証人ノ再訊問ヲ命シ得ル場合

第三百十七條　受訴裁判所ハ左ノ場合ニ於テ證人ノ再訊問ヲ命スルコトヲ得

第一　證人訊問ガ法律上ノ規定ニ違ヒタルトキ
第二　證人訊問ノ完全ナラザルトキ
第三　證人ノ供述ガ明白ナラズ又ハ兩義ニ渉ルトキ
第四　證人ガ其供述ノ補充又ハ更正ヲ申立ツルトキ
第五　此他裁判所ガ再訊問ヲ必要トスルトキ

（解）假令一旦證人訊問ヲ終リタル後ト雖モ本條ニ別記スル如ク前ノ證人訊問ガ違式ナルカ不完全ナルカ曖昧ナルカ若クハ證人自ラ其他ニ供述スベキ事アリト申立ツル如キ場合ハ再訊問ヲ命スルヲ得セシメサル可ラズ蓋シ證人ノ訊問ハ訴訟事件ノ事實ヲ明白ナラシメン爲メニナスモノナレハ一旦之ヲ終リシ片ハ、タトヘ前ノ供述ガ不定全無効ナル片再訊問ヲ爲スヲ得ズト禁シテ事實ヲ曖昧摸糊ノ中ニ終了スルハ證人訊問ノ制ヲ設ケ之ヲ以テ一箇ノ證據方法ト爲シタル法律ノ精神ト相反スレバナリ

第三百十八條　左ノ場合ニ於テ証人ニ依レル証據調ハ受訴裁判所ノ部員一名ニ之レヲ命シ又ハ區裁判所ニ之ヲ囑託スルコトヲ

証據調ノ特任及ヒ囑託

證人カ證言又ハ宣誓又ハ訊問ニ答フルヲ拒ミタル

證人ニ對スル判事ノ權限

得

第一　眞實ヲ探知スル爲メ現場ニ就キ證人ヲ訊問スルノ必要ナルトキ

第二　證人カ疾病其他ノ事由ノ爲メ受訴裁判所ニ出頭スル能ハサルトキ

第三　證人カ受訴裁判所ノ所在地ヨリ遠隔ノ地ニ在リテ其裁判所ニ出頭スルニ付キ不相應ノ時日及ヒ費用ヲ要スルトキ

第三百十九條　第二百九十四條、第二百九十五條、第三百二條及ヒ第三百九條ニ掲ケタル證人ニ對スル受訴裁判所ノ權ハ受命判事又ハ受托判事ニモ屬ス

證人カ受命判事又ハ受托判事ノ面前ニ於テ理由ヲ開示シテ證言ヲ拒ミ又ハ宣誓ヲ拒ミ又ハ職權若クハ申立ニ因リ發シタル問ニ

件ニ有スル裁判所ノ權限

原被告ノ申立ヲ否メル判事ノ爲行ニ對スル裁判

証人ノ再訊問ヲ命スルヲ得ル者

証人ニ依レル証據方法ノ拋棄

答フルコトヲ拒ムトキハ此拒絶ノ當否ニ付キ裁判ヲ爲ス權ハ受訴裁判所ニ屬ス

受命判事又ハ受託判事カ原告若クハ被告ヨリ申立テタル問ヲ發スルコトヲ否ムトキハ原告若クハ被告ハ其當否ニ付キ受訴裁判所ノ裁判ヲ求ムルコトヲ得

証人ノ再訊問ハ受命判事又ハ受託判事ノ意見ヲ以テ之ヲ命スルコトヲ得

第三百二十條　証人ヲ申立タル原告若クハ被告ハ其審問ノ開始マテハ此證據方法ヲ拋棄スルコトヲ得、其後ハ相手方ノ承諾ヲ得ルトキニ限リ之ヲ拋棄スルコトヲ得

（解）己レヨリ申出テタル證據方法ハ原則上、之ヲ拋棄スルヿ自由ナラザルベカラザルガ故ニ證人ヲ申出デタル原告若クハ被告ハ其意ノ變ズルヿアルニ於テハ之ヲ拋棄スルヲ得ザルベカラザレ圧其訊問ヲ開始セル後ニ於テハ之ニ由リテ其對手ガ己レニ利益ナル證

證人ノ要求シ得ヘキ費用

豫納金不足ノ取立

據ノ端緒ヲ得ルコナキニアラズ斯ル塲合ノ之アルニ於テハ其ノ對手ハ證人ノ訊問ヲ繼續セラルヽヲ利益トスベク證人ニ依レル證據方法ノ拋棄ハ其不利ヲ來スベク而シテヽハ自己ノ所爲ヲ以テ一旦其撰擇セル方法ヲ變ジテ他人ノ利益ヲ損ズルコヲ爲シ能ハサルノミナラズ之レニ證人ニ依レル證據方法ノ拋棄ヲ許スモ其對手ハ必ラズ其利益ヲ維持センガ爲メニ再ヒ其證人ノ召喚ト訊問トヲ請求スルナルベク然ル片ハ爲メニ又無益ナル手數ヲ煩ハサヽルベカラザルカ故ニ證人ヲ申出デタル原告若クバ被告ニシテ訊問開始ノ後ニ其證據方法ヲ拋棄セントスル片ハ必ラズ其對手ノ承諾ヲ得サルベカラサルナリ

第三百二十一條　各證人ハ日當ノ辨濟及ヒ其出頭ノ爲ニ旅行ヲ要スルトキハ旅費ノ辨濟ヲ請求スルコトヲ得

此金額拂渡ハ審問期日ノ終リタル後直チニ之ヲ求ムルコヲ得

擧證者ノ豫納シタル金額不足スルトキハ職權ヲ以テ其不足額ヲ取立ツ可シ

（解）証人ハ他人ノ爲ニ勞力ノ供給ヲ爲スモノナレバ之ガ爲ニ空シク費ス時間ノ報酬ヲ

鑑定

鑑定人

得サルベカラサルハ論ナキナリ

第七節　鑑定

(解) 學術技藝等ヲ具ヘ別段ノ智識ヲ有セルモノガ裁判官ノ求メニ從ヒ訴訟ニ係ル事物ニ自已ノ經驗ニ依リ與フル所ノ意見ヲ鑑定ト稱シ此ノ意見ヲ陳述スルモノヲ鑑定人ト云フ而シテ此鑑定モ亦裁判官ガ其爭アル事物ノ判決ニ付キ自已ノ判斷ヲ助ケシムル爲メニ用ユル一ノ證據方法ナリ

何カ故ニ斯クノ如キ一種特別ナル證據方法ヲ用フルノ必要アル乎曰ク裁判官ハ素ヨリ事物ノ道理ニ通曉シ殊ニ法律上ノ眞理ニ付テハ其蘊奥ヲ究極シ居ルベシト雖𪜈神佛ノ如ク人ノ能ク見ル能ハサル事柄迄悉ク之ヲ知察シ盡スモノト保スルヲ得ズ殊ニ吾人々類ノ知識見聞等ハ大概其程度アル者ニシテ決シテ無限ノモノニアラズ去レハ吾人ト生ヲ同フスル裁判官タルモノガ如何ニ敏捷機智ノ性ヲ具有スルト云フト雖モ世界ノ事物ヲ盡ク知ルト云カ如キ萬能力ヲ有スル者ニハアズ去レハ若シ自已ノ知ラサル事件ニ付キ訴訟起リ之ガ判斷ヲ下サント欲スルニ至テハ勢ヒ其事ニ經驗アル他ノ者ノ考察力ヲ假用シテ以テ之ヲ調

鑑定ニ準用セラルヘキ規定

鑑定ノ申出

立會フヘキ鑑定人ノ撰定及其員數ノ指定

鑑定ヲ指名スヘキ催告

査セサルヘカラズ是即チ鑑定ト稱スル一種ノ證據方法ヲ用ヒテ自巳ノ知ラズメ他人ノ能ク知ル處ニ依リ鑑査シ考定シタル結果ヲ聞キ以テ不分明ナル訴訟事件ノ曲直眞僞ヲ斷定スル材料ニ供スル所以ナリ

第三百二十二條　鑑定ニ付テハ以下數條ニ於テ別段ノ規定ヲ設ケザル限リハ人證ニ付テノ規定ヲ準用ス

第三百二十三條　鑑定ノ申出ハ鑑定ス可キ事項ヲ表示シテ之ヲ爲ス

第三百二十四條　立會フ可キ鑑定人ノ撰定及ヒ其員數ノ指定ハ受訴裁判所之ヲ爲ス其裁判所ハ鑑定人ノ任命ヲ一名マテニ制限シ又ハ何時ニテモ既ニ任命シタル者ニ代ヘ他ノ鑑定人ヲ任命スルコトヲ得

裁判所ハ鑑定人トシテ訊問ヲ受クルニ適當ナル者ヲ指名ス可キ旨ヲ當事者ニ催告スルコトヲ得

當事者ノ合意ニヨリ鑑定人ヲ定メシ時

外國ノ書類又ハ産物ヲ鑑定スル場合

鑑定ヲ爲ス義務アル者

當事者ガ一定ノ者ヲ鑑定人ニ爲スコトヲ合意シタルトキハ裁判所ハ其合意ニ從フ可シ然レトモ裁判所ハ當事者ノ爲ス可キ撰定ヲ一定ノ員數ニ制限スルコトヲ得

第三百二十五條　外國ノ書類又ハ産物ノ審査ヲ要スル場合ニ於テ必要ナル能力ヲ有スル本邦人ノ在ラサルトキハ裁判所ハ外國人ヲ鑑定人ニ任命スルコトヲ得

第三百二十六條　左ニ掲クル者鑑定ヲ命セラレタルトキハ之ヲ爲ス義務アリ

第一　必要ナル種類ノ鑑定ヲ爲ス爲ニ公ニ任命セラレタル者

第二　鑑定ヲ爲スニ必要ナル學術、技藝若クハ職業ニ常ニ從事スル者、又ハ學術、技藝若クハ職業ニ從事スル爲ニ公ニ任命セラレ若クハ授權セラレタル者

右ノ外、鑑定ヲ爲ス可キ旨ヲ裁判所ニ於テ述ヘタル者ハ鑑定

鑑定ヲ拒ムヲ得ル場合

鑑定人其義務ヲ盡サヾル場合ノ制裁

人タル義務ナキトキト雖モ鑑定ヲ爲ス義務アリ

第三百二十七條　鑑定人ハ証人カ証言ヲ拒ムコトヲ得ルト同一ノ原因ニ依リ鑑定ヲ拒ム權利アリ
官吏、公吏ハ其所屬廳ニ於テ異議アルトキハ之ヲ鑑定人トシテ訊問スルコトヲ得ス

第三百二十八條　鑑定ヲ爲ス義務アル鑑定人出頭セス又ハ鑑定ヲ拒ミタル場合ニ於テハ其者ニ對シ此ガ爲ニ生シタル費用ノ賠償及ヒ罰金ヲ言渡ス可シ但其鑑定人ヲ勾引スルコトヲ得ス

（解）本條ニ規定セル所ハ證人ノ制裁ト大ナル差異ハアラサレモ只證人ガ故ナク出頭セザル片ハ公力ヲ假リ之ヲ裁判所ニ勾引スルヿヲ得レ圧鑑定人ハ斯ノ如キ强大ノ制裁ヲ加フルヲ得ズト云フ一事ガ兩者ノ間ニ著シク同シカラサルヲ見ルナリ是レ蓋シ證人ハ實地其者ガ見聞シタル事柄ニ付テ陳述スベキモノナレバ他ニ代テ陳述スベキモノナク從テ其證人ガ出頭ヲ拒絶スル片ハ裁判ヲ下スヲ得サルガ故ニ假令勾引スル迄モ其者ニ證言ノ義

務ヲ盡サシメサレハ一私人ノ爲メニ公益ヲ害スルノ恐アリ然レ圧鑑定人ハ目撃耳聞シタ事物ヲ其マヽ陳述スルニアラズ既ニ其處ヘ現ハレ居ル事物ニ關シ自巳ノ學識、技藝、經驗等ニ依リ判斷セル所ノ意見ヲ陳述スルモノナレバ甲鑑定人ガ之ヲ拒ムモ更ニ乙鑑定人ヲシテ之ニ代ラシムルヲ得ベク從テ證人ガ出頭ヲ拒絶シタル場合ノ如ク重大ノ害ヲ及ボスモノニアラズ是兩者ノ制裁ニ付キ前記ノ如キ差異ヲ生ズル所以ナリ

鑑定人ノ宣誓

第三百二十九條　鑑定人ハ其鑑定ヲ爲ス前ニ其鑑定人タル義務ヲ公平且誠實ニ履行ス可キ旨ノ誓ヲ宣フ可シ

鑑定ニ付キ受訴裁判所ノ定ムベキ事件

第三百三十條　受訴裁判所ハ其意見ヲ以テ左ノ諸件ヲ定ム可シ

第一　鑑定人ノ意見ハ口頭又ハ書面ニテ之ヲ述ヘシム可キヤ

第二　數名ノ鑑定人ヲ訊問ス可キ場合ニ於テ各意見カ異ナルトキハ共同ニテ鑑定書ヲ作ラシム可キヤ又ハ各別ニ之ヲ作ラシム可キヤ

第三　口頭辯論ノ際、鑑定人ノ總員又ハ其一名ヲシテ鑑定書ヲ

鑑定人ノ請求スルヲ得ル費用

鑑定ニ適用セラルヘキ規定

說明セシム可キヤ

第四　鑑定ノ結果ガ不十分ナルトキハ同一又ハ他ノ鑑定人ヲシテ再ヒ鑑定ヲ爲サシム可キヤ

第三百三十一條　受訴裁判所ハ鑑定人ノ任命ヲ受命判事又ハ受託判事ニ委任スルコトヲ得、此場合ニ於テハ受命判事又ハ受託判事ハ第三百二十四條及ヒ第三百三十條第一號並ニ第二號ノ規定ニ依リ受訴裁判所ニ屬スル權ヲ有ス

第三百三十二條　鑑定人ハ日當、旅費及ヒ立替金ノ辨濟ヲ請求スルコトヲ得

此場合ニ於テハ第三百二十一條ノ規定ヲ準用ス

第三百三十三條　特別ノ智識ヲ要セシ過去ノ事實又ハ事情ニシテ其實驗アル者ノ訊問ニ因リテ確定ス可キトキハ人証ニ付テノ規定ヲ適用ス

（解）鑑定人ノ意見ハ人ニ依リテ必ズ同一ナルモノニアラズ是實ニ證人ガ過去ニ見聞シタル確定ノ事實ヲ陳述スルト異ナル一点ナリ而メ本條ニ示ス如キハ既ニ確然一定スベキ者ニメ鑑定ト云フヨリモ寧ロ證人ノ證言ニ其性質ヲ近クス故ニ此場台ニハ證人ノ規定ヲ適用セサルベカラズ

第八節 書証

（解）訴訟ニ係ル所ノ事實ノ眞正ニメ誤謬ナキヿヲ證據立ル所ノ書面之ヲ稱メ書證ト云フ正ニ人證ト相對峙スル一ノ証據方法ナリ

此証據方法ハ其種類一ナラズ今之ヲ大別スレバ公正證書ト私署證書ノ二種トナスヲ得ベシ所謂ル公正證書トハ公證人、裁判所書記、執達吏及ヒ其他ノ官廳又ハ公吏ガ當事者ヨリ證スルヿヲ託セラレタル事實ニ付キテ作リタル證書ニメ其他ハ悉ク私署證書トス既ニ如此證書ノ種類ガ同一ニアラズトセバ其効力ニ至テモ自カラ差異ナキヲ得ズ然レドモ是等ノ事ハ民法證據編ノ宜シク規定スベキヿニメ本法ノ關スル所ニアラズ何トナレバ本法ハ是等ノ書證ノ提出方法及ヒ僞造ノ申立方法等ヲ主トメ規定スルニ過キサレバナリ書證ハ人證及ヒ鑑定ノ如キ證據方法ニ比スレハ其ノ危險ヲ與フルノ程度甚ダ少ナシト雖トモ未ダ全タク之レナシト斷言スルヲ得ズ去レハ書證ニモ亦幾分カノ制裁ヲ付シ僞證等ノ弊ヲ矯正スルコトニ務メズンバアラズ然シナカラ書證ハ證人ノ如ク之ヲ使用セラルヽヿ多カラサル者ナリ蓋シ取引交通ノ頻繁ナルニ當リテハ法律上ノ關係ヲ證明スルガ爲メニ事々物々、書面ヲ作成スルガ如キ迂遠ノ方法ヲ爲ス暇アラザルヲ以テ少シク信用アル者ニ對シテハ書面ノ設備ヲ爲スモノ少キヲ以テナリ乍去人證ハ甚ダ危險ノ性質ヲ有スルノミナラズ人ハ何時死亡スルヤモ計リ知ルベカラサルモノナレバ自巳ノ權利ノ安全ナランヿヲ思ハヾ煩雜ナリトモ書證ヲ作成シ置クノ堅固ナルニ如カサルナリ

書証ノ申出

第三百三十四條　書証ノ申出ハ証書ヲ提出シテ之ヲ爲ス

証書ガ相手方ノ手ニ存スルヿヲ主張スル場合ノ規定

第三百三十五條　舉証者其使用セントスル証書カ相手方ノ手ニ存スル旨ヲ主張スルトキハ書証ノ申出ハ相手方ニ其証書ノ提出ヲ命センコトヲ申立テ、之ヲ爲ス可シ

証書提出ノ義務

第三百三十六條　相手方ハ左ノ場合ニ於テ証書ヲ提出スル義務ア

ル場合

リ

相手方ニ提出ノ義務アル場合

第一　擧証者カ民法ノ規定ニ從ヒ訴訟外ニ於テモ証書ノ引渡又ハ其提出ヲ求ムルコトヲ得ルトキ

第二　証書カ其旨趣ニ因リ擧証者及ヒ相手方ニ共通ナルトキ

第三百三十七條　相手方ハ其手ニ存スル証書ニシテ其訴訟ニ於テ擧証ノ爲メ引用シタルモノヲ提出スル義務アリ準備書面中ニノミ引用シタルトキト雖モ亦同シ

證書提出ヲ命センコトヲ申立書ニ記スベキ事項

第三百三十八條　証書ノ提出ヲ命センコトノ申立ニハ左ノ諸件ヲ掲ク可シ

第一　証書ノ表示

第二　証書ニ依リ証ス可キ事實ノ表示

第三　証書ノ旨趣

第四　証書カ相手方ノ手ニ存スル旨ヲ主張スル理由タル事情

證據決定ヲ以テ證書ノ提出ヲ命スル場合

相手方カ證書ヲ所持セサル旨ヲ申立ツルトキ

相手方カ官廳ナルトキノ規定

第五　証書ヲ提出ス可キ義務ノ原因ノ表示

第三百三十九條　裁判所ハ証書ニ依リ証ス可キ事實ノ重要ニシテ且申立ヲ正當ナリト認ムル場合ニ於テ相手方カ証書ノ其手ニ存スルコトヲ自白スルトキ又ハ申立ニ對シ陳述セサルトキハ證據決定ヲ以テ證書ノ提出ヲ命ス

第三百四十條　相手方カ證書ヲ所持セサル旨ヲ申立ツルトキハ此申立ノ眞實ナルヤ否ヤヲ定ムル爲メ又ハ証書ノ所在ヲ穿鑿スル爲メ又ハ擧証者ノ使用ヲ妨クル目的ヲ以テ故意ニ証書ヲ隱匿シ若クハ使用ニ耐ヘサラシメタルヤ否ヤヲ穿鑿スル爲メ本章第十節ノ規定ニ從ヒテ相手方本人ヲ訊問ス可シ

相手方カ官廳ナルトキハ証書カ其官廳ノ保藏ニ係ラス又ハ其所在ヲ開示スルヲ得サル旨ノ長官ノ証明書ヲ以テ訊問ニ換フ裁判所ハ此証明書ヲ差出サシムル爲メ相當ノ期間ヲ定ム可シ

相手方ガ証書提出ノ命ニ從ハサルカ訊問ニ對シ供述セサルカ又ハ故意ニ証書ヲ隱慝シタル毀シ場合ニ其モニ科スル罰鍰

証書ガ第三者ノ手ニ存スル旨ヲ主張スル片ニ處スル規定

第三百四十一條　証書ヲ所持スルコトヲ自白シ又ハ之ヲ所持セスト申立テサル相手方カ其証書ヲ提出ス可シトノ命ニ從ハス又ハ相手方カ所持セストテ申立テタル証書ニ付キ訊問ヲ受ケテ供述ヲ爲スコトヲ拒ミタルトキ又ハ舉証者ノ使用ヲ妨クル目的ヲ以テ故意ニ証書ヲ隱匿シ若クハ使用ニ耐ヘサラシメタルコトノ明確ナルトキハ舉証者ノ差出シタル証書ノ謄本ヲ正當ナルモノト看做ス若シ謄本ヲ差出ササルトキハ裁判所ハ其意見ヲ以テ証書ノ性質及ヒ旨趣ニ付キ舉証者ノ主張ヲ正當ナリト認ムルコトヲ得

前條第二項ニ揭ケタル証明書ヲ裁判所ノ定メタル期間内ニ差出ササルトキハ相手方タル官廳ニ對シ前項ト同一ノ結果ヲ生ス

第三百四十二條　舉證者其使用セントスル證書カ第三者ノ手ニ存スル旨ヲ主張スルトキハ書證ノ申出ハ其証書ヲ取寄スル爲メ期間ヲ定メンコトヲ申立テテ之ヲ爲ス

第三者ノ証書ヲ提出スベキ義務・其義務ノ履行ノ强制方法

第三百四十二條ニ從ヒ中立ヲ為スベキ者ノ疏明スベキモノ

第三百四十三條　第三者ハ擧証者ノ相手方ニ於ケルト同一ナル理由ニ因リ証書ヲ提出スル義務アリ然レトモ强テ證書ヲ提出セシムルコトハ訴ヲ以テノミ之ヲ為スコトヲ得

（解）前條ノ塲合ニ於ケル第三者ハ矢張相手方ノ手中ニ證書ノ存在スルト同一ノ理由ニテ自已ノ所持スル證書ヲ提出スル義務アリ故ニ第三百三十六條ニ記スル二ケノ塲合ニ於テ必ズ之ヲ提出セサル可カラズ然レ𪜈若シ其證ノ書所持者タル第三者ガ之ヲ提出スルヿヲ拒絶スル𪜈ハ通常ノ訴ヲ以テノミ之ヲ為スコトヲ得ベク彼ノ相手方ノ手中ニ證書ノ存スル塲合ノ如ク第三百四十條及ビ第三百四十一條ニ依リテ決定ヲ下スヲ得ズ是第三者ハ訴訟ノ當局外ノ位置ニ在リ强テ之ヲ提出セシムルニ訴ヲ起シテ裁判ノ權力ヲ借ラサルヲ得サルニ依ルノミ

第三百四十四條　第三百四十二條ニ從ヒ中立ヲ為スニハ第三百三十八條第一號乃至第三號及ヒ第五號ノ要件ヲ履ミ且証書カ第三者ノ手ニ存スルコトヲ疏明ス可シ

裁判所カ證書提出ノ期間ヲ定ムヘキ場合

證書カ官廳又ハ公吏ノ手ニ存スル旨ヲ主張スル場合ニ處スル規定

第三百四十五條　証書ニ依リ証ス可キ事實ノ重要ニシテ且其申立カ前條ノ規定ニ適スルトキハ裁判所ハ証書提出ノ期間ヲ定ム可シ
第三者ニ對スル訴訟ノ完結シタルトキ又ハ擧證者カ訴ノ提起、訴訟ノ繼續又ハ强制執行ヲ遲延シタルトキハ相手方ハ前項ノ期間ノ滿了前ト雖モ訴訟手續ノ繼續ヲ申立ツルコトヲ得

第三百四十六條　擧證者其使用セントスル證書カ官廳又ハ公吏ノ手ニ存スル旨ヲ主張スルトキハ書證ノ申出ハ證書ノ送付ヲ官廳又ハ公吏ニ囑託セラレンコトヲ申立テヽ之ヲ爲ス
此規定ハ當事者カ法律上ノ規定ニ從ヒ裁判所ノ助力ナクシテ取寄スルコトヲ得ヘキ證書ニハ之ヲ適用セス
官廳又ハ公吏カ第三百三十六條ノ規定ニ基キ證書ヲ提出スル義務アル場合ニ於テ其送付ヲ拒ムトキハ第三百四十二條乃至第三百四十五條ノ規定ヲ適用ス

書證ノ申出ヲ却下スル場合

第三百四十七條　證據決定ヲ爲シタル後、第三百四十二條及ヒ第三百四十六條ノ規定ニ從ヒ書證ヲ申出テタル場合ニ於テ證據取寄ノ手續ノ爲ニ訴訟ノ完結ヲ遲延スルニ至ル可ク且裁判所ニ於テ原告若クハ被告カ訴訟ヲ遲延スル故意ヲ以テ又ハ甚タシキ怠慢ニ因リ書證ヲ早ク申出テサリシコトノ心證ヲ得タルトキハ申立ニ因リ其書證ノ申出ヲ却下スルコトヲ得

證書ヲ提出スレハ毀損紛失ノ恐アリ又ハ他ノ著シキ障碍アルトキニ於ケル方法

第三百四十八條　口頭辯論ノ際、證書ヲ提出スルニ於テハ其毀損若クハ紛失ノ恐アリ又ハ他ノ顯著ナル障碍アルトキハ受命判事又ハ受託判事ノ面前ニ證書ヲ提出ス可キ旨ヲ命スルコトヲ得受命判事又ハ受託判事ハ證書ノ明細書及ヒ其謄本ヲ調書ニ添附シ又證書ノ一分ノミ必要ナルトキハ第百七條第二項ノ規定ニ從ヒテ作リタル抄本ヲ之ニ添附ス可シ

公正證書ノ提出

第三百四十九條　公正證書ハ正本又ハ認證ヲ受ケタル謄本ヲ以テ

私署証書ノ提出

書證ノ提出ニ關シ當事者カ裁判所ノ命ニ從ハサル場合ニ裁判所ノ爲シ得ル處置

之ヲ提出スルコトヲ得、然レ圧裁判所ハ擧証者ニ正本ノ提出ヲ命スルコトヲ得

私署證書ハ原本ヲ以テ之ヲ提出ス可シ若シ當事者カ未タ提出セサル原本ノ眞正ニ付キ一致シ只其証書ノ効力又ハ解釋ニ付テノミ爭ヲ爲ストキハ謄本ヲ提出スルヲ以テ足ル然レトモ裁判所ハ職權ヲ以テ擧證者ニ原本ノ提出ヲ命スルコトヲ得

提出シタル謄本ニ換ヘテ正本又ハ原本ヲ提出ス可キ旨ノ命ニ從ハサルトキハ裁判所ハ心證ヲ以テ謄本ニ如何ナル證據力ヲ付ス可キヤヲ裁判ス

（解）本條ハ均シク書證ナレ圧公正證書ノ提出ト私署證書ノ提出トヲ區別セリ即チ先ツ公正證書ヲ提出スルニハ正本ニテモ謄本（但シ認證ヲ受ケタルモノニ限ル）ニテモ隨意ナレ圧裁判所ニ於テ必要ト認メタルトキハ擧證者ニ正本ノ提出ヲ命スルヿヲ得ヘシ是謄本ノミニテハ其効力及ヒ眞僞等ノ判然セサルヿアレバナリ然レ圧公正證書ノ原本ニ至テ

ハ擧證者ノ手ニ存スベキモノニアラズシテ公證シタル公吏又ハ官廳ノ手許ニ在ルモノナレハ裁判所ヨリ其公吏ニ命令ヲ下シタル塲合ハ格別然ラサレハ擧證者ニ之ヲ提出セヨト命スルヿヲ得サルナリ

反之私證書ハ其原本ヲ提出スベキヲ通常トス何トナレハ私署證書ノ原本ハ公正證書ニ異リテ擧證者ノ手ニ在ルベク又私署證書ノ謄本ハ公正證書ノ謄本ノ如ク信ヲ措クノ價値アラサルモノナレバナリ但シ當事者ヨリ未ダ提出セサル原本ノ眞僞ニ付キテ爭アルニアラズシテ只證書ノ効力又ハ解釋ニ付テノミ爭ヲ爲ストキハ別ニ原本ヲ出サシムル必要ナキヲ以テ此塲合ニ限リ例外トシテ謄本ヲ提出スレバ即チ足ルモノトス尤モ此塲合ニモ必要アレハ裁判所ノ職權ニテ擧證者ニ原本ヲ提出セヨト命スルヲ得ベシ而シテ若シ此命令ニ從ハサレハ第三項ニ依リ不利益ノ裁判ヲ受クルヿアリ

証據方法ノ抛棄ノ制限

第三百五十條　擧證者ハ證書ヲ提出シタル後ハ相手方ノ承諾ヲ得ルトキニ限リ此證據方法ヲ抛棄スルコトヲ得

公正証書及檢眞ヲ

第三百五十一條　公正證書又ハ檢眞ヲ經タル私署證書ヲ僞造若ク

僞造若クハ變造ナリト主張スル場合

ハ變造ナリト主張スル者ハ其證書ノ眞否ヲ確定センコトノ申立ヲ爲スヘシ

此場合ニ於テハ裁判所其証書ノ眞否ニ付キ中間判決ヲ以テ裁判ヲ爲ス可シ

私署証書ノ檢眞ヲ爲ス場合

第三百五十二條　私署證書ノ眞否ニ付キ爭アルトキハ裁判所ハ擧證者ノ申立ニ因リ檢眞ヲ爲スコトヲ得

私署証書ノ檢眞ヲ爲ス方法

第三百五十三條　私署證書ノ檢眞ハ總テノ證據方法及ヒ手跡若クハ印章ノ對照ニ因リテ之ヲ爲ス

証書ノ眞否ヲ證セントスル當事者ハ裁判所ノ定ムル期間内ニ手跡若クハ印章ヲ對照スル爲ニ適當ナル書類ヲ提出ス可シ

眞正ナリトノ自白又ハ證明シタル適當ノ對照書類ナキトキハ對照ノ爲メ原告若クハ被告ニ對シ裁判所ニ於テ一定ノ語辭ノ手記ヲ命スルコトヲ得、其手記シタル語辭ハ調書ノ附錄トシテ之ニ添

當事者ガ檢眞用ノ材料ヲ取ルノ裁判所ノ命令ニ從ハサル場合ニ受タル制裁

証書還付ノ場合ニ裁判所ガ履ムベキ手續

附ス可シ

裁判所ハ手跡若クハ印章ヲ對照シタル結果ニ付キ自由ナル心証ヲ以テ裁判ヲ爲シ又必用ナル場合ニ於テハ鑑定ヲ爲サシメル後之ヲ爲ス

原告若クハ被告カ裁判所ノ定メタル期間内ニ對照書類ヲ提出セサルトキ又ハ對照ス可キ語辭ヲ手記ス可キ裁判所ノ命ニ對シ十分ナル辯解ヲ爲サスシテ之ニ從ハサルトキ又ハ書樣ヲ變シテ手記シタルトキハ証書ノ眞否ニ付テノ相手方ノ主張ハ其他ノ証據ヲ要セスシテ之ヲ眞正ナリト看做スコトヲ得

第三百五十四條　提出シタル證書ハ直チニ之ヲ還付シ又適當ナル場合ニ於テハ其謄本ヲ記録ニ留メテ之ヲ還付ス可シ

然レトモ証書ノ僞造又ハ變造ナリト爭フトキハ檢事ノ意見ヲ聽キタル後ニ非サレハ之ヲ還付スルコトヲ得ズ

公正又ハ私署ノ證書ニ對シ眞實ニ反スル申立ヲ爲シタル者ノ受クベキ制裁

（解）當事者ヨリ證書ヲ提出セサレバ書證ノ申立アリタルモノト爲スヲ得ズトハ既ニ讀者ノ了知セル所ノ原則ナリ然レ𪜈法律ガ如此證書ヲ提出セヨト命シタル目的ハ裁判官ヲシテ果シテ擧證者ノ言フ所ガ實ナルヤ否ヤノ心證ヲ得セシムルニ外ナラズ去レバ一旦提出シタル證書ニ付キ擧證者ノ言ヲ認ムル以上ハ別ニ之ヲ留メ置クコトヲ要セサルガ故ニ本條第一項ヲ以テ直チニ還付スベキコトヲ命シタルナリ

然レ𪜈其證書ニ付僞造又ハ變造ナリトノ爭アル場合ハ大ニ刑法上ニ關係ヲ有シ果シテ僞造變造等ノ事實アリト認メバ檢事ハ之ヲ刑事裁判所ニ告訴スルコトアラン然ルニ之ヲ當事者ニ還付セバ忽チ其證跡ヲ湮滅スルノ危險アルガ故ニ檢事ノ意見ヲ聞キタル上ニアラサレハ之ヲ還付セサルモノト爲シ以テ後日ノ悔ナカランコトヲ期シタリ

第三百五十五條　公正證書ノ僞造若クハ變造ナルコトヲ眞實ニ反キテ主張シタル原告若クハ被告ニ悪意若クハ重過失ノ責アルトキハ五十圓以下ノ過料ヲ言渡ス

又私署證書ノ眞正ナルコトヲ眞實ニ反キテ爭フトキハ前項ト同

一ナル條件ヲ以テ二十圓以下ノ過料ヲ言渡ス

（解）相手方ノ提出シタル證書ヲ指シテ猥リニ僞造又ハ變造ナリト主張シ其證書ヲ無効ナラシメ自己ノ利益ヲ計ラントスルモノヽ如キハ誠ニ惡ムベキモノト云ハサル可ラズ若シ此者ニ向テ別ニ法律上ノ制裁ヲ設ケサル片ハ如何ナルモノモ萬一ノ僥倖ヲ期シ一タビハ必ズ他ノ一方ノ提出セシ證書ヲ指シテ僞造ナリ變造ナリト主張スルノ弊ヲ生スルニ至ルヤ必然ナリ是レ即チ證書ノ眞正ナル事實ニ反キテ爭ヲ爲シタルモノハ本條ノ過料ヲ言渡スト定メタル所以ナリ然レ圧公正證書ト私署證書ノ間ニハ其信憑力ニ輕重ノ差異アルヲ以テ過料ノ高モ自カラ多少ノ差異ヲ設ケサル可ラズ之ヲ以テ我立法者ハ公正證書ノ塲合ニハ五十圓以下ノ過料ヲ言渡シ私署證書ノ塲合ニハ二十圓以下ノ過料ヲ言渡スト過料ノ額ニ區別ヲ爲シテ規定セリ

本節ノ規定ノ他ニ準用スル塲合

第三百五十六條　本節ノ規定ハ事件ノ性質ニ於テ許ス限リハ事跡ノ紀念又ハ權利ノ證徴ノ爲メ作リタル割符、界標等ノ如キモノニモ之ヲ準用ス

檢證ノ申出

第九節　檢證

（解）日本民法證據編第十條ニ曰ク境界、地役、占有、財産ノ損害及ヒ不動産工事ノ執行ニ關スル爭ヒ其他此ニ類似ノ爭ヒニ付テハ勿論、裁判所ニ移送スルヿヲ得サル動産ノ形狀ヲ證スルニ關スル片ト雖モ判事ハ主張セラレタル事實ヲ直接ニ知ルヿヲ以テ訴訟事件ヲ明ナラシムルニ有益ナリト思考スル片ハ或ハ職權ヲ以テ或ハ當事者ノ申立ニ因リテ係爭事物又ハ爭ヲ決定ス可キ元素ノ存在スル場所ニ臨檢スルヿヲ得ト是即チ本節ニ規定スル檢證ヲ爲スベキ場合ヲ示〆明瞭ナル條文ナリトス依之見之、檢證ト稱スル證據方法ハ不動産ト動産ノ區別ナグ之ヲ裁判所ニ移送スベ可ラル片ニ當リ裁判官ガ事實發見ノ爲メニ現場ニ臨テ取調フベキ一ノ證據方法ニ〆且ツ此證據方法ヲ用フルハ單ニ裁判官ノ職權ヲ以テ爲スベキノミナラズ當事者ノ申立ニ依テモ亦之ヲ爲スヿアルナリ而〆此檢證ノ申出ヲ爲スニハ如何スベキヤ又裁判所ハ如何ニ〆之ヲ取調ブベキヤ此等ニ對スル規定ナカルヘカラサルナリ

第三百五十七條　檢證ノ申出ハ檢證物ヲ表示シ及ヒ證ス可キ事實

檢證ヲ爲スニ際シ鑑定人ノ立會ヲ命シ得ル受訴裁判所ノ權利

檢證調書及ビ圖面

ヲ開示シテ之ヲ爲ス

（解）本條ハ檢證ヲ申出ルニ必要ナル條件ヲ明示スル者ニシテ即チ第一ハ檢證スベキ物件ノ何タルヤヲ表示シ第二ニハ如何ナル事實ヲ證明スル爲メニ此證據方法ノ申立ヲ爲スヤト云フヿヲ開示スルヲ要ス蓋シ此條件ヲ具備セサル申立ハ如何ナル目的ノ爲メニ如何ナル事物ヲ檢證スベキヤ不明ナルヲ以テ到底檢證スルヲ得サレハナリ

第三百五十八條　受訴裁判所ハ檢證ヲ爲スニ際シ鑑定人ノ立會ヲ命スルコトヲ得

受訴裁判所ハ檢證及ヒ鑑定人ノ任命ヲ其部員一名ニ命シ又ハ區判所ニ囑託スルコトヲ得

（解）檢證モ畢竟、事實發見ノ證據方法ノ一ニ過キサルヲ以テ裁判官ノミニテハ判然セサル場合ニ當リ特別ナル智識ヲ有スル鑑定人ノ立會ヲ必要トスル時ハ其立會ヲ命シ得ベキハ論ナキナリ

第三百五十九條　檢證ヲ爲ス際、發見シタル事項ハ調書ニ記載シ

更正ニ關スル規則

テ之ヲ明確ナラシメ又必要ナル場合ニ於テハ調書ノ附錄トシテ添附ス可キ圖面ヲ作リ之ヲ明確ナラシム可シ

若シ既ニ記錄ニ圖面ノ存スルトキハ之ヲ檢證物ニ對照シ必要ナル場合ニ於テハ之ヲ更正ス可シ

當事者本人ノ訊問

第十節　當事者本人ノ訊問

（解）訴訟ノ局ニ當ル當事者ガ提出スルヲ得ベク又ハ提出セサル可ラサル證據方法ノ種々アルコハ讀者ノ既ニ前數節ノ規定ニ依リ明瞭ニ了解セラレタルコト信ズ而ソ當事者ガ前數節ニ規定スル證據方法ヲ裁判所ニ提出シタル片ハ之ニ依テ取調ヘタル結果ニ因リ事實ノ眞否ヲ判斷スベキハ勿論ナレ𪜈時トメハ是等多クノ證據方法ニ關スル手續ヲ履行スルモ猶事實ノ複雜ナル爲メニ裁判所ガ心證ヲ得ルニ足ラサルコアラン本節ニ定ムル當事者本人ノ訊問トハ此クノ如キ場合ニ最後ノ證據方法トソ用ユベキモノナリトス之ニ關スル詳細ノコニ就テハ左ノ各條ヲ參照シテ之ヲ知ルベシ

當事者本人ノ訊問

第三百六十條　當事者ノ提出シタル許ス可キ證據ヲ調ヘタル結果

ヲナスベキ場合

當事者本人ガ在廷スル時ノ訊問

供述ハ書類ヲ朗讀シ其他覺書ヲ用ヰルコトヲ得ズ

當事者ガ理由ナク供述ヲ拒ムル時ノ制裁

法律上代理人ガ訴訟

ニ因リ證ス可キ事實ノ眞否ニ付キ裁判所カ心證ヲ得ルニ足ラサルトキハ申立ニ因リ又ハ職權ヲ以テ原告若クハ被告ノ本人ヲ訊問スルコトヲ得

第三百六十一條　裁判所ハ原告若クバ被告ヲ訊問スルコトハ決定シ且原告若クハ被告ノ自身カ決定言渡ノ際、在廷スル時ヲ直チニ其訊問ヲ爲スヲ以テ通例トス

第三百十六二條　訊問ヲ受クル原告若クハ被告ハ供述ニ換ヘテ書類ヲ朗讀シ其他覺書ヲ用ヰルコトヲ得ス但算數ノ關係ニ限リ覺書ヲ用ヰルコトヲ得

第三百六十三條　原告若クバ被告カ十分ナル理由ナクシテ供述スルヿヲ拒ミ又ハ訊問期日ニ出頭セサル時ハ裁判所ハ其意見ヲ以テ訊問ニ因リテ擧證ス可キ相手方ノ主張ヲ正當ナリト認ムルヿヲ得

第三百六十四條　訴訟無能力者ノ法律上代理人カ訴訟ヲ爲ストキ

ヲ爲ストキ裁判所ニテ決定スベキ事項

證據保全

ハ法律上代理人若クハ訴訟無能力者ヲ訊問ス可キヤ又ハ此等ノ者ヲ共ニ訊問ス可キヤ裁判所ノ意見ヲ以テ之ヲ決定ス

法律上代理人數人アルトキハ其一人ヲ訊問ス可キヤ又ハ數人ヲ訊問ス可キヤモ亦前項ニ同シ

第十一章　證據保全

（解）裁判官ノ檢證又ハ鑑定或ハ證人ノ申述等ニ依リ證明スベキ事實ヲ若シ通常ノ方法ニテ證明スル時ハ狀況ニ因リ檢證シ若クハ鑑定スベキ物件ノ滅盡シ或ハ又證人ト爲ルベキ者ガ疾病若シクハ長途ノ旅行ニ上ボルガ爲メニ立證ノ方法ヲ喪失スルカ或ハ然ラサルモ其使用ニ甚シキ困難ヲ與フル等ノ恐アル塲合ニ其證據ヲ保存セシメンガ爲メニナス所ノ申立ニ依リ裁判所ガ爲ス證據調ヲ保存セシメンカ爲ニ爲ス處ノ證據調ベ之ヲ證據ノ保全ト云フナリ

證據調トハ通例訴訟ノ提起アリタル後ニ爲スモノナレ𪜈倘シ此通常ノ方法ヲ墨守スル片ハ人ヲシテ其證據ヲ喪失スルニ至ラシムベクメ苛酷ノ謗ヲ免カルヽ能ハサルノミナラズ

之カ爲メニハ直チニ落着スヘキ訴訟事件モ久シキニ至リテ裁判所ノ紛雜ヲ致スヿアルヘキニ依リ證據調ハ訴訟ノ提起前ト雖モ之ヲ許シテ其保全ヲ爲サシメサル可ラサルナリ

證據保全ノ申立ヲ爲シ得ル場合

第三百六十五條　證據ヲ紛失スル恐アリ又ハ之ヲ使用シ難キ恐アルトキハ證據保全ノ爲メ證人若クハ鑑定人ノ訊問又ハ檢証ヲ申立ツルコトヲ得

證據保全ノ申請ヲ爲スヘキ裁判所

第三百六十六條　訴訟ノ既ニ繋屬シタルトキハ此申請ハ受訴裁判所ニ之ヲ爲ス可シ

切迫ナル危險ノ場合ニ於テハ訊問ヲ受ク可キ者ノ現在地又ハ檢証ス可キ物ノ所在地ヲ管轄スル區裁判所ニ申請ヲ爲スコトヲ得

訴訟ノ未タ繋屬セサルトキハ前項ニ記載シタル區裁判所ニ申請ヲ爲スコトヲ要ス

右申請ヲ爲スヘキ法

右申請ハ書面又ハ口頭ヲ以テ之ヲ爲スコトヲ得

申請ニ具備スヘ

第三百六十七條　申請ニハ左ノ諸件ヲ具備スルコトヲ要ス

キ必要條件

第一　相手方ノ表示
第二　證據調ヲ爲ス可キ事實ノ表示
第三　証據方法、殊ニ証人若クハ鑑定人ノ訊問ヲ爲ス可キトキハ其表示
第四　証據ヲ紛失スル恐アリ又ハ之ヲ使用シ難キ恐アル理由此理由ハ之ヲ疏明ス可シ

申請ノ決定及ヒ之ニ對シ不服アル場合

第三百六十八條　申請ニ付テノ決定ハ口頭辯論ヲ經スシテ之ヲ爲スコトヲ得

申請ヲ許容スル決定ニハ証據調ヲ爲ス可キ事實及ヒ證據方法、殊ニ訊問ス可キ証人若クハ鑑定人ノ氏名ヲ記載ス可シ此決定ニ對シテハ不服ヲ申立ツルコトヲ得ス

相手方ノ呼出

第三百六十九條　証據調ノ期日ニハ申立人ヲ呼出シ又決定及ヒ申請ノ謄本ヲ送達シテ其權利防衛ノ爲ニ相手方ヲモ呼出ス可シ

切迫ナル危險ノ場合ニ於テハ適當ナル時間ニ相手方ヲ呼出スコトヲ得ザリシトキト雖モ証據調ヲ妨クルコト無シ

(解) 證據調ノ期日ニ申立人及ビ相手方ヲ呼出スハ其事實ヲ審査スル爲メニ必要ナルノミナラズ又其申立ニ對スル相手方ノ爲メニ權利防衛上必要ナルニ依ルナリ而シテ本條ニ謄本ヲ送達ス云々ト在ルハ相手方ヲシテ證據保全ノ申請ノ趣旨及ヒ決定ノ在リタルコヲ知ヲシメン爲メナリ然レモ元來證據保全ノ方法ハ證據ノ紛失スルカ又ハ使用シ難キニ至ヲントノ危難アル場合ニ爲スモノナレハ若シ其危險ノ切迫ナル事情アルニ拘ハラズ必ズ相手方ノ出廷ヲ要ストセハ終ニ之ガ爲メ證據ヲ失ヒ法律ガ此方法ヲ設ケシ目的ヲ貫クヲ得ズ是第二項ノ規定アル所以ナリ

証據調ヲ爲ス方法

第三百七十條 証據調ハ本章第六節、第七節及ヒ第九節ノ規定ニ從ヒテ之ヲ爲ス

証據調ノ調書

証據調ノ調書ハ証據調ヲ命シタル裁判所ニ之ヲ保存ス可シ各當事者ハ証據調ノ調書ヲ訴訟ニ於テ使用スル權利アリ

再度ノ証據調ヲ命スル場合

受訴裁判所ハ申立ニ因リ又ハ職權ヲ以テ再度ノ証據調ヲ命シ又ハ既ニ調ヘタル証據ノ補充ヲ命スルコトヲ得

相手方ノ承諾ニ依リ證據調ヲ許ストキ

第三百七十一條　証據調ハ第三百六十五條ノ條件ナキトキト雖モ相手方ノ承諾ニ因リ之ヲ許スコトヲ得

（解）余ハ第三百五十六條ノ說明ヲ爲スニ當リ證據保全ハ如何ナル場合ニモ爲スヲ得ルニアラズ必ズ（一）其證據ノ使用シ難キニ至ル恐アルカ又ハ（二）紛失スル恐アル場合ニ限ルベシト說ケリ然ルニ本條ニ於テハ此條件ナキ場合ト雖モ之ヲ許スヿヲ得ト規定シ在ルカ故ニ全ク前ノ說明ト抵觸シ矛盾スルガ如クナレ圧其實決〆然ラズ即チ第三百六十五條ハ相手方ノ承諾ナク圧單ニ一方ノ申立ノミニ依リ强テ之ヲ爲ス場合ナレバ法律モ前述ノ如ク制限ヲ設ケタルニ外ナラズ然ルニ本條ノ場合ハ之ニ反シ相手方モ其證據保全ヲ承諾シ双方ノ合意アル場合ナルヲ以テ別ニ制限ヲ設クル必要ナシ是レ本條ノ規定アル所以ニシテ決〆第三百六十五條ノ規定ト抵觸スル處ハアラサルナリ

申立人ガ相手方ヲ

第三百七十二條　申立人カ相手方ヲ指定セサル片ハ申立人自己ノ

指定セサルモ猶證據調ノ申請ヲ許ストキ

其申請ヲ許セル片

區裁判所ノ訴訟手續

過失ニ非スシテ相手方ヲ指定シ能ハサルコトヲ疏明スル場合ニ限リ其申請ヲ許ス

申請ヲ許容シタルトキハ裁判所ハ其知レサル相手方ノ權利防衛ノ爲ニ臨時代理人ヲ任スルコトヲ得

第二章　區裁判所ノ訴訟手續

（解）裁判所ニ普通裁判所ト特別裁判所トノ二種アリ其第一種ナル普通裁判所ヲ更ニ小別シテ大審院、控訴院、地方裁判所、區裁判所ノ四種ト爲ス故ニ區裁判所ハ最モ下級ノ裁判所ナリ

此區裁判所ノ管轄スル事件ハ大概ネ微細ナル事件ナリ既ニ其審理スヘキ事件微細ナリトセハ從テ他ノ控訴院及地方裁判所等ノ上級ノ裁判所ニ適用スヘキ煩難複雜ノ手續ヲ用ユルヲ得ズ然ヲサレハ無益ノ手數ト巨額ノ費用トヲ要シ啻ニ當事者ノ迷惑夥多シキノミナラズ延ヒテ公益ヲ害スルニ至ルヘシ故ニ立法者ハ此微細ナル事件ヲ審判スヘキ區裁判所ニ適用スル特別ノ手續ヲ茲ニ規定シタルナリ

通常ノ訴訟手續

此手續ニ適用セラルベキ規定

訴ハ書面又ハ口頭ニテ爲スヲ得

區裁判所ノ訴訟手續ヲ分テ二トス曰ク通常ノ訴訟手續曰ク督促手續即チ是ナリ今法典規定ノ順序ニ從ヒ先ツ通常手續ヨリ説明セン

第一節 通常ノ訴訟手續

(解) 區裁判所ノ通常訴訟手續ハ要スルニ地方裁判所ノ訴訟手續ヨリ簡畧ニシテ成ルベク手數ト時間ノ少カランコトヲ期ス是即チ區裁判所ハ前ニモ述ブルガ如ク其管轄スル事件微細ニシテ且ツ簡易ナル者ナレバ之ニ地方裁判所ノ手續ヲ適用スレハ却テ訴訟ノ遲滯ヲ來シ事件ト權衡ヲ得サル多額ノ費用ヲ要スルヲ以テ勢ヒ殊別ナル簡易ノ訴訟手續ニ從ハシメサルベカラサルニ由ル若シ夫レ詳細ノ事ハ次條以下ノ説明ニ依テ之ヲ知ルベシ

第三百七十三條　區裁判所ノ通常ノ訴訟手續ニ付テハ區裁判所ノ構成又ハ第一編及ヒ本節ノ規定ニ依リ差異ノ生セサル限リハ地方裁判所ノ訴訟手續ニ付テノ規定ヲ適用ス

第三百七十四條　訴ハ書面又ハ口頭ヲ以テ裁判所ニ之ヲ爲スコトヲ得

第三百七十五條　起訴アリタルトキハ裁判所書記ハ訴狀ヲ被告ニ送達スル手續ヲ爲ス
準備書面ノ交換ハ之ヲ爲スコトヲ要セス

（解）原告ヨリ或者ヲ被告トシ訴ヲ起シタル片ハ之ヲ被告人ニ知ラシムルノ必要アルハ地方裁判所ト區裁判所トノ間ニ敢テ區別アル筈ナシ故ニ起訴アル片ハ區裁判所書記ヨリ訴狀ヲ被告ニ送達スル手續ヲ爲スベキハ勿論ナリ然レ圧區裁判所ノ場合ハ他ノ場合ノ如ク準備書面ノ交換ヲ爲スヲ要セズ是手續ノ簡便ヲ主トスルヨリ生シタル區別トス

第三百七十六條　原告若クハ被告ハ其申立及ヒ事實上ノ主張ニシテ豫メ通知スルニ非サレハ相手方ニ於テ之ニ對シ陳述ヲ爲シ得ヘカラサルモノヲ口頭辯論ノ前、直接ニ相手方ニ通知スルコトヲ得

第三百七十七條　口頭辯論ノ期日ト訴狀送達トノ間ニ少ナクトモ三日ノ時間ヲ存スルコトヲ要ス

當事者ノ辯論期日

急迫ナル場合ニ於テハ此時間ヲ二十四時マテニ短縮スルヿヲ得
送達ヲ外國ニ於テ爲ス可キトキハ事情ニ應シテ時間ヲ定ム可シ

第三百七十八條　當事者ハ通常ノ裁判日ニ於テハ豫メ期日ノ指定ナクシテ裁判所ニ出頭シ訴訟ニ付キ辯論ヲ爲スコトヲ得
此場合ニ於テ訴ノ提起ハ口頭ノ演述ヲ以テ之ヲ爲ス

（解）區裁判所ニ訴ヲ起サントスル當事者ハ地方裁判所ノ場合ノ如ク呼出狀ヲ受ケタル期日ニアラサルモ裁判所ニ於テ休暇セサル裁判日ニ出頭シ訴訟ノ辯論ヲ爲スヲ得ベシ是モ成ルベク區裁判所ノ訴訟手續ノ簡便ヲ要スルヲ專ラトスルガ爲メナリ而シテ此場合ハ初メヨリ訴ヲ起サヾル場合ナルガ故ニ其當事者ハ口頭演述ヲ以テ直チニ訴ノ提起ヲ爲スモノト第二項ニ規定セリ

裁判所管轄違ノ抗辯ニ適用スル規定

第三百七十九條　數箇ノ妨訴ノ抗辯ヲ本案ノ辯論前同時ニ提出ス可キ規定ハ裁判所管轄違ノ抗辯ニ限リ之ヲ適用ス

被告ハ本案辯論ヲ

被告ハ妨訴ノ抗辯ニ基キ本案ノ辯論ヲ拒ム權利ナシ然レトモ裁

判所ハ職權ヲ以テ右抗辯ニ付キ分離シタル辯論ヲ命スルコトヲ得

（解）妨訴抗辯ハ種々アレ圧（第二百六條）本案ノ辯論前ニ於テ此數ケノ抗辯ヲ同時ニ提出スルヲ許サズ是レ亦地方裁判所ノ場合トハ大ニ異ナル者ニシテ其異ナル理由ハ訴訟ノ複雜ヲ防キ地方裁判所ノ裁判ノ如ク多クノ時日ヲ費サシメサル目的ニ外ナラズ然レ圧其抗辯中、裁判所管轄違ニ關スルヿハ例外トシ同時ニ提出スルヲ許ス者トス又妨訴ノ抗辯ヲ爲セル被告モ本案ノ辯論ヲ拒絶スル權ナシト云ヘル第二項ノ規定モ大ニ地方裁判所ノ手續ト異ナレリ此理由ハ地方裁判所ニ於テハ口頭辯論後ニ至リ抗辯ヲ爲スヲ得ズトノ制限アレ圧區裁判所ニ於テハ此クノ如キ制限ナク何時ニテモ抗辯ノ申立ヲ爲スヲ得ルガ爲ナリ

區裁判所ノ訴訟手續ニ適用セサル規定

第三百八十條　第二百二十二條、第二百六十六條乃至第二百七十二條ノ規定ハ區裁判ノ訴訟手續ニ之ヲ適用セス

原被ノ申立及陳述

然レトモ原告若クハ被告ノ申立及ヒ陳述ハ裁判所ノ意見ニ從ヒ

テ調書ニテ明確ニスベキ場合

訴訟關係ヲ十分ニ明確ナラシムル爲メ必要ナルモノニ限リ調書ヲ以テ之ヲ明確ナラシム可シ

（解）本條ハ地方裁判所ニ訴ヲ提起スルニハ書面ヲ以テ爲スヲ要スレ圧區裁判所ニ在テハ必スシモ書面ヲ以テ爲スヲ要セズ口頭ニテモ可ナリトノ法則ヨリ生スベキ自然ノ結果ニ外ナラサルナリ

起訴者ガ和解ノ爲メ相手方ヲ呼出ス申立

第三百八十一條　訴ヲ起サントスル者ハ和解ノ爲メ請求ノ目的物ヲ開示シテ相手方ヲ其普通裁判籍ヲ有スル區裁判所ニ呼出ス可キコトヲ申立ツルコトヲ得、其申立ハ書面又ハ口頭ヲ以テ之ヲ爲スコトヲ得

和解ノ調ヒタル時ニ處スベキ方法

當事者雙方出頭シ和解ノ調ヒタルトキハ調書ヲ以テ之ヲ明確ナラシム可シ

和解ノ調ハサル時ニ處スベキ方法

和解ノ調ハサルトキハ當事者雙方ノ申立ニ因リ其訴訟ニ付キ直チニ辯論ヲ爲ス此場合ニ於ケル訴ノ提起ハ口頭ノ演述ヲ以テ之

相手方ノ不出頭及和解不調ノ爲ニ生セシ費用

ヲ爲ス

相手方カ出頭セス又ハ和解ノ調ハサルトキハ此カ爲ニ生シタル費用ハ訴訟費用ノ一分ト看做ス

（解）訴訟ヲ爲シ裁判所ニ於テ權利義務ノ爭論ヲ爲スハ必竟終局ノ事ニシテ成ルヘク之ヲ和解スルハ當事者ノ爲メニモ公益ノ爲メニモ誠ニ希望スヘキ事ナリトス故ニ本條ヲ設ケ出來得ル丈ハ和解ノ調フヘキ方法ヲ豫メ盡サシメント欲スルガ法律ノ目的ナリ然レ𪜈當事者間ニ於テ到底和解ノ調ハサル片ハ是非共其曲直ヲ裁判セサル可ラザルガ故ニ此塲合ニ爲スヘキヿモ第三項ニ明示セリ又第四項ハ元來訴訟費用ハ敗訴者ノ負擔スヘキモノナレ𪜈後日ニ至リ訴訟費用ナルヤ否ヤノ異議生スルヿヲ慮カリ豫メ之ヲ示シ置キタルニ過キズ

第二節　督促手續

（解）督促手續トハ次條ニ明示スル如ク爭ナク簡易ナル請求ニ對シテ多額ノ費用ヲ要セサル方法ニテ終了セシメ得ル一ノ催告方法ニシテ區裁判所ノミニ適用スル特別ノ手續ナ

督促手續ノ申立ヲ爲スベキ場合

リ而シテ法律ガ如此特別ナル手續ヲ設ケタル所以ハ矢張當事者ノ利便ヲ主トシ併セテ訴訟ノ速カニ落着センヿヲ期シタルニ由ル猶詳細ノヿハ各條ノ規定ヲ見ルベシ

第三百八十二條　一定ノ金額ノ支拂其他ノ代替物若クハ有價證券ノ一定ノ數量ノ給付ヲ目的トスル請求ニ付キ債權者ハ通常ノ訴訟手續ニ依ラスシテ督促手續ニ依リ條件附ノ支拂命令ヲ債務者ニ對シ發センコトヲ申立ツルコトヲ得

申請ノ旨趣ニ依レハ申請者反對給付ヲ爲スニ非サレハ其請求ヲ主張スルコトヲ得サルトキ又ハ支拂命令ノ送達ヲ外國ニ於テ爲シ若クハ公示送達ヲ以テ爲ス可キトキハ督促手續ヲ許サス

（解）通常ノ訴訟手續ニ依ラズシテ此簡便ナル督促手續ニ依リ條件付ノ支拂命令ヲ義務者即チ債務者ニ發センヿヲ請求シ得ルハ如何ナル場合ニモ可ナルニ非ズ即チ（一）一定金額ノ支拂ヲ請求スル場合（二）米油ノ如キ代替物ヲ目的トスル場合（三）公債證書、又ハ商事手形ノ如キ有價證券ノ一定ノ給付ヲ目的トスル請求ニ限ル是第一項ノ示ス處ナリ本條

支拂命令ヲ發スベキ裁判所

支拂命令ノ申請ノ方法及ヒ此申請ニ具備スベキ條件

第二項ハ前項ニ反シ督促手續ヲ許サヽル二ノ場合ヲ示ス其第一ハ例ヘバ或物ヲ買取リタル者ガ賣主ニ買受物件ノ引渡ヲ請求スルトキニ於テ未ダ代金ヲ渡サヽル場合ノ如シ此場合ニ其買主ガ代金ヲ給付セサル内ハ買受物件引渡ノ督促ヲ爲スヲ許サヽルハ當然ノ﹅ナリ其二ノ場合ハ假令之ヲ許スモ到底其効ナキトキナリトス

第三百八十三條　支拂命令ハ區裁判所之ヲ發ス

此命令ハ區裁判所ノ第一審ノ事物ノ管轄ノ制限ナキモノト看做シ通常ノ訴訟手續ニ於ケル訴ノ提起ニ付キ普通裁判籍又ハ不動產上裁判籍ノ屬ス可キ區裁判所ノ管轄ニ專屬ス

第三百八十四條　支拂命令ヲ發スルコトノ申請ハ書面又ハ口頭ヲ以テ之ヲ爲スコトヲ得

此申請ハ左ノ諸件ヲ具備スルコトヲ要ス

第一　當事者及ヒ裁判所ノ表示

第二　請求ノ一定ノ數額、目的物及ヒ原因ノ表示若シ請求ノ

裁判所カ申請ヲ却下スル場合

請求ノ一分ノミニ付支拂命令ヲ發スルヲ得サル場合

却下ニ對スル不服ハ申立ルヲ得ズ

支拂命令ヲ發スル方式及支拂命令ニ記スヘキ

數箇ナルトキハ其各箇ノ一定ノ數額、目的物及ヒ原因ノ表示

第三　支拂命令ヲ發セントノ申立

第三百八十五條　裁判所ハ申請ヲ調査シ其申請カ前三條ノ規定ニ適當セス又ハ申請ノ旨趣ニ於テ請求ノ理由ナク又ハ現時理由ナキコトノ顯ハルルトキハ其申請ヲ却下ス

請求ノ一分ノミニ付キ支拂命令ヲ發スルコトヲ得サルトキハ亦其申請ヲ却下ス然レトモ數箇ノ請求中或ルモノニ理由ナクシテ其他ノモノニ理由アリト見ユルトキハ其理由アリト見ユルモノニ限リ申請ヲ許容ス

右却下ノ命令ニ對シテハ不服ヲ申立ツルコトヲ得ス然レトモ通常ノ訴訟手續ニ依リ訴追スルヲ妨クルコト無シ

第三百八十六條　支拂命令ハ豫メ債務者ヲ審訊セスシテ之ヲ發ス支拂命令ニハ第三百八十四條第一號及ヒ第二號ニ掲ケタル申請

事項

ノ要件ヲ記載シ且即時ノ强制執行ヲ避ケント欲セハ此命令送達ノ日ヨリ十四日ノ期間内ニ請求ヲ滿足セシメ及ヒ其手續ノ費用ニ付キ定ムル數額ヲ債權者ニ辨濟ス可ク又ハ裁判所ニ異議ヲ申立ツ可キ者ノ債務者ニ對スル命令ヲ記載ス可シ

仝上期間

前項ノ期間ハ爲替ヨリ生スル請求ニ付テハ二十四時間、其他ノ請求ニ付テハ申立ニ因リ三日マテニ之ヲ短縮スルコトヲ得

權利拘束ノ始マル時期

第三百八十七條　權利拘束ノ效力ハ支拂命令ヲ債務者ニ送達スルヲ以テ始マル

支拂命令ノ送達ハ之ヲ債權者ニ通知ス可シ

（解）支拂命令モ亦一ノ訴訟手續タル以上ハ權利拘束ノ效力ヲ生スヘキハ勿論ナリ何トナレハ若シ此效力ヲ生セサル者トセハ債務者ハ後日ニ眞ノ訴訟ノ起ルヿヲ豫知シ種々ノ奸策ヲ行ヒテ自巳ノ責任ヲ免レントスルガ如キ弊ヲ生スヘキヲ以テナリ然レ𪜈此效力ノ生スルハ其命令ヲ債務者ニ送達シタル以後ニシテ其以前ニハ此效力ヲ生セサルナリ他又裁

支拂命令ニ對スル異議ノ申立

異議ノ結果

判所ニ於テ支拂命令ヲ爲シタル以上ハ其旨ヲ債權者ニ通知セサル可ラズ是債權者ヲシテ何レノ時ヨリ權利ヲ拘束セラルヽヤヲ知ラシムルノ必要アルニ由ルナリ

第三百八十八條　債務者ハ支拂命令ニ對シ書面又ハ口頭ヲ以テ異議ノ申立ヲ爲スコトヲ得

第三百八十九條　債務者カ請求ノ全部又ハ一分ニ對シ適當ナル時間ニ異議ヲ申立ツルトキハ支拂命令ノ效力ヲ失フ然レトモ權利拘束ノ效力ヲ存續ス

數箇ノ請求中或ルモノニ對シ異議ヲ申立テタルトキハ支拂命令ハ其他ノ請求及ヒ之ニ相當スル費用ノ部分ニ付キ効力ヲ有ス

（解）債務者ガ支拂命令ニ對シ不服ナル𪜀ハ第三百八十六條ニ記スル十四日ノ期間内ハ異議ヲ申立ルヿヲ得ルモノナルガ此期間内ニ適法ノ異議ヲ申立テタル𪜀ハ到底債務者ニ自已ノ義務ヲ認メサルモノニシテ本訴ヲ起スニアラサレハ圓滑ニ事件ノ終局ヲ告クベカラサル場合ナリ故ニ此場合ハ權利拘束ノ效力ハ存續スレ𪜈支拂命令ノ效力ハ消滅ス然レ𪜈

異議ノ申立アル片ハ支拂命令ノ送達ハ區裁判所ニ起訴セシモノト見ナス規定

異議ノ申立アリシヿヲ債權者ニ通知スベキ場合及通知ノ効力

督促手續ノ費用

數箇ノ請求中或一二ノ請求ノミニ異議ノ申立ヲ爲ス片ハ其他ノ請求ニ對スル命令ニハ承服シタルモノナレバ其異議ナキ部分ニ付テハ素ヨリ支拂命令ノ效力ヲ有スルヿ勿論ナリ

(第二項)

第三百九十條　適當ナル時間ニ異議ヲ申立テタル場合ニ於テ請求ニ付キ起ス可キ訴カ區裁判所ノ管轄ニ屬スルトキハ其訴ハ支拂命令ノ送達ト同時ニ區裁判所ニ之ヲ起シタルモノト看做ス其口頭辯論ノ期日ハ第三百七十七條ノ規定ニ從ヒ之ヲ定ム

第三百九十一條　請求ニ付キ起ス可キ訴カ地方裁判所ノ管轄ニ屬スル場合ニ於テハ適當ナル時間ニ異議ノ申立アリタルコトヲ債權者ニ通知ス可シ

債權者其通知書ノ送達アリタル日ヨリ起算シ一ケ月ノ期間内ニ管轄裁判所ニ訴ヲ起サヽルトキハ權利拘束ノ效力ヲ失フ

第三百九十二條　督促手續ノ費用ハ適當ナル時間ニ異議ノ申立ア

支拂命令ノ假執行

リタル場合ニ於テハ起ス可キ訴訟ノ費用ノ一分ト看做ス
前條ノ場合ニ於テ期間内ニ訴ヲ起サヽルトキハ手續ノ費用ハ債權者ノ負擔ニ歸ス

第三百九十三條　支拂命令ハ其命令中ニ揭ケタル期間ノ經過後債權者ノ申請ニ因リ之ヲ假ニ執行シ得ヘキコトヲ宣言ス但假執行ノ宣言前債務者異議ヲ申立テサルトキニ限ル
右假執行ノ宣言ハ支拂命令ニ付ス可キ執行命令ヲ以テ之ヲ爲ス其執行命令ニハ債權者ニ於テ計算スル手續ノ費用ヲ揭ク可シ
債權者ノ申請ヲ却下スル決定ニ對シテハ即時抗告ヲ爲スコトヲ得

（解）支拂命令ニ揭グル期間ハ場合ニ依リ一定セサレ圧（即送達ノ日ヨリ廿四日ノ場合アリ又ハ三日若クハ廿四時間ノ場合アリ）何レニスルモ債務者ガ其命令書ニ不服ナル片ハ此期間内ニ異議ノ申立ヲ爲スベク若シ申立アラサレハ債權者ノ請求ニ依リ假ニ其命令

執行命令ハ假執行ノ宣言ヲ附セシ欠席判決ト全一ナルコ及此命令ニ對スル故障

書ノ通リ執行スヘキ旨ヲ債務者ニ宣言スルナリ然レ圧之ハ事件ノ速ニ終局セン爲メニ爲ス假執行ノ宣言ナルガ故ニ素ヨリ確定ノ宣言トハ異ナルナリ而ノ本條第二項ハ此宣言ハ何ニ依ンナスヘキヤヲ示シ第三項ハ債權者ヨリ假執行宣言ノ申請ヲ爲シタルニ裁判所ニ於テ之ヲ却下セシ場合ニ之ニ對シ即時抗告ヲ爲シ得ルコヲ定メタルナリ(第四百六十六條參照) 此場合ハ債權者ガ未ダ支拂命令ニ記スル期間前ニ申請スルカ又ハ申請後ニ異議ノ申立ヲ爲セル片等ニ起セルモノナリ

第三百九十四條　執行ハ命令假執行ノ宣言ヲ付シタル闕席判決ト同一ナリトス其執行命令ニ對シテハ第二百五十五條乃至第二百六十四條ノ規定ニ從ヒテ故障ヲ申立ツルコヲ得、請求カ區裁判所ノ管轄ニ屬セサルトキハ區裁判所ハ其故障ヲ法律上ノ方式及ヒ期間ニ於テ申立テタルヤノ點ノミニ付キ辯論及ヒ裁判ヲ爲ス此場合ニ於テハ第三百九十一條第二項ニ定メタル期間ハ故障ヲ許ス判決ノ確定ヲ以テ始マル

期日ニ後レテ申立テタル異議ノ却下

（解）本條ハ執行命令ノ効力ヲ欠席判決ト仝一ニ見做シタル條ニメ既ニ如此規定スル以上ハ此命令ニ對シ第二百五十五條乃至第二百六十四條ノ規定ニ從ヒ故障申立ヲ爲シ得ルハ當然ノ結果ナリ余ハ今其故障原因ヲ一々列記セサレ𪜈讀者ニメ右ノ各條ヲ參考セバ自ラ明瞭ナルベシ扨其請求ガ區裁判所ニ屬スル事件ナレバ以上ニ依リ該區裁判所ニ對シ故障ノ申立ヲ爲スヲ得ベキモ若シ區裁判所ノ管轄ニ屬セサル𣳾ハ其故障ニ付管轄外ノ事迄全然裁判スルヲ得ズ故ニ本條ノ後段ハ更ニ此場合ニ通用スル法則ヲ規定シタルナリ

第三百九十五條　時期ニ後レテ申立テタル異議ハ命令ヲ以テ之ヲ却下ス

此却下ノ命令ニ對シテハ不服ヲ申立ツルコトヲ得ス

（解）裁判所ノ命令ニ對シ不服アル𣳾異議ノ申立ヲ爲シ得ベキ場合アルコハ前數條ニ屬散見スル所ニメ讀者ノ既ニ知ラルヽ如シ然ルニ如何ナル場合ニテモ其異議ノ申立ヲ爲スニハ法律上期限ヲ一定セラレ在ルガ故ニ當事者ハ必ズ其期限ヲ空シク經過セサル樣ニ十分注意セサル可ラズ何トナレハ法定ノ期限ヲ過クル迄打棄テ置ク𣳾ハ自已ノ不注意トメ

法律ノ制裁ヲ受クルヲ免レサレハナリ（即チ本條ニ依リ其申立ヲ却下セラルヽヲ云フ）而メ此却下ニ對シ不服ノ申立ヲ爲スヲ得サルハ第三百八十五條ノ事項ト同一ノ理由ニ過キザレバ茲ニ之ヲ贅セズ

第三編　上訴

上訴ノ種類

（解）上訴トハ未タ確定セサル裁判ニ對シ原裁判所ヨリ上級ナル裁判所ニ向テ判決ヲ改正セシムルノ目的ヲ以テ不服ノ申立ヲ爲ス訴訟手續ナリ故ニ原狀回復ノ申立及故障等トハ自ラ之ヲ區別セサルヲ得ス而シテ上訴ハ之ヲ分類シテ左ノ三種ト爲ス

其一、控訴

一、控訴　控訴トハ事實ノ覆審ヲ主トスル者ニシテ下級裁判所ノ爲シタル判決ニ服セス更ニ其事件ノ反覆審理ヲ上級裁判所ニ求ムルモノナリ故ニ前ノ裁判ニ對シテハ之ヲ第二審ト云フ即チ第一審裁判所ノ爲セルノ判決ニ對シテ地方裁判所若クハ控訴院ニ起ス訴ナリ

其二、上告

二、上告　上告トハ國内法律ノ背反ヲ更正スルヲ主トスルモノニシテ公衆ノ利益ノ爲メ

ニ裁判所ノ判決中、法律違反ノ點アル片ニ上級ノ裁判所ニ向テ不服ヲ申立ツルノ訴ナリ此裁判ハ之ヲ第二審ニ對シテ終審ト云ヒ之ヲ爲スノ裁判所ヲ控訴院及ヒ大審院トス（裁判所構成法第十九條、第二十六條、第三十四條、第三十七條、第三十八條、第五十條　第一號參照）

其二、抗告

三、抗告　抗告トハ他ノ上訴ト異ナリ訴訟ノ手續ニ於テ多ク重要ナラサル決定及ヒ命令ニ對スル不服ノ申立ニシテ概シテ隨伴付從ノ性質ヲ有スト雖圧其上級裁判所ニ向テ訴ヲ爲スノ點ハ則チ一ナリ而シテ之ヲ他ニ比照スル片ハ甚タ單一微細ノモノニシテ從テ之レカ不服申立及ヒ其結了方法ハ又單純ナル方式ヲ以テ之ヲ規定セリ彼ノ口頭審理ヲ要セス又ハ原被告ハ第三者間ノ爭論ニ關シ又ハ事件ノ裁判ニ關セスシテ爲シタル總テノ裁判ノ如キハ是ナリトス而シテ內國法律社會ニ此語ノ公然顯出シタルハ明治十九年司法省令甲第三號登記法及ヒ公證人規則ニ付キ其手續ヲ定メラレタルヲ以テ嚆矢トス

控訴

第一章　控訴

扣訴シ得ベキ判決 其一

其二

闕席判決ノ扣訴ノ方法ニヨリ不服ノ申立ヲ爲

（解）控訴ヲ裁判スル所ノ裁判所ハ裁判所構成法第廿六條ニ於テ地方裁判所ハ第二審トシテ區裁判所ノ判決ニ對スル控訴ニ付キ裁判權ヲ有シ同法第三十七條ニ於テ控訴院ハ地方裁判所ノ第一審判決ニ對スル控訴ニ付キ裁判權ヲ有スル者ト規定セルヲ以テ控訴ヲ裁判ヲ管轄スル所ノ裁判所ハ二箇アリト云フヲ得可シ而シテ本章ノ規定スル處ハ控訴トシテ受理スヘキ此二箇ノ裁判所ノ何レニモ適用セラルベキモノナリ

第三百九十六條　控訴ハ區裁判所又ハ地方裁判所ノ第一審ニ於テ爲シタル終局判決ニ對シテ之ヲ爲ス

第三百九十七條　終局判決前ニ爲シタル裁判ハ又控訴裁判所ノ判斷ヲ受ク但此法律ニ於テ不服ヲ申立ツルコトヲ得スト明記シタルトキ又ハ抗告ヲ以テ不服ヲ申立ツルヲ得ルトキハ此限ニアラス

第三百九十八條　闕席判決ニ對シテハ期日ヲ懈怠シタル者ヨリ控訴ヲ以テ不服ヲ申立ツルコトヲ得ス但故障ヲ許サヽル闕席判決

シ得ルモノ及得サルモノ

ニ對シテハ懈怠ナカリシコトヲ理由トスルトキニ限リ控訴ヲ以テ不服ヲ申立ツルコトヲ得

（解）本條ハ欠席判決ニ對シテハ控訴ヲ以テ不服ヲ申立ツルコトヲ得サルベキ旨ヲ規定セシモノニシテ其理由トスル所ハ欠席判決ニ對シテハ己ニ第二百五十五條第二百五十六條ニ據テ故障ヲ申立ツルヲ得ルヲ以テ別ニ控訴ヲ爲スノ必要ナキニ由ルナリ然レ𪜈故障ヲ許サヽル欠席判決、即チ第二百六十三條第一項及ヒ第二項ニ依テ新欠席判決ヲ以テ故障ヲ棄却セラルレハ再ヒ故障ノ申立ヲ爲スヿヲ得サルニヨリ若シ其欠席判決ヲ受ケタルモノニシテ自己ノ懈怠若クハ不注意ニヨリテ然リシモノナルトキハ之ヲ舍イテ顧ミズシテ可ナルモ若シ夫レ自巳ノ不注意若クハ懈怠等ニヨルニ非スシテ新欠席判決ヲ受ケタル場合ニ救濟セラルル道ナシトセンカ其申渡ヲ受ケタル者ノ不幸幾許ゾヤ故ニ此種ノ闕席判決ハ若シ本人ニ不注意若クハ懈怠ノナカリシヿヲ理由トスルトキノミ控訴シ得ルヿト規定セルモノナリ此新欠席判決ニ對スル救濟ノ道ハ控訴ヲ除クノ外ニハ存スルコトアラサルナリ

控訴ノ取下

其効果

第三百九十九條　控訴ハ口頭辯論ノ前ニ於テハ被控訴人ノ承諾ナクシテ之ヲ取下クルコトヲ得

控訴ノ取下ハ上訴權ヲ喪失スル結果ヲ生ス

（解）一旦、控訴ノ提起ヲ爲セル以上ハ自由ニ之ヲ取下クルコトヲ得サルカ如ク思考スル者アルヘキモ民事ハ刑事トハ其性質ヲ異ニスルモノナルカ故ニ若シ民事訴訟ニシテ提起シアルモ對手人ニ向テ名譽若クハ財産等ノ損害ヲ與ヘサルニ於テハ之レカ訴訟ヲ取下クルハ却テ相互ノ利益トナルヘク又裁判所ニ於テモ手數ノ煩累ナカルヘシ又若シ訴訟人ニ於テ對手人ノ承諾ヲ得サレハ之レヲ取下クルコトヲ得ルサモノトスルトキハ控訴人ニ於テハ自己ノ提起シタル訴訟ヲ取下クルコトヲ欲スルモ對手人ノ承諾ヲ得ントスルハ人情忍ヒサル處ナルニヨリ强テ其訴訟ヲ遂ケントスル者アルヘク、亘シ又對手人ニ對シ承諾ヲ得ントスルモノアルモ對手人ニ於テ固執其承諾ヲ與ヘサルカ如キ弊ナシトセズ故ニ本條ニ於テ口頭辯論前ナレハ被控訴人ノ承諾ナキモ之レヲ取下クルヲ得ヘシト規定セル所以ナリ已ニ控訴人ニ於テ其ノ控訴ヲ取下クル以上ハ再ヒ之レヲ上訴スルコトヲ得サル

控訴期間其性質其始期判決送達前ニ爲セル控訴ノ無効控訴期間始期ノ變態

控訴ノ提起

ハ明カナルコトナリトス何トナレハ自巳カ其ノ權利ヲ拋棄シタルモノナレハナリ（第二項）

第四百條　控訴期間ハ一ケ月トス此期間ハ不變期間ニシテ判決ノ送達ヲ以テ始マル

判決ノ送達前ニ提起シタル控訴ハ無効トス

第二百四十二條ノ規定ニ從ヒ控訴期間内ニ追加裁判ヲ以テ判決ヲ補充シタルトキハ控訴期間ノ進行ハ最初ノ判決ニ對スル控訴ニ付テモ追加裁判ノ送達ヲ以テ始マル

（解）控訴ノ期間ハ判決ノ送達ニヨリテ始マル故ニ判決ニ不服ナルモノハ此時ヨリ控訴ヲ爲スヲ得ベキモ此以前ニ爲セル控訴ハ無効タラサルベカラズ

追加裁判ヲ以テ判決ノ補充ト爲セル時ニ控訴期間ノ進行ヲ初メノ判決ニ付テモ追加裁判ノ送達ヲ以テ始メシムルハ畢竟便利ヲ欲セルノ一ノ例外タルニ過キザルナリ

第四百一條　控訴ノ提起ハ控訴狀ヲ控訴裁判所ニ差出シテ之ヲ爲

控訴狀ニ記載スベキ事項

ス

此控訴狀ニハ左ノ諸件ヲ具備スルコトヲ要ス

第一　控訴セラルヽ判決ノ表示

第二　此判決ニ對シ判決ヲ爲ス旨ノ陳述

此他控訴狀ハ準備書面ニ關スル一般ノ規定ニ從ヒテ之ヲ作リ且判決ニ對シ如何ナル程度ニ於テ不服ナルヤ及ヒ判決ニ付キ如何ナル變更ヲ爲ス可キヤノ申立ヲ掲ケ若シ新ニ主張セントスル事實及ヒ證據方法アルトキハ其新ナル事實及ヒ證據方法ヲモ掲ク可シ

（解）扣訴ハ控訴狀ヲ控訴院ニ提起セル時ヨリ始マルモノナリ一ケ月ノ期間内ニ扣訴狀ヲ該裁判所ニ提起スレハ前判決ノ確定ヲ防止スル効力ヲ生ス獨乙法ニテハ一ケ月ノ期限内ニ相手人ニ控訴狀ヲ送達スルヲ要スルニ付キ只タ訴狀ヲ提起スルノミニテハ其ノ効力ヲ有セザルモノナルモ本邦ハ唯タ控訴裁判所ニ訴狀ノ提起ヲ爲スノミニシテ其

裁判長ノ命令ヲ以

ノ効力ヲ生ス

控訴狀ニハ如何ナル事柄ヲ記載スル者ナルヤニ付キテハ第二項ニ列記セリ控訴狀ハ一般ノ訴狀ニ倣ヒ準備書面、即チ第百五條ノ規定ニ從ハサル可ラス是レモ控訴ハ口頭辯論ヲ爲ス者ナレハ第一審ノ訴訟ニ同シク書面ヲ以テ準備セザル可ラザルニ由ル然レ圧此規定ハ一般準備書面ト少シク其趣ヲ異ニスル者アリ即チ一ハ如何ナル程度ニ於テ不服ナルヤヲ載セ二ニハ如何ナル變更ヲ爲サントスルヤヲ記シ、三ニハ新ニ主張セントスル事實及ヒ證據方法アル片ハ其事實及ヒ證據方法ヲ示サヾル可ラザルヿ即チ是ナリトス此一ハ控訴人カ第一審ノ判決ニ對〆有スル不服ナル點ヲ指示スルモノニシテ二ハ則チ自已ノ請求ヲ貫キテ不服ナル判決ヲ覆サントスルノ主意ヲ云ヒ表ハシ三ハ新ナル證據方法若クハ新ニ主張アリタルトキニ限リ之レヲ記載スルモノトス尤モ之レヲ掲ケサルモ後ニ至リ主張スルコトヲ得ザルニ非ス即チ至當ノ時期內ニ差出ス所ノ控訴狀ノ追加ヲ以テ之レヲ申立ツルヲ得ルナリ

第四百二條　判然許ス可ラサル控訴又ハ判然、法律上ノ法則ニ適

セス若クハ其期間ノ經過後ニ起シタル控訴ハ裁判長ノ命令ヲ以テ之ヲ却下ス

テ却下シ得ル控訴

此却下ノ命令ニ對シテハ即時抗告ヲ爲スコトヲ得

控訴狀ノ送達ト口頭辯論ノ期日トノ間ニ存スヘキ時間

第四百三條　控訴狀ノ送達ト口頭辯論ノ期日トノ間ニ存スルコトヲ要スル時間ニ付テハ第百九十四條ノ規定ヲ適用シ答辯書ヲ差出ス可キ期間ノ催告ニ付テハ第百九十九條ノ規定ヲ適用ス

前項ノ場合ニ於テモ亦第二百三條ノ規定ヲ適用スルコトヲ得

答辯書ヲ作ルニ付テ依ルベキ方式

第四百四條　答辯書ハ準備書面ニ關スル一般ノ規定ニ從ヒテ之ヲ作リ且ツ被控訴人ノ一定ノ申立及ヒ其主張セントスル新ナル事實及ヒ證據方法ヲ掲ク可シ

被控訴人ノ有スル

第四百五條　被控訴人ハ自己ノ控訴ヲ抛棄シタルトキ又ハ控訴期

附帶扣訴ヲ爲シ得ル權利闕席判決ニ對シ附對扣訴ノ法方ニテ爲ス不服ノ申立

問ノ經過シタルトキト雖トモ附帶控訴ヲ爲スコトヲ得
闕席判決ニ對シ附帶控訴ヲ以テ不服ヲ申立ツルコトニ付テハ第三百九十八條ノ規定ニ從フ

（解）被扣訴人ハ或ヒハ扣訴ヲ爲ス權利ノ拋棄ニヨリ或ヒハ又扣訴ヲ爲スベキ期限ノ滿了ニヨリ扣訴ヲ爲シ得ザルニ至レル時ト雖圧其對手ニシテ扣訴ヲ爲シテ權利ヲ失ハズ之ヲ使用シ以テ扣訴ヲ爲セルニ於テハ之ニ對手タラサルベカラザルニヨリ此者ニ附帶扣訴ヲ爲スヿヲ禁スルノ必要、即チ之ヲ爲スヲ禁ジテ毫モ利益アルヿナシ利益ナクシテ人ノ能力ヲ制限スルハ寧ロ之ヲ伸暢スルノ勝レルニ如カズ故ニ附帶扣訴ノ方法ニヨル圧ハ拋棄若クハ期間ノ滿了ニヨリ扣訴ヲ爲スノ權利ヲ失ヒタル時ト雖圧之ヲ爲スヲ許スヲ可トス然レ圧闕席判決ニ對シ附帶扣訴ヲ以テ不服ヲ申立ツルヿニ付テハ第三百九十八條ノ規定ニ依ラザルヲ得ルノ理由アルヿナケレバ之レニ就テハ本條ハ別ニ規定ヲ設ケザルナリ

附帶扣訴ノ効ヲ失フ場合

第四百六條　左ノ場合ニ於テハ附帶控訴ハ其効力ヲ失フ
第一　扣訴ヲ不適法トシテ判決ヲ以テ棄却シタルトキ

答辯書ニ掲クル𪜈ハ對手人ニ送達スヘキ事項

第二　扣訴ヲ取下ケタルトキ

然レトモ被扣訴人ガ控訴期間内ニ附帶控訴ヲ爲シタルトキハ之ヲ獨立ノ扣訴ト看做ス

（解）控訴權ノ抛棄ヲ爲シ又ハ控訴期間ヲ徒過シテ控訴ヲ爲スヿ能ハサル者ニ法律ガ附帶控訴ノ方法ニヨル𪜈ハ不服ノ申立ヲ爲スヿヲ許セル者ハ余カ前條ノ說明ニ於テ述ベシガ如キ者ナルガ故ニ其附帶セル所ノ控訴ニシテ存在セサルニ至ル𪜈ハ隨テ其成立ヲ失ハザルベカラザルハ論ヲ須タズ然レ𪜈被控訴人ノ控訴期間内ニ爲セル附帶ノ訴ハ縱令ヒ附帶シテ爲スト雖トモ其有スル權利ヲ實行シテ第一審裁判ノ不當ヲ攻擊セルモノナレバ控訴ノ消滅ニヨリテ其消滅ヲ誘起セシムベカラザルナリ故ニ此種ノ附帶控訴ノミハ控訴消滅ノ後ト雖トモ其生存ヲ保タサルベカラズ

第四百七條　答辯書ニ新ナル事實若クハ證據方法ヲ揭ケ又ハ附帶扣訴ヲ爲ス旨ノ陳述ヲ揭ケタルトキハ之ヲ扣訴人ニ送達ス可シ

（解）是レ此等ハ控訴ノ審廷ニ始テ現ハルヽモノナルガ故ニ之ヲ送達スルニアラザレハ

其對手ハ之ヲ知ルニ由ナケレハナリ

扣訴ノ訴訟手續ニ適施セラルベキ規定

第四百八條　右ノ外、扣訴ノ訴訟手續ニハ地方裁判所ノ第一審ノ訴訟手續ノ規定ヲ準用ス但本章ノ規定ニ依リ差異ノ生スルモノハ此限ニアラス

當事者ノ双方ヨリ扣訴ヲ起セル時ノ規定

第四百九條　當事者ノ雙方ヨリ控訴ヲ起シタルトキハ其兩控訴ニ付キ辯論及ヒ裁判ヲ同時ニ爲スヲ以テ通例トス

（解）是レ雙方ノ者ニ取リテモ利益ニシテ而シテ裁判所ノ爲メニモ亦便宜ナルニ由ルナリ

口頭辯論ノ期日ノ延長

第四百十條　口頭辯論ハ其期日ニ於テ被控訴人ノ控訴期間ノ未タ經過セサルトキハ其申立ニ因リ期間ノ滿了マテ之ヲ延期ス

闕席判決ヲ受ケタル原告若クハ被告ヨリ其判決ニ對シ故障ヲ申立テ相手方ヨリ控訴ヲ起シタルトキハ控訴ニ付テノ辯論及ヒ裁判ハ故障ノ完結マテ職權ヲ以テ之ヲ延期ス

（訴）被扣訴人ノ扣訴期間ノ未タ經過セサル內ハ被扣訴人ハ扣訴チ爲シ得ル權利チ失ハズ故ニ之チ爲スチ得ベシ而シテ倘シ此權利チ行フテ以テ扣訴チ爲セルトキハ之チ同時ニ審判スルハ大ニ便ナリ故ニ口頭辯論ハ其期日ニ於テ被扣訴人ノ未ダ扣訴期間チ經過セサル時ハ其申立ニヨリ期間ノ滿了スル迄延期セシムルチ可トス（第一項）

其第二項ニ於テ欠席判決ニ對シ原告若クハ被告ノ一方ヨリハ故障チ申立テ他ノ一方ヨリハ控訴ノ提起チ爲セル場合ハ裁判官ノ職權チ以テ一方ヨリ起セシ扣訴チ故障ノ申立ノ完結スルマテ延期スベキモノト爲セルハ故障ノ申立ノ完結セザルニ於テハ第一審ノ事件未タ落着セザルカ故ニ之レニ對シテ扣訴チ爲スヿチ許スベカラザルニ由ルナリ

第四百十一條　控訴裁判所ニ於ケル訴訟ハ不服ノ申立ニ因リ定マリタル範圍內ニ於テ更ニ之チ辯論ス

（解）本條ハ控訴辯論ノ範圍チ確定セシモノナリ元來控訴ハ第一審ノ判決ニ對シ不服ナルニヨリテノ申立テナレハ其不服ナル点即チ爭点ナリ此以外ニ及ホシ辯論スルヿハ之チ許スベカラズ

控訴ノ審廷ニ於ケル第一審訴訟ノ說明

第四百十二條　當事者ハ其控訴ノ申立及ヒ不服ヲ申立テラレタル裁判ノ當否ヲ明瞭ナラシムル爲メ必要ナル限リハ口頭辯論ノ際第一審ニ於ケル辯論ノ結果ヲ演述ス可シ
演述ノ不正確又ハ不完全ナル場合ニ於テハ裁判長ハ其更正若クハ補完ヲ爲サシメ又必要ナル場合ニ於テハ辯論ヲ再開シテ之ヲ爲サシム可シ

訴ノ變更ハ之ヲ許サズ

第四百十三條　訴ノ變更ハ相手方ノ承諾アルトキト雖トモ之ヲ許サズ

（解）控訴ハ第一審ノ判決ノ不服ナル点ニ對シ審理スヘキモノナリ故ニ若シ訴ノ變更ヲ許スカ如キコトアラハ其變更ニ付キテハ第一審ヲ爲スカ如キ觀ヲ呈スルニ至ラン是レナ本條ニ於テ訴ノ變更ヲ許サヽル所以トス

妨訴ノ抗辯ヲ爲スコトヲ許ス場合

第四百十四條　妨訴ノ抗辯ハ職權ヲ以テ調査ス可ラサルモノニシテ且原告若クハ被告カ其過失ニ非スシテ第一審ニ於テ提出シ能

妨訴ノ抗辯ハ本案ノ辯論ヲ拒ムノ効ヲ生セシメズ

ハサリシコトヲ疏明スルトキニ限リ之ヲ主張スルコトヲ得

本案ノ辯論ハ妨訴ノ抗辯ニ基キ之ヲ拒ムコトヲ得ス然レトモ裁判所ハ職權ヲ以テ妨訴ノ抗辯ニ付キ分離シタル辯論ヲ命スルコトヲ得

(解) 裁判所ガ職權ヲ以テ調査シ得ベキ性質ノ妨訴抗辯ナル片ハ第一審裁判所ハ之ヲ調査スベキガ故ニ第一審裁判所ニ於テ調査ノ末之ヲ不當ナリトシ斥ゾケタル者ハ控訴ノ審廷ニ於テ復ビ之ヲ主張スルヿヲ得セシムベカラズ

又妨訴ノ抗辯ハ本案ノ辯論ニ入ルノ前ニ之ヲ主張セザレバ之ヲ主張スルノ權利ヲ失フモノナルガ故ニ過失ニ非ラズシテ第一審ニ提出シ能ハザリシヿヲ疏明セルニアラザレバ之ヲ主張スルヿヲ許スヘカラザルナリ

第一審ニ於テハ妨訴ノ抗辯ガ本案ノ辯論ヲ拒ミ得ルモノナルヿハ讀者ノ知ルナリ然ルニ控訴ノ審廷ニ於テハ妨訴ノ抗辯ニ基キテ本案ノ辯論ヲ拒ムヿヲ得ザルハ何ゾヤ他ナシ唯ヲ訴訟ノ決落ノ之レガ爲メニ遲延セラレンヿヲ防止スルモノナリ

然レモ妨訴ノ抗辯ハ訴訟ヲ爲スベキ權利ノアラザルヿヲ以テ其基礎ト爲スモノナルガ故ニ先ツ之ヲ審理シ判決セル上ニアラザレバ即チ本案ノ辯論ニ入ル能ハザルヲ順序トス然ルニ本條第二項ノ規定ハ妨訴ノ抗辯ニ基キ本案ノ辯論ヲ拒ムヿヲ得ザルヲ明言セリ余ハ其ノ何ノ故ニ然ルヤヲ知ルヿ能ハザルナリ

當事者ガ控訴ノ審廷ニ提出シ得ル攻擊防禦ノ方法

第四百十五條　當事者ハ第一審ニ於テ主張セサリシ攻擊防禦ノ方法、殊ニ新ナル事實及ヒ證據方法ヲ提出スルコトヲ得

（解）控訴ハ第一審裁判所ニ於テ裁判セラレタル事件ノ覆審ヲ爲ス所タリ即チ平易ニ之ヲ言ヘバ第一審裁判所ガ一旦、審理シ判決セル所ノ事件ヲ更ニ之ヲ仕直スモノナリ故ニ當事者ハ其訴訟事件ニ關スル攻擊防禦ノ方法ハ新舊ノ別ナク控訴ノ審廷ニ於テ之ヲ提出スルヲシ得ザルヘカラザルナリ

控訴ニ於テ新ナル請求ヲ爲シ得ル場合

第四百十六條　新ナル請求ハ第百九十六條第二號及ヒ第三號ノ場合又ハ相殺スルコトヲ得ヘキモノニシテ且原告若クハ被告カ其過失ニ非スシテ第一審ニ於テ提出シ能ハサリシコトヲ疏明スル

トキニ限リ之ヲ起スコトヲ得

（解）扣訴ハ第一審裁判所ノ為シタル裁判ヲ覆審スルノ所タリ故ニ第一審裁判ニ為サザリシ新タナル請求ヲ此處ニ提出スルヲ許スベキニ非ズト云ヘドモ先キニ求メタル物件ガ滅盡セル時ニ其ノ訴ヲ變シテ損害ノ賠償ヲ求ムルカ如キ（第百九十六條第三號）其事件ハ既デニ一審ヲ經タルモノナルガ上ニ原告若クハ被告ニ避クベカラサル事實アリ之ヲ更ラニ第一審裁判所ニ起訴セシムルガ如キハ之ヲ求ムル原告若クハ被告ニ迷惑ヲ感セシメ國家モ亦無益ノ手數ヲ為スヲ免レサレハ此種ノ訴ハ之ヲ第二審裁判所ニ於テモ之ヲ為スヿヲ得セシメサルベカラズ而シテ又相殺スルヿヲ得ベキ事件ニ付テ（如何ナル性質ノ請求ハ之ヲ相殺スルヲ得ベキカハ民法ノ定ムベキ所タリ）原告若シクハ被告ガ第一審裁判所ニ於テ相殺ヲ以テ對抗セサリシ時ハ相殺ヲ為スノ權利ヲ拋棄セルモノト見ザルベカラサルニヨリ固ヨリ第二審ノ裁判所ニ之ヲ主張スルヿヲ得セシムベカラズト雖トモ過失ニアラズシテ之ヲ第一審裁判所ニ提出セザリシ事實ヲ疏明スルニ於テハ此種ノ請求ハ之ヲ許ストキハ原告若クハ被告ニ容易ニ辨濟ヲ得ルノ便ヲ得セシムルノ益アル外、後日ニ訴訟ノ起

事實又ハ證書ニ付キ第一審ニ爲ササル陳述又ハ拒ミタル陳述ハ第二審ニ之ヲ爲スヲ得ベシ第一審ニ爲セル自白ハ第二審ニモ効力アリ

ルヿヲ防止シ得ベキニヨリ第二審裁判所ト雖トモ之ヲ主張スルヿヲ得セシムルヲ可トス若シ夫レ本案又ハ附帶請求ニ付キ訴ノ申立ヲ擴充シ又ハ減縮スルヿノ如キハ（第百九十六條第二號）唯々其訴ヲ修正スルニ止リ（先キニ爲セル訴ニ換ヘテ）新ナル請求ヲ爲スモノト云フヿ能ハザレバ固トヨリ之ヲ第二審裁判所ニ主張スルヿヲ得セシメザルベカラサルナリ

第四百十七條　事實又ハ證書ニ付キ第一審ニ於テ爲サヽリシ陳述又ハ拒ミタル陳述ハ第二審ニ於テ之ヲ爲スコトヲ得

第四百十八條　第一審ニ於テ爲シタル裁判上ノ自白ハ第二審ニ於テモ亦其効力ヲ有ス

（解）己レニ不利ナル事實ノ承認之ヲ自白ト云フガ故ニ自白ハ許多ノ證據方法ノ中最モ確實ニ且ツ有力ナルモノナリ苟モ自白ニシテ之レアリタルノ事實アルニ於テハ其之ヲ爲セル場處ノ如何ニヨリテ其効力ニ差等アルベキ所以アルヿナケレバ第一審裁判所ニテ爲セル自白ハ固ヨリ第二審裁判所ニ於テモ其効ヲ保タサルヘカラズ

扣訴裁判所ノ有スル扣訴ヲ調査スル權利

扣訴裁判所ガ扣訴ノ調査ヲ爲スベキ場合

扣訴裁判所セ爲シ得ル第一審裁判ノ變更

第一審裁判所ニ於テ辯論セラレタル請求ニ關スル總ベテノ爭點ハ辯論ム中立ニニキ裁判ナ必要トスルトハ第一審ニ於テ辯論及ピ裁判セラレサリシ時ト雖扣所裁判

第四百十九條　控訴裁判所ハ控訴ヲ許ス可キヤ否ヤ又控訴ヲ法律上ノ方式ニ從ヒ若クハ其期間ニ於テ起シタルヤ否ヤヲ職權ヲ以テ調査ス可シ若シ此要件ノ一ヲ缺クトキハ判決ヲ以テ控訴ヲ不適法トシテ棄却ス可シ

第四百廿條　第一審ノ裁判ハ變更ヲ申立テタル部分ニ限リ之ヲ變更スルコトヲ得

第四百廿一條　第一審ニ於テ是認シ又ハ非認シタル請求ニ關スル總テノ爭點ニシテ申立ニ從ヒ辯論及ヒ裁判ヲ必要トスルモノハ第一審ニ於テ此爭點ニ付キ辯論及ヒ裁判ヲ爲サヽルトキト雖モ控訴裁判所ニ以テ其辯論及ヒ裁判ヲ爲ス

扣訴ノ審廷ニ於テハ新ナル請求ヲ爲スヿ能ハサレ圧裁判所ニ於テ是認シ又ハ非認シ以テ審理セラレタル請求ニ關スル總ベテノ爭點ハ之ヲ新ナル請求ト云フヿ能ハザルガ故ニ之レニ付キ第一審裁判所ニ於テ辯論及裁判ノアラサリシ時ト雖トモ扣訴裁判所ハ其辯論及

所ハ其辯論ヲ裁判ヲ爲スヲ得セシ辯論ヲ必要トスル時扣訴裁判所ハ訴訟ヲ第一審裁判所ヘ差戻シ得ル場合

裁判ヲ爲スヿヲ得サルベカラズ

第四百廿二條　控訴裁判所ハ左ノ場合ニ於テ事件ニ付キ尚ホ辯論ヲ必要トスルトキハ其事件ヲ第一審裁判所ニ差戻ス可シ

第一　不服ヲ申立テラレタル判決カ闕席判決ナルトキ

第二　不服ヲ申立テラレタル判決カ闕席判決ニ對スル故障ヲ不適法トシテ棄却シタルモノナルトキ

第三　不服ヲ申立テラレタル判決カ妨訴ノ抗辯ノミニ付キ裁判ヲ爲シタルモノナルトキ

第四　請求カ其原因及ヒ數額ニ付キ爭アル場合ニ於テ不服ヲ申立テラレタル判決カ先ツ其原因ニ付キ裁判ヲ爲シタルモノナルトキ

第五　不服ヲ申立テラレタル判決カ證書訴訟及ヒ爲替訴訟ニ於テ敗訴ノ被告ニ別訴訟ヲ以テ追行ヲ爲ス權ヲ留保シタル

第一審裁判所ヶ訴訟手續ニ付テ規定ニ違背シタル時ハ扣訴裁判所ハ其部分ヲ廢棄シ之ヲ第一審裁判所ヘ差戻シ得ベシ扣訴ノ棄却ヲ爲スベキ場合

判決ヲ扣訴人ノ不

モノナルトキ

（解）扣訴裁判所ハ扣訴ナル文字自身ガ能ク之ヲ言ヒ顯ハス如ク第一審裁判所ノ爲セル扣訴ニ付キ覆審ヲ爲ス者ナリ然ルニ本條ニ規定スル各號ノ場合ハ未ダ全ク、或ハ又幾分カ第一審裁判ヲ受ケサル者ナルガ故ニ其事件ニ付キ取調ヲ要スル必要ナケレバ則チ止ム苟モ其存スルニ於テハ之ヲ第一審裁判所ニ差戻シテ取調ヲ爲サシメザルベカラザルナリ

第四百廿三條　第一審ニ於テ訴訟手續ニ付テノ規定ニ違背シタルトキハ控訴裁判所ハ其判決及ヒ違背シタル訴訟手續ノ部分ヲ廢棄シ事件ヲ第一審裁判所ニ差戻スコトヲ得

（解）是レ訴訟ヲ爲スニ付テノ手續ニ違背スル片ハ第一審ノ判決ハ判決セサルト同一ナレバ正當ノ手續ニヨリテ更ニ判決ヲ爲サシメサルベカラサルノ必要アルニ由ル

第四百廿四條　控訴ヲ理由ナシトスルトキハ判決ヲ以テ控訴ノ棄却ヲ言渡ス可シ

第四百廿五條　判決ヲ控訴人ノ不利益ニ變更スルコトハ相手方カ

利益ニ判決シ得ル場合

控訴又ハ附帶控訴ノ方法ヲ以テ判決ニ付キ不服ヲ申立テタル部分ニ限リ之ヲ爲スコトヲ得

（解）人ノ扣訴ヲ爲スハ更ラニ已レニ利アル判決ヲ得ント欲スルニ由ルモノナレバ相手方ガ扣訴又ハ附帶扣訴ノ方法ニヨリ判決ニ付キテ不服ノ申立ヲ爲シ其正否ヲ決定セザルベカラザル場合ヲ除クノ外ハ之ニ不利ナル判決ヲ受ケシムベカラズ是レ本條ノ規定アル所以ナルモ要スルニ此規定ハ法律ノ與フル特別ナル恩惠ニ過ギザルナリ

防禦方法ヲ主張スル權利ノ留保

第四百廿六條　第二百十條ノ規定ニ從ヒテ防禦ノ方法ヲ却下スルトキハ其防禦ノ方法ヲ主張スル權ハ之ヲ被告ニ留保ス可シ

判決ニ此留保ヲ掲ケサルトキハ其補充ヲ申立ツルヲ得

留保ヲ掲ケタル判決ノ效力

判決ニ此留保ヲ掲ケサルトキハ第二百四十二條ノ規定ニ從ヒテ判決ノ補充ヲ申立ツルコトヲ得

留保ヲ掲ケタル判決ハ上訴及ヒ强制執行ニ付テハ終局判決ト看做ス

（解）被告ガ第二百十條ニ規定スルガ如キ原由ノ存スルニヨリ其用ヰントズル防禦ノ方

防禦ノ方法ニシテ被告ニ其主張ヲ留保スル訴訟ノ屬スヘキ審級爾後ノ手續ニテ主張セル請求ノ理由ナキヿカ見ハレシキニ處スル方法

法ノ使用ヲ許サレザルハ之レニヨリ訴訟ヲ遲延セン丆ヲ恐ルルニ在ルモノナルカ故ニ其時ニ之ヲ主張スルヲ得セシメズ以テ訴訟ノ遲延ヲ防止スレバ即チ足ル之ヲ主張スルノ權利ハ全ク之ヲ被告ヨリ脫却スベカラズ即チ之ヲ被告ニ留保セザルベカラザルナリ此留保ヲ揭ゲタル判決ハ上訴及ヒ强制執行ニ就テハ之ヲ終局判決ト見ラルヽカ故ニ之レニヨリテ上訴ヲ爲スヲ得ヘク又其欲スルニ於テハ强制執行ヲモ爲スヲ得ヘシ

第四百廿七條　防禦ノ方法ニシテ被告ニ其主張ヲ留保スルモノニ付テハ其訴訟ハ第二審ニ繋屬ス

爾後ノ手續ニ於テハ訴ヲ以テ主張シタル請求ノ理由ナカリシコトノ顯ハル、トキハ前判決ヲ廢棄シテ其訴ヲ棄却シ且申立ニ因リ判決ニ基キ支拂ヒタルモノ又ハ給付シタルモノヲ返還ス可キコトヲ言渡シ並ニ費用ニ付キ裁判ヲ爲ス可シ

（解）防禦ノ方法ニシテ被告ニ其主張ヲ爲スノ權利ヲ留保セルモノニ付テハ其訴訟ハ第二審ニ繋屬スルカ故ニ被告ハ此處ニ於テ留保セラレタル防禦ノ方法ヲ使用スルヲ得ベク

口頭辯論ノ期日ニ出頭セサル控訴人ノ受クル制裁

之ヲ使用セルニヨリテ先ニ訴ヲ以テ主張シタル請求ノ理由ナカリシヿガ明了スルニ於テハ其前ノ判決ハ廢棄セラレサルベカラズ故ニ被告ハ申立ヲ爲シテ判決ニ基キ支拂ヒタルモノ又ハ給付セルモノノ返還幷ニ訴訟費用ノ償還等ヲ求ムルヲ得ベシ

第四百廿八條　控訴人カ口頭辯論ノ期日ニ出頭セサルトキハ出頭シタル被控訴人ノ申立ニ因リ闕席判決ヲ以テ控訴ノ棄却ヲ言渡ス可シ

（解）扣訴人、扣訴ヲ爲シ置キナカラ口頭辯論ノ期日ニ出頭セサルガ如キハ其不都合ナルヿ言フヲ須ダズ之ガ爲メニ期日ヲ延バシ被扣訴人ヲ訴訟ヨリ免カルルヲ得セシメザランカ其迷惑ハ一方《ひとかた》ナラザルベシ故ニ扣訴人ガ口頭辯論ノ期日ニ欠席スルヿアルニ於テハ被扣訴人ノ申立ヲ待テ之レヲ棄却セサルベカラズ併シ此棄却ノ裁判ハ闕席判決ナルガ故ニ扣訴人ニ故障ノ方法ニヨリテ不服ノ申立ヲ爲シ得ル權利アルヤ論ヲ須タサルナリ

口頭辯論ノ期日ニ出頭セサル被扣訴人ノ受ク

第四百廿九條　被控訴人口頭辯論ノ期日ニ出頭セサル場合ニ於テ出頭シタル控訴人ヨリ闕席判決ノ申立ヲ爲ストキハ第一審裁判

ノ憑據ト爲リタルモノニ抵觸セサル控訴人ノ事實上ノ供述ハ被控訴人之ヲ自白シタルモノト看做シ且第一審裁判所ノ事實上ノ確定ヲ補充シ若クハ辯駁スル爲メ控訴人ノ申立テタル適法ノ證據調ハ既ニ之ヲ爲シ及ヒ其結果ヲ得タルモノト看做シ闕席判決ヲ爲ス

（解）被扣訴人ハ第一審裁判所ニ於テ勝チ制セシ者ナルガ故ニ或ハ其憑據ノ正理ニ適ヒルヲ確信スルヨリ安ンメ扣訴ノ審廷ニ出デザルヿアルベシ故ニ辯論ノ期日ニ於ケル被扣訴人ノ缺席ハ扣訴人ノ闕席セルトキノ如ク扣訴人ノ申立ノミヲ聞キテ判決スルヿ能ハズ通常ノ方法ニ循ヒ其趣意ヲ案ジテ以テ裁判セサル可ラズ然レ𪜈被扣訴人ハ辯論ノ席ニ出デズ辯論ヲ爲スノ權利ヲ抛棄セル者ナレバ其第一審裁判ノ憑據ト爲リタル者ニ抵觸セザル扣訴人ノ事實上供述及ビ第一審裁判所ノ事實上ノ確定ヲ補ヒ又ハ之ヲ辯駁スル爲メニ扣訴人ノ申立テタル適法ノ證據調ハ皆ナ之ヲ承認セル者ト見ザル可ラズ故ニ若シモ扣訴人ノ申立テアルニ於テハ扣訴裁判所ハ之レニ基キ闕席判決ヲ爲サザルベカラザルナリ

判決中ノ事實ノ摘示ニ付テハ前審ノ判決ヲ引用スルヲ得

扣訴裁判所ノ書記ハ第一審裁判所ノ書記ニ訴訟記錄ノ送付ヲ求ムベキ時間

扣訴完結後第一審裁判所へ送付スベキ書類

上告

上告裁判所

第四百三十條　判決中ノ事實ノ摘示ニ付テハ前審ノ判決ヲ引用スルヿヲ得

第四百三十一條　控訴裁判所ノ書記ハ控訴狀ノ提出ヨリ二十四時間ニ第一審裁判所ノ書記ニ訴訟記錄ノ送付ヲ求ム可シ

控訴完結ノ後、其記錄ハ第二審ニ於テ爲シタル判決ノ認證アル謄本ト共ニ第一審裁判所ノ書記ニ之ヲ返還ス可シ

（解）訴訟記錄ハ凡ベテ之ヲ第一審裁判所ノ書記課ニ備ヘ置カサルベカラサルモノナレバ扣訴ノ申立アリ第一審ニ付テノ記錄ヲ見サル可ラサル必要アルニ於テハ之ヲ第二審裁判所ニ送付スベク求ムルヲ得ルモ其必要ノ去レル後ハ第二審ニ於テ爲シタル判決ノ認証アル謄本ト共ニ之ヲ第一審裁判所ノ書記ニ返還セザルベカラザルナリ

第二章　上告

（解）裁判所構成法第三十條ニ依ルニ區裁判所ノ判決ニ對スル扣訴ニ付キ爲シタル地方裁判所ノ判決ニ對スル上告ニ付テハ扣訴院之ヲ管轄ストアリ其第五十條ニハ地方裁判所

ノ下タシタル扣訴院ノ扣訴ノ判決ニ對スル上告及ヒ皇族ニ對スル第二審ノ判決ニ對スル上告ハ大審院之カ裁判權ヲ有スト規定シ在ルカ故ニ上告裁判所ハ我邦ニ於テハ扣訴院ト大審院ノ二箇ナリト謂ハザルベカラズ然レトモ皆ナ何レモ扣訴裁判ノ事件ヲ審査シ若クハ之ヲ裁判スルニ際シ法律ニ關スル過誤失錯アルヤ否ヤヲ審査スルニ止マル者トス蓋シ上告ハ訴訟ヲ法律上ノ點ニ限リ上告裁判所ノ裁判ニ服從セシムルモノナレハ事實上ノ理由ニ基キ上告ヲ爲スモノアルトモ裁判所ハ之ヲ斥却セザルベカラズ然レ𪜈如何ナル之レ事實上ノ點ニ關スル事由ニシテ如何ナル之レ法律上ノ點ニ關スル事由ナルヤ之ヲ識別スルハ甚タ困難ナルヿナレバ讀者ハ心ヲ潛メテ考究セザルベカラザルナリ

上告ヲ爲シ得ル判決、其一

第四百三十二條　上告ハ地方裁判所及ヒ控訴院ノ第一審ニ於テ爲シタル終局判決ニ對シテ之ヲ爲ス

同、其二

第四百三十三條　終局判決前ニ爲シタル裁判ハ亦上告裁判所ノ判斷ヲ受ク但此法律ニ於テ不服ヲ申立ツルコトヲ得スト明記シタルトキ又ハ抗告ヲ以テ不服ヲ申立ツルヿヲ得ルトキハ此限ニ在

上告ヲ爲スニ付テ因ヨサルヘカラサルカ理由

法律ノ違背ヲ解釋

法律ノ違背ノ裁判

ヲス

第四百三十四條　上告ハ法律ニ違背シタル裁判ナルコトヲ理由トスルトキニ限リ之ヲ爲スコト得

第四百三十五條　法則ヲ適用セス又ハ不當ニ適用シタルトキハ法律ニ違背シタルモノトス

（解）不當ニ適用セルモノハ即チ適用スヘキ法律ノ適用ヲ爲サヽルモノナルガ故ニ法則ノ適用ヲ爲サヽル場合ニ等シク法律ニ違背セルモノト言ハザルベカラズ

第四百三十六條　裁判ハ左ノ場合ニ於テハ常ニ法律ニ違背シタルモノトス

第一　規定ニ從ヒ判決裁判所ヲ構成セサリシトキ

第二　法律ニ依リ職務ノ執行ヨリ除斥セヲレタル判事ガ裁判ニ參與シタルトキ但忌避ノ申請又ハ上訴ヲ以テ除斥ノ理由ヲ主張シタルモ其効ナカリシトキハ此限ニ在ラス

第三　判事ガ忌避セラレ且忌避ノ申請ヲ理由アリト認メタルニ拘ハラス裁判ニ參與シタルトキ
第四　裁判所カ其管轄又ハ管轄違ヲ不當ニ認メタルトキ
第五　訴訟手續ニ於テ原告若クハ被告カ法律ノ規定ニ從ヒ代理セラレサリシトキ
第六　訴訟手續ノ公行ニ付テノ規定ニ違背シタル口頭辯論ニ基キ裁判ヲ爲シタルトキ
第七　裁判ニ理由ヲ付セサルトキ

上告期間及其始期

第四百三十七條　上告期間ハ一个月トス此期間ハ不變期間ニシテ判決ノ送達ヲ以テ始マル

判決ノ送達前ニ爲セル上告ハ無效ナリ

判決ノ送達前ニ提起シタル上告ハ無効トス

上告ノ提起

第四百三十八條　上告ノ提起ハ上告狀ヲ上告裁判所ニ差出シテ之ヲ爲ス

上告状ニ記載ベキ事項

此上告状ニハ左ノ諸件ヲ具備スルコトヲ要ス
第一　上告セラルヽ判決ノ表示
第二　此判決ニ對シ上告ヲ爲ス旨ノ陳述
此他上告状ハ準備書面ニ關スル一般ノ規定ニ從ヒテ之ヲ作リ特ニ判決ニ對シ如何ナル程度ニ於テ不服ナルヤ及ヒ判決ニ付キ如何ナル程度ニ於テ破毀ヲ爲ス可キヤノ申立ヲ掲ケ且法則ヲ適用セス若シクハ不當ニ適用シタルコトヲ上告ノ理由トスルトキハ其法則ノ表示又ハ訴訟手續ニ付テノ規定ニ違背シタルコトヲ上告ノ理由トスルトキハ其欠缺ヲ明カニスル事實ノ表示又ハ法律ニ違背シテ事實ヲ確定シ若クハ遺脱シ若クハ提出シタリト看做シタルコトヲ上告ノ理由トスルトキハ其事實ノ表示ヲ掲ク可シ

（解）請求ニ基ク所ヲ表示セサルニ於テハ之ヲ受理セル裁判所ハ其當否ヲ審査スルニ由ナシ艮シ幸ニシテ否ラサルヲ得ルコアルモ非常ニ困難セサル可ラサルカ故ニ必ラズ其因

テ基ク所ノ理由ヲ表明セサルベカラズ本條第二項ノ規定アルハ則チ此レガ爲ニ外ナラサルナリ

上告裁判所ノ上告ノ棄却ヲ爲スベキ場合

上告人ノ呼出期日ニ出頭セサル時ノ制裁

第四百三十九條　上告裁判所ハ上告人ヲ呼出シ其陳述ヲ聞キ上告ヲ許ス可ラサルモノナルトキ又ハ法律上ノ方式及ヒ期間ニ於テ起サヽルトキ又ハ第四百三十四條ノ規定ニ依ラサルトキハ判決ヲ以テ之ヲ棄却ス可シ

上告人カ呼出ノ期日ニ出頭セサルトキハ上告ヲ取下ケタルモノト看做ス但出頭セサリシコトヲ期日ヨリ七日ノ期間内ニ十分ナル理由ヲ以テ辯解シタルトキハ更ラニ期日ヲ定ム

上告状ノ送達ト口頭辯論ノ期日トノ間ニ存セサルベカラサル時間

答辯書ヲ差出スベ

第四百四十條　上告状ノ送達ト口頭辯論ノ期日トノ間ニ存スルコトヲ要スル時間ニ付テハ第百九十四條ノ規定ヲ適用シ答辯書ヲ差出ス可キ期間ノ催告ニ付テハ第百九十九條ノ規定ヲ適用ス

前項ノ場合ニ於テモ亦第二百三條ノ規定ヲ適用スルコトヲ得

キ期間ノ催告
答辯書ノ作リ方
附帶上告ヲ爲シ得ル人
附帶上告ニ適用セラルベキ規定
答辯書ニ掲クルニヨリ上告人ニ送達スベキ事項
上告ノ訴訟手續ニ準用セラルベキ訴訟手續
上告裁判所ノ調査シ得ル訴訟區域
上告裁判所ガ裁判ヲ爲スニ付キ標準ト爲スベキ事實

第四百四十一條　答辯書ハ準備書面ニ關スル一般ノ規定ニ從ヒテ之ヲ作リ且一定ノ申立ヲ掲クヘシ

第四百四十二條　被上告人ハ附帶上告ヲ爲スコトヲ得
此附帶上告ニ付テハ附帶控訴ノ規定ヲ準用ス

第四百四十三條　答辯書ニ附帶上告ヲ爲ス旨ノ陳述ヲ掲ケタルトキハ之ヲ上告人ニ送達ス可シ

第四百四十四條　右ノ外、上告ノ訴訟手續ニハ地方裁判所ノ第一審ノ訴訟手續ノ規定ヲ準用ス但本章ノ規定ニ依リ差異ノ生スルモノハ此限ニアラス

第四百四十五條　上告裁判所ハ當事者ノ爲シタル申立ノミニ付キ調査ヲ爲ス

第四百四十六條　上告裁判所ハ裁判ヲ爲スニ付キ控訴裁判所カ其裁判ノ憑據トシタル事實ヲ標準トス此事實ノ外ハ第四百三十八

條第三項ニ揭ケタル事實ニ限リ之ヲ斟酌スルコトヲ得

證據調ヲ必要トスルトキハ上告裁判所ハ之ヲ命ス可シ

（解）是レ上告裁判所ハ法律上ノ點ノミヲ審判スルニ止リ事實ニ屬スル事ハ之ヲ裁判スルノ權ナキニ由ル

判決ヲ破毀スル場合

第四百四十七條　上告ヲ理由アリトスルトキハ不服ヲ申立テラレタル判決ヲ破毀ス可シ

訴訟手續ニ關スル規定ニ違背シタルニ因リ判決ヲ破毀スルトキハ其違背シタル部分ニ限リ訴訟手續ヲモ亦破毀ス可シ

事件ノ差戻シ及ビ其移送

第四百四十八條　判決ヲ破毀スル場合ニ於テハ第四百五十一條ノ規定ヲ除ク外、更ラニ辯論及ヒ裁判ヲ爲サシムル爲メ事件ヲ控訴裁判所ニ差戻シ又ハ之ヲ他ノ同等ナル裁判所ニ移送ス可シ

事件ノ差戻又ハ移送ヲ受ケタル裁判所ハ新口頭辯論ニ基キ裁判ヲ爲スコトヲ要ス

當事者ノ新口頭辯論ニ提出シ得ルモノ

事件ノ差戻又ハ移送ヲ受ケタル裁判所ノ審理ニ從フニ付キ守ラサルベカ

（解）上告ノ理由立チ裁判ニシテ破毀セラルヽニ於テハ更ラニ之ヲ審査シ判決セザルベカラザル必要起ル然ルニ大審院ハ事實ノ審査ヲ爲スベキ所ニアラズ隨テ之ヲ管轄スルノ權ヲ有セズ故ニ其破毀セラレタル事項ハ之ヲ扣訴裁判所ヘ差戻シ又ハ他ノ同等ナル裁判所ヘ移送セザルベカラザルナリ

第四百四十九條　當事者ハ破毀セラレタル判決ノ以前ニ於ケル口頭辯論ニ當リ提出スルコトヲ得ヘカリシ事項ヲ新口頭辯論ニ際シ提出スル權利アリ

（解）判決ニシテ破毀セラルレバ訴訟ハ此ニ一新シ更ニ扣訴ノ審廷ニ現ハルルモノナレバ第一審裁判所ヨリ直チニ來レルモノニ同シク訴訟ガ此審廷ニ繫屬スル時ニ提出シ得ル事項ハ皆ナ之ヲ提出スルヲ得サルベカラス

第四百五十條　事件ノ差戻又ハ移送ヲ受ケタル裁判所ハ上告裁判所ノ爲シタル法律ニ係ル判斷ニシテ判決ヲ破毀スル基本ト爲シタルモノヲ以テ新ナル辯論及ヒ裁判ノ基本ト爲ス義務ア

ヲサル事項

上告裁判所カ事件ニ付キ裁判ヲ爲シ得ル場合

リ

（解）上告裁判所ハ法律解釋ノ統一ヲ計ルヲ以テ其目的トスル者ナレバ事實上ノ點ニ付テハ何等ノ權利ヲ有スルコナキモ法律上ノ點ニ付テハ事件ノ差戻ヲ爲シ又ハ移送ヲ爲セル裁判所ヲ羈束スルノ力アラザルベカラス

第四百五十一條　上告裁判所ハ左ノ場合ニ於テ事件ニ付キ裁判ヲ爲ス可シ

第一、確定シタル事實ニ法律ヲ適用スルニ當リ法律ニ違背シタル爲ニ判決ヲ破毀シ且其事件カ裁判ヲ爲スニ熟スルトキ

第二　無訴權ノ爲メ又ハ裁判所ノ管轄違ナル爲ニ判決ヲ破毀スルトキ

（解）本條ハ判決ヲ破毀シタル後ノ處分方法ノ一ニシテ上告裁判所自ヲ其事件ヲ裁判スヘキ場合ヲ列記シタルモノナリ其第一ノ場合ハ事實ハ已ニ確定シタルモノナルモ唯タ法

律ノ適用ヲ誤リタルカ為メ判決ヲ破毀シ且ツ其事件タル已ニ裁判ヲ為スニ熟セルモノタル片ハ上告裁判所之ヲ裁判ス即チ法律適用ノ違背ト其事件カ裁判ヲ為スニ熟スルトノ二ケノ條件ヲ具備スルニ非サレハ裁判所ハ之ヲ裁判セサルナリ蓋シ上告裁判所ハ法律ノ適用ヲ主トスレモノナレハ若シ其事件ニシテ再ヒ事實上ノ事ニ付キ取調ヲ要スル場合ナレハ元ヨリ之ヲ裁判ス可ラサルモ此場合ハ事實ノ確定シタルモノニメ其事實ハ裁判ヲ為スニ熟セルモノナルカ故ニ之ヲ裁判スルモ敢テ不可ナキノミナラス上告裁判所カ法律ヲ適用スルノ職ヲ全フスルモノト云フベシ其第二ノ場合ハ無訴權即チ訴訟ヲ為スノ權利ナキ事件又裁判所ノ管轄違ナル片ニ上告裁判所ガ之ヲ判決スルコニ關ス是レ受理ス可ラサル無訴權ノ事件ノ如キハ到底之ヲ如何圧ス可ラサルモノナルカ故ニ之ヲ他ノ裁判所ニ移送スルモ又或ハ之ヲ原訴裁判所ニ差戻スモ只無益ノ手數ヲ為スノミニ過ギザレハ直チニ之ヲ判決スルノ優レルニ如カズ而シテ又管轄違ノ場合ハ其上級裁判所ガ之ヲ判決スルノ權ヲ有スルニ由ルナリ

上告ノ理由ナキ時

第四百五十二條　上告ヲ理由ナシトスルトキハ之ヲ棄却ス可シ

ノ處分方裁判カ理由ハ違法ナルモ他ノ理由ニヨリテ正當ナルトキモ上告ハ棄却セサルヘカラズ

第四百五十三條　裁判カ其理由ニ於テ法律ニ違背シタルトキト雖トモ他ノ理由ニ依リ裁判ノ正當ナルトキハ上告ヲ棄却スヘシ

（解）是レ當事者ノ便益ト裁判所ノ煩擾トヲ避ケンガ爲メニ設ケラレタル規定ニ外ナラザルナリ抑々判決ノ法律ニ違ヒルコトアルニ於テハ固ヨリ破毀セラレサルベカラサルモノナルモ他ノ理由ニヨリ其裁判ノ正當ナルトキハ復タ前ノ裁判ニ服セザルベカラザルガ故ニ到底手續ヲ履メル丈ケノ損ヲ受クルヲ免カレズ之ヲ以テ此ノ如キ訴訟ノ上告ハ之ヲ棄却スルヲ可トス

上告ニ準用セラルル控訴ノ規定

第四百五十四條　左ノ諸件ニ關スル控訴ノ規定ハ上告ニ之ヲ準用ス

第一　闕席判決ニ對スル不服ノ申立

第二　控訴ノ取下

第三　當事者ノ雙方ヨリ控訴ヲ起シタル場合ニ於ケル訴訟手續及ヒ控訴ト故障トヲ同時ニ爲シタルトキノ訴訟手續

第四　口頭辯論ノ延期

第五　口頭辯論ノ際ニ於ケル當事者ノ演述

第六　妨訴ノ抗辯ニ付テノ辯論

第七　控訴ヲ起シタル者ノ不利益ト爲ル裁判ヲ爲ス可ラサルコト

第八　記録ノ送付幷ニ返還

第三章　抗告

（解）抗告モ亦前二章ニ規定セル上告、控訴等ニ同シク裁判攻撃ノ一方法ニシテ此方法ハ甚タ重要ナラザル裁判ニ對シテ爲ストキニ用フル所ノ者ナリ故ニ之ヲ以テ前二者ニ比スレハ其手續極メテ簡略ナリトス而シテ之ヲ爲シ得ル場合ハ法律ニ於テ特定セル場合ノミニ限ルモノトス

抗告ノ二種類

抗告ニハ純然タル抗告ト即時抗告トノ二種アリ

純然タル抗告

純然タル抗告ハ一定ノ期間ニ之ヲ爲スベク限ラレアラザルモ即時抗告ハ之ニ反シテ一定ノ

期間内ニ爲サヽル可ラザルナリ

即時抗告

純然タル抗告ハ常ニ上級ノ裁判所ニ對スル上訴ノ手段ナルノミナラス又ソレト同時ニ裁判ヲ爲セル裁判所ニ其裁判ヲ不當ナリトシテ攻撃スル手段タルコトアリ（第四百六十五條規定）

然レ𪜈即時抗告ハ法律ニ特定セラレタル場合ニノミ之ヲ爲スコトヲ得ルモノナリ此抗告ハ扣訴ニ甚タ類似スルモ差異アル点少ナカラザレバ之ヲ混同セザルニ注意セザルヘカラズ

抗告ヲ爲シ得ル場合

第四百五十五條　抗告ハ訴訟手續ニ關スル申請ヲ口頭辯論ヲ經スシテ却下シタル裁判ニ對シ其他此法律ニ於テ特ニ掲ケタル場合ニ限リ之ヲ爲スコトヲ得

抗告ノ管轄裁判所

抗告裁判所ノ裁判ニ抗告ヲ爲スヲ許サズ

第四百五十六條　抗告ニ付テハ直近ノ上級裁判所其裁判ヲ爲ス

抗告裁判所ノ裁判ニ對シテハ其裁判ニ因リ新ナル獨立ノ抗告理由ヲ生シタルトキニ非サレハ更ニ抗告ヲ爲スコトヲ得ス

（解）抗告ノ管轄裁判所ハ直近ノ上級裁判所ナルカ故ニ區裁判ノ裁判ニ對メ爲ス抗告ハ地方裁判所ニシテ地方裁判所ノ裁判ニ對シテ爲ス抗告ハ扣訴院ナルヲ知ル抗告裁判所ノ爲セル裁判ニ對シテハ其裁判ニ因リ新ナル獨立ノ抗告理由ガ生セルニ非サレバ更ニ抗告ヲ爲スコヲ許サヾルガ故ニ抗告裁判所ガ抗告ノ裁判ヲ爲スニ當リ履メル訴訟手續ガ其方式ニ違ヒ又ハ抗告ノ裁判ガ抗告ノ理由ニ添ハサルカ如キコアリ抗告裁判所ニ於テ獨立シテ抗告ヲ爲シ得ル原由ノ生セル時ニアラザレバ更ニ抗告ヲ爲コヲ許サヽルナリ

抗告ヲ爲ス方式

第四百五十七條 抗告ハ不服ヲ申立テラレタル裁判ヲ爲シタル裁判所又ハ裁判長ノ屬スル裁判所ニ抗告狀ヲ差出シテ之ヲ爲ス訴訟カ區裁判所ニ繫屬シ若クハ嘗テ繫屬シタルトキ又ハ證人鑑定人ヨリ若クハ證書ヲ提出スル義務アリト宣言ヲ受ケタル第三者ヨリ抗告ヲ爲ストキハ口頭ヲ以テ之ヲ爲スコトヲ得

抗告ヲ口頭ニテ爲シ得ル場合

（解）本條第二項ハ口頭ニテ抗告ヲ爲スヲ得ル場合ヲ規定セルガ蓋シ惟フニ此等ノ場合

抗告ノ憑據ト爲シ得ルモノ

不服ヲ申立ラレタル裁判所又ハ裁判長ガ抗告ヲ理由アリトスル時ニ爲スヘキ事及ビ理由ナシトスルキニ爲スベキ事

抗告ノ執行停止ノ効力ヲ有スル場合

ニ於ケル事件ハ簡易ニ且ツ迅速ニ決落セラレンヿヲ欲セルニ由ルナリ

第四百五十八條　抗告ハ新ナル事實及ヒ証據方法ヲ以テ憑據ト爲スヿヲ得

第四百五十九條　不服ヲ申立テラレタル裁判ヲ爲シタル裁判所又ハ裁判長カ再度ノ考案若クハ新ナル提供ニ基キ抗告ヲ理由アリトスルトキハ不服ノ點ヲ更正シ又理由ナシトスルトキハ裁判所又ハ裁判長ハ意見ヲ付シテ三日ノ期間内ニ抗告ヲ抗告裁判所ニ送付シ又適當トスル場合ニ於テハ訴訟記録ヲモ送附スヘシ

第四百六十條　抗告ハ此法律ニ於テ別段ノ規定ヲ設ケタル場合ニ限リ執行停止ノ効力ヲ有ス

然レモ不服ヲ申立テラレタル裁判ヲ爲シタル裁判所又ハ裁判長ハ抗告ニ付テノ裁判アルマテ其執行ノ中止ヲ命スルヿヲ得

抗告裁判所ハ抗告ニ付テノ裁判ヲ爲ス前ニ不服ヲ申立テラレタ

抗告ヲ直チニ抗告裁判所ニ爲シ得ル場合

抗告裁判所ハ裁判ヲ爲ス前ニ抗告セラレタル裁判所又ハ裁判長ノ意見及記録ヲ要ムルヲ得

急迫ナリトテ抗告裁判所ヘ直チニ爲サレタル抗告ノ急迫ノ事件ニアラサルヿヲ發見セル時ノ處分方

ル裁判ノ執行中止ヲ命スルコトヲ得

（解）抗告ハ重要ナラサル裁判ニ對シテ爲ス上訴方法ナレバ之レヲ爲スモ執行停止ノ効ヲ生セザルヲ以テ通例トセサルベカラズ

第四百六十一條　抗告ハ急迫ナル場合ニ限リ直チニ抗告裁判所ニ之ヲ爲スコトヲ得

抗告裁判所ハ裁判ヲ爲ス前ニ不服ヲ申立テラレタル裁判ヲ爲シタル裁判所又ハ裁判長ノ意見及ヒ記録ヲ要求スルコトヲ得

抗告裁判所ハ事件ヲ急迫ナラスト認ムルトキハ不服ヲ申立テラレタル裁判ヲ爲シタル裁判所又ハ裁判長ニ其事件ヲ送付シ且其旨ヲ抗告人ニ通知ス可シ

第四百六十二條　抗告裁判所ハ口頭辯論ヲ經スシテ裁判ヲ爲スヲ以テ通例トス

抗告裁判所ハ抗告人ト反對ノ利害關係ヲ有スル者ニ抗告ヲ通知

抗告ノ許否ニ關シ抗告裁判所ノ爲ス所ノ調査ノ權利

抗告ノ適法ニシテ且ツ理由アリトセラレタル片ノ效果

シテ書面上ノ陳述ヲナサシムルコトヲ得
陳述ハ口頭ヲ以テ抗告ヲ爲シ得ベキ場合ニ於テハ亦口頭ヲ以テ之ヲ爲スコトヲ得

抗告裁判所ハ口頭辯論ノ爲メニ當事者ヲ呼出スコトヲ得

(解) 抗告ハ其事實ノ單純ナルヿ其常ニ居ルガ故ニ別ニ口頭辯論ヲ經ルヿナシニ之ヲ裁判スルヲ通例トセサルベカラズ

第四百六十三條　抗告裁判所ハ抗告ヲ許ス可キヤ否ヤ又法律上ノ方式ニ從ヒ若クハ其期間ニ於テ提出シタルヤ否ヤヲ職權ヲ以テ調査スヘシ

若シ此要件ノ一ヲ欠クトキハ抗告ヲ不適法トシテ棄却ス可シ

第四百六十四條　抗告ヲ適法ニシテ且理由アリトスルトキハ抗告裁判所ハ不服ヲ申立テラレタル裁判ヲ廢棄シテ自ラ更ニ裁判ヲ爲シ又ハ不服ヲ申立テラレタル裁判ヲ爲シタル裁判所又ハ裁判

此効果ヲ通知スベキ人

受命判事若クハ受託判事ノ裁判又ハ裁判所書記ノ處分ノ變更ヲ求ムル時ニ受ケサレベカラサル裁判其裁判ノ抗告

長ニ委任シテ裁判ヲ爲サシムルコトヲ得

抗告裁判所ノ裁判ハ不服ヲ申立テラレタル裁判ヲ爲シタル裁判所又ハ裁判長ニ之ヲ通知ス可シ

（解）抗告ノ理由アリシ時ハ不服ヲ申立ラレタル裁判ハ棄却セラレテ更ニ裁判ヲ爲サザルベカラサルモノナレバ抗告裁判所ノ裁判ハ不服ヲ申立テラレタル裁判ヲ爲セル裁判所又ハ裁判長ニ之ヲ通知セサルベカラズ

第四百六十五條　受命判事若クハ受託判事ノ裁判又ハ裁判所書記ノ處分ノ變更ヲ求ムルニハ先ツ受訴裁判所ノ裁判ヲ求ム可シ

抗告ハ受訴裁判所ノ裁判ニ對シテ之ヲ爲スコトヲ得

第一項ノ規定ハ大審院ニモ亦之ヲ適用ス

（解）本條ハ受託判事若クハ受命判事ノ裁判、又ハ裁判所書記ノ處分ノ變更ヲ求メントスルトキハ之ヲ受訴裁判所ニ求ム可キ旨ヲ規定シタル者ナリ但シ此變更ヲ求ムルコトハ抗告ヲ爲シ得ヘキ裁判トハ自ラ差異アルモノニシテ唯タ其處分ノ變更アランコトヲ求ムルニ外

即時抗告

此抗告ニ特別ナル規定

ナラサルモノナリ故ニ其之ヲ求メタル受訴裁判所カ之ニ對シテ下シタル裁判ニシテ不服ナル𬼀ハ抗告ヲ爲スヲ得ヘシ何トナレハ此場合ニ下シタル裁判ハ抗告シ得ヘキ彼ノ決定命令ト同一ナレバナリ(第二項)

大審院ハ最高等ノ裁判所ナルガ故ニ此裁判所ニハ誤リアルヲ思フベカラズ假令ヒ誤リアルモノトスルモ其爲セル決定ハ之ヲ裁判スヘキノ裁判所、他ニアルヿナレハ大審院ノ爲セル本條第一項ノ決定ニハ抗告ヲ爲サシムベカラズ

第四百六十六條　即時抗告ノ場合ニ於テハ左ノ特別ノ規定ニ從フ

抗告ハ七日ノ不變期間内ニ之ヲ爲ス可シ其期間ハ裁判ノ送達ヨリ始マリ第二百五十三條、第六百八十條及ビ第七百六十九條第三項ノ場合ニ於テハ裁判ノ言渡ヨリ始マル抗告裁判所ニ抗告ヲ提出シタルトキハ急迫ナラスト認メタル場合ニ於テモ亦タ不變期間ヲ保存ス

再審ヲ求ムル訴ニ付テノ要件存スルトキハ不變期間ノ滿了後ト

雖モ此訴ノ爲メ定メタル期間内ハ抗告ヲ爲スヿヲ得
前條第一項ノ場合ニ於テハ抗告提出ノ爲メ定メタル方法ニヨリ不變期間内ニ受訴裁判所ノ裁判ヲ求ムルヿヲ要ス受訴裁判所ハ其申請ヲ正當ト認メサルトキハ之ヲ抗告裁判所ニ送付ス可シ

第四篇 再審

（解）再審トハ一箇ノ訴訟事件ニ付キ通常ノ規則ニ從ヒ其手續ヲ盡シテ已ニ確定判決ヲ受ケ遂ニ動ス可ラサルニ至リタルヲ更ニ裁判セサル舊地位ニ復セシムベク訴訟手續ヲ開始スルヲ云フ要スルニ一旦確定シタル裁判ヲ或ル要件ノ充實スルトキニ之ヲ變改セントスルモノナリ元來訴訟ハ二級裁判ノ制ヲ取リ判決ノ過誤失錯ニ對シテ救濟ノ道ヲ與ヘタル上ハ其訴訟ニ付キ再ヒ訴ヲ起スヿヲ得サルモノニシテ若シ否ラサレハ訴訟ノ終結ヲ見ルヿ能ハス其弊ヤ云フ可カラサルニ至ラン故ニ原則トシテハ已ニ確定判決アリタル以上ハ再ヒ訴訟ヲ起スヿ能ハズト規定セサルヘカラス然リト雖トモ若シ重大ナル理由アルニ

再審ノ訴ノ種類

取消及原狀回復ノ二訴カ同時ニ提起セラレタル時ノ規定

ハヲス猶ホ此ノ原則ヲ墨守セサルベカラズトスルトキハ人民ノ不幸ヲ守ラントト欲シテ却テ之ヲ攪擾スヘキガ故ニ確定判決アリタル後ト雖モ若シ正當ニシテ重大ナル理由ノ存在スルトキハ再ヒ其訴訟ヲ開始スルコトヲ許サザルベカラズ是レ再審ノ訴ナルモノノ設ケラレシ所以ナリ確言ニ曰ク（司法ノ過誤ハ之ヲ改正シテ完全ノ正道ヲ得セシメサル可ラス）ト亦タ以テ其意ノ在ル處ヲ知ルニ足ルベシ

然リト雖モ是レ非常ノ例外方法タリ叨リニ之ヲ許スベカラザルニヨリ法律ハ明文ヲ以テ之ヲ為シ得ル場合ヲ限レリ之ヲ以テ此明記セル場合ノ外ニハ再審ノ訴ヲ為シ得サルモノナルコトヲ知ラザルベカラザルナリ

第四百六十七條　確定ノ終局判決ヲ以テ終結シタル訴訟ハ取消ノ訴又ハ原狀回復ノ訴ニ因リ之ヲ再審スルコトヲ得

當事者ノ一方又ハ雙方ヨリ此兩訴ヲ起シタルトキハ原狀回復ノ訴ニ付テノ辯論及ヒ裁判ハ取消ノ訴ニ付テノ裁判カ確定スルマテ之ヲ中止ス可シ

〔解〕再審ヲ為スノ方法ニ二個アリ取消ノ訴及原狀回復ノ訴即チ是ナリ此二者ニシテ若シモ當事者ノ一方又ハ双方ヨリ同時ニ此兩訴ヲ提起セルトキニハ取消ノ訴訟ハ原狀回復ノ訴訟ヨリ特別鄭重ニ取扱ハルヽナリ即チ原狀回復ノ訴訟ノ辯論及ヒ裁判ハ取消訴訟ノ裁判ガ確定スルマテ中止セラルヽモノナリ是レ判決ニシテ若シモ取消サルヽニ於テハ自ヲ原狀回復ノ訴ニ其影響ヲ及ホスガ故ニ無益ナル手數ヲ為スヿアラサラシメント欲セルニ由ルナリ

取消ノ訴ニヨリ再審ヲ求メ得ル場合

第四百六十八條　左ノ場合ニ於テハ取消ノ訴ニ因リ再審ヲ求ムルコトヲ得

第一　規定ニ從ヒ判決裁判所ヲ構成セサリシトキ

第二　法律ニヨリ職務ノ執行ヨリ除斥セラレタル判事カ裁判ニ參與シタルトキ但忌避ノ申請又ハ上訴ヲ以テ除斥ノ理由ヲ主張シタルモ其効ナカリシトキハ此限リニ在ラス

第三　判事カ忌避セラレ且忌避ノ申請カ理由アリト認メラレ

原状回復ノ訴ニヨリ再審ヲ求メ得ル場合

タルニ拘ハラス裁判ニ參與シタリシトキ

第四　訴訟手續ニ於テ原告若クハ被告カ法律ノ規定ニ從ヒ代理セラレサリシトキ

第一號及ヒ第三號ノ場合ニ於テ上訴若クハ故障ヲ以テ取消ヲ主張シ得ヘカリシトキハ取消ノ訴ヲ許サス

（解）本條ニ列記セラルヽ取消ノ訴ニ因レル再審ノ訴ヲ求メ得ル場合ハ第四百三十六條ニ規定スル所ト同一ナルカ故ニ同條ノ規定ヲ知レル讀者ニハ之ヲ説明スルコヲ爲サヽルベシ

本條ノ第一號及ビ第三號ノ場合ニ於テ上訴若クハ故障ノ方法ニヨリ之ヲ取消スベク主張スルコヲ得ベカリシ時ニ之ヲ爲サヾリシモノハ其判決ニ服從セルモノト見做サヽルベカラズ故ニ之レニハ取消ノ訴ヲ爲スコヲ許スベカラズ

第四百六十九條　左ノ場合ニ於テハ原状回復ノ訴ニヨリ再審ヲ求ムルコヲ得

第一　刑法ニ掲ケタル職務上ノ義務ニ違背シタル罪ヲ訴訟ニ關シ犯シタル判事カ裁判ニ參與シタリシヰ
第二　原告若クハ被告ノ法律上代理人若クハ訴訟代理人又ハ相手方若クハ其法律上代理人若クハ訴訟代理人カ罰セラルヘキ行爲ヲ訴訟ニ關シ爲シタリシヰ
第三　判決ノ憑據ト爲リタル證書カ僞造又ハ變造ナリシトキ
第四　証人若クハ鑑定人カ供述ニ因リ又ハ通事カ判決ノ憑據ト爲リタル通譯ニヨリ僞証ノ罪ヲ犯シタリシトキ
第五　判決ノ憑據ト爲リタル刑事上ノ判決カ他ノ確定ト爲リタル刑事上ノ判決ヲ以テ廢棄若クハ破棄セラレタリシトキ
第六　原告若クハ被告カ同一ノ事件ニ付テノ判決ニシテ前ニ

確定ト爲リタルモノヲ發見シ其判決カ不服ヲ申立テラレタル判決ト抵觸スルトキ

第七　相手方若クハ第三者ノ所爲ニヨリ以前ニ提出スルヿヲ得サリシ証書ニシテ原告若クハ被告ノ利益ト爲ル可キ裁判ヲ爲スニ至ラシム可キモノヲ發見シタルトキ

第一號乃至第四號ノ場合ニ於テハ罰セラルヘキ行爲ニ付テ判決カ確定ト爲リタルトキ又ハ証據欠缺外ナル理由ヲ以テ刑事訴訟手續ノ開始若クハ實行ヲ爲シ得サルトキニ限リ再審ヲ求ムルヿヲ得

（解）第一號　是レ司法權ノ神聖ヲ維持シ裁判ノ信用ヲ失墜セシメザランカ爲メニ必要ナルニ由ル

第二號、第三號及ビ第四號　此等ノ場合ハ其爲サレタル判決ノ正當ナルヲ信スルニ足ラズ凡ツ其判決ハ有罪ナル不正ノ結果ニアラザルカノ疑アルニヨリ之ヲ破却スルヲ得セシ

メザルベカラズ

第五號　是レ其基礎ト爲セル所ノモノガ消滅セルニ由リ其上ニ成立セル他ノ判決ノミ獨リ留存シ得ベキニアラザレバナリ源泉渇ル末流豈ニ獨リ流ルルヲ得ンヤ

第六號　同一ノ事件ニ付キ二箇ノ相異ナル確定判決アルトキハ債務者ハ其ノ適從スル所ヲ知ル能ハザルガ故ニ之レニ再審ヲ求メテ其ノ有効無効ヲ定ムルヲ得セシメザルベカラザルナリ

第七號　此規定ハ自己ニ過失ナク他人ノ爲メニ訴訟ニ失敗セシメラレタル者ヲ保護セント欲セルニ外ナラズ

第一號乃至第四號ノ場合ニ於テハ二箇ノ條件ノ備ハルニヨラザレバ再審ノ訴ヲ爲スヿ能ハザルナリ其一ハ罰セラルベキ行爲ニ付テノ判決ガ確定セルヿニシテ其二ハ其判決ガ證據欠缺ノ理由ニヨリテ刑事訴訟手續ノ開始若クハ實行ヲ爲スヿ能ハザルヿ即チ是レナリ論シ罰セラルヘキ行爲ニ付テノ判決ガ確定セザルモノナル時ハ其ノ判決ハ後ノ訴訟手續ニヨリ廢毀滅却セラレザルヲ保セズ又タ證據欠缺ノ理由ニヨリテ刑事訴訟手續キノ開始

原状回復ノ訴ヲ爲スコトヲ許サルルニ付キ疏明スベキ事

不服ヲ申立テラレタル判決前ニ同一ノ裁判所又ハ下級ノ裁判所ニ於テ爲シタル裁判ニ關スル不服ノ理由ト再審ノ訴ト共ニ爲シ得ル場合

若シバ實行ヲ爲ス能ハザルモノナルトキハ其ノ行爲ハ罪トナラザルノ推測ヲ生スルモ罪トナルベキ推測ヲ生スルコトナシ故ニ共ニ再審ノ訴ヲ爲スコトヲ許スベカラザルナリ

第四百七十條　原状回復ノ訴ハ原告若クハ被告カ自己ノ過失ニ非スシテ前訴訟手續ニ於テ殊ニ故障又ハ控訴若クハ附帶控訴ニ依リ原状回復ノ理由ヲ主張スルコト能ハサリシトキニ限リ之ヲ爲スコトヲ得

第四百七十一條　不服ヲ申立テラレタル判決前ニ同一ノ裁判所又ハ下級ノ裁判所ニ於テ爲シタル裁判ニ關スル不服ノ理由ハ再審ヲ求ムル訴ト共ニ之ヲ主張スルコトヲ得、但シ不服ヲ申立テラレタル判決カ其裁判ニ根據スルトキニ限ル

（解）不服ヲ申立テラレタル判決即チ再審ヲ求メラルヽ判決ガ之レニ先チテ爲サレタル裁判所又ハ下級裁判所ガ爲セル裁判ニ根據セルモノナル時ハ之ヲ攻擊スルニアラザレバ

再審ヲ求ムル訴訟ノ專屬裁判所

再審ノ訴準ニ用セ

則チ其求ムル再審ノ訴ヲ貫徹セシムルヿ能ハザルノ不都合アルヿアルベキニヨリ此裁判ニ對スル不服ノ理由ハ之ヲ再審ノ訴ヲ求ムル訴ニ於テ共ニ主張スルヿヲ得セシメサルベカラズ

第四百七十二條　再審ヲ求ムル訴ハ不服ヲ申立テラレタル裁判ヲ爲シタル裁判所ノ管轄ニ專屬ス

同一ノ事件ニ付キ一分ハ下級ノ裁判所又一分ハ上級ノ裁判所ニ於テ爲シタル數箇ノ判決ニ對スル訴ハ上級ノ裁判所ノ管轄ニ專屬ス

督促手續ニヨリテ區裁判所ノ發シタル執行命令ニ對シ再審ヲ求ムル訴ハ其命令ヲ發シタル區裁判所ノ管轄ニ專屬ス然レトモ其請求カ區裁判所ノ管轄ニ屬セサルトキハ請求ニ付テノ訴訟ヲ管轄スル裁判所ニ專屬ス

第四百七十三條　訴ノ提起及ヒ其後ノ訴訟手續ニハ以下數條ニ於

アルベキ規定

訴ヲ起スベキ不變期間
此期間ノ始期

訴ヲ爲シ得ヘキ權利ノ消滅

テ別段ノ規定ヲ設ケサル限リハ其訴ニ付キ辯論及ヒ裁判ヲ爲ス可キ裁判所ノ訴訟手續ニ關スル規定ヲ準用ス

第四百七十四條　訴ハ一ケ月ノ不變期間内ニ之ヲ起ス可シ

此期間ハ原告若クハ被告ガ不服ノ理由ヲ知リタル日ヲ以テ始マル若シ原告若クハ被告カ判決ノ確定前ニ不服ノ理由ヲ知リタルトキハ判決ノ確定ヲ以テ始マル

判決確定ノ日ヨリ起算シテ五ケ年ノ滿了後ハ訴ヲ爲スヿヲ得ス

前二項ノ規定ハ第四百六十八條第四號ノ場合ニ之ヲ適用セス此場合ニ於テ其訴ノ提起ノ期間ハ原告若クハ被告又ハ其法律上代理人カ送達ニ因リ判決アリタルヿヲ知リタル日ヲ以テ始マル

（解）權利ハ永ク之ヲ未確定ニ置クベカラサレバ訴ヲ爲スベキ期間ハ之ヲ定メサルベカラズ（第一項及ビ第二項）

然レ𪜈第一項ニ規定スル期間ハ甚ダ短シ且ツ權利拋棄ノ推測ニ基クモノナレバ此期間

ハ原告若クハ被告ノ之ヲ知レル時ヨリ起算セシメサルベカラズ(第二項)第四百六十八條第四項ノ場合ニ於テハ原告若クハ被告又ハ其法律上代理人ニ於テ其判決アリシヿヲ知ラサルモノナルガ故ニ此等ノ者ガ再審ノ訴ヲ起サザルモ之ヲ目シテ懈怠アリト云フヿ能ハザレバ從テ之レニ再審ノ訴ヲ起スノ權利ヲ失ハシムベカラザルナリ

訴狀ニ具スベキ事項

第四百七十五條　訴狀ニハ左ノ諸件ヲ具備スルコトヲ要ス

第一　取消又ハ原狀回復ノ訴ヲ受クル判決ノ表示

第二　取消又ハ原狀回復ノ訴ヲ起ス旨ノ陳述

此他訴狀ハ準備書面ニ關スル一般ノ規定ニ從ヒテ之ヲ作リ且不服ノ理由ノ表示、此理由及ヒ不變期間ノ遵守ヲ明白ナラシムル事實ニ付テノ證據方法、又如何ナル程度ニ於テ不服ヲ申立テラレタル判決ヲ廢棄若クハ破毀ス可キヤノ申立、又本案ニ付キ更ニ如何ナル裁判ヲ爲ス可キヤノ申立ヲモ掲ク可シ

裁判長ノ命令ニテ

第四百七十六條　判然許ス可ラサル訴又ハ判然、法律上ノ方式ニ

却下スベキ訴

口頭辯論ノ期日ニ原告ノ疏明スベキ事項

裁判所ガ職權ヲ以テ棄却セザルベカラザル訴

更ニ爲スベキ本案ニ付テノ辯論及裁判

再審ヲ求ムル理由

適セス若クハ其期間ノ經過後ニ起シタル訴ハ裁判長ノ命令ヲ以テ之ヲ却下スヘシ

此却下ノ命令ニ對シテハ即時抗告ヲ爲スヿヲ得

第四百七十七條　原告ハ口頭辯論ノ期日ニ於テ相手方ノ有無ニ拘ハラス再審ヲ求ムル理由及ヒ法律上ノ期間ノ遵守ヲ明白ニスル事實ヲ疏明スヘシ

（解）是レ訴カ受理セラルヽニ必要ナル事項ナルニ由ル

第四百七十八條　許ス可ラサル訴又ハ法律上ノ方式ニ適セス若クハ其期間ノ經過後ニ起シタル訴ハ職權ヲ以テ判決ニヨリ不適法トシテ之ヲ棄却ス可シ

第四百七十九條　本案ニ付テノ辯論及ヒ裁判ハ不服申立ノ理由ノ存スル部分ニ限リ更ニ之ヲ爲ス可シ

裁判所ハ本案ニ付テノ辯論前ニ再審ヲ求ムルノ理由及ヒ許否ニ

及ヒ許否ニ付テノ辯論其裁判ニ

原告ノ不利ト爲ル判決ノ變更ヲ爲シ得ル場合

訴カ上告裁判所ニ屬スル時ノ規定

再審ノ訴ニ上訴ヲ

付キ辯論及ヒ裁判ヲ爲スコトヲ得、此場合ニ於テハ本案ニ付テノ辯論ハ再審ヲ求ムルノ理由及ヒ許否ニ付テノ辯論ノ續行ト看做ス

第四百八十條　原告ノ不利益ト爲ル判決ノ變更ハ相手方カ再審ヲ求ムル訴ヲ起シテ變更ヲ申立テタルトキニ非サレハ之ヲ爲スコトヲ得ス

第四百八十一條　訴カ上告裁判所ニ屬スルトキハ上告裁判所ハ再審ヲ求ムル理由及ヒ其許否ニ付テノ辯論ノ完結カ係爭事實ノ確定及ヒ斟酌ニ繫ルトキト雖モ其完結ヲ爲ス可シ

（解）元來上告裁判所ハ事實上ノ問題ニ立入ルコトヲ許サヽルモノナルモ再審ノ訴ハ其裁判所ニ專屬スヘキモノニシテ他ノ裁判所ニ移送シ若クハ原裁判所ニ差戻スコトヲ得サルヲ以テ此ノ如クニ規定セルモノナリ

第四百八十二條　上訴ハ訴ニ付キ裁判ヲ爲シタル裁判所ノ判決ニ

許ス場合

對シ一般ニ爲スヿヲ得ルトキニ限リ之ヲ爲スヿヲ得

廢罷訴訟ニ準用セラルベキ規定

第四百八十三條　第三者カ原告及ヒ被告ノ共謀ニ因リ第三者ノ債權ヲ詐害スル目的ヲ以テ判決ヲ爲サシメタリト主張シ其判決ニ對シ不服ヲ申立ツルトキハ原狀回復ノ訴ニヨレル再審ノ規定ヲ準用ス

廢罷訴訟ニ於ケル原被告

此場合ニ於テハ原告及ヒ被告ヲ共同被告ト爲ス

（解）第三者ハ原告及ヒ被告ノ共謀ニヨリ其有スル債權ヲ詐害スルノ目的ニテ訴訟ヲ起スヿアルトキハ第五十條ニ示スカ如ク參加ノ方法ニヨリ訴訟ヲ爲スヿヲ得ヘシ然レトモ若シ知ラスシテ其判決ヲ受ケシ場合ノ如キハ他ニ之ヲ濟フノ方法アラサルニヨリ再審ノ訴ニヨリテ之ガ救濟ヲ求ムルヲ得セシメザルベカラズ

證書訴訟及ビ爲替訴訟

第五章　證書訴訟及ヒ爲替訴訟

（解）證書訴訟トハ證書ニ依リ其爲ス所ノ請求ヲ證明シ得ル者ノ爲ニ簡易ノ手續ニ從ヒ直ニ執行スルヲ得べキ判決ヲ與フル所ノ訴訟ナリ此規則ヲ設定セルハ證書ニヨリテ請求

ヲ證明シ得ベキ塲合ノ如キハ事、大概ヲ疑フベカラザルニヨリ其手續ヲ簡易ナラシメ以テ訴訟人ニ利便ヲ與フルト共ニ裁判所ノ繁擾ヲ避ケント欲シタルニ由ル

爲替訴訟トハ證書訴訟ノ一種ニシテ其請求カ商法ニ規定セル手形ニ由ルモノニ名ツク

此訴訟ヲ他ノ證書訴訟ト區別スルノ利益ハ被告ノ普通管轄裁判所若シクハ支拂地ノ裁判所ニ之ヲ爲スヿヲ得ルト就審期限ノ甚ダ短キトニ在リトス

此ノ如クニ手續ヲ簡易迅速ニ爲セルモノハ事、商事ニ係ルヲ以テ此ノ如ク爲サヾルトキハ迅速簡易ヲ貴ブ商業ニ妨害ヲ來スベケレバナリ

請求ヲ證書訴訟ノ方法ニヨリ主張シ得ル場合

第四百八十四條　一定ノ金額ノ支拂其他ノ代替物若クハ有價證券ノ一定ノ數量ノ給付ヲ目的トスル請求ハ其請求ヲ起ス理由タル總テノ必要ナル事實ヲ證書ニヨリ證スルヿヲ得ヘキトキハ證書訴訟ヲ以テ之ヲ主張スルコトヲ得

（解）證書訴訟ハ證書ニヨリ請求ノ證明ヲ爲シ得ルガ故ニ之ヲメ簡易ナル手續ニ從ハシムルモノナレバ此訴訟手續ニヨラントスル請求ガ本條ニ規定スル所ノ如クナラサル可ラ

訴狀ニ記スベキモノ及添フベキモノ

證書訴訟ニハ妨訴ノ抗辯ヲ爲スヲ得ズ

反訴モ許サス

証據方法ト爲スヲ得ルモノ

書証申出ノ方法

サルハ論ナキナリ

第四百八十五條　訴狀ニハ證書訴訟トシテ訴フル旨ノ陳述ヲ掲ケ且證書ノ原本又ハ謄本ヲ添フルコトヲ要ス

第四百八十六條　本案ノ辯論ハ妨訴ノ抗辯ニ基キ之ヲ拒ムコトヲ得ス然レモ裁判所ハ申立ニヨリ又ハ職權ヲ以テ此抗辯ニ付キ辯論ノ分離ヲ命スルヿヲ得

第四百八十七條　反訴ハ之ヲ爲スコトヲ得ス

證書ノ眞否及ヒ第四百八十四條ニ掲ケタル以外ノ事實ニ關シテハ書證ノミヲ以テ適法ノ證據方法ト爲スコトヲ得

書證ノ申出ハ證書ノ提出ヲ以テノミ之ヲ爲スヿヲ得

（解）　反訴ヲ爲スヿヲ許ス𪜈ハ反訴ハ必ラズシモ證書ニヨリテ證明セラルルモノヽミナラサルカ故ニ證書ニヨリテ證明セラレサル訴マテモ審理セサルヘカラサルニ至リ訴訟ノ遲延ヲ來スヲ免カレズ故ニ許スヘカラズ

原告ハ證書訴訟ヲ通常訴訟ト爲スヲ得ベシ

請求ヲ却下セラル

反訴ヲ許ス片ハ訴訟ハ複雜ト爲ルカ故ニ之ヲ迅速ニ決落セシムルヿ能ハズ即チ爲替訴訟及ビ證書訴訟ノ性質ニ反クガ故ニ之ヲ爲スヿヲ禁セサルベカラズ

人ハ證書ヲ作リテ證書ノ僞造若クバ變造ヲ爲スモノアラサルカ故ニ證書ノ眞否ヲ證書ニヨリテ證明セシメントスルハ難キヲ人ニ責ムルモノナルニヨリ之ヲ許スベカラザルモ其他ハ凡ベテ證書ノミヲ以テ適法ノ證據方法ト爲スヲ得ル權利ヲ法律ヲ以テ裁判所ニ與ヘタル所以ハ證書以外ノ證據方法ハ之ヲ調査スルニ手數ヲ要スルカ故ニ迅速ニ訴訟ヲ決落セシムル能ハサレバナリ

而シテ其末項ニ於テ證書ノ申出ヲ證書ノ提出ヲ以テスルニアラサレバ之ヲ爲スヿヲ得サルヿト爲スヲ許セルハ亦右ト同一ノ旨趣ニ出デシモノナリ

第四百八十八條　原告ハ口頭辯論ノ終結ニ至ルマテハ被告ノ承諾ヲ要セスシテ通常ノ手續ニテ訴訟ヲ繫屬セシメテ證書訴訟ヲ止ムルヿヲ得

第四百八十九條　訴ヲ以テ主張シタル請求カ理由ナシト見エ又ハ

ベキ場合

適法ノ證據方法ニテ證據ノ申出ヲ為サズ又之ヲ為スモ完全ナラザル片被告ノ受クベキ結果

被告ノ抗辯ニ因リ理由ナシト見ユル片ハ原告ノ請求ヲ却下ス可シ證書訴訟ヲ許ス可カラサルトキ殊ニ適法ノ證據方法ヲ以テ原告ノ義務タル證據ヲ申出テス又ハ完全ニ之ヲ擧ケサル塲合ニ於テハ被告カ口頭辯論ノ期日ニ出頭セス又ハ法律上ノ理由ナキ異議若クハ証書訴訟ニ於テ許サヽル異議ノミヲ以テ訴ニ對シ抗辯シタル時ト雖𪜈此訴訟ニ於テハ其訴ヲ許サヽルモノトシテ之ヲ却下スヘシ

(解)是レ原告ニ於テ證書訴訟ヲ為シ得ルニ必要ナル條件ヲ充タササルニ由ルナリ

第四百九十條　証書訴訟ニ於テ適法ノ証據方法ヲ以テ被告ノ義務タル証據ヲ申出デス又ハ完全ニ之ヲ擧ケサルトキハ被告ノ異議ハ証書訴訟ニ於テ許サヽルモノトシテ之ヲ却下ス可シ

(解)證書訴訟ニ於テハ證書ニヨリテ證明セサルベカラサルモノナルガ故ニ被告ニ於テ證書ニテ適當ニ證明セサル片ハ之ヲ却下セサルベカラズ

主張セル請求ヲ爭ヒシ被告ノ敗訴ノ言渡ヲ受ケタル時ハ權利ノ行使ヲ留保セサルヘカラス判決ニハ此留保ヲ掲ケサルヘカラス此留保ヲ掲ケタル判決ノ効力

被告ニ權利ノ行使ヲ留保セル訴訟

第四百九十一條　主張シタル請求ヲ爭ヒタル被告ニハ敗訴ノ言渡ヲ受ケタル總テノ場合ニ於テ其權利ノ行使ヲ留保スヘシ

判決ニ此留保ヲ掲ケサルトキハ第二百四十二條ノ規定ニ依リ判決ノ補充ヲ申立ツルコトヲ得

留保ヲ掲ケタル判決ハ上訴及ヒ强制執行ニ付テハ之ヲ終局判決ト看做ス

（解）原告カ被告ノ請求ヲ爭ヒタルモ理由ナシト見認メラレ遂ニ敗訴ノ言渡ヲ受ケタルト雖モ權利ヲ行使スルノ權ヲ留保ズルモノトス右ハ此ノ訴ニ於テ敗訴ノ言渡ヲ受ケタルト雖モ他ノ訴訟ニ於テ權利ヲ振暢スヘキノ機會アルヲ以テ之ヲ留保スヘキモノトセシ所以ナリ（第四百二十六條參看）

第四百九十二條　被告ニ權利ノ行使ヲ留保シタルトキハ訴訟ハ通常ノ訴訟手續ニ於テ繫屬ス

此手續ニ於テ證書訴訟ヲ以テ主張シタル請求ノ理由ナカリシコ

トノ顯ハル、トキハ前判決ヲ廢棄シ原告ノ請求ヲ却下シ且其生セシメタル費用ノ全部又ハ一分ノ辨濟ヲ原告ニ言渡シ又前判決ニ基キ被告ヨリ支拂ヒ又ハ給付シタルモノ、辨濟ヲ申立ニヨリ原告ニ言渡スヘシ

右手續ニ於テ原告若クハ被告カ出頭セサルトキハ闕席判決ニ關スル規定ヲ準用ス

證書訴訟ニ適用セサル規定

第四百九十三條　四百二十六條及ヒ第四百二十七條ノ規定ハ證書訴訟ニ之ヲ適用セス

爲替訴訟

第四百九十四條　商法ニ規定シタル手形ニ因ル請求ヲ證書訴訟ヲ以テ主張スルトキハ爲替訴訟トシテ以下二條ニ掲クル特別ノ規定ヲ適用ス

爲替訴訟ヲ起シ得ル裁判所

第四百九十五條　爲替ノ訴ハ支拂地ノ裁判所又ハ被告カ其普通裁判籍ヲ有スル地ノ裁判所ニ之ヲ起スヿヲ得

爲替訴訟ニ於ケル訴狀ニ記スベキモノ

口頭辯論ノ期日

此期日ト訴狀送達トノ間ニ存スベキ時間

強制執行

數人ノ爲替義務者カ共同ニテ訴ヲ受ク可キトキハ支拂地ノ裁判所又ハ被告ノ各人カ其普通裁判籍ヲ有スル地ノ裁判所各々之ヲ管轄ス

第四百九十六條　訴狀ニハ爲替訴訟トシテ訴フル者ヲ掲クルコトヲ要ス

訴ノ許ス可キモノナルトキハ直チニ口頭辯論ノ期日ヲ定ム

口頭辯論ノ期日ト訴狀送達トノ間ニハ少ナクトモ二十四時ノ時間ヲ存スルコトヲ要ス

第六篇　強制執行

（解）強制執行トハ其之ヲ行フコトヲ許サレタル判決ノ趣旨ニ基キ履行スルコトヲ肯セサル債務者ヲ要制シテ義務ノ辨濟ニ服從セシムル方法ヲ云フ

抑モ當事者ノ訴訟ヲ爲ス所以ノ者ハ判決セラレンコトヲ望ムニアリト雖モ其終局ノ目的

強制執行ノ二種

假リニ許ス強制執行

眞トニ許ス強制執行

ハ此ニ止マラズ其受ケタル判決ノ力ニヨリ毀損セラレタル權利ノ回復救濟ヲ得ント欲スルニアルモノナレバ此強制執行ハ訴訟人カ其訴訟ニヨリテ達セントスル終局ノ目的ナリト云フ可シ佛ノ碩學れおーる氏嘗テ云ヘルコトアリ曰ク(裁判言渡ノ執行ニ係ル規則ハ訴訟法中一切ノ規則ノ同シク目的トスル所ナリ若シ此規則ニシテ存セサランカ諸ノ權利、諸ノ義務、幷ニ諸ノ契約ハ皆ナ唯々理論上ノ一話頭トナリテ何ノ實益モアルコトナケン)ト實トニ至言ト云フ可シ讀者ニシテ以下各條ノ規定ヲ見バ其言ノ誤ラサルヲ知ラン

第一章　總則

(解)　強制執行ニハ假リニ之ヲ許スモノアリ眞ニ之ヲ許スモノアリ

假リニ許ス強制執行トハ後ニ變更セラルヽコトアルベキ條件ヲ以テ執行セシムルヲ云ヒ其然ラサルモノハ之ヲ名ケテ眞トニ許ス強制執行ト云フ

此等ノ強制執行ハ執行ヲ受クベキ物件ノ異ナルニヨリ異ナラザルベカラザルモノナルガ故ニ執行ヲ爲スニ付テノ手續ハ之ヲ數部ニ分テ規定セザルベカラズ然レ𪜈亦其各部ニ通スル規則之レナキニアラズ本章ハ即チ其各部ニ共通スル規則ニ就テ規定ヲナセル者ナリ

強制執行ヲ爲シ得シ場合

判決ノ確定

判決確定ノ遮斷

判決確定ノ證明書ハ裁判所書記之ヲ付與ス上級審ニ繫屬スル中ハ確定ノ部分ノミ附與ス

第四百九十七條　強制執行ハ確定ノ終局判決又ハ假執行ノ宣言ヲ附シタル終局判決ニヨリテ之ヲ爲ス

（解）訴訟ニ係レル權利ハ終局ノ判決アリテ始メテ確定ス而シテ不確定ノ權利ヲ有スルモノハ之ヲ目シテ權利ヲ有スルモノト言フコト能ハザルニヨリ其權利ニ基クル執行ヲ求メ得サルハ論ナキナリ

第四百九十八條　判決ハ適法ナル故障ノ申立又ハ適法ナル上訴ノ提起ニ付キ定メタル期間ノ滿了前ニハ確定セサルモノトス

判決ノ確定ハ故障若クハ上訴ヲ其期間内ニ申立若クハ提起スルニ因リ之ヲ遮斷ス

第四百九十九條　原告若クハ被告カ判決ノ確定ニ就キ證明書ヲ求ムルトキハ第一審裁判所ノ書記ハ記錄ニ基キ之ヲ付與ス

訴訟カ猶上級審ニ於テ繫屬中ナルトキハ上級裁判所ノ書記ハ判決ノ確定ト爲リタル部分ノミニ証明書ヲ附與ス

不變期間ニ上訴ノ提起アラサル證明書ハ判決確定ノ証明書ニ代ル

原狀回復又ハ再審ヲ求ムル申立アルトハ強制執行ヲ一時停止シ若クハ取消シ又ハ續行スセク命ズルヲ得

判決ニ對シ上訴ノ提起ナキ場合ニ非レバ証明書ヲ付與スルコトヲ得サルトキニ限リ上訴ヲ管轄スル裁判所ノ書記カ不變期間內ニ上訴ノ提起ナキコトヲ認メタル証明書ヲ以テ足ル

（解）判決ニ對シ上訴ノ提起ナキ時ニ非ザレバ證明書ヲ與フルヿ能ハザル場合ハ上訴ノ管轄ヲ爲ス裁判所ニ非レバ則チ上訴ノ有無ヲ知ルヿ能ハザルカ故ニ證明書ヲ與フルハ上訴ヲ管轄スル裁判所ナラザルベカラズ而ソ不變期間ノ內ニ上訴ノアラザル時ハ判決ハ斯ニ確定スルガ故ニ不變期間ノ內ニ上訴ノアラザルコトヲ認メタル證明書ハ則チ判決ノ確定ヲ證スル證明書ニ代ハルノ効アラザルベカラズ

第五百條　原狀回復又ハ再審ヲ求ムル申立アルトキハ裁判所ハ申立ニ因リ保証ヲ立テシメ又ハ保証ヲ立テスシテ强制執行ヲ一時停止ス可キヿヲ命シ又ハ保証ヲ立テシメテ强制執行ヲ爲ス可キコトヲ命ジ及ヒ保証ヲ立テシメテ其爲シタル强制處分ヲ取消ス可キヲ命スルコトヲ得

保証ヲ立テシメスシテ強制執行ノ停止ヲ爲シ執行ヲ爲シタル場合

職權ヲ以テ假執行ノ宣告ヲ爲シ得ル場合

保証ヲ立テシメズシテ爲ス強制執行ノ停止ハ其執行ニヨリ償フヿ能ハサル損害ヲ生ス可キコトヲ疏明スルトキニ限リ之ヲ許ス

右裁判ハ口頭辯論ヲ經スシテ之ヲ爲スコトヲ得、其裁判ニ對シテハ不服ヲ申立ツルコトヲ得ス

第五百一條　左ノ判決ニ付テハ職權ヲ以テ假執行ノ宣言ヲ爲ス可シ

第一　認諾ニ基キ敗訴ヲ言渡ス判決

第二　証書訴訟又ハ爲替訴訟ニ於テ言渡ス判決

第三　同一審ニ於テ同一ノ原告若クハ被告ニ對シ本案ニ付キ言渡シタル第二又ハ其後ノ闕席判決

第四　假差押又ハ假處分ヲ取消ス判決

第五　養料ヲ支拂フ義務ヲ言渡ス判決、但訴ノ提起後ノ時間及ヒ其提起前最後ノ三个月間ノ爲ニ支拂フ可キモノナルトキ

二限ル

（解）本條ハ裁判所カ職權ヲ以テ假執行ノ宣言ヲ爲シ得ル塲合ヲ列記セルモノナルガ其第一ハ認諾ニ基キ敗訴ヲ言渡ス塲合ナリ之レハ其判決ノ確實ニシテ誤判ノ稀ナルヲ思料セルニ由ル其第二ハ證書訴訟又ハ爲替訴訟ニ於テ言渡ス判決ナリ之レハ前者ニハ右ト同シキ理由アリ後者ハ事、商事ニ係ルカ故ニ勝者ニ早ク判決ノ實益ヲ得セシメ以テ商界ノ信用ヲ厚カラシメント欲セルニ由ル其第三ハ同一ノ裁判所ニ於テ同一ノ原被ニ對シ本案ニ付テ爲セル第二以上ノ闕席判決ヲ爲セル時ニ係ル之レハ數回繼テ欠席判決ヲ受ケ以テ其確定ヲ妨クルモノニ若シモ其効アラシムルニ於テハ其對手ハ永久執行ヲ求ムルヿ能ハザルノ不都合アルニ由ル其第四ハ假差押又ハ假所分ヲ取消ス判決ナリ之レハ假差押又ハ假處分ヲ許スカ如キハ元來、例外ノ事ニ屬シ人ノ權利ヲ傷クル大ナルモノナルニ之ヲ取消ス判決ハ則チ其非ヲ正スモノナルニ由ル其第五ハ養科ノ支拂ヲ命スル判決ナリ之レハ人ノ生活ノ資ニ供セラルヽモノナルカ故ニ猶豫ス可ラザルノ性質アルニ基ク

申立ニヨリ假執行

第五百二條 左ノ塲合ニ於テハ申立ニヨリ假執行ノ宣言ヲ爲ス可

ノ宣言ヲ為ス可キ場合

シ

第一　總テノ住家其他ノ建物又ハ其或ル部分ノ受取、明渡、使用、占據、若クハ修繕ニ關シ又ハ賃借人ノ家具若クハ所持品ヲ賃貸人ノ差押ヘタルコトニ關シ賃貸人ト賃借人トノ間ニ起リタル訴訟

第二　占有ノミニ係ル訴訟

第三　雇主ト雇人トノ間ニ雇期間一个年以下ノ契約ニ關リ起リタル訴訟

第四　左ニ掲ケタル事項ニ付キ旅人ト旅店若クハ飲食店ノ主人トノ間ニ又ハ旅人ト水陸運送人トノ間ニ起リタル訴訟

イ　賄科又ハ宿科又ハ旅人ノ運送科又ハ之ニ伴フ手荷物ノ運送科

ロ　旅店若クハ飲食店ノ主人又ハ運送人ニ旅人ヨリ保護ノ

爲メ預ケタル手荷物、金錢又ハ有價物

第五　此他財産權上ノ請求ニ關シ金額又ハ價額ニ於テ貳拾圓ヲ超過セサル訴訟、但其物ノ價額ニ付テハ第三條乃至第六條ノ規定ヲ適用ス

本條ハ裁判所カ申立アリテ始テ假執行ノ宣言ヲ爲シ得ル場合ヲ列記セルモノナリ其場合ハ凡五个アリト雖圧要スルニ皆ナ少額ノ諍訟ニ關シ且急速ノ執行ヲ要スルニ由ラザルハナシ例之ヘハ本條第三號ノ訴訟ノ如シ雇人ハ雇主ヨリ得ル所ノ給料ニヨリテ其生活ヲ爲スモノナリ而シテ其額ハ少ナシ然ルニ判決ノ確定スル迄ハ假令勝訴ノ判決ヲ得ル圧其執行ヲ得ルコ能ハストセンカ其迷惑ハ一方ナラザルヘシ、ソレ請求額ノ少ナルモノハ之ヲ仮リニ執行セシメテ後ニ取消サルルコアリトモ爲メニ生スル損害ハ多キコナカルヘシ加フルニ急速ニ執行ヲ要スル理由アリトセハ第四百九十七條ノ原則ハ之ヲ墨守スヘカラサルナリ

前條ノ外債權者ノ

第五百三條　前二條ニ掲ケタル外、左ノ場合ニ於テハ財産權上ノ

中立ニヨリ裁判所カ假執行ノ宣言ヲ爲シ得ル場合

請求ニ關スル判決ニ限リ債權者ノ申立ニ因リ仮執行ノ宣言ヲ爲スヘシ

第一　債權者カ執行ノ前ニ保證ヲ立テント申出ヅルトキ

第二　債權者カ判決ノ確定ト爲ル迄、執行ヲ中止セハ償ヒ難キ損害又ハ計リ難キ損害ヲ受ク可キコトヲ疏明スルトキ

（解）保證ヲ立テヽモ尚仮執行ヲ得ント求ムルモノヽ如キハ確實ナル權利ノ上ニ坐スルモノナルヘク加之フルニ假リニ執行セラルヽ債務者ハ後ニ其執行ヲ取消サルヽニ至ルヿアリ𪜈爲メニ受ケタル損失ヲ償フニ充分ナル保證ヲ有スレハ空シク損害ヲ蒙ムルカ如キコトハアラサルヘシ故ニ裁判所ハ債權者カ執行ノ前ニ保証ヲ立テント申出ルトキニ假執行ノ宣言ヲ爲スヲ得可シ

若シ夫レ本條第二號ニ規定スルカ如クニ重大ナル効果ヲ生スル場合ニ於テハ判決ハ確定スル迄執行スルヲ得サル原則ヲ守リ得ザルハ余ノ之ヲ説明スルヲ待タス讀者ハ之ヲ了知スル所ナラン故ニ之ヲ贅セズ

判決ノ確定前ニ於テ執行スル時ハ回復ス可ラサル損害ヲ受クベキコトヲ疏明シタル時ニ為ス可キ宣言

裁判所ガ有スル假執行又ハ假執行免除ノ宣言ヲ為シ得ル權利

第五百四條　債務者カ判決ノ確定ト為ル前ニ判決ヲ執行セバ回復スルコトヲ得サル損害ヲ受ク可キコトヲ疏明シタルトキハ其申立ニ因リ左ノ宣言ヲ為ス可シ

第一　第五百一條ノ場合ニ於テハ判決ヲ仮リニ執行ス可ヲサルコト

第二　第五百二條、第五百三條ノ場合ニ於テハ債權者ノ仮執行ノ申立ヲ却下スルコト

第五百五條　總テノ場合ニ於テ裁判所ハ債務者ノ申立ニ因リ債權者豫メ保證ヲ立ツルトキハ仮執行ヲ為シ得可キ旨ヲ宣言スルコトヲ得

債權者カ執行ノ前ニ保證ヲ立ツルコトヲ申出テサルトキハ債務者ノ申出ニ因リ債務者ニ保證ヲ立テシメ又ハ供託ヲ為サシメテ執行ヲ免カルヽコトヲ許スベシ

假執行ニ關スル申立ヲ爲スベキ時期假執行ノ裁判ハ判揭主文ニ決クヘシ爲執行ニ付テ裁判ヲ爲サス又ハ債權者ノ申立ト看過シ

（解） 仮執行ヲ許スニヨリ害ヲ被ルノ恐アルモノハ獨リ債務者ナリ而シテ人ハ其利益ヲ拋棄スルニ就テハ自由ナラザルベカラサルガ故ニ債權者ニ仮執行ヲ爲スコトヲ得セシム可ク債務者ノ承認セルニ於テハ裁判所ハ如何ナル場合ニ於テモ仮執行ヲ爲スコトヲ許スヲ得ベシ

債權者ニ保證ヲ立テシメテ仮執行ヲ爲スコトヲ得セシムノ適理ナルヲ知レル讀者ハ債務者ニ保證又ハ供託ヲ爲サシメテ以テ仮執行ヲ受クルコト免レシムルノ適當ナルヿモ亦之ヲ知ルベケレバ此事ニ就テハ説明ヲ與ヘザルベシ

第五百六條　假執行ニ關スル申立ハ判決ニ接着スル口頭辯論ノ終結前ニ之ヲ爲ス可シ

第五百七條　假執行ニ付テノ裁判ハ判決主文ニ之ヲ揭ク可シ

第五百八條　職權ヲ以テ判決ノ仮執行ヲ宣言ス可キ場合ニ於テ仮執行ニ付テノ裁判ヲ爲サヽルトキ又ハ判決ノ假執行ヲ宣言ス可キ債權者ノ申立ヲ看過シタルトキハ第二百四十二條及ヒ第二百

ルトキハ

判決ノ補充ヲ爲スヲ要ス

上級審ガ假執行ノ宣言ヲ附スベキ場合

假執行ノ効力ヲ失フベキ場合及ビ其限度

假執行ノ宣言ヲ廢

四十三條ノ規定ニ從ヒ判決ノ補充ヲ爲スコトヲ得

第五百九條　第一審又ハ第二審ノ判決ニシテ假執行ノ宣言ナカリシモノ又ハ條件附ノ假執行ノ宣言アリタルモノハ上訴ヲ以テ不服ヲ申立テサル部分ニ限リ口頭辯論ノ進行中ニ爲シタル原告若クハ被告ノ申立ニ因リ上級審ニ於テ其判決ニ仮執行ノ宣言ヲ附ス可シ

（解）第一審又ハ第二審ノ判決ニシテ上訴ヲ以テ申立ヲ爲サレザル部分ハ暗ニ其判決ニ服セルノト見ルモ可ナルニヨリ上訴ニ於ケル口頭辯論ノ進行中ニ爲スコトアル可キ當事者一方ノ申立ニヨリ上級審ノ屬スル裁判所ハ其爲ス判決ニ假執行ノ宣言ヲ附スルヲ得ベシ

第五百十條　本案ノ裁判又ハ假執行ノ宣言ヲ廢棄若クハ破毀又ハ變更スル判決ノ言渡アルトキハ假執行ハ其廢棄若クハ破毀又ハ變更ヲナス限度ニ於テ効力ヲ失フ

假執行ノ宣言アリタル本案ノ判決ヲ廢棄若クハ破毀又ハ變更ス

棄シ破毀若クバ變更セルトキニ生スル效力

第二審ニ於テハ假執行ノ辯論及ヒ裁判ヲ先キニス

第二審ノ假執行ノ裁判ニハ不服ヲ申立ツルヲ得ス

保證又ハ供託ヲ爲ストキニヨルベキ規定

ルトキハ判決ニ基キ被告ノ支拂又ハ給付シタルモノ、辨濟ヲ被告ノ申立ニ因リ判決ヲ以テ原告ニ言渡ス可シ

第五百十一條　第二審ニ於テハ申立ニ因リ先ツ假執行ニ付キ辯論及ヒ裁判ヲ爲ス可シ

口頭辯論ノ延期ニ付テノ第四百十條ノ規定ハ此場合ニ於テハ之ヲ適用セス

第二審ニ於テ假執行ニ付キ爲シタル裁判ニ對シテハ不服ヲ申立ツルコトヲ得ス

第五百十二條　假執行ノ宣言ヲ付シタル判決ニ對シ故障ヲ申立又ハ上訴ヲ起シタルトキハ第五百條ノ規定ヲ準用ス

第五百十三條　本編ノ規定ニ從ヒ原告若クハ被告ニ保證ヲ立ツル義務ヲ負ハシメ若クハ保證ヲ立テ又ハ供託ヲ爲スコトヲ許シタル場合ニ於テハ原告若クハ被告ハ其普通裁判籍ヲ有スル地ノ區

外國裁判所ノ爲セル判決ノ強制執行

執行判決ヲ爲ノ手

裁判所又ハ執行裁判所ニ保證ヲ立テ又ハ供託ヲ爲スコトヲ得

保證ヲ立テ又ハ供託ヲ爲シタルコトニ付テハ求ニ因リ證明書ヲ付與ス可シ

第五百十四條　外國裁判所ノ判決ニ因レル強制執行ハ本邦ノ裁判所ニ於テ執行判決ヲ以テ其適法ナルコトヲ言渡シタルトキニ限リ之ヲ爲スコトヲ得

執行判決ヲ求ムル訴ニ付テハ債務者ノ普通裁判籍ヲ有スル地ノ區裁判所又ハ地方裁判所之ヲ管轄シ又普通裁判籍ナキトキハ第十七條ノ規定ニ從ヒテ債務者ニ對スル訴ヲ管轄スル裁判所之ヲ管轄ス

(解)外國ノ裁判所ニテ爲シタル判決ハ我司法權ノ與カレルモノニアラサレハ我國法ニ抵觸セル所ナキヲ保セス故ニ之ヲ調査シテ其適法ナリシヤ否ヤヲ見サルヘカラス

第五百十五條　執行判決ハ裁判ノ當否ヲ調査セスシテ之ヲ爲ス可シ

續執行判決ヲ求ムル訴ノ却下スヘキ塲合

執行判決ヲ求ムル訴ハ左ノ塲合ニ於テハ之ヲ却下ス可シ
第一　外國裁判所ノ判決ノ確定ト爲リタルコヲ證明セサルヰ
第二　本邦ノ法律ニ依リ强テ爲サシムルコトヲ得サル行爲ヲ執行セシムヘキトキ
第三　本邦ノ法律ニ從ヘハ外國裁判所カ管轄權ヲ有セサルヰ
第四　敗訴ノ債務者本邦人ニシテ應訴セサリシヰ但訴訟ヲ開始スル呼出又ハ命令ヲ受訴裁判所々屬ノ國ニ於テ又ハ法律上ノ共助ニ依リ本邦ニ於テ本人ニ送達セサリシヰニ限ル
第五　國際條約ニ於テ相互ヲ保セサルヰ

强制執行ハ執行文ノ判決ノ正本ニ基キテ爲ス

執行力アル正本ノ附與ヲ爲ス者

第五百十六條　强制執行ハ執行文ヲ付シタル判決ノ正本ニ基キ之ヲ爲ス
執行力アル正本ハ第一審裁判所ノ書記、又訴訟カ上級裁判所ニ繫屬スルヰハ其裁判所ノ書記之ヲ付與ス

執行文ヲ附記スベキモノ
執行文式

執行文ニ捺印スルモノ

執行力アル正本ヲ附與スル場合

執行力アル正本ヲ付與スル場合

執行力アル正本ヲ求ムル申立ハ口頭ヲ以テ之ヲ爲スコトヲ得

第五百十七條　執行文ハ判決ノ正本ノ末尾ニ之ヲ附記ス

其文式左ノ如シ

　前記ノ正本ハ被告某若クハ原告某ニ對シ強制執行ノ爲メ原告某若クハ被告某ニ之ヲ付與ス

執行文ニハ裁判所書記署名捺印シ且裁判所ノ印ヲ押ス可シ

第五百十八條　執行力アル正本ハ判決ノ確定シタル𪜈又ハ假執行ノ宣言アリタルトキニ限リ之ヲ付與ス

判決ノ執行カ其旨趣ニ從ヒ保証ヲ立ツルコトニ繫ル場合ノ外、他ノ條件ニ繫ル場合ニ於テハ債權者カ證明書ヲ以テ其條件ヲ履行シタルヿヲ證スル𪜈ニ限リ執行力アル正本ヲ付與スルヿヲ得

（解）執行シ得ヘキ場合ニアラサレハ執行ヲ爲スコトヲ許スベカラサルハ論ナシ而シテ判決ハ確定セル𪜈又確定セサル時ハ假執行ヲ許サレタル時ノミ執行ヲ爲スヿヲ得ルモノ

執行力アル正本ノ附與ヲ受ケ得ル者

第五百十八條二項及第十九條ノ場合ニ於テハ裁判長ノ命令アルニアラサレハ執行力アル正

ナレハ此二ノ場合ヲ除クノ外ハ執行力アル正本ノ附與ヲ爲スベカラズ又假令ヒ判決ノ確定シ又ハ假リニ執行ヲ爲スコトヲ許サレタル時ト雖トモ若シ其趣旨ニシテ或ル條件ノ到達ニ繋ルニ於テハ債權者ガ其條件ノ到達セルコトヲ證明セルニアラサレハ又執行力アル正本ノ附與ヲ爲スコト能ハサルナリ

第五百十九條　執行力アル正本ハ判決ニ表示シタル債權者ノ承繼人ノ爲メニ之ヲ付與シ又ハ判決ニ表示シタル債務者ノ一般ノ承繼人ニ對シ之ヲ付與スルヿヲ得、但其承繼カ裁判所ニ於テ明白ナルトキ又ハ證明書ヲ以テ之ヲ證スルトキニ限ル

此承繼カ裁判所ニ於テ明白ナルトキハ之ヲ執行文ニ記載ス可シ

第五百二十條　第五百十八條第二項及ヒ第十九條ノ場合ニ於テハ執行力アル正本ハ裁判長ノ命令アルトキニ限リ之ヲ付與スルコトヲ得

裁判長ハ其命令前ニ書面又ハ口頭ヲ以テ債務者ヲ審訊スルコト

本ヲ附與シ得ズ

執行文付與ニ對シ異議アリタルトキ其異議ノ申立ヲ管

ヲ得

右命令ハ執行文ニ之ヲ記載ス可シ

（解）第五百八十條第二項及ヒ第十九條ノ場合ニ於テハ執行力アル正本ヲ求ムル者カ之ヲ求ムルニ付テ要スル條件ヲ履行セルヤ之ヲ求メ得ル者ノ承繼人ナルヤ否ヤ其爲セル証明ニノミ一任ス可ラズシテ之ヲ調査セザルベカラサルヿアルヿアルベシ（而シテ之ヲ必要ナリトスル時ニ其審訊ヲ爲ス者ハ裁判長ナリ）故ニ書記ハ第五百十八條第二項及ヒ第五百十九條ノ場合ニ於テハ裁判長ノ命令アルニアラザレバ執行力アル正本ノ附與ヲ爲スコト能ハザルナリ

第五百二十一條　第五百十八條第二項及ビ第五百十九條ニ依リ必要ナル証明ヲ爲ス能ハサルトキハ債權者ハ判決ニ基キ執行文ノ付與ニ付キ第一審ノ受訴裁判所ニ訴ヲ起スコトヲ得

第五百二十二條　執行文ノ付與ニ對シ債務者カ異議ヲ申立テタルトキハ其執行文ヲ付與シタル裁判所書記ノ屬スル裁判所之ヲ裁

轄スル裁判所

判ス

裁判長ハ其裁判前ニ假處分ヲ爲スコトヲ得、殊ニ保証ヲ立テシメ若クハ之ヲ立テシメズシテ強制執行ヲ一時停止シ又ハ保証ヲ立テシメテ強制執行ヲ續行ス可キヲ命スルコトヲ得

（解）執行文ノ付與ニ付キ債務者ノ異議ヲ申立タルトキニ其執行文ヲ付與セル裁判所書記ノ屬スル裁判所ヲ以テ管轄ノ權利アリト爲セルモノハ其裁判所ニ必要ナル書面ノ之レアルニ由ルナリ（第五百十六條第二項）

執行力アル正本ノ數通ノ交付ヲ求メシキニ處スル規定

第五百二十三條　債權者カ執行力アル正本ノ數通ヲ求メ又ハ前ニ付與シタル正本ヲ返還セズシテ更ニ同一判決ノ正本ヲ求ムルトキハ裁判長ノ命令アルトキニ限リ之ヲ付與スルコトヲ得

裁判長ハ其命令ノ前ニ書面又ハ口頭ヲ以テ債務者ヲ審訊スルコトヲ得

相手方ヲ審訊セズシテ執行力アル正本ノ數通ヲ付與シ又ハ更ニ

執行力アル正本ノ付與前ニ為スベキ手續

執行力アル正本ノ効力ハ全國ニ及ブ

正本ヲ付與シタルトキハ其旨ヲ相手方ニ通知スヘシ
正本ノ數通ヲ付與シ又ハ更ニ正本ヲ付與シタルトキハ其旨ヲ明記スヘシ

(二解)債務者ノ財産數多ノ裁判所ノ管轄内ニ散在シアル時、同時ニ執行ヲ求メントスル債權者ハ數通ノ執行力アル正本ノ付與ヲ求ムルコトアル可シ(第五百二十六條)斯ル場合ニ於テハ裁判所ハ之ヲ許スベキヤ否ヤヲ知ルカ為メニ債務者ノ審訊ヲ必要トスルコトアル可シ而シテ此時ニ債務者ノ審訊ヲ為スモノハ裁判長ナルカ故ニ書記ハ裁判長ノ命令アルニアラザレバ數通ノ執行力アル正本ヲ付與スルコト能ハザルナリ

第五百二十四條　執行力アル正本ノ付與前ニ判決ノ原本ニ原告ノ為メ若クハ被告ノ為ニ之ヲ付與スル旨、且之ヲ付與スル日時ヲ記載ス可シ

第五百二十五條　執行力アル正本ノ効力ハ之ヲ付與シタル裁判所ノ管轄内ニ止マラス總テ本邦ノ裁判區域内ニ及ブモノトス

債權者カ一箇ノ方法ニテ強制執行ヲ爲スモ完全ノ辨濟ヲ得サルトキハ數箇ノ方法ニテ同時ニ之ヲ爲スノ權利アリ

債權者ハ執行地ノ管轄内ニ住居又ハ事務所ヲモ有セサルトキハ假住所ヲ選定スベシ

強制執行ヲ始ムルヲ得ル場合

執行文ハ強制執行ヲ始ムル

（解）司法權ハ天皇ノ名ニ於テ之ヲ行フモノナルカ故ニ裁判所ニ於テ爲ス所ノ裁判言渡ハ帝國主權ノ及ブ限リ國内ハ何レノ處ニ至ルモ其効アラザルベカラズ

第五百二十六條　債權者ハ一箇ノ地又ハ一箇ノ方法ニテ強制執行ヲ爲スモ完全ナル辨濟ヲ得ル能ハサルトキハ數通ノ執行力アル正本ニ基キ數箇ノ地又ハ數箇ノ方法ニテ同時ニ強制執行ヲ爲ス權利ヲ有ス

第五百二十七條　債權者ハ執行ヲ爲ス可キ地ヲ管轄スル區裁判所ノ所在地ニ住居ヲモ事務所ヲモ有セサルトキハ其所在地ニ假住所ヲ選定シ其旨ヲ裁判所ニ屆出ツ可シ

第五百二十八條　強制執行ハ之ヲ求ムル者及ヒ之ヲ受ル者ノ氏名ヲ判決又ハ之ニ附記スル執行文ニ表示シ且判決ヲ己ニ送達シ又ハ同時ニ送達シタルトキニ限リ之ヲ始ムルコトヲ得

判決ノ執行カ其旨趣ニ從ヒ債權者ノ證明ス可キ事實ノ到來ニ繫

前ニ送達スルヲ要ス

強制執行ハ日限滿了ノ後ニ非サレハ之ヲ爲スヲ得ス執行ガ保証ヲ立ツルヿニ係ルトキハ之ヲ立テタル後ニ非サレハ爲スヿ能ハス

ルトキ又ハ判決ノ執行カ判決ニ表示シタル債權者ノ承繼人ノ爲ニ爲シ又ハ判決ニ表示シタル債務者ノ承繼人ニ對シ爲ス可キトキハ執行ス可キ判決ノ外尙ホ之ニ附記スル執行文ヲ強制執行ヲ始ムル前ニ送達スルコトヲ要ス

若シ証明書ニヨリ執行文ヲ付與シタルトキハ亦其証書ノ謄本ヲ強制執行ヲ始ムル前ニ送達シ又ハ同時ニ送達スルコトヲ要ス

第五百二十九條　請求ノ主張カ或ル日時ノ到來ニ繫ルトキハ其日時ノ滿了後ニ限リ強制執行ヲ始ムルコトヲ得

若シ執行カ債權者ヨリ保証ヲ立ツルヿニ繫ルトキハ債權者カ保証ヲ立テタルコトニ付テノ公正ノ証明証ヲ提出シ且其謄本ヲ既ニ送達シ又ハ同時ニ送達シタル時ニ限リ其ノ執行ヲ始ムルコトヲ得

（解）右ニ列記セル最後ノ二條ハ之ヲ要スルニ執行ヲ爲シ得ルニ至ルニ必要ノ事項ヲ債

軍人軍屬ニ對シテ强制執行ヲ爲スニ付キ履マサルベカラサル手續

强制執行ハ執達吏之ヲ實施ス

然レ氏又裁判所書

權者ニ於テ履踐セルヤ否ヤヲ債務者ニ知ラシムベク爲ス手續ヲ定メタルモノニ外ナラザルナリ債務者ハ之ニ依リテ以テ其爲ス所ノ執行ノ當否ヲ判斷シ以テ其權利ヲ安全ニ保護スルヲ得可シ

第五百三十條　預備、後備ノ軍籍ニアラサル軍人、軍屬ニ對シテ爲ス强制執行ハ其上班司令官廳ニ通知ヲ爲シタル後ニ限リ之ヲ始ムルコトヲ得

此官廳ハ債權者ノ求メニヨリ通知ノ受取証ヲ付與ス可シ

（解）是レ豫備後備ノ軍籍ニアラザル軍人軍屬ハ規律嚴肅ナル軍制ノ下ニ其身ヲ置キ其監督ヲ受クルニ由ルモノナルベキモ此ノ如キ理由ハ强制執行ヲ爲ス債權者ニ其執行ヲ爲スニ先チ通知ノ煩勞ヲ取ラシムルノ價アルヤ否ヤ余ハ疑ナキヿ能ハザルナリ

第五百三十一條　强制執行ハ此法律ニ於テ別段ノ規定ナキトキニ限リ執達吏之ヲ實施ス

債權者ハ强制執行ヲ委任スル爲ニ區裁判所書記ノ補助ヲ求ムル

記ノ補助ヲ求ムルヲ得

書記ノ委任シタル執達吏ハ債權者ノ委任シタルト看做ス

コトヲ得

裁判所書記ノ委任シタル執達吏ハ債權者ノ委任シタルモノト看做ス

（解）強制執行ハ之ヲ受クルニヨリ害アル者ニ爲サシメテ其平ヲ得サルカ如ク之ヲ受クルニヨリ利益アルモノニ爲サシムルモ亦其平ヲ得ルモノニ非ザレハ事ニ全ク關係ナキ第三者ニ之ヲ爲サシメサルヘカラズ是レ執行ヲ以テ執達吏ノ爲ス可キ職務ト爲セル所以ナリ

債權者ハ強制執行ヲ委任スル爲メニ區裁判所書記ノ補助ヲ求ムルヲ得而メ債權者區裁判所書記ニ委任シテ強制執行ヲ托ス可キ執達吏ノ選定ヲ爲サシメ區裁判所書記之ヲ果セル𪜈ハ其結果、債權者ノ直接ニ執達吏ニ委任セルト異ナルコトアラザルニヨリ區裁判所書記ノ選任セル執達吏ノ爲セル行爲ハ債權者カ自ラ選定シテ托セル執達吏ノ爲セル行爲ノ如クニ已ニ對シテ効力アラザルヘカラズ

執達吏ノ責ニ任スル場合

第五百三十一條　執達吏ハ債權者ノ委任ニヨリテ爲ス行爲及ビ職

執達吏ハ有効ノ受取書又ハ執行力アル正本ヲ債務者ニ交附スルヲ得

執達吏ハ執行力ア

務上ノ義務ノ違背ヨリシテ債權者其他ノ關係人ニ對シ損害ヲ生セシメタルトキハ第一ニ其責ニ任ス

第五百三十三條　債權者執行力アル正本ヲ交付シテ强制執行ヲ委任シタルトキハ執達吏ハ特別ノ委任ヲ受ケザルトキト雖モ支拂其他ノ給付ヲ受取リ其受取リタル者ニ付キ有効ニ受取ノ証書ヲ作リ之ヲ交付シ且債務者ニ於テ其義務ヲ完全ニ盡シタルトキハ執行力アル正本ヲ債務者ニ交付スルコトヲ得

（解）執行力アル正本ヲ以テ債務者ヲ催迫スル者ハ畢竟其辨濟ヲ得ルカ爲メニ之レヲ爲スモノニ外ナラザレバ執行力アル正本ヲ執達吏ニ交付シ之レニ强制執行ヲ爲スコトヲ委任セル債權者ハ支拂其他ノ給付ヲ受取リ其受取リタルモノニ付キ有効ノ受領証ヲ作リテ之ヲ交付シ且債務者ニ於テ其義務ヲ完全ニ盡セル時ハ執行力アル正本ヲ其債務者ニ交付スルコトヲモ託セルモノト言ハザルベカラズ

第五百三十四條　執達吏ハ執行力アル正本ヲ所持スルヲ以テ債務

ル正本ヲ所持スルヲ以テ强制執行其他ノ行爲ヲ實施スル權利ヲ有ス

債務者ノ義務ヲ盡シタル時ハ執達吏ハ受取證ヲ交付セザルベカラス

債務者ハ執達吏ヨリ受取證ヲ受取ルモ猶ホ債務者ニ對シテ受取ノ證ヲ求ムルヲ得

執達吏ノ

者及ヒ第三者ニ對シ强制執行及ヒ前條ニ掲ケタル行爲ヲ實施スル權利ヲ有ス債權者ハ此等ノ者ニ對シ委任ノ欠欽又ハ制限ヲ主張スルコトヲ得ス

執達吏ハ其正本ヲ携帶シ關係人ノ求アルトキハ其資格ヲ證スル爲ニ之ヲ示ス可シ

第五百三十五條　執達吏ハ債務者カ其義務ヲ完全ニ盡シタルトキハ執行力アル正本及ヒ受取ノ證ヲ之ニ交付シ又其義務ノ一部ヲ盡シタルトキハ執行力アル正本ニ其旨ヲ付記シ且受取ノ證ヲ債務者ニ交付ス可シ

債務者カ後ニ債權者ニ對シ受取ノ證ヲ求ムル權利ハ前項ノ規定ニヨリテ妨ケラルヽコトナシ

第五百三十六條　執達吏ハ執行ノ爲メ必要ナル場合ニ於テハ債務者ノ住居、倉庫、及ヒ筐匣ヲ捜索シ又ハ閉鎖シタル戸扉及ヒ筐

執行ニ於ケル權力

執達吏カ執行ヲ爲スニ際シ證者ノ立會ヲ要スル場合

匣ヲ開カシムル權利ヲ有ス

抵抗ヲ受クル場合ニ於テハ執達吏ハ威力ヲ用ヰ且警察上ノ援助ヲ求ムルコトヲ得若シ兵力ヲ要スルトキハ之ヲ執行裁判所ニ申立ツ可シ

(解) 執達吏ニ如此キ重大ノ權力ヲ附與スルハ住居不侵、人身自由等ノ大原則ニ觸ルヽヤ明カナリ然レ𪜈是レ已ヲ得サルニ出ツル者ナリ蓋シ若シ執達吏ニ許スニ如此キ權力ヲ以テスルニ非ザレバ執拗剛腹ノ債務者ハ其有スル財産ヲ倉庫ニ藏メテ債務ノ履行ヲ拒ムヿヲ得可ク債權者ハ空虛ナル權利ヲ有スルニ止マルヿアルベケレバナリ

第五百三十七條　執達吏ハ執行行爲ヲナスニ際シ抵抗ヲ受クルトキ又ハ債務者ノ住居ニ於テ執行行爲ヲナスニ際シ債務者又ハ生長シタル其家族若クハ雇人ニ出會ハサルトキハ成丁者二人又ハ市町村若クハ警察ノ吏員一人ヲ証人トシテ立會ハシム可シ

(解) 是レ其行爲ノ正否ヲ監査セシメンカ爲メニ外ナラザルナリ

執達吏ハ利害ノ關係ヲ有スル各人ノ請求ニヨリ記錄ノ閲覧又ハ書類ノ謄本ヲ付與スルヿヲ要ス

夜間又ハ休暇日ニハ執行裁判所ノ許可アルニ非ザレバ執行ヲ爲スヿ能ハズ

執達吏ハ各執行行爲ニ付キ調書ヲ作ラザルベカラズ

此調書ニ具スベキ諸件

第五百三十八條 强制執行ニ付キ利害ノ關係ヲ有スル各人ニハ其求メニヨリ執達吏ノ記錄ノ閲覽ヲ許シ及ヒ記錄中ニ存スル書類ノ謄本ヲ付與スルコトヲ要ス

（解）是レ利害ノ關係ヲ有スル者ノ權利防禦ニ必要ナルニ由ル

第五百三十九條 夜間及ヒ日曜日並ニ一般ノ祝祭日ニハ執行裁判所ノ許可アルトキニ限リ執行行爲ヲナスコトヲ得

右許可ノ命令ハ强制執行ノ際之ヲ示ス可シ

（解）夜間及ヒ日曜日並ニ一般ノ祝祭日ハ人ノ休憩シテ以テ其勞働ヲ慰スルノ日ナルニ若シ此等ノ時間ニ執行行爲ヲ爲スヲ許ス時ハ之ヲ妨グルニ至ルニヨリ叨リニ之ヲ許ス可ラサルナリ

第五百四十條 執達吏ハ各執行行爲ニ付キ調書ヲ作ル可シ

此調書ニハ左ノ諸件ヲ具備スルコトヲ要ス

第一 調書ヲ作リタル場所、年月日

催告其他ノ通知ハ口頭ヲ以テ之ヲ爲シ調書ニ記スヘシ若シ口頭ニ爲スヿヲ得サレハ調書ノ膽本ヲ送達スヘシ

第二　執行行爲ノ目的物及ヒ其重要ナル事情ノ略記
第三　執行ニ預リタル各人ノ表示
第四　右各人ノ署名捺印
第五　調書ヲ其各人ニ讀ミ聞カセ又ハ閲覽セシメ其承諾ノ後署名捺印ヲ爲シタルコトノ開示
第六　執達吏ノ署名捺印

第四號及ヒ第五號ノ要件ヲ具備スルコト能ハサルトキハ其理由ヲ記載ス可シ

第五百四十一條　執行行爲ニ屬スル催告其他ノ通知ハ執達吏口頭ヲ以テ之ヲ爲シ且調書ニ之ヲ記載ス可シ

若シ口頭ヲ以テ催告又ハ通知ヲ爲ス能ハサルトキハ第百三十九條、第百四十條及ヒ第百四十五條乃至第百四十九條ノ規定ヲ準用シテ其調書ノ膽本ヲ送達シ又別ニ送達証ヲ作ラサルトキハ調書

執達吏ガ郵便ヲ以テ謄本ノ送達ヲ為シ得ル場合

送達又ハ通知ハ債務者ノ所在分ラズ又ハ外國ニ在ルトキハ要セズ

執行裁判所

ニ其送達ヲ為シタルコトヲ記載ス可シ
若シ強制執行ノ地ニ於テモ執行裁判所ノ管轄内ニ於テモ其送達ヲ為ス能ハサルトキハ催告又ハ通知ヲ受ク可キ者ニ郵便ヲ以テ調書ノ謄本ヲ送達シ且之ヲ郵便ニ付シタルコトヲ調書ニ記載ス可シ

第五百四十二條　執行行為ノ際ニ債務者ニ為ス可キ送達及ヒ通知ハ債務者ノ所在明カナヲサルキ又ハ外國ニ在ルトキハ之ヲ必要トセス

第五百四十三條　此法律ニ於テ裁判所ニ任カセタル執行行為ノ處分又ハ其行為ノ共力ハ執行裁判所トシテ區裁判所ノ管轄ニ屬ス
法律ニ於テ別段ニ裁判所ヲ指定セサル各箇ノ場合ニ於テハ執行手續ヲ為ス可キ地又ハ之ヲ為シタル地ヲ管轄スル區裁判所ヲ以テ執行裁判所ト看做ス

執行裁判所ノ裁判ハ口頭辯論ヲ經スシテ之レヲ爲スコトヲ得

執行裁判所ハ口頭辯論ナシニ爲ス

（解）區裁判所ヲ於テ執行裁判所ト爲スモノハ區裁判所ハ其管轄區域最モ狹隘ナルカ故ニ執行ス可キ財産ニ最モ近接シ之ヲ爲スニ極メテ便ナレバナリ

第五百四十四條　强制執行ノ方法又ハ執行ニ際シ執達吏ノ遵守ス可キ手續ニ關スル申立及ヒ異議ニ付テハ執行裁判所之ヲ裁判ス又執行裁判所ハ第五百二十二條第二項ニ定メタル命ヲ發スル權ヲ有ス

執行裁判所ノ有スル管轄權

執達吏カ執行委任ヲ受クルヲ拒ミ若クハ委任ニ從ヒ執行行爲ヲ實施スルコトヲ拒ミタルトキ又ハ執達吏ノ計算セシ手數料ニ付キ異議アルトキハ執行裁判所ハ之ヲ裁判スル權ヲ有ス

第五百四十五條　判決ニ因リテ確定シタル請求ニ關スル債務者ノ異議ハ訴ヲ以テ第一審ノ受訴裁判所ニ之ヲ主張ス可シ

判決ニ因リ確定シタル債務者ノ異議ヲ申立ツヘキ裁判所

右ノ異議ハ此法律ノ規定ニ從ヒ遲クトモ異議ヲ主張スルコトヲ

此異議ヲ爲シ得ル場合

異議ガ數多アル𪜈ハ同時ニ唱ヘサルベカラズ

右ノ規則ノ準用セラルベキ場合

強制執行ノ續行ハ異議ノ訴ノ提起ニヨリ妨ケラレス

此例外

要スル口頭辯論ノ終結後ニ其原因ヲ生シ且故障ヲ以テ之ヲ主張スルコトヲ得サルトキニ限リ之ヲ許ス

債務者カ數箇ノ異議ヲ有スルトキハ同時ニ之ヲ主張スルコトヲ要ス

第五百四十六條　前條ノ規定ハ第五百十八條第二項及ヒ第五百十九條ノ場合ニ於テ債務者カ執行文付與ノ際、證明シタリト認メラレタル事實ノ到來ニシテ此ニ因リ判決ノ執行ヲ爲シ得可キモノヲ爭ヒ又ハ認メラレタル承繼ヲ爭フ時ハ亦之ヲ準用ス但此場合ニ於テ第五百二十二條ノ規定ニ從ヒ執行文ノ付與ニ對シ異議ヲ申立ル債務者ノ權ハ此カ爲メニ妨ケラル、コトナシ

第五百四十七條　強制執行ノ續行ハ前二條ノ場合ニ置ケル異議ノ訴ノ提起ニヨリテ妨ケラル、コトナシ

然レ𪜈異議ノ爲メ主張シタル事情カ法律上理由アリト見エ且事

強制執行ヲ停止シ又ハ取消ス裁判ヲ爲ス者及ヒ此裁判ヲ爲ス手續

受訴裁判所カ異議ノ訴ニ對シテ爲ス裁判

實上ノ點ニ付キ疏明アリタルトキハ受訴裁判所ハ申立ニヨリ判決ヲ爲スニ至ルマデ保証ヲ立テシメ若クハ之ヲ立テシメスシテ強制執行ヲ停止ス可キ事ヲ命シ又ハ保証ヲ立テシメテ強制執行ヲ續行ス可キ事ヲ命シ又ハ其爲シタル執行處分ヲ保証ヲ立テシメテ取消ス可キヲ命スルコトヲ得

右裁判ハ口頭辯論ヲ經スシテ之ヲ爲シ又急迫ナル場合ニ於テハ裁判長之ヲ爲スコトヲ得

急迫ナル場合ニ於テハ執行裁判所モ亦此權利ヲ行使スルコトヲ得、此場合ニ於テハ執行裁判所ハ受訴裁判所ノ裁判ヲ提出セシムル爲ニ相當ノ期間ヲ定ム可シ此期間ヲ徒過シタルトキハ債權者ノ申立ニヨリ強制執行ヲ續行ス

第五百四十八條　受訴裁判所ハ異議ノ訴ニ付キ裁判スル判決ニ於テ前條ニ掲ケタル命ヲ發シ又ハ既ニ發シタル命ヲ取消シ之ヲ變

第三者カ強制執行ニ付シ異議ヲ申立ツルヲ得ル場合

其異議ヲ管轄スル裁判所

更シ若クハ之ヲ認可スルコトヲ得

判決中前項ニ掲クル事項ニ限リ職權ヲ以テ假執行ノ宣言ヲ爲ス可シ

右裁判ニ對スル不服ニ付テハ五百十一條ノ規定ヲ準用ス

第五百四十九條　第三者カ強制執行ノ目的物ニ付キ所有權ヲ主張シ其他目的物ノ讓渡若クハ引渡ヲ妨クル權利ヲ主張スルトキハ訴ヲ以テ債權者ニ對シ其強制執行ニ對スル異議ヲ主張シ又債務者ニ於テ其異議ヲ正當ナリトセサルトキハ債權者及ヒ債務者ニ對シテ之ヲ主張ス可シ

右訴ヲ債權者及ヒ債務者ニ對シ起ストキハ之ヲ共同被告ト爲ス

右訴ハ執行裁判所ノ管轄ニ屬ス然レトモ訴訟物カ區裁判所ノ管轄ニ屬セサルトキハ執行裁判所ノ所在地ヲ管轄スル地方裁判所之ヲ管轄ス

強制執行ノ停止又ハ取消ハ第五百四十七條及其次條ノ規定ニ從フ

提出スルニヨリ強制執行ヲ停止シ又ハ制限スル書類

強制執行ノ停止及ヒ已ニ爲シタル執行處分ノ取消シニ付テハ第五百四十七條及ヒ第五百四十八條ノ規定ヲ準用ス但執行處分ノ取消ハ保証ヲ立テシメスシテ之ヲ爲スコトヲ得

第五百五十條　強制執行ハ左ノ書類ヲ提出シタル場合ニ於テ之ヲ停止シ又ハ之ヲ制限ス可シ

第一　執行ス可キ判決若クハ其假執行ヲ取消ス旨又ハ強制執行ヲ許サストシテ宣言シ若クハ其停止ヲ命シタル旨ヲ記載シタル執行力アル裁判ノ正本

第二　執行又ハ執行處分ノ一時ノ停止ヲ命シタル旨ヲ記載シタル裁判ノ正本

第三　執行ヲ免ルヽ爲メ保証ヲ立テ又ハ供託ヲ爲シタル旨ヲ記載シタル公正ノ証明書

第四　執行ス可キ判決ノ後ニ債務者カ辨濟ヲ受ケ又ハ義務履

前條ノ書類ヲ提出スルニヨリ生ズル効力

債務者ガ死亡スルモ遺産ニ對シ強制執行ヲ止メス遺産又ハ相續人ノ爲メ特別代理人ヲ任スル場合

行ノ猶豫ヲ承諾シタル旨ヲ記載シタル証書

第五百五十一條　前條第一號及ヒ第三號ノ場合ニ於テハ既ニ爲シタル執行處分ヲモ取消ス可ク第四號ノ場合ニ於テハ既ニ爲シタル執行處分ヲ一時保持セシム可ク第二號ノ場合ニ於テハ其裁判ヲ以テ從前ノ執行行爲ノ取消ヲ命セサル時ニ限リ既ニ爲シタル執行處分ヲ一時保持セシム可シ

第五百五十二條　強制執行ノ開始後ニ債務者ガ死亡スルトキハ強制執行ハ遺産ニ對シ之ヲ續行ス可シ

債務者ノ知ルコトヲ要スル執行行爲ヲ實施スル場合ニ於テ相續人アラサルトキ又ハ相續人ノ所在明カナラサルトキハ執行裁判所ハ債權者ノ申立ニ因リ遺産又ハ相續人ノ爲メ特別代理人ヲ任ス可シ

（解）強制執行ハ債務者ヨリハ寧ロ其債務者ニ屬スル財産ニ對シテ之ヲ爲スモノナレハ

强制執行ニ開始後ノ債務者ガ戸主タル資格ヲ失フニ至レルキニ執行ヲ免カレ得サル財產

强制執行ノ費用

强制執行ノ基本タル判決ヲ廢棄若クハ破毀シタル費用ノ負擔者

債務者ノ死亡セル時ト雖モ遺產ニ對シテ續行スルコトヲ得サルベカラズ

第五百五十三條　强制執行ノ開始後ニ戸主タリシ債務者カ其地位ヲ辭シ又ハ之ヲ失ヒタルトキハ此更ノ生セシ當時、債務者ノ所持シタル財產ニ付キ前條ノ規定ヲ準用ス

（解）是レ債務者ノ地位ヲ變スル効果カ既往ニ泝リテ生セサルニヨル

第五百五十四條　强制執行ノ費用ハ必要ナリシ部分ニ限リ債務者ノ負擔ニ歸ス此費用ハ强制執行ヲ受クル請求ト同時ニ之ヲ申立ツ可シ

强制執行ノ基本タル判決ヲ廢棄若クハ破毀シタルトキハ其費用ハ之ヲ債務者ニ辨濟ス可シ

（解）强制執行ハ債務者カ債務ノ履行ヲ爲サヽルニヨリ要セシメシモノナレバ債務者ノ負担セザルベカラザルモノナルハ論ナキナリ然レモ債務者ハ强制執行ヲ爲スニ付テ必要ナル費用ヲ負フノミ其必要ナラザル費用ハ之ヲ强制執行ヲ要スルニ至ラシメシ債務者ノ

費サシメシモノト云フヿ能ハサレハ債務者ノ負担ニ歸セシム可ラサルナリ而メ强制執行ノ基本タル判決ヲ廢棄若クハ破毀セル費用ハ之ヲ債務者ノ所爲ニ基クモノト言イ得サルニヨリ亦之ヲ債務者ニ負ハシム可ラズ

執行ノ爲メノ官廳ノ援助

第五百五十五條　執行ノ爲メ官廳ノ援助ヲ必要トスル𪜈ハ裁判所ハ其援助ヲ官廳ニ求ム可シ

軍事部内ニ强制執行ヲ爲ス𪜈ニ依ルベキ手續

第五百五十六條　豫備、後備ノ軍籍ニアラサル軍人、軍屬ニ對シ兵營及ヒ軍事用廳舍又ハ軍艦ニ於テ强制執行ヲ爲ス可キトキハ債權者ノ申立ニヨリ執行裁判所ハ管轄ノ軍事裁判所又ハ所屬ノ長官又ハ隊長ニ囑託シテ之ヲ爲ス
囑託ニヨリ差押ヘタル物ハ債權者ノ委任シタル執達吏ニ之ヲ交付ス可シ

外國ニ於テ强制執行ヲ爲ス𪜈ニ依ルベキ手續

第五百五十七條　外國ニ於テ强制執行ヲ爲ス可キ場合ニ於テ其外國官廳カ本邦裁判所ニ法律上ノ共助ヲ爲ス可キトキハ債權者ノ

申立ニ因リ第一審ノ受訴裁判所ハ之ヲ外國官廳ニ囑託ス可シ外國駐在ノ本邦領事ニヨリ强制執行ヲ爲シ得可キトキハ第一審ノ受訴裁判所ハ之ヲ領事ニ囑託ス可シ

即時抗告ヲ爲シ得ル場合

第五百五十八條　强制執行ノ手續ニ於テ口頭辯論ヲ經スシテ爲スコトヲ得ル裁判ニ對シテハ即時抗告ヲ爲スコトヲ得

强制執行ヲ爲シ得ル場合

第五百五十九條　强制執行ハ左ノ諸件ニ付テモ亦之ヲ爲スコトヲ得

第一　抗告ヲ以テノミ不服ヲ申立ツルコトヲ得ル裁判

第二　執行命令

第三　訴ノ提起後、受訴裁判所ニ於テ又ハ受命判事若クハ受託判事ノ面前ニ於テ爲シタル和解

第四　第三百八十一條ノ規定ニ從ヒ區裁判所ニ於テ爲シタル和解

第五　公証人カ其權限內ニ於テ成規ノ方式ニ依リ作リタル証書、但一定ノ金額ノ支拂又ハ他ノ代替物若クハ有價証券ノ一定ノ數量ノ給付ヲ以テ目的トスル請求ニ付キ作リタル証書ニシテ直ナニ强制執行ヲ受ク可キ旨ヲ記載シタルモノニ限ル

（解）是レ皆ナ其權利ノ成立確實ニシテ之レニ執行ヲ爲スヿヲ得セシムルモ後ニ之ヲ取消スカ如キヿナキヲ思料セルニ由ルナリ

第五百六十條　前條ニ揭ケタル債務名義ニ因レル强制執行ニハ第五百十六條乃至第五百五十八條ノ規定ヲ準用ス但第五百六十一條、第五百六十二條ノ規定ニ依リ差異ノ生スルトキハ此限ニ在ラズ

執行命令執行文ノ附記ヲ要スル場合

第五百六十一條　執行命令ニハ其命令ヲ發シタル後、債權者又ハ債務者ニ於テ承繼アル場合ニ限リ執行文ヲ付記スルコトヲ要ス

請求ニ關スル異議チ許サザル場合

請求ニ關スル異議ハ執行命令ノ送達後ニ生シタル原因ニ基クトキニ限リ之ヲ許ス

執行文付與ニ付テノ訴又ハ請求ニ關シ異議ヲ主張スル訴又ハ執行文付與ノ際、到來シタリト認メタル承繼ヲ爭フ訴ハ執行命令ヲ發シタル區裁判所之ヲ管轄ス但其請求カ區判裁所ノ管轄ニ屬セサルモノナルトキハ管轄地方裁判所ニ其訴ヲ起ス可シ

（解）執行命令ヲ發セル後ニ債權者又ハ債務者ニ承繼ノアリタルトキハ其承繼ヲ爲セルモノ、適當ナルヤ否ヤチ調査セサルベカラズ否ラスンバ權利ノアラサルモノニ執行ヲ許スカ如キ錯誤チ生スルコトアルベシ故ニ執行命令チ發セル後ニ債權者又ハ債務者ニ承繼ノアリシ場合ハ之レニ執行文ノ附記チ爲スコトチ要シ以テ此錯誤ニ陷ルコトヲ避ケザル可ラズ

執行命令ノ送達前ニ生セル異議ノ原因ハ其命令ヲ發スル際ニ審査ヲ經タル者ト見ザルベカラザレバ之レニ基テ異議ノ申立ヲ爲スコトヲ許ス可ラズ

公証人ノ作レル証書ノ執行力アル正本ハ公証人之ヲ附與ス執行文附與ニ關スル異議ニ付テノ裁判ヲ管轄スル裁判所

第五百六十二條　公証人ノ作リタル証書ノ執行力アル正本ハ其証書ヲ保存スル公証人之ヲ付與ス

執行文附與ニ關スル異議ニ付テノ裁判及ヒ更ニ執行文付與ニ付テノ裁判ハ公証人職務上ノ住所ヲ有スル地ヲ管轄スル區裁判所ニ於テ之ヲ爲ス

請求ニ關スル異議ノ主張ニ付テハ第五百四十五條第二項ニ規定シタル制限ニ從ハス

執行文付與ニ付テノ訴又ハ請求ニ關シ異議ヲ主張スル訴又ハ執行文付與ノ際、證明シタリト認メタル事實ノ到來ニ係リ此ニ因テ證書ノ執行ヲ爲シ得可キモノヲ爭フ訴ハ債務者カ本邦ニ於テ普通裁判籍ヲ有スル地ノ裁判所又ハ此裁判所ナキ𪜈ハ第十七條ノ規定ニ從ヒテ債務者ニ對シ訴ヲ起シ得可キ裁判所之ヲ管轄ス

（解）執行文付與ニ關スル異議ニ付テノ裁判及更ニ執行文付與ニ付テノ裁判ヲ公證人職

務上ノ住所ヲ有スル地ヲ管轄スル區裁判所ニ管轄セシメシモノハ必要ナル書類等ハ管轄內ニアル公證人ノ住所ニ保存セラルヽモノナルカ故ニ之ヲ調査スルヲ要スルトキニ甚タ便宜ナルニ由ル

裁籍ノ裁判籍ハ專屬ナリ

第五百六十三條　本編ニ定メタル裁判籍ハ專屬ナリトス

（解）本編ニ定メタル裁判籍ヲ以テ專屬ナリトナセルモノハ事務取扱上便宜ニ出テタルモノナリ故ニ當時者ハ合意ヲ以テ其管轄裁判所ヲ變更スルコト能ハズ

金錢ノ債權ニ付テノ强制執行

第二章　金錢ノ債權ニ付テノ强制執行

（解）金錢トハ即チ通貨ノ謂ナリ價格ノ標準、交換ノ媒助ト爲ルモノ之ヲ通貨ト云ヒ此通貨ヲ給與セシムベク他人ヲ强制シ得ルモノ之ヲ金錢ノ債權ヲ有スルモノト云フ本章ハ即チ此者カ其義務ノ履行ヲ肯セサル債務者ニ强テ辨濟ヲ爲サシム可ク强制スルノ方法ヲ規定セルモノナリ

動產ニ對スル强制執行

第一節　動產ニ對スル强制執行

（解）動產トハ人ノ資產ヲ組成スル權利ニシテ此所ヨリ彼所ニ其所在ヲ變動シ得ルモノ

ヲ云フ此動産ハ不動産ニ異ナリ其移轉ノ方法ヲ異ニスルノミナラズ人ノ之ニ對スル感情ハ不動産トハ異ニシテ一般ニ之ヲ卑ムノ氣風アレハ強制執行ノ手續キニ於テモ亦之ヲ區別セサル可ラザルナリ

第一欵　通則

（解）通則ハ總則ニ同シ其管スル區域ノ大ナルモノニ總則ノ名ヲ付シタレバ之ニ混同スルヿヲ避ケンカ爲メニ同一ノ意義アル通則ノ文字ヲ使用セルニ過キザルナリ

動産ノ強制執行ハ差押ヲ以テ爲ス差押ヲ爲シ得ル區域

第五百六十四條　動産ニ對スル強制執行ハ差押ヲ以テ之ヲ爲ス

差押ハ執行力アル正本ニ掲ケタル請求ヲ債權者ニ辨濟スル爲メ及ヒ強制執行ノ費用ヲ償フ爲ニ必要ナルモノヽ外ニ及ホスコトヲ得ス

強制執行ヲ爲シ得サル場合

差押フ可キ物ヲ換價スルモ強制執行ノ費用ヲ償フテ剩餘ヲ得ル見込ナキトキハ強制執行ヲ爲スコトヲ得ス

（解）差押トハ債務ノ辨濟ヲ得ルカ爲メニ債務者ニ對シテ爲ス資産ノ拘束ヲ云フ

此拘束ハ直ニ債務者ノ手裡ニ在ル物ノ上ニ爲サルヽコトアリ又債務者カ債權者ニ對シテ爲ス負債辨償ノ差留ニ因テ之ヲ爲サルヽヿアリ

債務者辨濟期限ノ至ルモ債務ヲ辨償セサルニヨリ債主ヽ法律ノ命スル手續ヲ履テ其債務者ガ現ニ占有シツヽアル財產ニ拘束ヲ施シ以テ公賣ニ付スルノ準備ヲ爲ス片ハ之ヲ稱メ債務者ノ手裡ニアル財產ノ差押ト云フ

債務者債務ヲ履行セサルベカラサル片ニ至ルモ之ヲ履行セサルガ故ニ債主ハ其履行ヲ得ン爲メニ債務者ノ債務者ニ係リ債務者ニ辨濟ヲ爲サヽル可ク拘束ヲ爲ス片ハ之ヲ稱シテ債務者ノ債務者ニ對スル辨濟ノ差押ト云フ

此二者ハ共ニ皆ナ債主カ債務者ヨリ債務ノ辨濟ヲ得ベク爲ス强制手段ナリ

動產ニ對スル强制執行ヲ此手段ニ因リテ爲スモノハ動產ハ其文字カ既テニ之ヲ言顯ハスカ如ク自由ニ其所在ヲ變動シ得ルカ故ニ此方法ニ因ラサレバ之ヲ藏匿スルヿ自由ナレバナリ

我立法者ハ本條ノ第二項ニ差押ヲ爲シ得ル區域ニ付キ規定ヲ爲セルガ此規定ニ因ルニ債

主ハ執行力アル正本ニ掲ゲタル請求ト强制執行ノ費用ヲ償フカ爲ニ要スル所ノ者ヲ合算セル額ヲ出テヽハ債務者ノ資產ニ對メ差押ヲ爲スコトヲ禁セリ蹈チ例之ヘバ乙者甲者ニ對シテ千圓ノ負債ヲ爲シ居リ而シテ其辨濟ヲ爲サヾリシ時ニ債主甲者カ債務者乙者ノ財產ヲ差押ヘントスル時ハ甲ハ其請求額タル千圓ト此千圓ノ辨濟ヲ得ルカ爲メニ爲ス强制執行ノ費用トヲ合算セル額ニ止メザル可カラズシテ强制執行ノ費用ハ十圓ニ其又請求額ハ千圓ニ而シテ乙ナル債務者ガ有スル資產ノ高ガ五千圓ナリトセバ甲者ハ千十圓ノ高ニ充ル迄、其債務者乙者ノ財產ヲ差押フルヿヲ得レ𪜈此額以外ニ出デテハ差押ヲ爲スヿ能ハザルナリ一見スレバ此規則ハ甚ダ正當ナヲ何者、甲者ノ要求シ得ル乙者ノ負債ハ千十圓ナルカ故ニ之ヨリ以外ニ出デヽ甲者ニ差押ヲ爲サシムルノ必要アルヿナク若シ之ヲ許ス𬼀ハ甲者ニハ何ノ利モナク而メ乙者ニハ却テ莫大ノ迷惑ヲ感ゼシムベケレバナリ然レ𪜈是レ淺薄卑近ノ者ニ過ギズシテ余ハ取ル可キ價値ノアルコトヲ知ラザルナリ若シ差押ヲ受クル所ノ債務者ニシテ他ニ負債アルヿナカラシメバ則チ可ナリ然レドモ他ニ債務ヲ負ヒ居レリトセバ甚ダシキ不都合ノ起ルヲ見ン即チ右ニ揭ゲシ例ニ於テハ乙ナル債務者ハ其有セル五千圓ノ財産ノ中唯々十圓スラ差押ヲ爲サレザルニヨリ其他ノ部分ハ自由ニ之ヲ處分スルヲ得可シ乃チ之ヲ處分セリト假定セン後ニ又債主アリ差押ヘラレタル財産ニ對シテ配當ヲ得ント求メ來ル片ハ差押ハ先取權ヲ生ズル者ニアラザルガ故ニ第一ニ差押ヲ爲セル債主即チ前例ノ甲者ハ其爲セル差押物公賣ノ代金ヲ此後ヨリ出來レル債主ト其債權額ノ割合ニ應ジテ等分セザルベカラザル可シ今此後ヨリ出來レル債主ノ債權額ヲ千十圓ナリトスル時ハ甲者ハ先キニ差押ヲ爲シ居レルニ拘ハラズ只其債權ノ半額即チ五百圓スラ之ヲ得ルヿ能ハザルヿトナル可シ甲者ノ不幸誰カ之ヲ弔セザランヤ而ルニ甲者ノ受クル此不幸ハ後ヨリ現ハレ來ル債主ノ債權額ノ大ナルニ從テ大ナル可シ此不幸ハ乙者ノ有スル財産カ少カリシヨリ生ズルモノナラバ己ヲ得ザルモ乙者ノ財産ハ其有スル債務ヲ償フニ餘リアリ倘シモ甲者ニシテ其有スル債權額以外ニ出デヽ差押ヲ爲スヲ得ルヿ佛朗西民法ノ規定スルガ如クンバ之ヲ濟ヒ得ルヿ明ナリ然ルニ我法律ハ之ヲ許サズ債主ヲシテ右ノ如キ不幸ヲ受クルヿアラシメントス豈ニ之ヲ不當ナリト言ハザルヲ得ンヤ

本條ガ其後段ニ於テ差押フ可キ者ヲ換價スルモ强制執行ノ費用ヲ償フテ餘剩ヲ見ルヿ能

第三者ハ差押物ニ物上ノ擔保權ヲ有スルモ差押ヲ妨クルヲ得ザルモ優先權ハ之ガ爲メニ妨ケラルヽヿナシ賣得金ノ供託ヲ命スル場合

ハサル時ニ强制執行ヲ爲スヿヲ許サヽルハ無益ノ手數ヲ爲スヲ避ケント欲セルニ由ル也

第五百六十五條　第三者カ差押ヲ受ク可キ物ニ付キ物上ノ擔保權ヲ有スルモ差押ヲ妨クルコトヲ得ス然レトモ第五百四十九條ノ規定ニ從ヒ訴ヲ以テ賣得金ニ付キ優先ノ辨濟ヲ請求スル權利ハ此カ爲ニ妨ケラルヽコト無シ

此場合ニ於テ請求ノ爲メ主張シタル事情カ法律上理由アリト見エ且事實上ノ點ニ付キ疏明アリタルトキハ裁判所ハ賣得金ノ供託ヲ命ス可シ但此事項ニ付テハ第五百四十七條及ヒ第五百四十八條ノ規定ヲ準用ス

（解）第三者カ擔保ノ權利ヲ有スル物件ヲモ差押ヲ受クルヿヲ免カレシメザル者ハ總決算ヲ容易ニ爲サシメント欲セルニ由ル故ニ債務者ノ有スル物件ノ上ニ擔保ノ權利ヲ有スル第三者ハ訴ニ因リテ其差押ヘラレタル物件ノ賣得金ニ付キ優先權ヲ得ント求ムルヲ得ベク裁判所ハ其請求ノ理由アルヲ認ムル時ハ賣得金ノ供託ヲ命セサルベカラザルナリ

有体動産ニ對スル强制執行

債務者ノ占有中ニ在ル有体動産ノ差押ヲ爲ス方法

第二欵　有體動産ニ對スル强制執行

(解)有体動産トハ五管ノ媒介ニヨリテ感スルヲ得ベキ財産ノ目的物ヲ云フ例之ヘハ卓子、書籍、衣服、玉突臺等ノ如シ此種ノ財産ハ之ヲ無体財産即チ債權等ト同一ノ方法ニテ所分シ得可ラサルハ後ニ之ヲ知ルヲ得ン因テ此ニ特ニ一欵ヲ設ケテ規定ヲ爲セルモノナリ

第五百六十六條　債務者ノ占有中ニ在ル有體動産ノ差押ハ執達吏其物ヲ占有シテ之ヲ爲ス

其物ハ債權者ノ承諾アルトキ又ハ其運搬ヲ爲スニ付キ重大ナル困難アルトキハ之ヲ債務者ノ保管ニ任ス可シ此場合ニ於テハ封印其他ノ方法ヲ以テ差押ヲ明白ニスルトキニ限リ其効力ヲ生ス

執達吏ハ債務者ニ其差押ヲ爲シタルコトヲ通知ス可シ

(解)差押ハ物件ニ對シテ爲ス拘束ナリ差押ヲシテ效アラシメンカ爲メニハ其拘束ヲ嚴ニセサル可ラズ故ニ執達吏ノ之ヲ占有スルヲ以テ其通例トシ已ヲ得サル片ニ之ニ例外ヲ置クノミ其例外ノ場合ニ於テモ成ル可ク嚴ニ物件ヲ拘束セサル可ラズ否ラズンハ其効ヲ

生スル事能ハザル可シ

第三者ノ手裡ニ在ル物品ノ差押

第五百六十七條 前條ノ規定ハ債權者又ハ物ノ提出ヲ拒マサル第三者ノ占有中ニ在ル物ノ差押ニ付テモ亦之ヲ準用ス

果實差押

第五百六十八條 果實ハ未タ土地ヨリ離レサル前ト雖モ之ヲ差押フルコトヲ得然レトモ其差押ハ通常ノ成熟時期ノ前一个月内ニ非サレハ之ヲ爲スコトヲ得ス

蠶ノ差押

蠶ハ其多分カ繭ヲ製造スル爲メ揚リ蠶ト爲リタル後ニ非サレハ之ヲ差押フルコトヲ得ス

（解） 未タ土地ヨリ離レサル果實ハ賃借人又ハ用收者ニ對スル時ノ外ハ縱令成熟ノ期節ニ達スルモ仍ホ不動産タルヲ失ハズ然ルニ之ヲ動産ト看做シ動産ノ差押ヲ爲ス方法ニテ差押フルヽヲ許セルモノハ斯クスルニ於テハ多分ノ費用ヲ要セサルカ故ニ債務者ヲ利シ迅速ニ決落スルカ故ニ債主ヲ利スルノ便アルニ由ル

法律カ本條ニ於テ或時期ノ前ニ蠶ト果實ノ差押ヲ爲スコトヲ許サヽルハ之ヲ許スニ於テ

差押ノ効力ハ天然ノ產出物ニモ及フ

差押ヲ爲スヲ得サル物

ハ其發達成育ヲ害ヒ援テ以テ國家ノ公益ヲ傷フニ至レバナリ

第五百六十九條　差押ノ効力ハ差押物ヨリ生スル天然ノ產出物ニモ當然及フモノトス

（解）從ハ主ニ從ハザルガ故ニ差押物ヨリ生スル果實モ差押ノ效力及ハザル可ラズ

第五百七十條　左ニ揭クル物ハ之ヲ差押フルコトヲ得ス

第一　衣服、寢具、家具及ヒ廚具、但此物カ債務者及ヒ其家族ノ爲メ欽ク可カラサルトキニ限ル

第二　債務者及ヒ其家族ニ必要ナル一个月間ノ食料及ヒ薪炭

第三　技術者、職工、勞役者及ヒ穩婆ニ在テハ其營業上欽ク可カラサル物

第四　農業者ニ在テハ其農業上欽ク可カラサル農具、家畜、肥料及ヒ次ノ收護マテ農業ヲ續行スル爲メ缺ク可カラサル農產物

第五　文武ノ官吏、神職、僧侶、公立私立ノ教育場教師、辯護士、公證人及ヒ醫師ニ在テハ其職業ヲ執行スル爲メ缺ク可カラサル物幷ニ身分相當ノ衣服
第六　文武ノ官吏、神職、僧侶及ヒ公立私立ノ教育場教師ニ在テハ第六百十八條ニ規定スル職務上ノ収入又ハ恩給ノ差押ヲ受ケサル金額、但差押ヨリ次期ノ俸給又ハ恩給ノ支拂マテノ日數ニ應シテ之ヲ計算ス
第七　藥舗ニ在テハ調藥ヲ爲ス爲メ缺ク可カラサル器具及ヒ藥品
第八　勳章及ヒ名譽ノ證標
第九　實印其他職業ニ必要ナル印
第十　神體、佛像其他禮拜ノ用ニ供スル物
第十一　系譜

第十二 債務者又ハ其家族ノ未タ公ニセサル發明ニ關スル物及ヒ債務者又ハ其家族ノ未タ公ニセサル著述ノ稿本
第十三 債務者及ヒ其家族カ學校ニ於テ使用ニ供スル書籍
然レトモ債務者ノ承諾アルトキハ第三號乃至第八號ニ掲ゲタル物ヲ除ク外、之ヲ差押フルコトヲ得

（解） 第一號及ビ第二號 此ニ規定セル物品ノ差押ヲ爲スヲ許サヽルハ其物品ガ債務者ニ其家族ノ生存若クハ健康ヲ保ツカ爲メニ必要ナルニヨルナリ
第三號乃至第七號 此ニ規定セル物品ハ債務者ガ其職務ヲ營ム爲メニ欠ク可ラザレバ之ヲ差押フルコトヲ許ス可ラズ
第六號 本號ニ列記セル諸人ニ或ル種ノ金額ヲ差押ヨリ免カレシムルモノハ之レニヨリテ以テ其生活ヲ持セシメ以テ安ラカニ其職務ヲ盡サシメント欲スルニ由ル
第八號 勳章ト名譽ノ證標ヲ差押フ可ラサル物品ニ列シタル所以ノモノハ之ヲシテ神聖侵ス可ラザラシメ因テ以テ人ニ名譽ノ尊キヲ知ラシメ因テ以テ善行ヲ爲スニ人ヲ導カン

ト欲セルニ由ルナリ

第九號乃至第十一號　此ノ數號ニ記載セラルヽ物品ハ債務者ノ爲メニハ極メテ必要ナルモ其價格ハ却テ大概ヲ廉ナルカ故ニ之ヲ差押ヘシムルモ債主ニ益スルヿ少ナカルベシ而シテ若シモ之ヲ差押フルコトヲ得セシムルニ於テハ人ノ感情ヲ傷フコト甚タシクシテ爲メニ生スル所ノ弊害ハ差押ヲ爲スヲ禁シテ生スル所ノモノヨリモ却テ大ナル可キガ故ニ債主ニ差押ヲ爲スコトヲ得セシム可ラズ

第十二號　本號ノ物品ヲ可得差押物ノ中ニ置カサルモノハ之レヲ保護ソ以テ其成ラザル部分ヲ成功セシメ又其全ク成リシ者ハ時機ヲ計リテ世上ニ發表スルヲ得セシメ因テ以テ文學技術ノ進歩ヲ計ランガ爲メニ外ナラザルナリ

其最後ニ我立法者ガ債務者及ビ其家族ノ者ガ學校ニ於テ使用ニ供スル書籍ヲ不可差押物件ト爲セルハ若シ之ヲ許セバ其者ノ教育ノ上ニ障害ヲ持來スノ不都合アレバナリ

以上列記シ來レル數號ノ物品ノ中、第三號乃至第八號ノ物品ハ國家ノ公益ヨリ之ヲ不可差押物件ノ中ニ列セラレタル者ナレバ縱令ヒ債務者ニ於テ承諾ヲ爲スヿアリトモ債主ハ之ヲ差押フルヲ得ズ然レ圧其他ノ物品ハ專ヽ唯々一私人ノ利害ニ關スルニ過ギサレバ債主ハ債務者ノ棄權アル片ニハ他ノ物品ニ同ジク自由ニ之ヲ差押フルヲ得可シ但第十三號ノ物品ヲ債務者ガ承諾ヲ與フル片ハ差押ヲ爲シ得ル物品ト爲セルハ余輩其可ナル所以ヲ知ルヿ能ハザルナリ

差押物ノ保存ハ適當ノ方法ニヨル若シ費用ヲ要スル片ハ債權者ヲシテ豫納セシムヘシ

第五百七十一條　差押物保存ノ爲メ特別ノ處分ヲ必要トスルトキハ執達吏ハ適當ノ方法ヲ以テ之ヲ爲ス可シ若シ此カ爲ニ費用ヲ要スルトキハ債權者ヲシテ之ヲ豫納セシメ又債權者數名關係スル片ハ其要求額ノ割合ニ從ヒテ其各債權者ヨリ之ヲ豫納セシム可シ

差押後ノ差押物ノ賣却ハ特別ノ委任ヲ要セズ

第五百七十二條　執達吏ハ差押ヲ實施シタル後、債權者又ハ裁判所ノ特別委任ヲ要セスシテ以下數條ノ規定ニ從ヒテ公ノ競賣方法ヲ以テ其差押物ヲ賣却ス可シ

高價ノ物ハ鑑定人

第五百七十三條　競賣ス可キ物ノ中ニ高價ノモノ有ルトキハ執達

ニ評價セシメザルベカラズ

差押ヘタル金錢ハ債權者ニ引渡スヘシ

差押ノ日ト競賣ノ日トノ間ニ存スベキ時日

競賣ヲ爲スベキ土地

吏ハ適當ナル鑑定人ヲシテ其評價ヲ爲サシム可シ

第五百七十四條　差押金錢ハ之ヲ債權者ニ引渡ス可シ

執達吏カ金錢ヲ取立テタルトキハ債務者ヨリ支拂ヲ爲シタルモノト看做ス但保證ヲ立テ又ハ供託ヲ爲シテ執行ヲ免カルヽコトヲ債務者ニ許シタルトキハ此限リニ在ラス

第五百七十五條　差押ノ日ト競賣ノ日トノ間ニハ少ナクトモ七日ノ時間ヲ存スルコトヲ要ス但差押債權者執行力アル正本ニ因リ配當ヲ要求スル債權者及ヒ債務者カ競賣ヲ更ニ早ク爲サンコトヲ合意シタルトキ又ハ差押物ヲ永ク貯藏スルニ付キ不相應ノ費用若クハ其物ノ價格ノ著シク減少スル危害ヲ避ケン爲メ競賣ヲ早ク爲スコトノ必要ナルトキハ此限ニ在ラス

第五百七十六條　競賣ハ差押ヲ爲シタル市町村ニ於テ之ヲ爲ス但差押債權者及ヒ債務者カ他ノ地ニ於テ之ヲ爲スコトヲ合意シタ

ルトキハ此限ニ在ラス

競賣ノ日時及ヒ場所ハ之ヲ公告ス

競賣ノ日時及ヒ場所ハ之ヲ公告ス但其公告ニハ競賣ス可キ物ヲ表示ス可シ

競賣ヲ爲ス方法

第五百七十七條　最高價競買ノ爲メノ競落ハ其價額ヲ三回呼上ケタル後之ヲ爲ス

競落物ノ引渡ハ代金ト引換ヘ之ヲ爲ス

最高價競買人、競賣條件ニ定メタル支拂期日又ハ其定ナキトキハ競賣期日ノ終ル前ニ代金ノ支拂ヲ爲シテ物ノ引渡ヲ求メサルトキハ更ニ其物ヲ競賣ス可シ此場合ニ於テハ前ノ最高價競買人ハ競買ニ加ハルコトヲ得ス且再度ノ競落代價カ最初ノ競落代價ヨリ低キトキハ不足ヲ擔任ス可シ其高キトキハ剩餘ヲ請求スルコトヲ得ス

（解）代價ノ辨濟ヲ爲シテ物件ノ引取ヲ爲サヽル競落人ハ代價仕拂ノ資力ナキ者ト見サ

競賣ヲ止ムベキ場合

執達吏ノ賣得金ヲ領收シタルトキニ生ズル效果

サル可ラザレバ之ヲ更ニ仕直ス競賣ニ加フ可ラザルハ論ナキナリ

最初ノ競落人カ代價ノ支拂ヲ爲サヽルニヨリ更ラニ再ヒ競賣ヲ爲ス時ニハ競賣代價ノ或ハ高キ事アル可ク或ハ又低キコトアリテ損ヲ生スルコトアル可ク又利益ヲ爲スコトアル可シ斯ル場合ニ於テハ其損失若クハ利益ハ誰ガ之ヲ負ヒ又ハ之ヲ亨クルカ損ハ最初ノ競落人ガ其義務ヲ盡サヽルニヨリ生ゼル者ナレバ之レニ負擔セシメザルベカラズ而シテ斯ル怠慢不注意ノ債務者ハ公益ノ爲メニ之ヲ懲サヽル可ラザルニヨリ假令利益ノ生セル時ト雖モ其利益ヲ之ニ亨ケシムル可ラザルナリ

第五百七十八條　競賣ハ賣得金ヲ以テ債權者ニ辨濟ヲ爲シ及ヒ强制執行ノ費用ヲ償フルニ足ルニ至ルトキハ直チニ之ヲ止ム可シ

第五百七十九條　執達吏賣得金ヲ領收シタルトキハ債務者ヨリ支拂ヲ爲シタルモノト看做ス但保證ヲ立テ又ハ供託ヲ爲シテ執行ヲ免カルルコトヲ債務者ニ許シタルトキハ此限ニ在ラス

（解）執達吏ハ債主ト債務者ノ中間ニ介シテ其兩者ノ爲メニ執行行爲ヲ爲スモノナルカ

故ニ賣得金ヲ領收セル時ハ債主ノ爲メニ債務者ヨリ辨濟ヲ得タルモノト見サル可ラズ但保證ヲ立テ又ハ供託ヲ爲シテ執行ヲ免カルヽコトヲ債務者ニ許セル片ハ現金ニテ領收ヲ爲セル時ト固ヨリ之ヲ同視スルコト能ハサルカ故ニ債務者ヲ以テ其負ヘル義務ノ仕拂ヲ爲セル者ト見做スヲ得サルナリ

金銀物ノ最低競落價額

第五百八十條　金銀物ハ其金銀ノ實價ヨリ以下ニ競落スルコトヲ許サス其實價マテニ競買ヲ爲ス者ナキトキハ執達吏ハ金銀ノ實價ニ達スル價額ヲ以テ適宜ニ之ヲ賣却スルコトヲ得

有價證券ノ競賣方法

第五百八十一條　執達吏有價證券ヲ差押ヘタルトキハ相場アルモノハ賣却日ノ相場ヲ以テ適宜ニ之ヲ賣却シ其相場ナキモノハ一般ノ規定ニ從ヒテ之ヲ競賣ス可シ

有價證券カ記名ナル片ニ裁判所カ此證券ニ對シテ有スル處置權

第五百八十二條　有價證券ノ記名ナルトキハ執行裁判所ハ買主ノ氏名ニ書換ヲ爲サシメ及ヒ此カ爲メ必要ナル陳述ヲ債務者ニ代リ爲ス權ヲ執達吏ニ與フルコトヲ得

第五百八十三條　無記名ノ證券ニシテ記名ニ換ヘ又ハ他ノ方法ニ依リ流通ヲ止メタルモノナルトキハ執行裁判所ハ其流通回復ヲ爲サシメ及ヒ此カ爲メ必要ナル陳述ヲ債務者ニ代リテ爲ス權ヲ執達吏ニ與フルコトヲ得

第五百八十四條　土地ヨリ離レサル前ニ差押ヘタル果實ノ競賣ハ其成熟ノ後始メテ之ヲ爲スコトヲ許ス執達吏ハ競賣ノ爲メ其收穫ヲ爲サシムル權利アリ

差押ヘタル蠶ノ競賣ハ全ク繭ト爲リタル後始メテ之ヲ爲スコトヲ許ス

(解)本條ハ果實ト蚕トヲ保護シテ其收穫成繭ヲ妨ケサラント欲セルニ出ツ

第五百八十五條　差押債權者執行力アル正本ニ因リ配當ヲ要求スル債權者又ハ債務者ノ申立ニ因リ執行裁判所ハ前數條ノ規定ニ依ラス他ノ方法又ハ他ノ場所ニ於テ差押物ノ賣却ヲ爲ス可キ旨

ル場合

同一物ニ付キ他ヨリ更ニ差押ヲ爲スヲ許サス差押ヘラレタル物ヲ更ニ差押フル手續及其効

又ハ執達吏ニ依ラス他ノ者ヲシテ競賣ヲ爲サシム可キ旨ヲ命スルコトヲ得

第五百八十六條　執達吏ハ既ニ差押ヘタル物ニ付キ他ノ債權者ノ爲メ更ニ差押ノ手續ヲ爲スコトヲ得ス

執達吏ハ既ニ差押ヘヲ爲シタル執達吏ニ差押調書ノ閱覽ヲ求メ其物ノ照査ヲ爲シ未タ差押ニ係ハラサルモノアルトキハ之ヲ差押ヘ既ニ差押ヲ爲シタル執達吏ニ差押調書ヲ交付シ且總テノ差押物ヲ競賣ニ付ス可キコトヲ求ム可シ若シ差押フ可キ物アラサルトキハ照査調書ヲ作リ既ニ差押ヘヲ爲シタル執達吏ニ之ヲ交付ス可シ

前項ノ求メニ因リ執行ニ關スル債權者ノ委任ハ既ニ差押ヲ爲シタル執達吏ニ法律上移轉ス

假差押ニ係ル物ニ付テハ本條ノ規定ヲ適用セス

照査手續ヨリシテ生ズル效力

適當ナル期間ノ經過スルモ執達吏ガ競賣ヲ爲サザルトキニ債主ノ爲シ得ル處置權

執行力アル正本ニヨラスシテ賣金ノ配當ヲ求メ得ル者

此者ハ裁判所ノ所在地ニ住所ヲ撰定セザルベ

（解）既ニ差押ヘタル物ニ付キ他ノ債權者ガ更ラニ差押ノ手續ヲ爲スハ事、無益ニ屬ス故ニ之ヲ許ス可ラズ

第五百八十七條　前條ニ掲ケタル物ノ照査手續ハ配當要求ノ效力ヲ生シ又既ニ爲シタル差押カ取消ト爲リタルトキハ差押ノ效力ヲ生ス

第五百八十八條　適當ナル期間經過スルモ執達吏競賣ヲ爲ササルトキハ差押債權者及ヒ執行力アル正本ニ因リ配當ヲ要求スル債權者ハ一定ノ期間内ニ競賣ヲ爲ス可キコトヲ催告シ其催告ノ效アラサルトキハ相當ノ命令アランコトヲ執行裁判所ニ申請スルコトヲ得

第五百八十九條　民法ニ從ヒ配當ヲ要求シ得ヘキ債權者ハ執行力アル正本ニ因スシテ賣得金ノ配當ヲ要求スルコトヲ得

第五百九十條　前條ノ配當要求ハ其原因ヲ開示シ且裁判所ノ所在地ニ住居ヲモ事務所ヲモ有セザル者ハ假住所ヲ撰定シ執達吏ニ

カラズ。

執達吏ガ配當要求アリタルヿヲ債主及債務者ニ通知スベキ場合

債務者ガ爲ス債權認否ノ申立

此申立ヲ領セル債權者ノ爲スベキ其後ノ手續

之ヲ爲ス可シ

第五百九十一條　第五百八十六條第二項及ヒ第五百九十條ノ場合ニ於テ執達吏ハ配當要求ノ有リタルコトヲ配當ニ與カル各債權者及ヒ債務者ニ通知ス可シ

執行力アル正本ニ因ラスシテ配當ヲ要求スル債權者アルトキハ債務者ハ執達吏ノ通知アリタルヨリ三日ノ期間內ニ其債權ヲ認諾スルヤ否ヤヲ執達吏ニ申立ツ可シ

債務者カ認諾セサルコトヲ執達吏ヨリ通知アリタルトキハ債權者ハ其通知アリタルヨリ三日ノ期間內ニ債務者ニ對シ訴ヲ起シ其債權ヲ確定ス可シ

（解）配當ノ要求ヲ爲ス者ノ增殖ハ配當ニ與カル債權者及債務者ノ利害ニ關ス故ニ配當ニ加入ス可ク要メ來ル者アルニ於テハ執達吏ハ一々之ヲ配當ニ與カル債權者及債務者ニ通告セサル可ラズ

債務者ノ之ヲ認諾セルニ於テハ執行力アル正本ヲ有セサル債權者ニモ尙ホ配當ニ加ハルヲ得セシムル事ト爲セルハ事ノ簡易ト決落ノ迅速トヲ望ンデナリ然レトモ債務者ノ認諾ヲ與ヘサルニ於テハ執行力アル正本ヲ有セサル者ハ强テ執行ヲ得ント要ムルコト能ハザレバ債權ノ確定ヲ得ル爲メ裁判所ニ起訴セサルベカラズ

配當ノ要求ヲ爲シ得ル期日

第五百九十二條　配當ノ要求ハ競賣期日ノ終ニ至ルマテ之ヲ爲スコトヲ得

（解）執達吏ノ爲ス競賣代價ノ領收ハ債權者ノ爲メニ債務者ヨリ支拂ヲ受ケタルモノト見ラルヽモノナルコトハ第五百七十九條ノ規定スル如クナルガ故ニ此以後ニ於テハ人ハ配當ニ加ハル可ク要求ヲ爲スコト能ハザルナリ

賣得金ノ供託ヲ爲スベキ場合

第五百九十三條　賣得金ヲ以テ配當ニ與カル各債權者ヲ滿足セシムルニ足ラサル場合ニ於テ債權者間ニ配當ノ協議調ハサルトキハ其賣得金ヲ供託ス可シ

數多ノ債權者ノ爲メ同時ニ金錢ヲ差押ヘタルトキ之ヲ以テ各債

供託ヲ爲セル片ニ爲スベキ手續

債權者及ヒ他ノ財産權ニ對スル强制執行

權者ヲ滿足セシムルニ足ラサル場合ニ於テモ亦同シ

右ノ場合ニ於テ執達吏ハ其事情ヲ執行裁判所ニ届出ツ可ク其届書ニハ執行手續ニ關スル書類ヲ添附ス可シ

(解) 是レ執行裁判所ヲシテ都合好ク各債主ノ間ニ配當ヲナサシメンカ爲メニ外ナラザルナリ

第二欵 債權及ヒ他ノ財産權ニ對スル强制執行

(解) 立法者先キニハ有体動産ニ對スル强制執行ノ事ヲ規定セルカ此ニハ無体動産即チ債權其他ノ財産權ノ强制執行ノ事ニ付テ規定ヲナセリ

此ニ所謂ル其他ノ財産トハ例之ヘバ專賣特許權等ヲ指スモノナリ

財産トハ公私ノ資産ヲ組成スル權利ナルカ故ニ財産ニハ動産、不動産若クハ有体動物、無体動物等ノ區別ノ有ベキ筈ハナキモ法律ノ規定ヲ爲ス便宜ニ出テヽ姑ラク財産タル權利ノ目的物ニ付テ或ハ動産不動産ノ區別ヲ爲シ或ハ動産ヲ分テ有体動産無体動産、ト差別ヲ爲セル者ナリ然ラスンハ法律ノ規定ノ上ニ少ナカラサル不都合ヲ感セントス讀者之

執行裁判所ノ差押命令ヲ以テ為スヘキ強制執行

ヲ察シテ以テ法文ノ不都合ヲ咎ムル勿レ

凡ソ物異ナレバ之ヲ處分シ又ハ管理スルノ法則モ亦隨テ異ナラザル可ラザルハ余ノ喋々ヲ待テ後ニ知ルヲ要セズ殊ニ債權、即チ人ニ對シ物ノ給付、事ノ履行ヲ請求シ得ル權利ノ如キハ常ニ事、第三者ニ交渉スルヲ以テ其レ等ノ場合ニ付キ精密ニ規定スル所ナカル可ラザルナリ然ラズンハ差押ノ効ヲ生ゼシムルヿ能ハサルニ至ルヿアル可シ是レ此ニ又一款ヲ設ケテ無体動産ニ對スル強制執行ノ事ヲ規定セル所以ナリトス

第五百九十四條　第三者（第三債務者）ニ對スル債務者ノ債權ニシテ金錢ノ支拂又ハ他ノ有體物若クハ有價證券ノ引渡若クハ給付ヲ目的トスルモノノ強制執行ハ執行裁判所ノ差押命令ヲ以テ之ヲ為ス

（解）差押命令トハ他人ヨリ我債務者ニ金又ハ他ノ有体物若クハ有價證券ノ引渡又ハ給付ヲ為ス可キ場合ニ之ヲ差留メ其ノ他人ヲシテ其引渡又ハ給付ヲ為シ得サラシムル命令ヲ云フ第三債務者此命令ヲ得ルトキハ之ニ從ハサルヲ得サルカ故ニ物件ハ為メニ拘束ヲ受

クルヤ明カナリ

執行裁判所

第五百九十五條　執行裁判所トシテハ債務者ノ普通裁判籍ヲ有スル地ノ區裁判所若シ此區裁判所ナキトキハ第十七條ノ規定ニ從ヒテ債務者ニ對スル訴ヲ管轄スル區裁判所管轄權ヲ有ス

差押命令ノ申請に開示スベキ事項

第五百九十六條　債權者ハ差押命令ノ申請ニ差押フ可キ債權ノ種類及ヒ數額ヲ開示ス可シ

右申請ハ書面又ハ口頭ヲ以テ之ヲ爲スコトヲ得

差押命令ノ申請ヲ爲ス手續

第五百九十七條　差押命令ハ豫シメ第三債務者及ヒ債務者ノ審訊ヲ經スシテ之ヲ發ス

（解）是レ猶豫スルコトアルニ於テハ其機ヲ失シテ差押ノ効ヲ生スル能ハザルコトアルニヨルナリ

金錢ノ債權ヲ差押フルニ付テノ手續

第五百九十八條　金錢ノ債權ヲ差押フ可キトキハ裁判所ハ第三債務者ニ對シ債務者ニ支拂ヲ爲スコトヲ禁シ又債務者ニ對シ債權

抵當アル債權ノ差押

ノ處分、殊ニ其取立ヲ爲ス可カラサルコトヲ命ス可シ

差押命令ハ職權ヲ以テ第三債務者及ヒ債務者ニ之ヲ送達シ又債權者ニハ其送達シタル旨ヲ通知ス可シ

差押ハ第三債務者ニ對スル送達ヲ以テ之ヲ爲シタルモノト看做ス

第五百九十九條　抵當アル債權ノ差押ノ場合ニ於テハ債權者ハ債務者ノ承諾ヲ要セスシテ其債權ノ差押ヲ登記簿ニ記入スル權利アリ此記入ノ申請ハ裁判所ニ之ヲ爲ス可シ其申請ハ差押命令ノ申請ト之ヲ併合スルコトヲ得

裁判所ハ義務ヲ負フタル不動產ノ所有者（第三債務者）ニ差押命令ヲ送達シタル後、記入ノ手續ヲ爲ス可シ

（解）抵當アル債權ノ差押ノ場合ニ於テ其債權ノ差押ヲ登記簿ニ記入スルハ唯其權利ヲ確實ニスルニ過キザレバ債主ハ別ニ債務者ノ承諾ヲ得ルコトナク之ヲ爲スヲ得サル可ラズ

差押ヘタル金錢ノ債權ノ處分

支拂ニ換ヘ券面額ニテ債權ヲ轉付スル命令アルトキハ債權ノ辨濟アリタルモノト看做ス取立ノ爲メノ命令ハ其債權ノ全額ニ及フ

第六百條　差押ヘタル金錢ノ債權ニ付テハ差押債權者ノ撰擇ニ從ヒ代位ノ手續ヲ要セスシテ之ヲ取立ツル爲メ又ハ支拂ニ換ヘ券面額ニテ差押債權者ニ之ヲ轉付スル爲メ命令アランコトヲ申請スルコトヲ得

右命令ノ送達ニ付テハ第五百九十八條第二項ノ規定ヲ準用ス

第六百一條　支拂ニ換ヘ券面額ニテ債權ヲ轉付スル命令アル場合ニ於テハ其債權ノ存スル限リハ第五百九十八條第二項ノ手續ヲ爲スニ因リ債務者ハ債權ノ辨濟ヲ爲シタルモノト看做ス

第六百二條　取立ノ爲メノ命令ハ其債權ノ全額ニ及フモノトス但執行裁判所ハ債務者ノ申立ニ因リ差押債權者ヲ審訊シテ差押額ヲ其債權者ノ要求額マテニ制限シ其超過スル額ノ處分殊ニ取立ヲ爲スヲ許スコトヲ得、其制限シタル部分ニ限リ他ノ債權者ハ配當要求ヲ爲スコトヲ得ス

手形其他裏書ヲ以テ移轉スルコヲ得ル証券ノ差押方法

繼續收入ノ債權ノ

右許可ハ第三債務者及ヒ債務者ニ通知ス可シ

（解）故ニ裁判所ハ第一ニ債務者ノ負ヘル債務ノ額カ千圓ニシテ差押ヲ要スル債主ノ要求高ガ五百圓ナル時ハ債務者ノ申立ヲ待チ差押債主ノ審訊ヲ經其差支、ナキヲ見認ムル片ハ差押額ヲ五百圓ニ限リ他ノ五百圓ハ之ヲ債務者ノ處分ニ一任スルヲ得可シ此ノ如キハ本條前段ノ規則ニ違フハ明ラカナリト雖モ却テ是レ余カ先キニ其不都合ヲ駁撃セル第五百六十四條第二項ノ原則ノ適用ニ過キザルナリ然ルニ此ニハ其制限シタル部分ニ限リ他ノ債權者ニ配當ノ要求ヲ爲スヲ得セシメズ差押ヲシテ先取權ヲ生セシムルニ至レルハ何ニ由ルカ余ハ其正當ナル解釋ヲ得ザルニ苦マズンバアラズ

第六百三條　手形其他裏書ヲ以テ移轉スルコトヲ得ル證劵ニ因レル債權ノ差押ハ執達吏其證劵ヲ占有シテ之ヲ爲ス

（解）手形其他裏書ヲ以テ移轉シ得ル證劵ハ其性質大ニ他ノ動産ト同シキカ故ニ之ト同一ノ方法ニテ拘束スルニアラザレバ差押ハ其効ヲ見ルヿ能ハサル可シ

第六百四條　俸給又ハ此ニ類スル繼續收入ノ債權ノ差押ハ債權額

差押効力

ヲ限リトシ差押後ニ收入スヘキ金額ニ及フモノトス

職務上收入ノ差押効力

第六百五條　職務上收入ノ差押ハ債務者ノ轉官、兼任又ハ增俸ニ因ル收入ニモ亦及フモノトス

債權者ノ有スル債權ニ關スル差押命令ノ効力

第六百六條　債務者ハ債權ニ關スル所持ノ證書ヲ差押債權者ニ引渡ス義務アリ債權者ハ差押命令ニ基キ强制執行ノ方法ヲ以テ其證書ヲ債務者ヨリ取上ケシムルコトヲ得

差押ヘタル金錢債權ニ取立ノ命令ノミヲ爲ス可キ場合

第六百七條　第五百五條第二項ニ從ヒテ債務者ニ保證ヲ立テシメ又ハ供託ヲ爲サシメテ執行ヲ免カルルコトヲ許ス可キトキハ差押ヘタル金錢債權ニ付テハ取立ノ命令ノミヲ爲ス可シ但此命令ハ第三債務者ヲシテ債務額ヲ供託セシムル効力ノミヲ有ス

取立ヲ爲シタル時ハ執行裁判所ニ届出ヅヘシ

第六百八條　債權者取立ヲ爲シタルトキハ其旨ヲ執行裁判所ニ届出ツ可シ

差押債權者ガ第三

第六百九條　差押債權者ハ第三債務者ヲシテ差押命令ノ送達ヨリ

債務者ニ對シテ爲スル陳述ヲ求ムル催告ニ付テノ規定

七日ノ期間内ニ書面ヲ以テ左ノ陳述ヲ爲サシメンコトヲ裁判所ニ申立ツルコトヲ得

第一　債權ノ認諾ノ有無及ヒ其限度幷ニ支拂ヲ爲ス意思ノ有無及ヒ其限度

第二　債權ニ付キ他ノ者ヨリ請求ノ有無及ヒ其種類

第三　債權カ既ニ他ノ債權者ヨリ差押ヘヲレタルコトノ有無及ヒ其請求ノ種類

右ノ陳述ヲ求ムル催告ハ之ヲ送達證書ニ記載ス可シ第三債務者陳述ヲ怠リタルトキハ此ニ因リテ生スル損害ニ付キ其責ニ任ス

（解）差押債權者ハ第三債權者ノ意思如何ニヨリテ其運動ノ方針ヲ定メサル可ラサルカ故ニ第三債務者カ其債務ヲ認諾セルノ有無及ビ其限度並ヒニ支拂ヲ爲ス意思ノ有無及ヒ其限度ヲ知ルハ必要ナリ

又他ノ債權者ノ債權ニ付キ請求又ハ差押ヲ爲スコトアルニ於テハ差押債權者ハ己ノ得可

キ配當額ヲ減少セラレサル可ラザルカ故ニ其債權ノ種類ヲ知リ排擊シ得可キ者ハ之ヲ排擊セサルベカラザルカ故ニ其有無及ビ其種類ヲ知ルヿモ亦甚ダ必要ナリ故ニ法律ハ本條ニ規定セル陳述ヲ第三債務者ニ求メ得ルノ權利ヲ差押債權者ニ附與セルモノナリ故ニ若シ第三債務者ニシテ其陳述ヲ怠リ又或ハ詐リ陳シ以テ差押債權者ニ誤マラシムルヿアルニ於テハ其責ヲ辭スルコト能ハザルナリ

債權者カ命令ノ旨趣ニ基キ第三債務者ニ對シ訴ヲ起セルトキノ規定

第六百十條　債權者カ命令ノ旨趣ニ基キ第三債務者ニ對シ訴ヲ起スニ至リタルトキハ一般ノ規定ニ從ヒテ管轄ヲ有スル裁判所ニ其訴ヲ起シ且債務者內國ニ在リテ住所ノ知レタルトキハ其訴訟ヲ之ニ告知ス可シ

(解)　債權者命令ノ旨趣ニ基キ第三債務者ニ係リテ訴ヲ起スハ債務者ニ代リ其權利ヲ執行スルニ過キザレバ通常依ル可キ一般ノ規定ハ皆ナ之ヲ守ラザル可ラズシテ而ソ其訴訟ノ結果ハ利ト不利トニ關セス皆債務者ノ頭上ニ墜落スルモノナレバ債務者ニ之ヲ通告セサルベカラザルナリ

債權者ハ債權ノ行用ヲ怠ルニヨリ生スル損害ノ責ニ任ス

債務者ハ命令ニヨリ取立ノ爲メ取得シタル權利ヲ拋棄スルヿヲ得此拋棄ヲ爲ス方法

裁判所ガ他ノ換價方法ヲ以テ差押ヘタル債權ノ強制執行ヲ爲シ得ル場合

第六百十一條　債權者カ取立ヲ爲ス可キ債權ノ行用ヲ怠リタルトキハ此カ爲メ債務者ニ生シタル損害ノ責ニ任ス

（解）是レ過失アル者ハ其レヨリ生スル結果ノ負擔ヲ爲サヽルヘカラサルニ由ルナリ

第六百十二條　債權者ハ命令ニ因リ取立ノ爲メ取得シタル權利ヲ拋棄スルコトヲ得、但此カ爲メ其請求ヲ害セラルルコトナシ

此拋棄ハ裁判所ニ屆書ヲ差出シテ之ヲ爲ス但其謄本ハ第三債務者及ヒ債務者ニ之ヲ送達スヘシ

（解）已レノ利益ヲ拋棄スルハ已レノ自由ナラサルヘカラズ債權命令ニ因リ取立ノ爲メニ爲セル權利ノ取得ハ畢竟自已ノ利益ノ爲メニ外ナラズ故ニ其有スル請求ヲ害セヲルヽコトナク其權利ヲ拋棄スルヲ得可シ

第六百十三條　差押ヘタル債權カ條件附若クハ有期ナルトキ又ハ反對給付ニ繫リ若クハ他ノ理由アリテ其取立ノ困難ナルトキハ裁判所ハ申立ニ因リ取立ニ換ヘ他ノ換價方法ヲ命スルコトヲ得

有體物ノ引渡又ハ給付ノ請求ニ對スル强制執行

有体動産ノ請求ノ差押及此換價方法

不動産ノ請求ノ差

債務者内國ニ在リテ住所ノ知レタルトキハ其申立ヲ許ス決定前ニ之ヲ審訊スヘシ

（解）是レ一ノ便宜ニ從ハシメント欲セルニ由ルナリ而シテ此處分ヲナスニ先チ債務者ノ審訊ヲ必要トスルハ債務者ハ能ク其債權ノ性質由來ヲ知ルカ故ニ其困難ヲ救フノ方法ヲ有スルヤモ知ルベカラザルノミナラズ畢竟利害ノ結果ノ歸着スル者タルニ由ル

第六百十四條　有體物ノ引渡又ハ給付ノ請求ニ對スル强請執行ハ以下數條ノ規定ヲ斟酌シテ第五百九十八條乃至第六百十二條ノ規定ニ從ヒテ之ヲ爲ス

第六百十五條　有體動産ノ請求ノ差押ニ付テハ其動産ヲ債權者ノ委任シタル執達吏ニ引渡スヘキコトヲ命スヘシ

右動産ノ換價ニ付テハ差押物ノ換價ニ關スル規定ヲ適用ス

（解）是レ此種ノ動産ノ强制執行ハ執達吏之ヲ占有スルニ由リ成ル者ナルカ故ナリ

第六百十六條　不動産ノ請求ノ差押ニ付テハ債權者ノ申立ニ因リ

有體物ノ引渡又ハ給付ノ請求

差押フルコトヲ得サル債權

其不動產ヲ不動產所在地ノ區裁判所ヨリ命シタル保管人ニ引渡スヘキコトヲ命スヘシ

引渡シタル不動產ニ付テノ强制執行ハ不動產ニ對スル强制執行ニ付テノ規定ニ從ヒテ之ヲ爲ス

（解）不動產ハ之ヲ他ニ運搬スル能ハス之ヲ以テ其所在地ノ區裁判所ヨリ命セル保管人ニ托スルノ必要ヲ生スルナリ但事、唯債主ノ利害ニ關スルガ故ニ其申立アルヲ待ツノミ

第六百十七條　有體物ノ引渡又ハ給付ノ請求ニ付テハ支拂ニ換ヘ轉付スル命令ヲ爲スコトヲ得ス

第六百十八條　左ニ掲クル債權ハ之ヲ差押フルコトヲ得ス

第一　法律上ノ養料

第二　債務者カ義捐建設所ヨリ又ハ第三者ノ慈惠ニ因リ受クル繼續ノ收入、但債務者及ヒ其家族ノ生活ノ爲メ必要ナルモノニ限ル

第三　下士、兵卒ノ給料幷ニ恩給及ヒ其遺族ノ扶助料
第四　出陣ノ軍隊又ハ役務ニ服シタル軍艦ノ乘組員ニ屬スル軍人、軍屬ノ職務上ノ收入
第五　文武ノ官吏、神職、僧侶及ヒ公立私立ノ教育場教師ノ職務上ノ收入、恩給及ヒ其遺族ノ扶助料
第六　職工、勞役者又ハ雇人カ其勞力又ハ役務ノ爲ニ受クル報酬

第一號、第五號、第六號ノ場合ニ於テ職務上ノ收入、恩給其他ノ收入カ一个年間ニ三百圓ヲ超過スルトキハ其超過額ノ半額ヲ差押フルコトヲ得

（解）第一、第二、第六ノ數號ニ揭クル金額ノ差押ヲ爲スコヲ許サヾルハ債務者及ビ其家族ノ生存ヲ保ツニ必要ナルニ由ルナリ人ハ其負ヒタル債務ヲ果タサヽル可ラザルモ其生ヲ拋テモ之ヲ盡スノ義務ハ之ヲ有セサルナリ

數名ノ差押債權者ノ爲メ同時ニ爲ス債權ノ差押
配當ノ要求ヲ爲シ得ル場合

其第三號ニ於テ下士兵卒ノ給料、其第五號ニ於テハ出陣ノ軍隊又ハ役務ニ服シタル軍艦ノ乘組員ニ屬スル軍人軍屬ノ職務上ノ收入ニ差押ヲ爲スヿヲ許サヽルハ之ヲシテ護國ノ干城タル職務ヲ果タスニ付タ妨害ヲ受ケザラシメント欲セルニ由ルナリ又タ其第三號ニ於テ下士兵卒ノ恩給及ヒ其貴族ノ扶助料ヲモ不可差押物件ノ中ニ列セルモノハ此二者ハ共ニ久勞長勤、能ク其職ニ勵精セル者ニ酬フル者ナレバ之ヲシテ神聖不可侵モノタラシメ因テ以テ人ヲ職務ノ勉勵ニ導ビクノ必要アレバナリ

若シ夫レ第五號ニ列記セル所ノ諸人ニ或ル金額ヲ差押ヨリ免カレシメタル理由ハ其レヲシテ生活ノ体面ヲ失ハシメ以テ其職務ヲ盡スニ不適當ト爲スノ恐レアルニ由ル

第六百十九條　數名ノ差押債權者ノ爲メ同時ニ爲スベキ債權ノ差押ニ付テハ前數條ノ規定ヲ準用ス

第六百二十條　執行力アル正本ヲ有スル債權者及ヒ民法ニ從ヒ配當ノ要求ヲ爲シ得ヘキ債權者ハ差押債權者カ取立ヲ爲シ其旨ヲ執行裁判所ニ届出ツルマテ又ハ執達吏カ賣得金ヲ領收スルマテ

第三債務者ノ爲ス債務額ノ供託

配當ヲ要求スルコトヲ得、但執行力アル正本ニ因ラスシテ配當ヲ要求スル債權者ニ付テハ第五百九十條及ヒ第五百九十一條第二項第三項ノ規定ヲ適用ス

支拂ニ換ヘテノ轉付ノ命令アリタル後ハ配當ノ要求ヲ爲スコトヲ得ス

右配當要求ハ職權ヲ以テ之ヲ第三債務者、債務者及ヒ差押債權者ニ送達シ又既ニ爲シタル差押カ取消トナリタルトキハ執行力アル正本ニ因リ要求シタル債權者ノ爲メ要求ノ順序ニ因リ差押ノ効力ヲ生ス

第六百二十一條　金錢ノ債權ニ付キ配當要求ノ送達ヲ受ケタル第三債務者ハ債務額ヲ供託スル權利アリ

第三債務者ハ配當ニ與カル或ル債權者ノ求ニ因リ債務額ヲ供託スル義務アリ

請求カ不動産ニ關スル㕝第三債務者ガ有スル不動産引渡ノ權利ト義務

第三債務者カ取立

第三債務者ハ債務額ヲ供託シタルトキハ其事情ヲ裁判所ニ届出ツ可シ

(解) 差押ヲレタル第三債務者ハ其差押ノ決落スル迄ヽ債務ノ辨濟ヲ爲ス能ハサル㕝ハ早ク義務ノ羈絆ヲ脱シ得サルノ不便アリ故ニ差押ノ落着スルニ先チ債務額ヲ供託スルノ權利アラサルベカラズ

又差押債務者若クハ配當ニ預カル債權者ハ債務ノ取立ヲ爲スノ權アリ故ニ之ヲシテ債務額ヲ供託セシムルノ權利アラサルベカラズ

第六百二十二條 請求カ不動産ニ關スルトキハ第三債務者ハ其不動産所在地ノ區裁判所カ差押債權者又ハ第三債務者ノ申立ニ因リ命令シタル保管人ニ事情ヲ開示シ且送達セラレタル命令ヲ添ヘ其不動産ヲ引渡ス權利ヲ有シ又ハ差押債權者ノ求ニ因リ之ヲ引渡ス義務アリ

第六百二十三條 第三債務者カ取立手續ニ對シテ義務ヲ履行セサ

手續ニ對シテ訴訟ヲ行ハサルトキノ規定

ルトキハ差押債權者ハ訴ヲ以テ之ヲ履行セシムルコトヲ得
執行力アル正本ヲ有スル各債權者ハ共同訴訟人トシテ原告ニ加ハル權利アリ
訴ヲ受ケタル第三債務者ハ原告ニ加ハラサル債權者ヲ共同訴訟人トシテ呼出アランコトヲ口頭辯論ノ第一期日マテニ申立ツルコトヲ得
右ノ場合ニ於ケル裁判ハ呼出ヲ受ケタル債權者ニ利害ヲ及ホス効力アリ

(解) 訴ヲ受ケタル第三債務者ニ原告ニ加ハラサル債權者ヲ共同訴訟人トシテ呼出シアランコトヲ求メ得ルノ權利ヲ附與セルモノハ之ヲシテ煩累ヲ後日ニ遺ササラシメント欲セシニヨルナリ

差押債權者ハ取立手續ヲ怠リタルトキ

第六百二十四條　差押債權者取立手續ヲ怠リタルトキハ執行力アル正本ニ因リ要求シタル各債權者ハ一定ノ期間内ニ取立ヲ爲ス

ニ他ノ債權者ノ爲シ得ル處置

不動產ヲ目的トセズ又前數條ニ規定スル以外ノ財產權ニ對スル强制執行

配當手續

可キコトヲ催告シ其催告ノ效アラサルトキハ執行裁判所ノ許可ヲ得テ自ラ取立ヲ爲スコトヲ得

第六百二十五條　不動產ヲ目的トセス又前數條ニ揭ケタル以外ノ財產權ニ對スル强制執行ニ付テハ本款ノ規定ヲ準用ス

若シ第三債務者ナキトキハ差押ハ債務者ニ權利ノ處分ヲ禁スル命令ヲ送達シタル日時ヲ以テ之ヲ爲シタルモノト看做ス

右ノ場合ニ於テハ裁判所ハ特別ノ處分、殊ニ其權利ノ管理若クハ讓渡ヲ命スルコトヲ得

第四欵　配當手續

（解）配當トハ權利ノ額ニ應シテ數個ノ債主ニ金圓ノ配分ヲ爲スヲ云ヒ此配當ヲ爲スニ付テノ順序之ヲ配當手續ト云フナリ

此手續ハ動產ヲ目的トスル强制執行ニ於テ關係權利者即チ配當或ハ其差押ヲ爲シ配當ヲ求メシ權利者ノ爲メ金額ノ附托アルモ充分ニ之ヲ滿足セシメタルニアラザル片爲スモノ

ナリ

配當手續ヲ爲ス場合

第六百二十六條　配當手續ハ動產ニ對スル强制執行ニ際シ競賣期日又ハ金錢差押ノ日ヨリ十四日ノ期間內ニ債權者間ノ協議調ハサル爲メ金額ヲ供託シタルトキ之ヲ爲ス

（解）法律ノ欲スル所ハ債主等ガ協議和談以テ其配當額ヲ定ムルニ在リ數多ノ債主其受ク可キ辨濟ノ額ニ付キ協議ノ調フヿアルニ於テハ其協議ニ從テ配當ヲ爲ス可ク又法律ノ力ヲ假リ裁判所ノ手數ヲ煩ハシテ以テ配當ノ手續ヲ爲スヲ要セザルナリ

計算書差出シノ催告

第六百二十七條　裁判所ハ事情屆書ニ基キ七日ノ期間內ニ元金、利息、費用其他附帶ノ債權ノ計算書ヲ差出ス可キ旨ヲ各債權者ニ催告ス可シ

配當表ノ作爲

第六百二十八條　前條ノ期間滿了後、裁判所ハ配當表ヲ作ル可シ

右期間ヲ遵守セサル債權者ノ債權ハ配當表ヲ作ルニ際シ配當要求幷ニ屆書ノ旨趣及ヒ其憑據書類ニ依リ之ヲ計算ス但後ニ債權

配當表ニ關スル陳述及ビ配當實施ノ爲メノ各債權及債務者ノ呼出シ

配當表ノ備置

期日ニ異議ヲ申立テサル時ハ配當ヲ實施ス

額ヲ補充スルコトヲ許サス

第六百二十九條　裁判所ハ配當表ニ關スル陳述及ヒ配當實施ノ爲メ期日ヲ指定シ其期日ニハ各債權者及ヒ債務者ヲ呼出ス可シ但債務者ノ所在明カナラサルトキ又ハ外國ニ在ルトキハ呼出ヲナスコトヲ要セス

配當表ハ各債權者及ヒ債務者ニ閲覽セシムル爲メ遲クトモ期日ノ三日前ニ裁判所書記課ニ之ヲ備置ク可シ

（解）調製セラレタル配當表ヲ期日ノ三日前ニ裁判書記課ニ備置キ以テ各債權者及ビ債務者ニ閲覽セシムルモノハ之ヲシテ異議ノ申立ニヨリ其不都合ノ所ヲ攻擊セシメ以テ公平ナル配當ヲ爲サント欲スルニ由ルナリ

第六百三十條　期日ニ於テ異議ノ申立ナキトキハ配當表ニ從ヒテ其配當ヲ實施ス可シ

停止條件附ノ債權ノ配當額ハ仍ホ之ヲ供託シ民法ニ從ヒテ條件

未タ確定セサル債權其他異議アル債權ノ配當額ハ之ヲ供託スヘシ

配當實施ニ付テハ調書ヲ作ルヘシ

異議ノ申立アリタ

ノ成否ニ依リ後ニ之ヲ支拂ヒ又ハ更ニ配當ス可シ

第五百九十一條第三項ノ場合又ハ假差押ノ場合ニ於テ未タ確定セサル債權其他異議アル債權ノ配當額ハ仍ホ之ヲ供託ス可シ

配當實施ニ付テハ調書ヲ作ル可シ

（解）停止條件附ノ債權ハ條件ノ到達アルマデハ眞ニ義務ノ存スル者ト云フコト能ハサレドモ後日條件ノ到達アルニ於テハ溯及シテ其効ヲ生スルカ故ニ條件ノ到達前ニ配當ヲ為ス時ハ此債權ノ為メニモ供フル所ナカル可ラズ否ラズンバ後日ニ條件ノ到達シ合意ヲ為セル當時ニ溯リテ其効ヲ生スルトキニハ一債主ヲ其配當ヨリ除去スルト同一ノ不正ヲ見ルニ至ル可キナリ

第五百九十一條第三項ノ場合又ハ假差押ノ場合ニ於テ未タ確定セサル債權其他異議アル債權モ之カ配當部分ヲ存シ置カサルニ於テハ後日其訴訟ノ決落セル時ニ不都合ヲ生スルコトアル可ケレバ此等債權ノ受ク可キ配當部分モ之ヲ他ニ供託シ置カザル可カラズ

第六百三十一條　異議ノ申立アルトキハ他ノ債權者ハ直チニ陳述

ルトキニ處スルカ方法

ヲ爲ス可シ若シ關係人異議ヲ正當ナリト認ムルトキ又ハ他ノ方法ニ於テ合意スルトキハ之ニ從ヒ配當表ヲ更正シ配當ヲ實施ス可シ

異議ノ完結セサルトキハ異議ナキ部分ニ限リ配當ヲ實施スヘシ

期日ニ出頭セザルヿガ異議ノ上ニ及ボス効力

第六百三十二條　期日ニ出頭セサル債權者ハ配當表ノ實施ニ同意シタルモノト看做ス

若シ期日ニ出頭セサル債權者カ他ノ債權者ヨリ申立テタル異議ニ關係ヲ有スルトキハ其債權者ハ異議ヲ正當ナリト認メサルモノト看做ス

（解）調製セラレタル配當表ニ付キ異議ノ申立ヲ爲サント欲セハ須ラク法律ノ與フル期間ニ之ヲ爲ス可シ法律ハ斯ノ如キ行爲ヲ爲サントスル者ノ爲メニ之ヲ爲シ得ル門戸ヲ啓ケリ然ルニ其與ヘラレタル期日內ニ異議ヲ言ハズ之ヲ徒過スルニ於テハ其示サレタル配當表ヲ認メタル者ト見サル可ラズ縱令ヒ然ラザルモ事件ノ整理上然カク見サル可ラザル

配當表ニ對シ期間後ニ異議ノ申立ヲ爲シタル者ニ生ズル效果

ヲガ故ニ之ヨリ後ニ於テハマタ異議ノ申立ヲ爲スコトヲ得セシムベカラズ

第六百三十三條　期日ニ於テ異議ノ完結セサルトキハ異議ヲ申立テタル債權者ハ他ノ債權者ニ對シ訴ヲ起シタルコトヲ期日ヨリ七日ノ期間內ニ裁判所ニ證明ス可シ若シ其期間ヲ徒過シタル後ハ裁判所ハ異議ニ拘ハラス配當ノ實施ヲ命ス可シ

第六百三十四條　異議ヲ申立テタル債權者前條ノ期間ヲ怠リタルトキト雖モ配當表ニ從ヒテ配當ヲ受ケタル債權者ニ對シ訴ヲ以テ優先權ヲ主張スル權利ハ配當實施ノ爲メ妨ケラルヽコト無シ

（解）異議ノ申立ヲ爲セル債權者ノ訴ハ配當ノ期ヨリ七日ノ期間內ニ爲サヽル可ラズ之ヲ爲サズニ其期間ヲ空過セシムル𪜈ハ事件整理上ノ都合ニヨリ異議ノ申立アルニ拘ハラズ配當表ニヨリテ配當ヲ爲スモ是レ只配當ノ實施ヲ妨クルノ權利ヲ失ハシムルニ過キズ其有スル要求ノ權利ヲ奪却シ去ル者ニアラザレバ異議ノ申立ヲ爲シタル債權者ハ後ニ配當ヲ受ケタル各債主ニ對シテ其有スル優先ノ權利ヲ主張シ以テ其領收セル配當金ノ支出

配當表ニ對スル異議ノ申立ノ管轄裁判所

爲サシム可ク要請スルヲ得可シ

第六百三十五條　異議ヲ申立テタル債權者ノ訴ニ付テハ配當裁判所之ヲ管轄ス然レトモ訴訟物カ區裁判所ノ管轄ニ屬セサルトキハ其配當裁判所ノ所在地ヲ管轄スル地方裁判所之ヲ管轄ス若シ數箇ノ訴ノ提起アリタル場合ニ於テ一ノ訴ヲ地方裁判所カ管轄スルトキハ其他ノ訴ヲモ亦之ヲ管轄ス但各債權者總テノ異議ニ付キ配當裁判所ノ裁判ヲ受ク可キコトヲ合意シタルトキハ此限ニ在ラス

(解) 數箇ノ訴ノ提起アリタル場合ニ於テ一ノ訴ヲ地方裁判所ノ管轄セル時ニ其他ノ訴ヲモ亦之ヲ其地方裁判所ニ管轄セシムル者ハ其數箇ノ訴カ彼是相牽聯スルガ故ニ之ヲ同一裁判所ニテ裁判セシムルハ大ニ便宜ナルニ由ルナリ讀者ハ本條ニ(但各債權者總テノ異議ニ就キ配當裁判所ノ裁判ヲ受ク可キ事ヲ合意シタルトキハ云々)トアルガ故ニ縱令訴訟物カ區裁判所ノ管轄ニ屬セサルトキニ於テモ若シ當事者ガ配當裁判所ノ裁判ヲ受ク可

配當表ニ對スル異議ニ付キ裁判ヲ爲ス片ノ手續

異議ノ申立ヲ爲セル債權者ノ口頭辯論ノ期日ニ出デサル爲メ受クル制裁

異議ノ申立ニ對スル判決ノ確定セル

キヿヲ合意シタルトキハ配當裁判所ニ裁判ヲ受クコルトヲ得可シト思惟ス可キモ是レ謬見ナリ斥ケル可ラズ本條(但)ノ文字ハ其前段ニアル若シ以下ノ一句ヲ抑制セルニ過ギサレバ訴訟物カ區裁判所ノ管轄ニ屬セサル片ハツレニ付テノ訴訟ハ必ス其區裁判所カ屬スル地方裁判所ノ管轄ニ屬セサル可ラサルナリ

第六百三十六條　異議ニ付キ裁判ヲ爲ス判決ニハ配當額ノ係爭部分ヲ如何ナル債權者ニ如何ナル數額ヲ以テ支拂フ可キヤヲ定ム可シ若シ之ヲ定ムルコトヲ適當トセサルトキハ判決ニ於テ新ナル配當表ノ調製及ヒ他ノ配當手續ヲ命ス可シ

第六百三十七條　異議ヲ申立テタル債權者ガ口頭辯論ノ期日ニ出頭セサルトキハ異議ヲ取下ケタルモノト看做ス旨ノ闕席判決ヲ爲ス可シ

第六百三十八條　前二條ノ判決確定ノ證明アルトキハ配當裁判所ハ其判決ニ基キ支拂又ハ他ノ配當手續ヲ命ス

付ニ配當
裁判所ノ
爲スヘキ
手續
配當實施

第六百三十九條　裁判所ハ配當表ニ依リテ他ノ手續ヲ爲シ配當ヲ實施ス可シ

債權全部ノ配當ヲ受クヘキ債權者ニハ配當額支拂證ヲ交付スルト同時ニ其所持スル執行力アル正本又ハ債權ノ證書ヲ差出サシメ之ヲ債務者ニ交付スヘシ

債權一分ノミノ配當ヲ受ク可キ債權者ニハ執行力アル正本又ハ債權ノ證書ヲ差出サシメ之ニ配當額ヲ記入シテ返還シ且配當額支拂證ヲ交付スルト同時ニ右債權者ヨリ金額ヲ證記シタル受取書ヲ差出サシメ之ヲ債務者ニ交付ス可シ

期日ニ出頭セサル債權者ノ配當額ハ仍ホ之ヲ供託スヘシ

右ノ手續ヲ爲シタルトキハ調書ニ記載シテ之ヲ明確ニス可シ

（解）全部ノ辨濟ヲ受ケサル債主ハ仍ホ其有スル證書ヲ證明ノ具ニ供セサル可ラサルコアルカ故ニ之ヲ債務者ニ渡サシム可ラズ

不動産ニ對スル強制執行

調書ニ其爲セル手續ヲ詳記スルハ後日ノ証ニ供センカ爲メナリ

第二節　不動産ニ對スル強制執行

(解)　縱令ヒ其事ノ謂ハレナク又其事ノ不當ナルニモセヨ動産ヲ賤シンテ不動産ヲ重ンズルハ今日我邦人民一般ノ感情タリ既ニ此感情ノ存セリトセバ其事ノ國家社會ニ害ナキ限リハ立法者ニ於テモ亦之ヲ認メ不動産ノ取扱ヲ動産ニ於ケルヨリモ叮重ニセザル可ラズ且加之ナラズ不動産ハ動産トハ大ニ其性質、其効用ヲ異ニシ其移轉セラルヽ場合ニ於テモ亦其手續ヲ別異ニスルヲ以テ之ニ對シテ強制執行ヲ爲ス手續ハ之ヲ動産ニ對ノ爲ス強制執行ニ付テノ規定ト同一ナラシム可ラズ故ニ此ニ特ニ一節ヲ設ケテ不動産ニ對スル強制執行ノヿヲ規定セルモノナリ

不動産トハ其所在ノ地位ヲ變移スルコト能ハザル財産ニ名ク我立法者ハ財産ノ定義ヲ下メ(財産トハ公私ノ人ノ資産ヲ組成スル權利ナリ)ト云ヘリ財産ニシテ權利ナラバ移轉ス可キ者ト移轉ス可ラサル者トノ區分ヲ生スルヿナガル可シ何トナレバ有形的物件ニアラザレバ其所在ノ地位ヲ變更シ得ルト得ザルトノ區別ヲ爲スコト能ハザルハ吾人ノ實トニ

能ク了知スル所ナレバナリ然ルニ我立法者ハ等シク無形ナル權利ナルニ其目的トスル所ノ物ガ動カシ得可キ者ナルト否ラザルトニヨリテ動産ト不動産トノ區別ヲ爲セリ是レラ非難スルニ足ルカ如キモ併シ此ノ如ク區別ヲ立テサルトキハ法律ノ規定上、不便少ナカザルヲ以テ故ラニ之ヲ爲セル者ナレバ之ヲ不問ニ付セザル可ラサルナリ

不動産ニ對スル强制執行ノ二種類

不動産ニ對スル强制執行ニハ二箇ノ方法アリ一ヲ强制競賣ト云ヒ他ヲ强制管理ト云フ我立法者之ヲ二款ニ分チテ規定セリ債權者ハ其撰擇ニヨリテ或ヒハ此二方法中ノ只一箇ノミヲ執行セシムルヲ得ベク或ハ又此二箇ノ方法ヲ併セテ執行セシムルヲ得可キハ第六百四十條ニ明言スルカ如シ

通則

第一款　通則

（解）不動産ニ對シテ爲ス强制執行ノ方法分テ二ト爲ス一ハ强制競賣ニシテ他ノ一ハ强制管理ナリ前者ハ我邦、以前ヨリ之アルヲ見シト雖モ後者ハ即チ此法律ノ創始スル所ニ係ル然レドモ其制大ニ美ナリ余輩ハ先ツ此ニ其各〻ニ通スル法則ノ規定如何ヲ見、漸ク進ンテ此二者ノ如何ナルモノナルヤヲ讀者ニ紹介セン

不動産ニ對スル强制執行ノ方法

第六百四十條　不動産ニ對スル强制執行ハ左ノ方法ヲ以テ之ヲ爲ス

第一　强制競賣

第二　强制管理

債權者ハ自己ノ撰擇ニ依リ一箇ノ方法ヲ以テ又ハ二箇ノ方法ヲ併セテ執行セシムルコトヲ得

强制管理ハ假差押ノ執行ノ爲ニモ亦之ヲ爲ス

不動産ニ對スル强制執行ヲ管轄スル裁判所

第六百四十一條　不動産ニ對スル强制執行ニ付テハ其不動産所在地ノ區裁判所執行裁判所トシテ之ヲ管轄ス若シ其不動産數箇ノ區裁判所ノ管轄區內ニ散在スルトキハ第二十六條ノ規定ヲ適用ス

强制執行ハ申立ニ因リテ裁判所之ヲ爲ス

（解）不動産ニ對スル强制執行ハ動産ニ對スル强制執行ノ如ク全ク債主一已ノ利益ニ關

スルニ過ギザレバ裁判所ニ於テ之ヲ爲スニハ申立アルヲ待タザルベカラズ

第二欵　強制競賣

（解）強制競賣トハ義務ノ辨濟ヲ得ンガ爲メニ義務ノ履行ヲ爲サヽル債務者ノ有スル不動產ヲ糶賣ニ付スルヲ云フマタ是レ義務ノ辨濟ヲ得セシムル一方法タリ

若シ義務者ニシテ其負ヘル義務ノ辨濟ヲ爲サヽルトキニ債主ニ此ノ如キ強制手續ヲ爲スヲ許サヽルニ於テハ義務者ハ不義ノ富ヲ得、債主ハ不正者ノ爲ニ損失ヲ蒙ムラシメラル可クシテ遂ニ延ヒテ以テ信用ノ壅塞ヲ致スニ至ラントス故ニ債主ノ共同擔保タル財產ハ其何タル問ハス債務ノ辨濟ヲ爲サヽル負債主ヨリ奪却シテ以テ債主ニ辨濟ヲ得セシムルヿヲ計ラサル可ラズ

強制競賣ノ申立ニ具スベキ諸件

第六百四十二條　強制競賣ノ申立ニハ左ノ諸件ヲ具備スルコトヲ要ス

第一　債權者、債務者及ヒ裁判所ノ表示

第二　不動產ノ表示

第三　競賣ノ原因タル一定ノ債權者及ヒ其執行シ得ヘキ一定ノ債務名義

强制競賣ノ申立書ニ添付スヘキ證書

第六百四十三條　申立ニハ執行力アル正本ノ外、左ノ證書ヲ添附ス可シ

第一　登記簿ニ債務者ノ所有トシテ登記シタル不動産ニ付テハ登記判事ノ認證書

第二　登記簿ニ登記アラサル不動産ニ付テハ債務者ノ所有タルコトヲ證ス可キ證書

第三　地所ニ付テハ國郡市町村、字、番地、地目、反別若クハ坪數、土地臺帳ニ登錄シタル地價及ヒ其地所ニ付キ納ム可キ一个年ノ租稅其他ノ公課ヲ證ス可キ證書

第四　建物ニ付テハ國郡市町村、字、番地、構造ノ種類、建坪及ヒ其建物ニ付キ納ム可キ一个年ノ公課ヲ證ス可キ證書

第五　地所、建物ニ付キ賃貸借アル場合ニ於テハ其期限幷ニ借賃ヲ證ス可キ證書

第二號、第三號及ヒ第四號ノ要件ニ付テハ債權者公薄ヲ主管スル官廳ニ其證明書ヲ求ムルコトヲ得

第四號及ヒ第五號ノ要件ヲ證明スル能ハサルトキハ債權者ハ競賣申立ノ際、其取調ヲ執行裁判所ニ申請スルコトヲ得、但此場合ニ於テハ裁判所ハ執達吏ヲシテ其取調ヲ爲サシム可シ

强制管理ノ爲メ既ニ不動產ヲ差押ヘタル場合ニ於テ其執行記錄ニ第一號乃至第五號ノ要件ヲ記載シタルモノ有ルトキハ其證書ヲ添附スルコトヲ要セス

（解）執行力アル正本ハ强制競賣ヲ爲スニ就テハ洵トニ其基礎ヲ爲スモノナレバ强制競賣ノ申立ヲ爲スニハ必ラス之ヲ添付セサル可ラズ

凡ソ競賣ヲ爲スニハ競賣ニ付スベキ物件ヲ詳細ニ公示セザルベカラサルガ故ニ本條第一

乃至第五ノ數號ニ規定セル諸種ノ事項ハ申立ヲ爲スモノニ於テ之ヲ裁判所ニ疏明セサルベカラザルナリ

不動産ノ差押

第六百四十四條　競賣手續ノ開始決定ニハ同時ニ債權者ノ爲メ不動産ヲ差押フルコトヲ宣言ス可シ

差押ハ債務者カ不動産ノ利用及ヒ管理ヲ爲スコトヲ妨ケス

差押ハ其決定ヲ債務者ニ送達スルニ因リ其効力ヲ生ス此送達ハ職權ヲ以テ之ヲ爲ス

（解）不動産ハ動産ニ異ナリ自由ニ之ヲ他ニ移轉シ以テ隱匿スルコト能ハサル者ナルガ故ニ之ヲ差押テ拘束ヲ加ヘシ後ニ於テモ債務者ニ其利用及ヒ管理ヲ爲スヲ妨クベカラズ蓋シ差押ハ債主ノ權利ノ保全ヲ爲スカ爲メニ過キサレバ債主ニ損害ノ影響ヲ及ホサヾル以上ハ成ル可ク債務者ノ自由ヲ殺カサルヲ要スルナリ

競賣手續開始ノ決定アリシ後ニ更ニ强制競賣

第六百四十五條　裁判所ハ競賣手續開始ノ決定ヲ爲シタル不動産ニ付キ强制競賣ノ申立アルモ更ニ開示決定ヲ爲スコトヲ得ス

申立アリタルトキノ處置手續

配當要求ヲ爲ス方法及ヒ之ヲ爲シ得ル時期

配當要求ノ申立アリタルトキニ爲スヘキ手續

右申立ハ執行記錄ニ添附スルニ因リ配當要求ノ効力ヲ生シ又既ニ開示シタル競賣手續取消ト爲リタルトキハ第六百四十九條第一項ノ規定ヲ害セサル限リハ開示決定ヲ受ケタル効力ヲ生ス

假差押ノ命令アリタル不動産ニ付テハ本條ノ規定ヲ適用セス

第六百四十六條　配當要求ハ其原因ヲ開始シ且裁判所ノ所在地ニ住居ヲモ事務所ヲモ有セサル者ハ假住居ヲ選定シテ執行裁判所ニ之ヲ爲ス可シ

右要求ハ競落期日ノ終ニ至ルマテ之ヲ爲スコトヲ得

第六百四十七條　執行裁判所ハ前二條ノ申立及ヒ要求アリタルコトヲ利害關係人ニ通知ス可シ

執行力アル正本ニ因ラスシテ配當ヲ要求スル債權者アルトキハ債務者ハ右通知アリタルヨリ三日ノ期間內ニ其債權ヲ認諾スルヤ否ヤヲ裁判所ニ申出ツ可シ

競賣手續ニ於ケル利害關係人

債務者カ認諾セサルコトヲ裁判所ヨリ通知アリタルトキハ債權者ハ其通知アリタルヨリ三日ノ期間内ニ債務者ニ對シ訴ヲ起シ其債權ヲ確定ス可シ

第六百四十八條　左ニ揭クル者ヲ競賣手續ニ於テノ利害關係人ト爲ス

第一　差押債權者及ヒ執行力アル正本ニ因リ配當ヲ要求スル債權者

第二　債務者

第三　登記簿ニ記入アル不動產上權利者

第四　不動產上權利者トシテ其債權ヲ證明シ執行記錄ニ備フ可キ届出ヲ爲シタル者

强制競賣ノ手續ヲ爲スヲ得サル場合

第六百四十九條　差押債權者ノ債權ニ先タツ債權ニ關スル不動產ノ負擔ヲ競落人ニ引受ケシムルカ又ハ賣却代金ヲ以テ其負擔ヲ

賣却ノ効果

辨濟スルニ足ル見込アルキニ非サレハ賣却ヲ爲スコトヲ得ス

不動產ハ賣却ニ因リ登記簿ニ記入ヲ要スル總テノ不動產上ノ負擔ヲ免カルルモノトス但競落人其負擔ヲ引受ケタルトキハ此限ニ在ラス

登記簿ニ記入ヲ要セサル不動產ノ負擔ハ競落人之ヲ引受クルモノトス

（解）競賣ヲ爲ス不動產上ニ負擔ヲ有セシムル時ハ人ノ之ヲ買フヿヲ厭フノ恐アルカ故ニ競落人ニ於テ負擔ノ引受ヲ爲サヽル時ハ不動產ノ賣却ハ其総テノ負擔ノ免除ヲ惹起シ以テ不動產ヲ自由ノモノト爲サシムルノ必要アリ然レ圧登記簿ニ記入ヲ要スル不動產上ノ負擔、例之ヘハ未成年者カ後見人ノ不動產上ニ有スル法律上ノ抵當權若クハ婦カ其夫ノ不動產上ニ有スル法律上ノ抵當權ノ如キハ未成年者又ハ婦ニ法律カ抵當權ヲ附與シテ保護セルカ如クニ婦若クハ未成者ガ其有スル抵當權ヲ行フニ不適當ナル地位ニ在ル者ナレバ此等ノ登記ヲ要セザル權利ハ競落人ニ引受ケシムルコトヽ爲サヾル可ラズ

差押及ヒ競賣ノ申立ノ効力

競賣ニ附スル不動産ヲ自由ノモノトセザルベカラサルコト右ノ如シトセバ差押債權者ノ債權ニ先ツ債權ニ關スル不動産ノ負擔ヲ競落人ニ引受ケシムルカ又ハ賣却代金ヲ以テ其負擔ヲ辨濟シ得ルノ見込アルニ非レバ其賣却ヲ爲シ得ザルハ論ヲ須タザルナリ

第六百五十條　權利ヲ取得スル第三者、其取得ノ際、差押又ハ競賣ノ申立アリタルコトヲ知リタルトキハ差押ノ効力ニ對シ其善意ナリシコトヲ主張スルコトヲ得ス

若シ不動産カ差押ノ原因タル債權ノ爲メ義務ヲ負擔スルトキハ差押後所有ノ移轉シタル場合ニ限リ新所有者、取得ノ際、差押又ハ競賣ノ申立アリタルコトヲ知ラサルトキト雖モ競賣手續ヲ續行ス可シ

競賣申立ノ取下ニ因リテ差押ハ消滅ス

（解）差押又ハ競賣ノ申立アリタルコトヲ知ナガラ進ンテ其不動産ノ取得ヲ爲セル者ハ其効果ヲ受ク可キコトヲ諾セルモノト見サル可ラザレバ之ニ善意ナリシヲ主張シテ其効

果テ免カレシムルベカラザルナリ

競賣申立ノ登記

第六百五十一條　裁判所ハ競賣手續開始ノ決定ヲ爲ス際、職權ヲ以テ競賣ノ申立アリタルコトヲ登記簿ニ記入ス可キ旨ヲ登記判事ニ囑託ス可シ

登記判事ハ前項ノ囑託ニ從ヒテ記入ヲ爲ス可シ

右登記ノ謄本又ハ抄本ノ送付

第六百五十二條　登記判事ハ前條ニ掲ケタル記入ヲ爲シタル後、登記簿ノ謄本ヲ裁判所ニ送付シ不動產上權利者ヨリ差出シタル證書アルトキハ其抄本ヲモ送付ス可シ

（解）第六百四十九條初項ノ規定アルガ故ニ不動產上ノ權利者ノ有無及其債權等ヲ知ルコト極メテ必要ナリ本條ノ末段ニ不動產上權利者ヨリ差出シタル證書アルトキニ其抄本ヲ送付ス可キ旨ヲ規定セルハ要スルニ此必要ニ應セシメンガ爲メニ外ナラザルナリ

豫メ知ルニ於テハ手續ノ開始ヲ妨ク

第六百五十三條　豫メ知ルニ於テハ手續ノ開始ヲ妨ク可キ事實カ登記判事ノ通知ニ依リ顯ハルルトキハ裁判所ハ其事情ニ因リ直

ベキ事實ガ登記判ノ通知ニヨリ顯レシトキニ爲スベキ手續

裁判所ガ競賣開始決定ヲ爲セル後ニ租稅其他ノ公課ヲ主管スル官廳ニ催告スベキ事項

最低競賣價額

ナニ手續ヲ取消シ又ハ裁判所ノ意見ヲ以テ定ムル期間內ニ其障碍ノ消滅シタルコトヲ証明ス可キコトヲ債權者ニ命ス可シ其期間內ニ此證明ヲナサヽルトキハ期間ノ滿了後職權ヲ以テ手續ヲ取消ス可シ

第六百五十四條　裁判所ハ競賣開始ノ決定ヲ爲シタルトキハ租稅其他ノ公課ヲ主管スル官廳ニ通知シ其不動產ニ對スル債權ノ有無及ヒ限度ヲ申出ツ可キコトヲ期間ヲ定メテ催告ス可シ

（解）租稅其他ノ公課ハ先取權ヲ以テ辨濟セラル可キ者ナルガ故ニ其有無及其限度ノ如何ハ最底競賣代價ヲ以テ差押債權者ノ債權ニ先ツ不動產上ノ總テノ負債及ヒ手續ノ費用ヲ辨濟シテ剩餘アルヤ否ヤヲ知ルノ際ニ知ラザル可ラザレバ裁判所ハ之ヲ其主管スル官廳ニ通知シ債權ノ有無及ヒ其限度ヲ、或ル定メラレタル期間內ニ申出ツ可キコトヲ催告セザルベカラズ

第六百五十五條　裁判所ハ登記判事及ヒ租稅其他ノ公課ヲ主管ス

競賣手續ノ取消ヲ爲スベキ場合

競賣期日及競落期日ノ公告

ル官廳ヨリ通知ヲ受ケタル後、鑑定人ヲシテ不動産ノ評價ヲ爲サシメ其評價額ヲ以テ最低競賣價額ト爲ス

第六百五十六條　裁判所ハ最低競賣價額ヲ以テ差押債權者ノ債權ニ先タツ不動産上ノ總テノ負擔及ヒ手續ノ費用ヲ辨濟シテ剩餘アル見込ナシトスルトキハ差押債權者ニ其旨ヲ通知ス可シ

右通知ヨリ七日ノ期間内ニ差押債權者カ前項ノ負擔及ヒ費用ヲ辨濟シテ剩餘アル可キ價額ヲ定メ且其價額ニ應スル競買人ナキ場合ニ於テハ自ラ其價額ヲ以テ買受可キ旨ヲ申立テ十分ナル保證ヲ立テサルトキハ競賣手續ヲ取消ス可シ

第六百五十七條　裁判所ハ前條第一項ノ債權及ヒ費用ヲ辨濟シ剩餘ヲ得ル見込アルトキ又ハ差押債權者前條第二項ノ申立ヲ爲シ十分ナル保證ヲ立テタルトキハ職權ヲ以テ競賣期日及ヒ競落期日ヲ定メテ之ヲ公告ス

競賣期日ノ公告ニ具備スヘキ諸件

第六百五十八條　競賣期日ノ公告ニハ左ノ諸件ヲ具備スルコトヲ要ス

第一　不動產ノ表示
第二　租税其他ノ公課
第三　賃貸借アル場合ニ於テハ其期限幷ニ借賃
第四　强制執行ニ因リ競賣ヲ爲ス旨
第五　競賣期日ノ場所、日時及ヒ競賣ヲ爲ス可キ執達吏ノ氏名幷ニ住所
第六　最低競賣價額
第七　競落期日ノ場所及ヒ日時
第八　執行記錄ヲ閱覽シ得ヘキ場所
第九　登記簿ニ記入ヲ要セサル不動產上權利ヲ有スル者、其債權ヲ申出ツ可キ旨

第十　利害關係人競賣期日ニ出頭ス可キ旨

（解）登記簿ニ記入ヲ要セサル不動產上ノ負擔ハ競落人ノ負擔タル可キ者ナルガ故ニ競賣ヲ爲ス者ノ爲メニハ此種ノ權利ヲ有スル者及ビ其債權ヲ知ルコトハ必要ナリ是レ競賣期日ノ公告ニ第九號ニ規定スル事項ヲ具セサル可ラサルコトヽ爲セル所以ナリ

競賣期日

第六百五十九條　競賣期日ハ公告ノ日ヨリ少ナクトモ十四日ノ後タル可シ

此期日ハ裁判所ノ意見ヲ以テ裁判所內又ハ其他ノ場所ニ於テ執達吏ヲシテ之ヲ開カシム

競落期日

第六百六十條　競落期日ハ競賣期日ヨリ七日ヲ過クルコトヲ得ス

此期日ハ裁判所ニ於テ之ヲ開ク

競賣期日ノ公告ヲ爲ス箇所

第六百六十一條　競賣期日ノ公告ハ左ノ箇所ニ揭示シテ之ヲ爲ス

第一　裁判所ノ揭示板

第二　不動產所在地ノ市町村ノ揭示板

此他公告ハ裁判所ノ意見ニ從ヒ一個又ハ數個ノ新聞紙ニ掲載スルコトヲ得

合意ヲ以テ變シ得ベキ賣却條件ト變シ得サル賣却條件

第六百六十二條　最低競賣價額ヲ除ク外、本欵ニ掲ケタル賣却條件ノ變更ハ利害關係人ノ合意アルトキニ限リ之ヲ許ス但此合意ハ競賣期日ニ至ルマテ之ヲ爲スコトヲ得

（解）最低競賣價額ノ項ヲ利害關係人ノ合意アルトキト雖モ變更スルコヲ許サヾルハ不幸ナル債務者ノ利益ヲ保護セント欲セルニ由ルナリ。

競買價額申立ノ催告

第六百六十三條　競賣期日ヲ開キタル後、執達吏ハ執行記錄ヲ各人ノ閲覽ニ供シ又特別ノ賣却條件アルトキハ之ヲ告知シ且競買價額申立ヲ催告ス可シ

競買ノ保證金

第六百六十四條　利害關係人カ或ル競買人ヨリ保證ヲ立テシメンコトヲ申立ツルトキハ其競買人カ保證トシテ競買價額十分ノ一ニ當ル金額ヲ現金又ハ有價證券ヲ以テ直チニ執達吏ニ預クルト

買申出ノ効

キニ非サレハ其競買ヲ許サス

右申立ハ競買價額ノ申出アリタル後直チニ之ヲ述ブルコトヲ要ス其申立ハ同一ナル競買人其後ノ競買ニ付テモ亦効力アリ

〔解〕利害關係人ニ、競買人ニ保證ヲ立ツベキ要求ヲ爲スヲ得セシメシハ其競賣人カ後ニ變約等ヲ爲シテ被ラシムルコトアルベキ不虞ノ損失ニ對シテ其權利ノ保護ヲ爲セルニ出ル

利害關係人、法律ノ與ヘタル此權利ヲ利用セント欲セバ競賣價額ノ申出アリタル後直ニ之ヲ述ベザルベカラズ然レ𪜈此申立ハ一度此ヲ爲スニ於テハ其効力同一ナル競賣人ノ其後ノ競買ニモ亦及ブカ故ニ其競買人カ其後ニ爲セル競買ニ於テ復ヒ競買人ト爲ルヿアルニ於テハ利害關係人ガ特ニ保證ヲ立ツベキヿノ申立ヲ爲スコトナクトモ其競買人ハ保證ヲ立ツルニアラザレバ即チ競買ヲ爲スコト能ハザルナリ

第六百六十五條 競賣ヲ許サレタル各競買人ハ更ニ高價ノ競買ノ許アルマテ其申出テタル價額ニ付キ拘束ヲ受クルモノトス

競買カ終局スルヿ能ハサル時間

競賣終局ノ告知此告知ノアルニヨリ生ズル効

競賣ニ付キ作ルヘキ調書ニ具スヘキ諸件

競賣ハ競買價額ヲ申出ツ可キ催告後滿一時間ヲ過クルニ非サレハ之ヲ終局スルコトヲ得ス

第六百六十六條　執達吏ハ最高價競買人ノ氏名及ヒ其價額ヲ呼上ケタル後、競賣ノ終局ヲ告知ス可シ

他ノ各競買人ハ右ノ告知ニ因リ其競買ノ責務ヲ免カレ且預ケタル保證アルトキハ即時ニ其返還ヲ求ムル權利アリ

第六百六十七條　競賣ニ付キ作ル可キ調書ニハ左ノ諸件ヲ具備スルコトヲ要ス

第一　不動産ノ表示

第二　差押債權者ノ表示

第三　執行記錄ヲ各人ノ閱覽ニ供シタルコト又特別賣却條件アルトキハ之ヲ告知シタルコト

第四　競買價格ノ申出ヲ催告シタル日時

執達吏ハ三日內ニ調書及競買ノ保證

第五　總テノ競買價格幷ニ其申出人ノ氏名、住所又ハ許ス可キ競買ノ申出ナキコト
第六　競買ノ終局ヲ告知シタル日時
第七　申立ニ因リ競買ノ爲メ保證ヲ立テタルコト又ハ申立アルモ保證ヲ立テサル爲メ其競買ヲ許ササルコト
第八　最高價競買人ノ氏名及ヒ其價額ヲ呼上ケタルコト

最高價競買人及ヒ出頭シタル利害關係人ハ調書ニ署名捺印ス可シ若シ此等ノ者調書ノ作成前ニ退席シタルトキハ其旨ヲ附記ス可シ

競買ノ保證ノ爲メ預リタル金錢又ハ有價證券ヲ返還シタルトキハ執達吏ハ受取證ヲ取リ之ヲ調書ニ添附ス可シ

第六百六十八條　執達吏ハ調書及ヒ總テ競買ノ保證ノ爲メ預リタル金錢又ハ有價證券ニシテ返還セサルモノハ三日內ニ裁判所書

物ヲ裁判所書記ニ渡スベシ

最高價競買人ノ假住所ヲ選定セサルベカラサル義務

此義務ヲ果スノ法

競買期日ニ於テ許スベキ競買價額ノ申出ナキトキニ爲シ得ル裁判所ノ所爲

記ニ之ヲ渡ス可シ

第六百六十九條　最高價競買人、執行裁判所ノ所在地ニ住所ヲモ事務所ヲモ有セサルトキハ其所在地ニ假住所ヲ撰定シ其旨ヲ裁判所ニ屆出ツ可シ若シ之ヲ怠リタルトキハ第百四十三條第三項ノ規定ヲ準用ス

住所ノ撰定ハ執達吏ニ口述シ其調書ヲ作ラシメテ之ヲ爲スコトヲ得

第六百七十條　競賣期日ニ於テ許ス可キ競買價額ノ申出ナキトキハ第六百四十九條第一項ノ規定ヲ害セサル限リハ裁判所ハ其意見ヲ以テ最低競賣價額ヲ相當ニ低減シ新競賣期日ヲ定ム可シ若シ其期日ニ於テ仍ホ許ス可キ競買價額ノ申出ナキトキモ亦同シ

新競賣期日ハ少ナクトモ十四日ノ後タル可シ

（解）評價ニ因リテ最低競賣價額ヲ定ムルト雖モ此價額ヲ以テ何人モ之ヲ買取ル可ク肯

競落ノ許否ニ付テノ利害關係人ノ陳述

競落ノ許否ニ付テノ異議及既ニ申立テタル陳述ヲ爲スヘキ時期

競落ノ許可ニ付テノ異議ガ基カサルヘカラサル理由

セサルニ於テハ其評價額ハ高キニ過クル者ト謂ハザルベカラザレバ不得已ヿ其價額ヲ低減セザル可ラズ然レ𪜈減シテ第六百四十九號第一項ノ規定ニ觸ルヽニ至レバ競賣手續ハ之テ廢止セサルベカラサルモノナレバ此條ノ規定ニ觸ルヽノ減價ハ之ヲ爲スコト能ハザルナリ

第六百七十一條　裁判所ハ競落期日ニ出頭シタル利害關係人ニ競落ノ許可ニ付キ陳述ヲ爲サシム可シ

競落ノ許可ニ付テノ異議ハ期日ノ終ニ至ルマテニ之ヲ申立ツ可シ

既ニ申立テタル異議ニ對スル陳述ニ付テモ亦同シ

第六百七十二條　競落ノ許可ニ付テノ異議ハ左ノ理由ニ基クコトヲ要ス

第一　強制執行ヲ許ス可カラサルコト又ハ執行ヲ續行ス可カラサルコト

第二　最高價競買人賣買契約ヲ取結ヒ若クハ其不動產ヲ取得スル能力ナキコト
第三　法律上ノ賣却條件ニ抵觸シテ競買ヲ爲シタルコト又ハ總テノ利害關係人ノ合意ヲ得スシテ法律上ノ賣却條件ヲ變更シタルコト
第四　競賣期日ノ公告ニ第六百五十八條ニ揭ケタル要件ノ記載ナキコト
第五　競賣期日ノ公告ハ法律上規定シタル方法ニ依リテ之ヲ爲ササルコト
第六　第六百五十九條ニ規定シタル期間ヲ存セサリシコト
第七　第六百六十五條第二項及ヒ第六百六十六條第一項ノ規定ニ違背シタルコト
第八　第六百六十四條ノ規定ニ違背シ最高價競買人ナリト呼

他ノ利害關係人ノ權利ニ關スル理由ニ基ク異議ハ之ヲ許サス

競落ヲ許サザル場合

上ケタルコト

(解) 本條ノ列記ハ例示的ナリ敢テ之レニ限ルニ非レハ競落ノ許可ニ就テノ異議ハ此他ニモ之ヲ爲シ得ル場合アルヲ知ラザル可ラズ

本條ニ列記セル此諸種ノ場合ニ於テハ何故ニ異議ノ申立ヲ爲スコトヲ得ルヤノコトニ至リテハ既デニ余ノ看過シタル者ノ外ハ一見忽チ之ヲ悟了シ得可キカ故ニ余ハ別ニ之ヲ説クコトヲ爲サヽル可シ

第六百七十三條　異議ハ他ノ利害關係人ノ權利ニ關スル理由ニ基テハ之ヲ許サス

(解) 本條ハ要スルニ(利益ナケレハ訴權ナシ)トノ原則ノ適用ニ過ギサレバ余ハ特ニ之ヲ言フノ必要ヲ感ゼサルナリ

第六百七十四條　裁判所ハ異議ノ申立ヲ正當トスルトキハ競落ヲ許サス

第六百七十二條第一號乃至第八號ニ掲ケタル事項ノ一アルトキ

或不動產ノ賣得金ニテ債權ノ辨濟ヲ爲シ得ル時ニ數個ノ不動產ヲ競賣ニ付シタル時ノ規定

新競賣期日ヲ定ムベキ時

ハ職權ヲ以テモ競落ヲ許サス但第一號ノ場合ニ於テハ競賣シタル不動產ヲ讓渡スコトヲ得サルモノナルトキ又ハ競賣手續ノ停止ヲ爲シタルトキニ限リ第二號ノ場合ニ於テハ能力若クハ資格ノ欠缺カ除去セラレサルトキニ限リ第三號ノ場合ニ於テハ利害關係人手續ノ續行ニ付キ承認セサルトキニ限ル

第六百七十五條　數個ノ不動產ヲ競賣ニ付シタル場合ニ於テ或ル不動產ノ賣得金ヲ以テ各債權者ニ辨濟ヲ爲シ及ヒ强制執行ノ費用ヲ償フニ足ル可キトキハ他ノ不動產ニ付テハ競落ヲ許サス

此場合ニ於テ債務者ハ其不動產中賣却ス可キモノヲ指定スルコトヲ得

第六百七十六條　第六百七十二條及ヒ第六百七十四條ノ規定ニ從ヒ全ク競落ヲ許サヽル場合ニ於テ更ニ競賣ヲ許ス可キトキハ職權ヲ以テ新競賣期日ヲ定ム可シ

競賣期日ト新競賣期日トノ間ニ存スベキ時日

競落ノ許否ニ付テノ決定ノ言渡

競落期日ノ調書ニ準用セラルベキ規定

競落人ノ競賣ヲ取消シ得ル場合

新競賣期日ハ少ナクトモ十四日ノ後タル可シ

第六百七十七條　前條ノ規定ニ從ヒテ新競賣期日ヲ定ムル場合ノ外、競落ヲ許シ又ハ許サヽル決定ノ言渡ヲ爲ス可シ

競落期日ノ調書ニ付テハ第百二十九條乃至第百三十二條及ヒ第百三十四條ノ規定ヲ準用ス

第六百七十八條　競賣期日ト競落期日トノ間ニ天災其他ノ事變ニ因リ不動産カ著ルシク毀損シタルトキハ最高價競買人タル呼上ヲ受タル者ハ其競買ヲ取消ス權利アリ其毀損ノ著ルシキヤ否ヤハ裁判所事情ヲ斟酌シテ之ヲ定ム

（解）競賣期日ト競落期日トノ間ニ於テ競賣ニ付セラレタル不動産カ天災其他ノ事變ノ爲メ著大ノ毀損ヲ爲セル片ニ競買ヲ爲セル者ニ之ヲ取消シ得ル權利ヲ附與セルモノハ單ニ競落人カ受クル所ノ不幸ヲ憫ンテ爲セルニ過キザレバ理論ノ点ヨリ之ヲ見ル片ハ充分ニ非難ヲ加フルヲ得可シ

競落ヲ許ス決定ニ掲クベキ諸件

第六百七十九條　競落ヲ許ス決定ニハ競賣ヲ爲シタル不動產、競落人及ヒ競落ヲ許シタル競買價格ヲ掲ケ又特別ノ賣却條件ヲ以テ競落ヲ爲シタルトキハ其條件ヲモ掲ク可シ

競落ヲ許ス決定ノ公告

右決定ハ之ヲ言渡ス外尙ホ裁判所ノ掲示板ニ掲示シテ公告ス可シ

利害關係人及競落人ガ競落許否ノ決定ニ對シテ即時抗告ヲ爲シ得ル場合

第六百八十條　利害關係人ハ競落ノ許否ニ付テノ決定ニ因リ損失ヲ被ムル可キ場合ニ於テハ其決定ニ對シ即時抗告ヲ爲スコトヲ得

競落ヲ許ス可キ理由ナキコト又ハ決定ニ掲ケタル以外ノ條件ヲ以テ許ス可キコトヲ主張スル競落人又ハ競落ヲ求メ之ヲ許ス可キコトヲ主張スル競買人モ亦即時抗告ヲ爲スコトヲ得

此場合ニ於ケル即時抗告ノ生スル効力

右抗告ハ執行停止ノ効力ヲ有ス

第二項ノ場合ニ於テ競落ヲ求メタル競買人ハ其申出テタル價額

競落ヲ許サヽル決定ニ付テノ抗告ヲ許ス場合

競落ヲ許シタル決定ニ對スル抗告ヲ許ス場合

競落許否ノ決定ノ生ス効力ノ及フ區域

ニ付キ拘束ヲ受クルモノトス

第六百八十一條　競落ヲ許サヽル決定ニ對スル抗告ハ此法律ニ揭クル總テノ不許ノ原因ナキコトヲ理由トスルトキニ限リ之ヲ爲スコトヲ得

競落ヲ許シタル決定ニ對スル抗告ハ此法律ニ揭クル競落ノ許可ニ對スル異議ノ原因ノ一ヲ理由トスルトキ又ハ競落決定カ競落期日ノ調書ノ旨趣ニ抵觸シタルコトヲ理由トスルトキニ限リ之ヲ爲スコトヲ得

取消ノ訴若クハ原狀回復ノ訴ノ要件ヲ理由トスル抗告ハ前二項ノ規定ニ依リ妨ケラルヽコト無シ

（解）競落ヲ許サヽル決定ニ對シテ爲ス抗告カ或不許ノ原因ノ存セルコトヲ證明スルモ他ニ若シ不許ノ原因ノ存スルコトアルニ於テハ競落ハ猶之ヲ許スベカラザルモノナルガ故ニ其抗告ハ無益タルヲ免カレザルヿアルベシ故ニ總テノ不許ノ原因ノアラザルコトヲ

反對陳述ヲ爲サシムル爲メ裁判所ハ抗告人ノ相手方ヲ定ムルヲ得

抗告ノ審理

由トスルニアラサレバ競落ヲ許サヾル決定ニ對シテ抗告ヲ爲スコトヲ許スベカラズ
併シ競落ヲ許セル決定ハ競落ノ許可ニ對スル異議ノ原因カ唯一ケニテモ存スルコトアルニ於テハ則チ取消シヲ爲サレサルベカラサルモノナルガ故ニ競落ヲ許セル決定ニ付テノ抗告ハ競落ノ許可ニ對スル異議ノ原因ノ總テヲ理由トスルコトナク唯其中ノ一ケノミヲ理由ト爲セル片ニテモ尚之ヲ爲スヲ得セシメサルベカラズ
競落ヲ許スノ決定ハ競落期日ノ調書ノ旨趣ニ添ハサルヘカラズ故ニ若シ之ニ違フテ競落ヲ許スノ決定ヲ爲スニ於テハ之ニ付キ利害ノ關係ヲ有スルモノハ皆抗告ノ方法ニヨリテ攻擊スルヲ得可シ

第六百八十二條　抗告裁判所ハ必要ナル場合ニ於テハ反對陳述ヲ爲サシムル爲メ抗告人ノ相手方ヲ定ム可シ
一ノ決定ニ關スル數箇ノ抗告ハ互ニ之ヲ併合ス可シ
第六百七十三條及ヒ第六百七十四條ノ規定ハ抗告審ニモ亦之ヲ準用ス

抗告裁判所ノ裁判ハ執行裁判所之ヲ掲示板ニ公告ス

競落人等ノ競買ノ責ヲ免カルル場合

第六七八條ノ場合ニ競買取消ノ爲メ競落ヲ許サヽル片ニ準用スル規定

競落ニヨリ不動産ノ所有權ヲ得ル時期

競落人ガ不動産ノ

（解） 片言ヲ以テ獄ヲ折ムルハ其公平ヲ得ルコト難シ故ニ可成ハ抗告人ノ相手ヲ定メテ反對陳述ヲ爲サシムルヲ可トス

第六百八十三條　執行裁判所ノ決定ヲ變更シ又ハ廢棄シタル抗告裁判所ノ裁判ハ執行裁判所之ヲ裁判所ノ掲示板ニ掲示シテ公告ス可シ

第六百八十四條　競落ヲ許サヽル決定確定シタルトキハ競落人及ヒ競落ヲ求メタル競買人ハ其競買ノ責務ヲ免カル

第六百八十五條　第六百七十八條ノ場合ニ於テ競買取消ノ爲メ競落ヲ許サヽルトキハ第六百五十五條乃至第六百五十七條ノ規定ヲ準用ス

第六百八十六條　競落人ハ競落ヲ許ス決定ニ因リテ不動産ノ所有權ヲ取得スルモノトス

第六百八十七條　競落人ハ代金ノ前額ヲ支拂ヒタル後ニ非サレハ

引渡ヲ求ムルニ付キ爲ササルヘカラサル事

競落不動產ノ管理

債務者カ引渡ヲ拒ミタルトキニ處スル規定

競落人カ代價支拂ノ義務ヲ盡ササルトキニ處スル規定

不動產ノ引渡ヲ求ムルコトヲ得ス

競落人若クハ債權者競落ヲ許ス決定アリタル後、引渡アルマテ管理人ヲシテ不動產ヲ管理セシメンコトヲ申立テタルトキハ裁判所ハ之ヲ命スヘシ

債務者カ引渡ヲ拒ミタルトキハ競落人若クハ債權者ノ申立ニ因リ裁判所ハ執達吏ヲシテ債務者ノ占有ヲ解キ其不動產ヲ管理人ニ引渡サシム可シ

第六百八十八條　競落人カ代金支拂期日ニ其義務ヲ完全ニ履行セサルトキハ裁判所ハ職權ヲ以テ不動產ノ再競賣ヲ命ス可シ

最初ノ競賣ノ爲ニ定メタル最低競賣價額其他賣却條件ハ再競賣ノ手續ニモ亦之ヲ適用ス

再期競賣日ハ少ナクトモ十四日ノ後タル可シ

競落人カ再競賣期日ノ三日前迄ニ買入代金及ヒ手續ノ費用ヲ支

拂ヒタルトキハ再競賣手續ヲ取消ス可シ

再競賣ヲ爲ストキハ前ノ競落人ハ競買ニ加ハルコトヲ許サス且再度ノ競落代價カ最初ノ競落代價ヨリ低キトキハ不足ノ額及ヒ手續ノ費用ヲ負擔シ其高キトキハ剩餘ノ額ヲ請求スルコトヲ得ス

（解）再競賣ヲ執行スル所以ノ者ハ畢竟不動産ノ賣却ヲ爲スカ爲メニ爲スモノナルカ故ニ之ヲ競賣ニ付セザル前ニ前ノ競買人カ代金及ヒ手續ノ費用ヲ支拂フニ於テハ之ヲ買得セシムルヲ可トス

前ノ競買人ハ其拂フ可キ代金ノ支拂ヲ爲サヽルヨリシテ再競賣ノ擧行ヲ爲スニ至レル者ナレハ之ヲ再競賣ニ加ハラシムルモ競落ノ際ニマタ代價ヲ拂ハザルコトアルヲ思惟セザルベカラズ故ニ此者ハ之ヲ再競賣ヨリ除キ去ラザル可ラズ

第六百八十九條　共有物持分ノ強制競賣ニ付テハ債權者ハ債權ノ爲メ債務者ノ持分ニ付キ強制競賣ノ申立アリタルコトヲ登記簿

差押記入ノ抹消ヲ爲スヘキ場合

競落ヲ許ス決定ノ確定セルトキニ賣却代金ガ不足ナル場合ニ爲ス配當方法債權者ノ有スル計算書差出ノ義務債主ガ此義務ヲ盡サザルトキニ準用セラルト規定

ニ記入ス但他ノ共有者ニハ其强制競賣ノ申立ヲ通知ス可シ
最低競賣價額ハ共有物全部ノ評價額ニ基キ債務者ノ持分ニ付キ之ヲ定ム可シ

第六百九十條　競賣申立カ落競ヲ許スコト無クシテ完結シタルトキハ裁判所ハ第六百五十一條ノ規定ニ從ヒテ爲シタル差押記入ノ抹消ヲ登記判事ニ屬託ス可シ

第六百九十一條　競落ヲ許ス決定確定スルトキハ賣却代金カ配當ニ與カル各債權者ヲ滿足セシムルニ足ラサル場合ニ於テハ民法商法及ヒ特別法ニ從ヒテ之ヲ配當ス可シ

第六百九十二條　各債權者ハ競落期日マテニ其債權ノ元金、利息費用其他附帶ノ債權ノ計算書ヲ差出ス可シ
前項ノ規定ニ從ハサル債權者ニ付テハ第六百二十八條第二項ノ規定ヲ準用ス

代金ノ支拂及ヒ配當ヲ爲ス期日

此期日ニ呼出スヘキ者

此期日ニ先ツ定ムヘキモノ

配當表ノ確定

第六百九十三條　代金ノ支拂及ヒ配當ハ競落ヲ許ス決定ノ確定後ニ裁判所カ職權ヲ以テ定ムル期日ニ於テ之ヲ爲ス

此期日ニハ利害關係人、執行力アル正本ニ因ラスシテ配當ヲ要求スル債權者及ヒ競落人ヲ呼出ス可シ

第六百九十四條　期日ニ於テハ先ツ配當ス可キ不動產ノ賣却代金ノ幾許ナルヤヲ定ム可シ

左ノモノヲ賣却代金トス

第一　代金

第二　不動產カ果實其他金錢ニ見積ルコトヲ得ヘキ利益ヲ生スル場合ニ於テハ競落決定言渡ヨリ代金支拂マテノ利息

代金支拂ハ裁判所ニ之ヲ爲ス可シ

最高競買價額ノ保證ノ爲メ預リタル金額ハ代金ニ之ヲ算入ス

第六百九十五條　裁判所ハ出頭シタル利害關係人及ヒ執行力アル

配當表ニ記載スヘキモノ

配當表ノ異議ノ完結及ヒ實施ニ付キ準用セラルヘキ規定

期日ニ出頭セル債主ノ有スル異議申立ノ權

正本ニ因ヲスシテ配當ヲ要求スル債權者ヲ訊問シテ配當表ヲ確定ス可シ

第六百九十六條　配當表ニハ賣却代金各債權者ノ債權ノ元金、利息、費用及ヒ配當ノ順位幷ニ配當ノ割合ヲ記載ス可シ

若シ出頭シタル總テノ利害關係人及ヒ執行力アル正本ニ因ラスシテ配當ヲ要求スル債權者一致シタルトキハ其一致ニ基キ配當表ヲ作ルヘシ

第六百九十七條　配當表ニ對スル異議ノ完結及ヒ配當表ノ實施ニ付テハ第六百三十條以下ノ規定ヲ準用ス但以下數條ニ於テ別段ノ規定ヲ設ケタルモノハ此限ニ在ラス

第六百九十八條　期日ニ出頭シタル債務者ハ各債權者ノ債權ニ對シ又ハ其債權ノ爲メ主張スル順位ニ對シ異議ヲ申立ツル權利アリ

執行スルヲ得ベキ債權ニ對スル債務者ノ異議ノ去完
競落人カ當ス丁アルベキ買入代金ノ支拂ニ換ヘテ爲・債務引受ニ關スル規定

出頭シタル各債權者ハ自已ノ利害ニ關シテハ他ノ債權者ニ對シ
前項ト仝一ノ權利アリ
執行スルヲ得ヘキ債權ニ對スル債務者ノ異議ハ第五百四十五條
第五百四十七條及ヒ第五百四十八條ノ規定ニ從ヒテ之ヲ完結ス

第六百九十九條　競落人ハ賣却條件ニ因リ不動産ノ負擔ヲ引受クル外、配當表ノ實施ニ際シ買入代金ノ額ニ滿ツルヲ限トシ關係債權者ノ承諾ヲ得テ買入代金ノ支拂ニ換ヘ債務ヲ引受クルコトヲ得若シ債權者競落人ナルトキハ其債權ノ配當額ガ買入代金ノ額ニ滿ツル限リハ買入代金トシテ之ヲ計算スルニ因リテ消滅ス然レトモ引受クヘキ債務又ハ計算スヘキ競落人ノ債權ニ對シ適當ナル異議アルトキハ之ニ相當スル代金ヲ支拂ヒ又ハ保證ヲ立ツヘシ

（解）異議アル債權ハ其決落スルマデハ其成否ヲ確知スルコト能ハザルガ故ニ之ニヨリテ以テ計算ヲ爲スコト能ハザルナリ

配當表ノ實施後ヽ登記判事ニ囑託ス可キ事件

數多ノ差押債權者ノ同時ニ爲ス不動産競賣手續ニ準用セラルヽ規定

裁判所ハ競賣ニ換ヘテ入札ノ方法ヲ用ヒ得

入札ヲ爲ス期日

第七百條　配當表ヲ實施シタル後、裁判所ハ配當調書及ヒ競落決定ノ正本ヲ登記判事ニ送付シテ左ノ諸件ヲ屬託スヘシ

第一　競落人ノ所有權ノ登記

第二　競落人ノ引受ケサル不動産上負擔、記入ノ抹消

第三　第六百五十一條ノ規定ニ從ヒ爲シタル記入ノ抹消

右登記及ヒ抹消ニ關スル總テノ費用ハ競落人之ヲ負擔スヘシ

第七百一條　數多ノ差押債權者ノ爲メ同時ニ爲スヘキ不動産ノ競賣手續ニ付テハ前數條ノ規定ヲ準用ス

第七百二條　裁判所ハ競賣期日ノ公告前、利害關係人ノ申立ニ因リ又ハ職權ヲ以テ競賣ニ換ヘテ入札拂ヲ命スルヿヲ得、但入札拂ニ付テハ以下數條ニ於テ別段ノ規定ナキモノハ前數條ノ規定ヲ準用ス

第七百三條　入札ハ入札期日ニ於テ競達吏ニ之ヲ差出スヘシ

入札ニ具備スベキ要件

入札ニハ左ノ諸件ヲ具備スルコトヲ要ス
第一　入札人ノ氏名及ヒ其住所
第二　不動產ノ表示
第三　入札價額

入札ノ開封ヲ爲ス場所

第七百四條　執達吏ハ入札人ノ面前ニ於テ入札ヲ開封シ之ヲ朗讀スヘシ

二人以上同額ノ入札人アル片ニ處スル規定

二人以上同價額ノ入札アルトキハ執達吏ハ其者ヲシテ追加ノ入札ヲ爲サシメ最高價入札人ヲ定ム

許サヽル入札方法

一定ノ金額ヲ以テ入札價額ヲ表セスシテ他ノ入札價額ニ對スル比例ヲ以テ價額ヲ表シタル入札ハ之ヲ許サス

（解）入札人ノ面前ニ於テ入札ヲ開封シ且ツ之ヲ朗讀セシムルモノハ詐欺ノ行ハルルヿヲ疑ハシメザラント欲セルニ由ルナリ

二人以上同價額ノ入札ヲ爲セル片ニハ其者等ノ間ニ優劣ヲ立テ其中ノ一人ノミニ競落セ

次位ノ入札人ヲ以テ最高價入札人ト定ムル場合

此場合ニ最初呼上ケラレタル者ノ爲サヽルベカラサル負擔

シムルコト能ハザレバ之ニ追加ノ入札ヲ爲サシメ以テ最高價入札人ヲ作ラザル可ラズ一定ノ金額ヲ以テ入札價額ヲ表セズ他ノ入札價額ニ對スル比例ヲ以テ價額ノ表示ヲ爲セル入札ヲスルコトヲ許スニ於テハ例之ヘバ最高ナル入札價額ヨリ一厘高キ價額ニテ買得セント云フガ如キ狡猾ナル入札ヲ爲スモノヲ生ス可ク不動產ノ價ヲシテ充分ニ貴カラシムルコト能ハザルガ故ニ此ノ如キ入札方法ハ之ヲ許ス可ラザルナリ

第七百五條　最高價入札人タル呼上ヲ受ケタル者、第六百六十四條ノ規定ニ從ヒ保證ヲ立ツ可キ求ヲ受クルモ之ヲ立テサルトキハ其次位ノ入札人ヲ以テ最高價入札人ト定ム但此場合ニ於テハ最初呼上ヲ受ケタル者ハ其入札價額ト次位ノ入札價額トノ差金ヲ負擔スル義務アリ

（解）最高價額入札人タル呼上ヲ受ケタル者、其立テサル可ラザル保證人ヲ立テザルガ爲メニ落札人タラシムル能ハズ其次位ノ入札人ヲ落札者タラムシムルトキハ初ニ呼上ヲ受ケタル者ハ盡スベキ義務ヲ盡ササルモノト云フコト能ハサレバ其爲ニ生セシメタル損失即

強制管理

ヲ其爲セル入札價額ト次位ノ入札價額トノ差金ハ之ヲ負擔セザルベカラサルナリ

第三款　强制管理

（解）　强制管理ノ如何ナル効果ヲ生スルモノタルカハ第七百七條ニ於テ規定セリ

强制管理ハ債務者ノ有スル不動產ヲ競賣スルヿナク之ヲ處分シ收益スルヿヲ禁止シ其レヨリ得ル收益ニテ債權者ノ辨濟ヲ得ル所ノ方法ナリ倘シ債主ニ於テ徐ロニ債務ノ辨濟ヲ得ント欲シ且債務者ニ於テ夥多ノ收益ヲ生スル不動產ヲ有スルトキハ此方法ニヨリテ債務者ヲ義務ノ辨濟ニ强制スルハ債主ノ爲メニモ利益アルナルベシ

强制管理ニ準用セラルヘキ規定

第七百六條　强制管理ニ付テハ第六百四十二條、第六百四十三條第六百四十四條第一號、第三號及ヒ第六百五十一條乃至第六百五十四條ノ規定ヲ準用ス

不動產カ債權者ノ債權ニ付キ不動產上ノ義務ヲ負フタル場合ニ於テハ第六百四十三條第一號、第二號ニ依リ提出スヘキ證書ハ不動產ヲ債務者カ占有スルコトヲ疏明スル證書ヲ以テ足ル

强制管理ノ決定ニ於テ裁判所ガ命スヘキ諸件

收益ニ關スル果實

開始決定ノ送達及其効力ヲ生スヘキ時

同一不動產ノ强制管理決定後ニ爲ス强制管理ノ方法

第七百七條　裁判所ハ强制管理開始ノ決定ニ於テ債務者カ管理人ノ事務ニ干涉スルコト及ヒ不動產ノ收益ニ付キ處分スルコトヲ禁シ又不動產ノ收益ノ給付ヲ爲ス可キ第三者アルトキハ其第三者ニ其後ノ給付ヲ管理人ニ爲ス可キコトヲ命ス可シ

既ニ收穫シ若クハ收穫ス可ク又ハ期限ノ到來シ若クハ到來ス可キ果實ハ收益ニ屬ス

開始決定ハ第三者ニ對シテハ之ヲ送達スルニ因リ其効力ヲ生ス

此送達ハ職權ヲ以テ之ヲ爲ス

第七百八條　裁判所ハ强制管理開始ノ決定ヲ爲シタル不動產ニ付キ强制管理ノ申立アルモ更ニ開始決定ヲ爲スコトヲ得ス

右申立ハ執行記錄ニ添附スルニ依リ配當要求ノ効力ヲ生シ又既ニ開始シタル强制管理ノ取消ト爲リタルトキハ開始決定ヲ受ケタル效力ヲ生ス

假差押ノ命令アリタル不動產ニ付テハ本條ノ規定ヲ適用セス

配當要求ヲ爲スニ付テノ手續

第七百九條　配當要求ハ執行力アル正本ニ因リ且裁判所ノ所在地ニ住居ヲモ事務所ヲモ有セサル者ハ假住居ヲ撰定シテ執行裁判所ニ之ヲ爲ス可シ

第七百十條　執行裁判所ハ前二條ノ申立及ヒ要求アリタルコトヲ債權者、債務者及ヒ管理人ニ通知ス可シ

管理人ノ選任

第七百十一條　管理人ハ裁判所之ヲ任命ス但債權者ハ適當ノ人ヲ推薦スルコトヲ得

管理人ノ權限

管理人ハ管理及ヒ收益ノ爲メ自ラ不動產ヲ占有スル權ヲ有ス此場合ニ於テ抵抗ヲ受クルトキハ執達吏ヲ立會ハシムルヿヲ得

管理人任命ノ效果

管理人ノ任命ハ債務者ニ代リ第三者ノ給付ス可キ收益ヲ取立ツル權ヲ授與スルモノトス

（解）債權者ハ管理人ト爲スガ爲メニ其良シト認ムル人ヲ推薦シ得ルト雖モ管理人ハ債

裁判所カ管理人ニ對シテ有スル權利

第三者カ强制管理ノ妨ヲ爲ス權利ヲ主張スル件ニ準用スル規定

債務辨濟ニ付キ管理人ノ有スル權限

權者ノ代理人ニアラズ又債務者ノ代人ニアラズ裁判所ノ監督ニ服シテ債主ト債務者ノ利益ノ爲メニ不動產ノ管理ヲ爲スモノナレハ裁判所ハ其欲スルニ於テハ之ヲ斥ケテ用ヰザルヲ得可シ

第七百十二條　裁判所ハ債權者及ヒ債務者ヲ審訊シタル後、又適當トスル場合ニ於テハ鑑定人ヲ立會ハシメタル上、管理人ニ管理ニ關シ必要ナル指揮ヲ爲シ又管理人ニ與フ可キ報酬ヲ定メ且管理人ノ業務施行ヲ監督スベシ

裁判所ハ管理人ニ保證ヲ立テシメ又ハ貳拾圓以下ノ過料ヲ言渡シ又ハ其職ヲ免スルコトヲ得

第七百十三條　第三者不動產ニ付キ强制管理ヲ許スコトヲ妨クル權利ヲ主張スルトキハ第五百四十九條ノ規定ヲ準用ス

第七百十四條　管理人ハ直チニ不動產ニ付キ得タル收益ヨリ其不動產ノ負擔ニ係ル租稅其他ノ公課ヲ控除シタル後、別段ノ手續

管理人ノ有スル計算ニ就テノ職務

ヲ要セスシテ管理ノ費用ヲ辨濟シ其殘額ノ配當ニ付キ債權者間ニ協議調ハサルトキハ其旨ヲ裁判所ニ屆出ツ可シ

前項ノ屆出アリタルトキハ裁判所ハ第六百九十一條、第六百九十六條乃至第六百九十八條ノ規定ヲ準用シテ配當表ヲ作リ其配當表ニ基キ管理人ヲシテ債權者ニ支拂ヲ爲サシム可シ

計算ニ付テノ異議

第七百十五條　管理人ハ毎年及ヒ其業務施行ノ終了後、各債權者債務者及ヒ裁判所ニ計算書ヲ差出ス可シ

各債權者及ヒ債務者ハ計算書ノ送達アリタルヨリ七日ノ期間内ニ執行裁判所ニ異議ノ申立ヲ爲スコトヲ得

異議ノ申立ナキニヨリ生スル効

右期間内ニ異議ノ申立ナキトキハ計算書ニ付キ全ク異議ナク且管理人ノ卸任ヲ承諾シタルモノト看做ス

異議ノ申立アリタルトキニ關スル規定

異議ノ申立アルトキハ裁判所ハ管理人ヲ審訊シタル後、之ヲ裁判ス可シ若シ異議ノ申立ナク又ハ申立テタル異議ヲ完結シタルト

强制管理ノ取消ニ就テノ規定

キハ裁判所ハ管理人ヲシテ卸任セシム得シ

（解）字書ヲ案ズルニ（脱衣解甲曰卸、舟人出載亦曰卸）ト在ルガ故ニ本條ニ所謂ル卸任ハ之ヲ解任ノ文字ト同一ニ看、責任ノ免脱ヲ意味スル者ト釋セザル可ラズ

第七百十六條　强制管理ノ取消ハ裁判所ノ決定ヲ以テ之ヲ爲ス

此取消ハ各債權者不動產ノ收益ヲ以テ辨濟ヲ受ケタルトキハ職權ヲ以テ之ヲ爲ス

若シ管理續行ノ爲メ特別ノ費用ヲ要スルトキ債權者カ必要ナル金額ヲ豫納セサルニ於テハ裁判所ハ强制管理ノ取消ヲ命スルコトヲ得

裁判所ハ右ノ取消ヲ決定スル際、登記判事ニ强制管理ニ關スル記入ノ抹消ヲ囑託ス可シ

（解）强制管理ハ債權者ノ爲メニ爲スモノナレバ之ヲ續行スルニ付キ特別ノ費用ヲ要スル片ハ之ヲ豫納セシメザルベカラザルハ論ナキナリ

債權者必要ナル金額ノ豫納ヲ爲サズ爲メニ强制管理ノ取消シヲ爲サヾル可ラザルニ至レル片ハ取消シノ決定ヲ爲スト同時ニ先キニ爲セル强制管理ニ關スル記入ハ之ヲ抹消セザルベカラズ

船舶ニ對スル强制執行

第三節 船舶ニ對スル强制執行

（解）自力ニ依ルト他力ニ依ルトヲ問ハズ此處ヨリ彼處ニ移轉スルヲ得ル者ヲ動產ト云フガ故ニ船舶ヲ其性質上ヨリ論ズル片ハ動產ノ種類ニ入ル可キ者ナルコハ明ラカナリ然ルニ之ヲ不動產ノ强制競賣ニ關スル規定ニヨリテ强制執行ヲ爲スベキ者トナセルモノハ之ヲ丁重ニ取扱ヒ以テ商業ヲ保護セント欲セルニヨルモノナリ

商船其他ノ海船ニ對スル强制執行ノ方法

第七百十七條　商船其他ノ海船ニ對スル强制執行ハ不動產ノ强制競賣ニ關スル規定ニ從ヒテ之ヲ爲ス但事物ノ性質ニ因リテ差異ノ顯ハルヽトキ又ハ以下數條ニ於テ別段ノ規定ヲ設ケタルトキハ此限ニ在ラス

端舟其他擄權ノミヲ以テ運轉シ又ハ主トシテ擄權ヲ以テ運轉ス

船舶ノ强制競賣ニ付テ管轄裁判所

船舶ハ執行手續中之ヲ差押港ニ碇泊セシム

此規則ノ例外

ル舟ニハ本節ノ規定ヲ適用セズ

（解）此處ヨリ彼處ト其所在ヲ變動シ得ルモノ之ヲ動產ト云フ船舶ハ其形ノ如何ニ拘ハラズ其所在ヲ變移シ得ル者ナルガ故ニ皆ナ動產タルヲ失ハズ故ニ其中ノ或ル者ヲ不動產ト同一ノ手續ニヨリテ强制執行セシムル本條ノ規定ハ之ヲ原則ノ適用ヲ撓ムル例外ト謂ハザル可ラズ而シテ例外ハ法律ノ規定以外ニ存スベカラザルモノナルガ故ニ之ヲ解釋スルニハ嚴格ナラザルベカラズシテ法律ノ明文外ニ適用スルヲ許サズ

第七百十八條　船舶ノ强制競賣ニ付テハ船舶カ差押ノ當時碇泊スル港ノ區判裁所ヲ以テ管轄執行裁判所トス

第七百十九條　船舶ハ執行手續中、差押ノ港ニ之ヲ碇泊セシム可シ然レドモ商業上利益ノ爲メ適當トスル場合ニ於テハ裁判所ハ總テノ利害關係人ノ申立ニ因リ航行ヲ許スコトヲ得

（解）差押中ニ航行ヲ許スハ商業上ノ利益ヲ重ンセルニ因ルナリ然レドモ航海ハ極メテ危險ノ者ナルカ故ニ航行ヲ許スカ爲メニハ利害關係人總員ノ申立アラザル可ラズ

強制競賣ノ中立ニ添附スヘキ證書

第七百二十條　強制競賣ニ付テノ申立ニハ左ノ證書ヲ添附ス可シ

第一　債務者カ所有者ナル場合ニ於テハ其所有者トシテ船舶ヲ占有スルコト又船長ナル場合ニ於テハ船長トシテ船舶ヲ指揮スルコトヲ疏明スルニ足ル可キ證書

第二　船舶カ船舶登記簿ニ登記アル場合ニ於テハ其船舶ニ關スル有効ナル各登記事項ヲ包含シタル登記簿ノ抄本

債權者ハ公簿ヲ主管スル官廳カ遠隔ノ地ニ在ルトキハ第二號ノ抄本ノ求アランコトヲ執行裁判所ニ申立ツルコトヲ得

差押ヘタル船舶ノ看守ト其保存

第七百二十一條　裁判所ハ債權者ノ申立ニ因リ船舶ノ監守及ヒ保存ノ爲メ必要ナル處分ヲ爲サシム可シ

此處分ヲ爲シタルトキハ開始決定ノ送達前ト雖モ差押ノ効力ヲ生ス

若シ此處分ヲ續行スル爲メ債權者カ必要ナル金額ヲ豫納セサル

トキハ裁判所ハ之ヲ取消スコトヲ得

船舶差押ノ効ヲ受クベキ人

第七百二十一條　船長ニ對シ爲シタル判決ニ基キ船舶債權者ノ爲メ船舶ノ差押ヲ爲ストキハ其差押ハ所有者ニ對シテモ效力アリ此場合ニ於テハ所有者モ亦利害關係人トス

差押後、所有者若クハ船長ノ變更アルモ手續ノ續行ヲ妨ケス

差押後、新ニ船長ト爲リタル者ハ之ヲ利害關係人トス此場合ニ於テハ前船長ハ其關係人タル責務ヲ免カル

（解）船舶債權者ノ爲ス船舶ノ强制執行ハ船舶ニ對シテ之ヲ爲スモノナルカ故ニ假令其爲ス所ノ差押ガ船ニ對シテ爲サレタル判決ニ基クトキト雖モ其効力ハ之ニ限ラズ其所有者ニモ及ホサル可ラズ之ヲ以テ差押ノ後ニスル船長若クハ所有者ノ變更ハ其手續ノ續行ヲ妨ケザルナリ

船舶ガ差押ノ當時其裁判所ノ管内ニナキトキハ

第七百二十三條　船舶カ差押ノ當時、其裁判所管轄內ニ存セサルコトノ顯ハルルトキハ其手續ヲ取消ス可シ

手續ノ取消ヲ爲ス船舶競賣期日ノ公告公告掲示ノ囑託

船舶ノ股分ニ對スル强制執行ヲ爲スヘキ規定

債權者ハ申請ヲ爲ス時ニ證明書ヲ添付スヘシ

差押命令ハ船舶管

第七百二十四條　競賣ノ期日公告ニハ第六百五十八條第一號ニ掲ケタル旨趣ニ換ヘテ船舶ノ表示及ヒ其碇泊ノ場所ヲ掲ク可シ

第七百二十五條　定繫港ノ區裁判所管轄外ニ於テ差押ヲ爲シタルトキハ執行裁判所ハ競賣期日ノ公告ヲ定繫港ノ區裁判所ニ送付シ其裁判所ノ掲示板ニ掲示ス可キコトヲ囑託ス可シ

（解）是レ定繫港ハ船ノ法律上ノ住所ナルニヨルナリ

第七百二十六條　船舶ノ股分ニ對スル强制執行ハ第六百二十五條ノ規定ニ從ヒテ之ヲ爲ス其執行ニ付テハ定繫港ノ區裁判所之ヲ管轄ス

第七百二十七條　債權者ハ差押命令ノ申請ニ債務者カ船舶ノ股分ニ付キ所有權ヲ有スルコトヲ証ス可キ船舶登記簿ノ抄本又ハ信用ス可キ證明書ヲ添附ス可シ

差押命令ハ債務者ノ外、船舶管理人ニモ之ヲ送達ス可シ

理人ニモ送達ス此送達ノ生スル効

船舶股分ノ競賣代金ノ配當

外國ノ船舶又ハ登記簿ニ登記セサル船舶ノ差押

金錢ノ支拂ヲ目的トセサル債權ニ付テノ强制執行

差押ハ此命令ヲ船舶管理人ニ送達スルニ因リ債務者ニ送達スルト同一ノ効力ヲ生ス

第七百二十八條　船舶股分ノ競賣代金ノ配當ニ付テハ第六百二十六條以下ノ規定ヲ準用ス

第七百二十九條　外國ノ船舶ヲ差押ヘタルトキ又ハ登記簿ニ登記セサル船舶ヲ差押ヘタルトキハ登記簿ニ記入ス可キ手續ニ關スル規定ヲ適用セス

（解）外國ノ船舶ハ登記簿ニ登記シアラサルガ故ニ登記簿ニ登記セザル船舶ノ差押ヲ爲セル𪜈ニ同ジク登記簿ニ記入スベキ手續ニ付テノ規定ハ又タ之レヲ適用スルヲ要セザルナリ

第三章　金錢ノ支拂ヲ目的トセサル債權ニ付テノ强制執行

（解）金錢ノ支拂ヲ目的トセザル債權トハ金錢以外ノ物ノ給付又ハ事ノ履行ヲ目的トス

特定ノ動産又ハ代換物ノ一定ノ數量ヲ引渡ス時ノ强制執行

不動產又ハ人ノ住スル船舶ヲ引渡シ又ハ明渡スキノ强制執行

ル所ノ特定ノ人ニヨリ特定ノ人ニ對シテ行フ權利ヲ云フ

此權利ノ爲メニ特ニ一章ヲ設ケシ者ハ先キニ余ノ屢々述ヘシカ如ク物異ナレハ之ニ對スル處置モ亦自ラ異ナラザル可カラザル故ニ之ヲ同一ニ規定スル了能ハルザルニ由ル

第七百三十條　債務者カ特定ノ動產又ハ代替物ノ一定ノ數量ヲ引渡ス可キトキハ執達吏ハ之ヲ債務者ヨリ取上ケテ債權者ニ引渡ス可シ

（解）本來ノ義務ノ變シテ損害ヲ賠償スル義務ト化シ以テ金錢ノ支拂ヲ目的トスル債權ニ變スルハ只不得已塲合ニノミ限ル可キモノナレバ債務ノ目的物件カ債務者ノ手裡ニ存在スルニ於テハ執達吏ハ之ヲ取上ケテ債權者ニ渡サヽル可ラズ

第七百三十一條　債務者カ不動產又ハ人ノ住居スル船舶ヲ引渡シ又ハ明渡ス可キトキハ執達吏ハ債務者ノ占有ヲ解キ債權者ニ其占有ヲ得セシム可シ

此强制執行ハ債權者又ハ其代理人カ受取ノ爲メ出頭シタルトキ

引渡ス可キ物カ第三者ノ手ニ存シタル場合ノ强制執行

ニ限リ之ヲ爲スコトヲ得

强制執行ノ目的物ニ非サル動產ハ執達吏之ヲ取除キテ債務者ニ引渡ス可シ

若シ債務者不在ナルトキハ其代理人又ハ債務者ノ成長シタル家族若クハ雇人ニ之ヲ引渡ス可シ

債務者及ヒ前項ニ揭ケタル者不在ナルトキハ執達吏ハ右ノ動產ヲ債務者ノ費用ニテ保管ニ付ス可シ

債務者カ其動產ノ受取リヲ怠ルトキハ執達吏ハ執行裁判所ノ許可ヲ得テ差押物ノ競賣ニ關スル規定ニ從ヒテ之ヲ賣却シ其費用ヲ控除シタル後、其代金ヲ供託ス可シ

第七百三十二條　引渡ス可キ物カ第三者ノ手中ニ存スルトキハ債務者ノ引渡ノ請求ハ申立ニ因リ金錢債權ノ差押ニ關スル規定ニ從ヒテ之ヲ債權者ニ轉付ス可シ

債務者ガ爲スヘキ行爲ヲ爲サヽル場合ニ第三者之ヲ爲シ得ヘキ時ノ強制執行

第七百三十三條　債務者カ爲ス可キ行爲ヲ爲サヽル場合ニ於テ第三者之ヲ爲シ得ヘキ者ナルトキハ第一審ノ受訴裁判所ハ申立ニ因リ民法（財産編第三百八十二條第二項、第四項）ノ規定ニ從ヒテ決定ヲ爲ス

債權者ハ同時ニ其行爲ヲ爲スニ因リ生ス可キ費用ヲ豫メ債務者ニ支拂ヲ爲サシムル決定ノ宣言アランコトヲ申立ツルコトヲ得但其行爲ヲ爲スニ因リ此ヨリ多額ノ費用ヲ生スルトキ後日其請求ヲ爲ス權利ヲ妨ケス

債務者ガ其意志ノミニヨリ爲シ得ヘキモノナル時ノ強制執行

第七百三十四條　債務者カ其意思ノミニ因リ爲シ得ヘキ行爲ニシテ第三者之ヲ爲シ得ヘカラサルモノナルトキハ第一審ノ受訴裁判所ハ申立ニ因リ民法（財産編第三百八十六條第三項）ノ規定ニ從ヒテ決定ヲ爲ス

前二條ノ決定ヲ爲

第七百三十五條　前二條ノ決定ハ口頭辯論ヲ經スシテ之ヲ爲スコ

ス手續

債務者ガ意思ノ陳述ヲ爲ササルベカラサル片ノ強制執行

トヲ得、但決定前債務者ヲ審訊ス可シ

第七百三十六條　債務者カ權利關係ノ成立ヲ認諾ス可キコト又ハ其他ノ意思ノ陳述ヲ爲ス可キヿノ判決ヲ受ケタル片ハ其判決ノ確定ヲ以テ認諾又ハ意思ノ陳述ヲ爲シタルモノト看做ス反對給付ノ有リタル後、認諾又ハ意思ノ陳述ヲ爲ス可キ場合ニ於テハ第五百十八條及ヒ第五百二十條ノ規定ニ從ヒ執行力アル正本ヲ付與シタルトキ其効力ヲ生ス

（解）本條ノ如クニ推定ヲ下スハ無ヲ以テ有ト爲スノ嫌アルヲ免レサレ𪜈斯ノ如クニセサルニ於テハ執拗剛腹ノ債務者ニ遭ヘル債主ハ權利ノ實益ヲ得ルヿ能ハサル可キカ故ニ亦以テ己ムヲ得サルコト、謂ハザル可ラズ

反對給付ノヿアリタル後ニ認諾又ハ意思ノ陳述ヲ爲ス可キ場合ハ其反對給付ヲ爲シ了レル後ニ非レハ即チ認諾又ハ陳述ヲ爲ス可キ義務、債務者ニ生セザルガ故ニ判決確定ノ時ヲ以テ認諾又ハ陳述ノアリタル者ト看做ス可ラズ執行力アル正本ノ附與ヲ得、執行ニ從

ヒ得ルニ至ルハ時ニ始メテ其効アラシメザルベカラザルナリ

第四章　假差押及ヒ假處分

（解）假差押トハ金錢ニ關スル請求若クハ金錢ニ關スル請求ノ變スルヲ得可キ請求ノ爲メニ動產若クハ不動產ノ將來ニ屬スル執行ヲ確實ニスルカ爲メニ爲ス所ノ保全處分ナリ差押ハ執行ヲ爲シ得可キニ至ラサレバ之ヲ許サヽルモ併シ此原則ヲ守ルトキハ債務者ニ於テ或ハ財產ヲ濫費シ或ハ自ラ逃亡ヲ爲シ以テ權利ノ執行ヲ爲シ得可キニ至ル迄ニハ大ニ其地位ニ變態ヲ現ハシ以テ債主ノ權利ヲ有名無實ノモノトナラシムルニ至ルヿアル可キニヨリ此ニ其原則ノ適用ヲ撓メテ假差押ヲ爲スコトヲ許セルモノナリ

假處分モ亦假差押ニ等シク債主カ將來ニ請求シ得可キ債務ノ執行ヲ確實ニスルカ爲メニ爲ス所ノ保全處分ナリ

併シ此假處分ハ假差押トハ異ニメ金圓又ハ金圓ニ代フルヲ得ベキ物品ノ給付ヲ爲ス可キ義務ノ執行ヲ確實ニスルニ非ズメ例ヘハ子女ノ引渡シ物品ノ引渡、通行權、一定ノ請求權ノ移轉等、一定ノ人、一定ノ物若クハ一定ノ無形財產ニ關スル義務ノ履行ヲ確實ニ爲

ステ以テ其目的トスルニアレハ假差押トハ其性質ヲ異ニスルヲ忘ルヘカラサルナリ
假處分ハ既ニ起リ又ハ將サニ起ラントスル直接ノ訴訟物件ニ關スルモノニシテ若シ之ヲ爲サヽルトキハ現在ノ地位ヲ變態シ爲メニ訴訟物件ニ就テノ請求ノ實行ヲ妨クルカ或ハ然ラザルモ之ヲ行フニ難カラシムルニ至ルノ恐アル𪜈ニノミ之ヲ許スモノニシテ例ヘハ他人ニ抵當ト爲セル山林ノ持主カ其伐採ニ着手セル𪜈ノ如シ
此他此假處分ハ爭論中ナル權利義務ノ干係ニ付キ一時ノ處分ヲ爲スコトノ必要ヲ感スル𪜈ニ之ヲ爲スコトヲ許スモノニシテ其處分ハ殊ニ繼續的ノ性質ヲ有スル權利義務ノ關係ニ付テハ著シキ損害ヲ排除シ急激切迫ノ暴行強壓ヲ防止シ其他此ノ如キ理由アル𪜈ニ於テ之ヲ許スモノトス

假差押ヲ爲シ得ル場合

第七百三十七條　假差押ハ金錢ノ債權又ハ金錢ノ債權ニ換フルコトヲ得ヘキ請求ニ付キ動產又ハ不動產ニ對スル強制執行ヲ保全スル爲メ之ヲ爲スコトヲ得
假差押ハ未タ期間ニ至ラサル請求ニ付テモ亦之ヲ爲スコトヲ得

假執行ヲ爲スヲ許ス時

（解）假差押ハ後日ニ爲サルル强制執行ノ保全處分ナリ故ニ金錢ノ債權又ハ金錢ノ債權ニ換フルヿヲ得可キ請求ノ外ハ之ヲ爲スコトヲ許スベカラズ蓋シ金錢ノ債權ニアラズ又金錢ノ債權ニ換フルヿヲ得可ラサル債權ハ假令ヒ假差押ヲ爲スコトアリトモ毫モ後日ニ爲スコトアル可キ强制執行ニ資スル事ナケレバ畢竟、有害無益ノ徒勞タルヲ免レザレバナリ

假差押ハ後日ニ爲サルヽ强制執行ノ保全處分ナルカ故ニ確定以前ノ請求ニ付テモ之ヲ爲シ得サル可ラズト雖モ請求ヲ爲スコト能ハサル期限前ノ請求ニ之ヲ爲スコトヲ得セシメタルハ法律ノ恩惠ヲ以テスルニアラザレバ之ヲ説明スルヿ能ハサルナリ而シテ此恩惠ノ適當ナルヤ否ヤニ至リテハ余ハ甚タ疑ナキヿ能ハズ

第七百三十八條　假差押ハ之ヲ爲ササレハ判決ノ執行ヲ爲スコト能ハス又ハ判決ノ執行ヲ爲スニ著ルシキ困難ヲ生スル恐アルトキ殊ニ外國ニ於テ判決ノ執行ヲ爲スニ至ル可キトキハ之ヲ爲スコトヲ得

（解）判決ノ執行ヲ爲スヲ妨グル著シキ困難ハ執行ノ不能ニ殆ント同シ故ニ此ノ如キ恐レノ之アル場合ニ於テハ亦假差押ヲ爲スコトヲ得セシメザル可カラズ

假差押ノ命令ヲ發スル裁判所

第七百三十九條　假差押ノ命令ハ假ニ差押フ可キ物ノ所在地ヲ管轄スル區裁判所又ハ本案ノ管轄裁判所之ヲ管轄ス

假差押ノ申請ニ要スル諸件

第七百四十條　假差押ノ申請ニハ左ノ諸件ヲ揭ク可シ

第一　請求ノ表示若シ其請求カ一定ノ金額ニ係ラサルトキハ其價額

第二　假差押ノ理由タル事實ノ表示

請求及ヒ假差押ノ理由ハ之ヲ疏明ス可シ

申請ハ口頭ヲ以テ之ヲ爲スコトヲ得

假差押ノ申請ニ付テノ裁判

第七百四十一條　假差押ノ申請ニ付テノ裁判ハ口頭辯論ヲ經スシテ之ヲ爲スコトヲ得

假差押ヲ命シ得ル

請求又ハ假差押ノ理由ヲ疏明セサルトキト雖モ假差押ニ因リ債

務者ニ生ス可キ損害ノ爲メ債權者カ裁判所ノ自由ナル意見ヲ以テ定ムル保證ヲ立テタルトキハ裁判所ハ假差押ヲ命スルヿヲ得
又請求及ヒ假差押ノ理由ヲ疏明シタルトキト雖モ裁判所ハ保證ヲ立テシメ假差押ヲ命スルコトヲ得
保證ヲ立テタルトキハ其保證ヲ立テタルコト及ヒ如何ナル方法ヲ以テ之ヲ立テタルコトヲ假差押ノ命令ニ記載ス可シ

假差押ノ申請ニ付テノ裁判

第七百四十二條　假差押ノ申請ニ付テノ裁判ハ口頭辯論ヲ爲ス場合ニ於テハ終局判決ヲ以テ之ヲ爲シ其他ノ場合ニ於テハ決定ヲ以テ之ヲ爲ス
假差押ノ申請ヲ却下シ又ハ保證ヲ立テシムル裁判ハ債務者ニ之ヲ通知スルコトヲ要セス
（解）假差押ノ申請ヲ却下シ又ハ保證ヲ立テシムル裁判ハ債務者ニ於テ利害ノ關係ヲ有セズ故ニ之ヲ通知スルヲ要セザルナリ

假差押命令ニハ供託スヘキ金額ヲ記載スヘシ

第七百四十三條　假差押ノ命令ニハ假差押ノ執行ヲ停止スルコトヲ得ル爲メ又ハ執行シタル假差押ヲ取消スコトヲ得ル爲ニ債務者ヨリ供託ス可キ金額ヲ記載ス可シ

（解）我立法者カ斯ノ如キ規定ヲ爲セル所以ハ凡ソ假差押ヲ爲ス者ハ債務者ノ求メアルニ於テハ假差押ヲ示サヽル可ラザルモノナルガ故ニ之レニ債務者カ受ク可キ假執行ノ停止若クハ其取消ヲ爲シ得ルニ要スル供託ス可キ金額ヲ記載スルハ之ヲシテ其受ク可キ假執行ノ迷惑ヲ除去スルノ途アルコトヲ知ラシムルニハ最捷ノ徑路タルニ由ルナリ

假差押ノ決定ニ對スル異議

第七百四十四條　債務者ハ假差押決定ニ對シ異議ヲ申立ツルヿヲ得此異議ニ付テハ假差押ノ取消又ハ變更ヲ申立ツル理由ヲ開示ス可シ

此異議ノ効力

異議ノ申立ハ假差押ノ執行ヲ停止セス

（解）異議アル者ニハ之ヲ申立ツルヲ禁ス可キニ非サルモ若シ申立ニ假差押ノ執行ヲ停止スル効力ヲ有セシメンカ狡獪ナル債務者ハ皆異議ヲ唱ヒテ假差押ノ執行ヲ妨ケ以テ之

異議ノ申立アリタル時ニ裁判所ノ爲スベキ手續

假差押ニ遇ヒル債

チシテ其機ヲ誤ラシムルニ至ラン故ニ假差押ノ執行ニ對スル異議ノ申立ニハ執行ヲ停止スルノ効力アラシムル可ラズ

第七百四十五條　異議ノ申立アリタルトキハ裁判所ハ口頭辯論ノ爲メ當事者ヲ呼出ス可シ

裁判所ハ終局判決ヲ以テ假差押ノ全部若クハ一分ノ認可、變更又ハ取消ヲ言渡シ又自由ナル意見ヲ以テ定ムル保證ヲ立ツ可キコトノ條件ヲ附シテ之ヲ言渡スコトヲ得

第七百四十六條　本案ノ未タ繫屬セサルトキハ假差押裁判所ハ債務者ノ申立ニ因リ口頭辯論ヲ經スシテ相當ニ定ムル期間内ニ訴ヲ起ス可キコトヲ債權者ニ命ス可シ

此期間ヲ徒過シタル後ハ債務者ノ申立ニ因リ終局判決ヲ以テ假差押ヲ取消ス可シ

第七百四十七條　債務者ハ假差押ノ理由消滅シ其他事情ノ變更シ

務者ノ假差押取消ノ申立ヲ爲シ得ル場合

右ノ申立ニ付キ裁判ヲ爲ス裁判所

假差押ノ執行ハ强制執行ニ關スル規定ヲ準用ス

執假差押ノ命令ニ執行文ヲ附記スル

タルトキ又ハ裁判所ノ自由ナル意見ヲ以テ定ム可キ保證ヲ立テントノ提供ヲ爲シタルトキハ假差押ノ認可後ト雖モ假差押ノ取消ヲ申立ツルコトヲ得

此申立ニ付テハ終局判決ヲ以テ之ヲ裁判ス其裁判ハ假差押ヲ命シタル裁判所又本案カ既ニ繫屬シタルトキハ本案ノ裁判所之ヲ爲ス

（解）基礎ニシテ動搖スルコトアレバ此上ニ成立スル總テノ搆造ハ亦之カ爲メニ動搖セサル可ラザルガ故ニ假差押ノ理由ニシテ消滅シ其他事情ノ變更シタル時又ハ債務者ニ於テ保證ヲ立ツ可ク提供シ以テ假差押ヲ爲スノ必要ヲ消盡セシムルニ於テハ假差押ハ認可ノ後ト雖モ取消サレザル可ラズ故ニ債務者ハ其取消ヲ申立ルヲ得可シ

第七百四十八條　假差押ノ執行ニ付テハ强制執行ニ關スル規定ヲ準用ス但以下數條ニ於テ差押ノ生スルトキハ此限ニ在ラス

第七百四十九條　假差押ノ命令ニハ其命令ヲ發シタル後、債權者又ハ債務者ニ於テ承繼アル場合ニ限リ執行文ヲ附記スルヿヲ要ス

ヲ要スル場合命令ノ有スル効力

假差押命令ノ執行ハ命令ヲ言渡シ又ハ申立人ニ命令ヲ送達シタルヨリ十四日ノ期間ヲ徒過スルトキハ之ヲ爲スコトヲ許サス
右執行ハ債務者ニ差押命令ヲ送達スル前ト雖モ之ヲ爲スヿヲ得

(解) 假差押ノ命令ヲ發セル後、債務者又ハ債權者ニ差支アル場合ニ於テハ債權者又ハ債務者ハ前後其人ヲ異ニスルガ故ニ先キニ發セル命令書ニハ債權者又ハ債務者タルノ資格ノ上ニ變動ノナキヿヲ證スルガ爲メ命令ノ執行ヲ許ス文字ヲ附記セザルベカラズ

動産ノ假差押ノ執行ガ從フベキ原則

第七百五十條　動產ニ對スル假差押ノ執行ハ各差押ト同一ノ原則ニ從ヒテ之ヲ爲ス

債權ノ假差押ノ管轄裁判所

債權ノ假差押ニ付テハ其命令ヲ發シタル裁判所ヲ以テ管轄執行裁判所トス
債權ノ假差差押ニ付テハ第三債務者ニ對シ債務者ニ支拂ヲ爲スコトヲ禁スル命令ノミヲ爲ス可シ

假差押ノ執行方法

假差押ノ金錢ハ之ヲ供託スベシ其他假差押物ノ競賣及ヒ假差押

有價證券ノ換價ハ一時之ヲ爲サズ然レトモ假差押物ニ著シキ價額ノ減少ヲ生スル恐アルトキ又ハ其貯藏ニ付キ不相應ナル費用ヲ生ズ可キトキハ執行裁判所ハ申立ニ因リ其物ヲ競賣シ賣得金ヲ供託ス可キ旨ヲ執達吏ニ命ズルコトヲ得

不動産ノ假差押ノ執行

第七百五十一條　不動産ニ對スル假差押ノ執行ハ假差押ノ命令ヲ登記簿ニ記入スルニ因リテ之ヲ爲ス

（解）是レ第三者ニ功力アラシメンガ爲メニハ凡ベテ公示ノ方式ニ依ラザルベカラザルニ由ルナリ

假差押執行ノ爲メ强制管理ヲ爲ス場合ニ爲ス可キ手續

第七百五十二條　假差押執行ノ爲メ强制管理ヲ爲ス場合ニ於テハ保全ス可キ債權ニ相當スル金額ヲ取立テ之ヲ供託ス可シ

（解）假差押ハ後日ニ爲サルル强制執行ノ保護處分ニ過ギズ眞ニ爲ス强制執行ニアラザレバ債權ニ相當セル金額ノ取立テヲ爲スモ之ヲ辨濟ニ充當スルコト能ハズ後日ニ辨濟ヲ得ベキ權利ノ確定セル時ノ用ニ供スルガ爲メニ之ヲ供託セザルベカラズ

船舶ノ假差押ノ執行

第七百五十三條　船舶ニ對スル假差押ノ執行ハ假差押ノ當時、碇泊スル港ニ碇泊セシムルコトニ因リテ之ヲ爲ス裁判所ハ債權者ノ申立ニ因リ船舶ノ監守及ヒ保存ノ爲メ必要ナル處分ヲ爲ス

假差押ヲ取消スベキ場合

第七百五十四條　假差押命令ニ於テ定メタル金額ヲ供託シタルトキハ執行裁判所ハ執行シタル假差押ヲ取消ス可シ

假差押ノ續行ニ付キ特別ノ費用ヲ要シ且之カ爲メ必要ナル金額ヲ債權者カ豫納セサルトキモ亦執行裁判所ハ假差押ノ取消ヲ命スルコトヲ得

假差押ヲ取消ス裁判ニ對スル即時抗告

右裁判ハ口頭辯論ヲ經スシテ之ヲ爲スコトヲ得

假差押ヲ取消ス決定ニ對シテハ即時抗告ヲ爲スコトヲ得

（解）權利ノ保護ニ充分ナル金額ノ取立ヲ爲セル時ハ判決ノ執行ニ妨ヲ受クルノ恐ハ消滅シ假差押ヲ爲スニ至レル目的ハ斯ニ達ス故ニ其差押ノ處分ハ之ヲ存在セシムベカラザルナリ

係爭物ニ關スル假處分ヲ許ス場合

第七百五十五條　係爭物ニ關スル假處分ハ現狀ノ變更ニ因リ當事者一方ノ權利ノ實行ヲ爲スコト能ハス又ハ之ヲ爲スニ著シキ困難ヲ生スル恐アルトキ之ヲ許ス

假處分ノ命令其他ノ手續ニ準用セラルベキ規定

第七百五十六條　假處分ノ命令其他ノ手續ニ付テハ假差押ノ命令及ヒ手續ニ關スル規定ヲ準用ス但以下數條ニ於テ差異ノ生スルトキハ此限ニ在ラス

假處分ノ命令ヲ發スヘキ管轄裁判所

第七百五十七條　假處分ノ命令ハ本案ノ管轄裁判所之ヲ管轄ス

此裁判ヲ爲ス手續

右裁判ハ急迫ナル場合ニ於テハ口頭辯論ヲ經スシテ之ヲ爲スヿヲ得

假處分ノ執行方法

第七百五十八條　裁判所ハ其意見ヲ以テ申立ノ目的ヲ達スルニ必要ナル處分ヲ定ム

假處分ハ保管人ヲ置キ又ハ相手方ニ行爲ヲ命シ若クハ之ヲ禁シ又ハ給付ヲ命スルコトヲ以テ之ヲ爲スコトヲ得

假處分ヲ以テ不動産ヲ讓渡シ又ハ抵當ト爲スコトヲ禁シタルト

キハ裁判所ハ第七百五十一條ノ規定ヲ準用シテ登記簿ニ其禁止ヲ記入セシム可シ

假處分ヲ取消シ得ル場合

第七百五十九條　特別ノ事情アルトキニ限リ保證ヲ立テシメテ假處分ノ取消ヲ許スコトヲ得

假處分ヲ爲シ得ル場合

第七百六十條　假處分ハ爭アル權利關係ニ付キ假ノ地位ヲ定ムル爲ニモ亦之ヲ爲スコトヲ得、但其處分ハ殊ニ繼續スル權利關係ニ付キ著シキ損害ヲ避ケ若クハ急迫ナル强暴ヲ防ク爲メ又ハ其他ノ理由ニ因リ之ヲ必要トスルトキニ限ル

急迫ナル場合ニ於テ假處分ヲ命スル方法

第七百六十一條　急迫ナル場合ニ於テハ係爭物ノ所在地ヲ管轄スル區裁判所ハ假處分ノ當否ニ付テノ口頭辯論ノ爲メ本案ノ管轄裁判所ニ相手方ヲ呼出ス可キ申立ノ期間ヲ定メ假處分ヲ命スルコトヲ得

此期間ヲ徒過シタル後、區裁判所ハ申立ニ因リ其命シタル假處分ヲ取消ス可シ

右ノ假處分ヲ取消ス場合及ヒ之ヲ取消ス手續

本章ノ規定ニ於ケル本案ノ管轄裁判所

本章ノ申立ニ付キ裁判長ガ裁判ヲ爲シ得ル場合

公示催告手續

右裁判ハ口頭辯論ヲ經スシテ之ヲ爲スコトヲ得

第七百六十二條　本章ノ規定ニ於ケル本案ノ管轄裁判所ハ第一審裁判所トス但本案カ控訴審ニ繫屬スルトキニ限リ控訴裁判所トス

第七百六十三條　急迫ナル場合ニ於テ口頭辯論ヲ要セサルモノニ限リ裁判長ハ本章ノ申立ニ付キ裁判ヲ爲スコトヲ得

（解）口頭辯論ヲ要セサルモノハ其事、輕微ニシテ且ツ大概ヲ急速ノ施行ヲ要スルニ在リ、故ニ口頭辯論ヲ爲スコトヲ要セサルモノヲ急迫ナル場合ニ於テハ裁判長ノミニテ裁判ヲ爲シ得ルコトト爲セル本條ノ規定ハ債權者若クハ債務者ノ權利ヲ保護シテ之レニ其機ヲ失ハサラシメント欲スルモノト言ハサルヘカラス

第七篇　公示催告手續

（解）公示催告トハ若シ或ル時期内ニ屆出テヲ爲サザルトキハ失權ヲ來スヘキ條件ヲ以テ其不定ナル相手人又ハ判然セサル權利關係者ヲシテ其請求又ハ權利ニ付キ屆出テヲ爲サ

裁判上ノ公示催告ヲ爲スヲ得ル場合

公示催告手續ヲ管轄裁判所

公示催告ノ申立ヲ爲ス手續

シメンガ爲メニ申立人ノ請願ニヨリ公示ノ方法ヲ以テ裁判所ノ爲ス督促ナリ
法律ニ於テ此種ノ法則ヲ規定セルモノハ權利義務ノ關係ヲ速カニ決落セシメテ以テ人ヲシテ安ンスル所アラシメント欲シタルニ由ル

第七百六十四條　請求又ハ權利ノ届出ヲ爲サシムル爲メノ裁判上ノ公示催告ハ其届出ヲ爲サヽルトキハ失權ヲ生スル効力ヲ以テ法律ニ定メタル場合ニ限リ之ヲ爲スコトヲ得

公示催告手續ハ區裁判所之ヲ管轄ス

(解)　公示催告手續ヲ爲スコトヲ許ス所以ノ理ハ右ニ述フルカ如クナルカ故ニ其届出ヲ爲サヾルモノニハ科スルニ失權ノ制裁ヲ以テセサルヘカラザルナリ
併シ此手續ハ實トニ非常手段ニ屬シテ人ノ權利ヲ毀損スルヿ大ナルモノナレハ之ヲ爲シ得ル場合ハ必ズ法律ノ許ス區域内ニ限ラサルヘカラズ

第七百六十五條　公示催告ノ申立ハ書面又ハ口頭ヲ以テ之ヲ爲スコトヲ得

公示催告ニ付テノ公告ヲ爲ス方法

公告ノ日ト催告期トノ間ニ存セザルベカラサル期間

此申立ニ付テノ裁判ハ口頭辯論ヲ經スシテ之ヲ爲スコトヲ得

申立ヲ許ス可キトキハ裁判所ハ公示催告ヲ爲ス可ク其公示催告ニハ殊ニ左ノ諸件ヲ掲ク可シ

第一　申立人ノ表示

第二　請求又ハ權利ヲ公示催告期日迄ニ届出ツ可キヿノ催告

第三　届出ヲ爲ササルニ因リ生ス可キ失權ノ表示

第四　公示催告期日ノ指定

第七百六十六條　公示催告ニ付テノ公告ハ裁判所ノ掲示板ニ掲示シ及ヒ官報又ハ公報ニ掲載シテ之ヲ爲シ其他法律ニ別段ノ規定ヲ設ケサルトキハ第百五十七條第三項ノ規定ニ從ヒテ之ヲ爲ス

第七百六十七條　公示催告ヲ官報又ハ公報ニ掲載シタル日ト公示催告期日トノ間ニハ法律ニ別段ノ規定ヲ設ケサルトキハ少ナクトモ二ケ月ノ時間ヲ存スルコトヲ要ス

除權判決前ニ爲ス屆出ノ效力

第七百六十八條　公示催告期日ノ終リタル後ト雖モ除權判決前ニ屆出ヲ爲ストキハ適當ナル時間ニ之ヲ爲シタルモノト看做ス

（解）是レ權利ノ失却ハ重大ノコトタレハ成ルヘクハ之ヲ保護シテ失ハシメサランコトヲ欲セルニ由ルナリ

除權判決

第七百六十九條　除權判決ハ申立ニ因リテ之ヲ爲ス

右判決前ニ詳細ナル探知ヲ爲ス可キ旨ヲ命スルコトヲ得

除權判決ノ申立ヲ却下スル決定及ヒ除權判決ニ付シタル制限又ハ留保ニ對シテハ即時抗告ヲ爲スコトヲ得

申立人ノ主張セル權利ヲ爭フ屆出アリタル片ニ處スル規定

第七百七十條　申立人ノ申立ノ理由トシテ主張シタル權利ヲ爭フコトノ屆出アリタルトキハ其事情ニ從ヒ屆出テタル權利ニ付テノ裁判確定スルマテ公示催告手續ヲ中止シ又ハ除權判決ニ於テ屆出テタル權利ヲ留保ス可シ

申立人カ催告期日

第七百七十一條　申立人カ公示催告期日ニ出頭セサルトキハ其申

ニ出頭セサルニヨリ定ムル新期日

右ノ新期日ハ公告ヲ爲ヲ要セス

除權判決ノ重要ナル旨趣ノ公告

除權判決ニハ上訴ヲ爲スヲ許サズ只不服ノ申立ヲ爲スヲ許ス不服ノ申立ヲ爲スヲ許ス場合

立ニ因リ新期日ヲ定ム可シ此申立ハ公示催告期日ヨリ六ヶ月ノ期間内ニ因リ之ヲ爲スコトヲ許ス

第七百七十二條　公示催告手續ヲ完結スル爲メ新期日ヲ定メタルトキハ其期日ノ公告ヲ爲スコトヲ要セス

（解）先キニ既ニ期日ニ就テ廣告ノ手續ヲ爲セル上ハ爾後、都合ノ爲ニ申立人ノ申立ニヨリ更ニ之ヲ延バスコトアリトモ此期日ノ延引ハ人ニ何等ノ危害ヲモ與フルコトナケレハ新定ノ期日ノ爲ニハニ之ヲ廣告スルニ及バサルナリ

第七百七十三條　裁判所ハ除權判決ノ重要ナル旨趣ヲ官報又ハ公報ニ掲載シテ公告ヲ爲スコトヲ得

第七百七十四條　除權判決ニ對シテハ上訴ヲ爲スコトヲ得ス

除權判決ニ對シテハ左ノ場合ニ於テ申立人ニ對スル訴ヲ以テ催告裁判所ノ所在地ヲ管轄スル地方裁判所ニ不服ヲ申立ツルコトヲ得

第一　法律ニ於テハ公示催告手續ヲ許ス場合ニ非サルトキ

不服申立ノ訴ヲ爲スヘキ期

第二　公示催告ニ付テノ公告ヲ爲サス又ハ法律ニ定メタル方法ヲ以テ公告ヲ爲サヽルトキ

第三　公示催告ノ期間ヲ遵守セサルトキ

第四　判決ヲ爲ス判事カ法律ニ依リ職務ノ執行ヨリ除斥セラレタルトキ

第五　請求又ハ權利ノ屆出アリタルニ拘ハラス判決ニ於テ其屆出ヲ法律ニ從ヒ顧ミサルトキ

第六　第四百六十九條第一號乃至第五號ノ場合ニ於テ原狀回復ノ訴ヲ許ス條件ノ存スルトキ

（解）本條第一號乃至第六號ノ場合ニ於テハ何カ故ニ故障ヲ爲スノ原由トスルヿヲ得ルヤノ理由ニ至テハ一目瞭然、別ニ說明ヲ爲スノ必用ヲ見サレハ繁ヲ厭テ之ヲ略ス

第七百七十五條　不服申立ノ訴ハ一个月ノ不變期間內ニ之ヲ起ス可シ此期間ハ原告カ除權判決ヲ知リタル日ヲ以テ始マル然レト

間
此期間ノ起算點
不服申立權ノ時效
公示催告ノ併合ヲ命得ル裁判所ノ權利
公示催告手續ノ特別規定ノ適用ヲ受クルモノ
公示催告手續ヲ申

モ前條第四號及ヒ第六號ニ揭ケタル不服申立ノ理由ノ一ニ基キ訴ヲ起シ且原告カ右ノ日ニ其理由ヲ知ラサリシ場合ニ於テハ其期間ハ不服ノ理由ノ原告ニ知レタル日ヲ以テ始マル

除權判決ノ言渡ノ日ヨリ起算シテ五个年ノ滿了後ハ此訴ヲ起スコトヲ得ス

第七百七十六條　裁判所ハ第百二十條ノ條件ノ存セサルトキト雖モ數箇ノ公示催告ノ併合ヲ命スルコトヲ得

第七百七十七條　盜取セラレ又ハ紛失若クハ滅失シタル手形其他商法ニ無効ト爲シ得ヘキコトヲ定メタル證書ノ無効宣言ノ爲ニ爲ス公示催告手續ニ付テハ以下數條ノ特別規定ヲ適用ス

此規定ハ法律上公示催告手續ヲ許ス他ノ證書ニ付キ其法律中ニ特別規定ヲ設ケサル限リハ之ヲ適用ス

第七百七十八條　無記名證券又ハ裏書ヲ以テ移轉シ得ヘク且略式

立テ得ル者

公示催告手續ヲ管轄スル裁判所

裏書ヲ付シタル證書ニ付テハ最終ノ所持人、公示催告手續ヲ申立ツル權アリ

此他ノ證書ニ付テハ證書ニ因リ權利ヲ主張シ得ヘキ者此申立ヲ爲ス權アリ

（解）無記名証券又ハ裏書ヲ以テ移轉シ得ヘク且ツ畧式裏書ヲ付シタル証書ニ在リテハ其最終ノ所持人カ公示催告ノ手續ヲナシ得ルモノハ此者ガ則チ証書ノ權利ヲ主張スルコトヲ得ルニ由ルナリ

第七百七十九條　公示催告手續ハ證書ニ表示シタル履行地ノ裁判所之ヲ管轄ス若シ證書ニ其履行地ヲ表示セサルトキハ發行人カ普通裁判籍ヲ有スル地ノ裁判所之ヲ管轄シ其裁判所ナキトキハ發行人カ發行ノ當時、普通裁判籍ヲ有セシ地ノ裁判所之ヲ管轄ス

證書ヲ發行スル原因タル請求ヲ登記簿ニ記入シタルトキハ其物ノ所在地ノ裁判所ノ管轄ニ專屬ス

（二解）　公示催告手續ニ就テノ管轄裁判所ヲ本條ノ規定セルガ如クニ定メシモノハ此等ノ裁判所ハ其證書ニ表示セル義務ニ就テノ管轄權ヲ有スレバ其證書ノ公示催告事件ニ就テハ最モ親シキ緣因ヲ有スルニ由ルナリ

公示催告手續ノ申立人ガ申立ヲ爲スニ依ルヘキ手續

第七百八十條　申立人ハ申立ノ憑據トシテ左ノ手續ヲ爲ス可シ

第一　證書ノ謄本ヲ差出シ又ハ證書ノ重要ナル旨趣及ヒ證書ヲ十分ニ認知スルニ必要ナル諸件ヲ開示スルヿ

第二　證書ノ盜難、紛失、滅失及ヒ公示催告手續ヲ申立ツルコトヲ得ルノ理由タル事實ヲ疏明スルコト

公示催告中ニ爲スヘキ催告及ヒ戒示

第七百八十一條　公示催告中ニ公示催告期日マテニ權利ヲ裁判所ニ届出テ且其證書ヲ提出ス可キ旨ヲ證書ノ所持人ニ催告ス可ク又失權トシテ證書ノ無効宣言ヲ爲ス可キ旨ヲ戒示ス可シ

公示催告ノ公告方法

第七百八十二條　公示催告ノ公告ハ裁判所ノ掲示板ニ掲示シ且官報又ハ公報ニ掲載シ及ヒ新聞紙ニ三回掲載シテ之ヲ爲ス

催告ヲ爲セル日ト催告期日トノ間ニ存スベキ時間

除權判決ニ宣言スベキヿ

除權判決ノ重要ノ旨趣ノ公告

無効宣言ノ取消ノ公告

公示催告裁判所ノ所在地ニ取引所アルトキハ取引所ニモ亦此公告ヲ掲示ス可シ

第七百八十三條　公示催告ヲ官報又ハ公報ニ掲載シタル日ト公示催告期日トノ間ニハ少ナクトモ六个月ノ時間ヲ存スルヿヲ要ス

第七百八十四條　除權判決ニ於テハ證書ヲ無効ナリト宣言ス可シ

除權判決ノ重要ナル旨趣ハ官報又ハ公報ヲ以テ之ヲ公告ス可シ

不服申立ノ訴ニ因リ判決ヲ以テ無効宣言ヲ取消シタルトキハ其判決ノ確定後、官報又ハ公報ヲ以テ之ヲ公告ス可シ

第七百八十五條　除權判決アリタルトキハ其申立人ハ證書ニ因リ義務ヲ負擔スル者ニ對シテ證書ニ因レル權利ヲ主張スルコトヲ得

（解）證書ニ因リ義務ノ負擔ヲ爲スモノハ申立人ニ證書ノ義務ヲ盡スヲ得ベク又盡サヾルベカラズ一旦申立人ニ對シテ其義務ヲ盡スニ於テハ其時ヨリ其負ヘル義務ヲ免カル、

ガ故ニ後日ニ眞正ノ權利者現ハレ來ルモ之ニ對シテ義務ヲ盡サヾルベカラザル恐レハアラザルナリ是レ除權判決ヨリシテ自然ニ生ズベキ成果タレバ余ハ幾ンド之ヲ言フノ必要ヲ感セズ

第八篇　仲裁手續

(解) 仲裁トハ爭ヲ一名若シクハ數名ノ仲裁人タル一私人ニ裁斷セシムル所ノ一種ノ契約ヲ云フ

既デニ裁判所ノ設ケアル上ハ此ノ如キ規定ヲ爲スハ殆ンド無用ニ屬スルガ如キモ諍ヲシテ此ノ如クシテ決定セシムル𪜈ハ其落着ニ至ルヿ速カナルヲ以テ諍フ者ノ爲ニ便利ナルハ云フマデモナク之レガ爲メニ裁判所ノ繁擾ヲ拒グヿ夥多ナルベケレバ國家ノ爲メニモ亦少ナカラザル利益ヲ與フレバ余ハ其存在ノ必要ヲ感ズルナリ

仲裁契約ノ効力ヲ有スル場合

第七百八十六條　一名又ハ數名ノ仲裁人ヲシテ爭ノ判斷ヲ爲サシムル合意ハ當事者カ係爭物ニ付キ和解ヲ爲ス權利アル場合ニ限

リ其効力ヲ有ス

（解）仲裁ハ即チ一種ノ和解ニ外ナラズ故ニ和解ヲ爲シ得ル權利ノ外ハ仲裁人ヲシテ爭ノ判斷ヲ爲サシメ之レニ執行ノ實力ヲ有セシムルコト能ハザルナリ

將來ノ爭ニ關スル仲裁契約ノ効力ヲ有スベキ場合

第七百八十七條　將來ノ爭ニ關スル仲裁契約ハ一定ノ權利關係及ヒ其關係ヨリ生スル爭ニ關セサルトキハ其効力ヲ有セス

（解）是レ此ノ如クニセザルニ於テハ當事者ハ深ク利害ノ考覈ヲ爲サズ輕忽ニ仲裁ノ手續ニ依ルベキコトヲ約シ之ヨリシテ他日裁判所ニ出訴シテ救正ヲ仰グノ權利ヲ失フベク此ノ如キハ大ニ之ヲ保護スルノ道ニアラザレバナリ

仲裁契約ニ仲裁人選定ノ定ナキトキニ處スル規定

第七百八十八條　仲裁契約ニ仲裁人ノ撰定ニ關スル定ナキトキハ當事者ハ各一名ノ仲裁人ヲ撰定ス

當事者ノ雙方ガ仲裁人ヲ定ムル權アルニハ一方ハ之ヲ定メシモ

第七百八十九條　當事者ノ雙方カ仲裁人ヲ選定スル權利ヲ有スルトキハ先ニ手續ヲ爲ス一方ハ書面ヲ以テ相手方ニ其選定シタル仲裁人ヲ指示シ且七日ノ期間內ニ同一ノ手續ヲ爲ス可キ旨ヲ催

他ノ一方ガ之ヲ定メザルトキニ處スル規定

當事者ノ一方ガ其相手方ニ爲セル仲裁人選定ノ通知ヨリ生スル効

仲裁契約ニ依ラズシテ選定セル仲裁人ガ欠缺シ又ハ職務ノ引受若クハ執行ヲ拒ミタルトキニ關スル規定

告ス可シ

右期間ヲ徒過シタルトキハ管轄裁判所ハ先ニ手續ヲ爲ス一方ノ申立ニ因リ仲裁人ヲ撰定ス

第七百九十條　當事者ノ一方ハ相手方ニ仲裁人撰定ノ通知ヲ爲シタル後ハ相手方ニ對シテ其撰定ニ羈束セラル

（解）故ニ其相手方ニ仲裁人選定ノ通知ヲ爲セル者ハ後ニ之ヲ變更スルノ權利ヲ有セズ

第七百九十一條　仲裁契約ヲ以テ撰定シタルニ非サル仲裁人カ死亡シ又ハ其他ノ理由ニ因リ欠缺シ又ハ其職務ノ引受若クハ執行ヲ拒ミタルトキハ其仲裁人ヲ撰定シタル當事者ハ相手方ノ催告ニ因リ七日ノ期間内ニ他ノ仲裁人ヲ撰定ス可シ此期間ヲ徒過シタルトキハ管轄裁判所ハ其催告ヲ爲シタル者ノ申立ニ因リ仲裁人ヲ撰定ス可シ

（解）仲裁契約ヲ以テ選定セル仲裁人ハ當事者ガ仲裁契約ヲ爲スニ至レル一約款タルガ

故ニ此者カ死亡シ又ハ其他ノ理由ニ依リ欠缺シ又ハ其職務ノ引受若シクハ施行ヲ拒ミ以テ其豫期ニ違フコトアルニ於テハ又更ニ合意ヲ爲スニ非ザレバ他ノ仲裁人ヲ選定シ之レニ爭ノ判斷ヲ爲サシムルコト能ハザレトモ其然ラザルモノニ在リテハ仲裁人ノ誰レタルハ仲裁契約ニ密接ノ關係ヲ有セザレバ其死亡シ又ハ其他ノ理由ニ因リ欠缺シ又ハ其職務ノ引受若クハ施行ヲ拒ムコトアリトモ之カ爲メニ仲裁契約ヲ無効タラシムヘカラズ更ラニ他ノモノヲ選定セシメテ之レニ判斷ヲ委子ザルベカラザルナリ

當事者カ仲裁人ヲ忌避スルヲ得ル場合

第七百九十二條　當事者ハ判事ヲ忌避スル權利アルト同一ノ理由及ヒ條件ヲ以テ仲裁人ヲ忌避スルコトヲ得

此他仲裁契約ヲ以テ選定シタルニ非サル仲裁人カ其責務ノ履行ヲ不當ニ遲延スルトキハ亦之ヲ忌避スルコトヲ得

無能力者、聾者、啞者及ヒ公權ノ剝奪又ハ停止中ノ者ハ之ヲ忌避スルコトヲ得

（解）仲裁人ハ判事ニ同シク判決權ヲ有ス故ニ判事ト同一ノ原由アルニヨリ忌避セラレ

當事者ガ豫定ヲ爲サヽルニヨリ仲裁契約ノ効力ヲ失フヘキ塲合

サルヘカラズ凡ソ人ノ爭ヲ終決スルニ仲裁契約ニ依ル所以ノモノハ大概ネ其終局ノ速カナランヿヲ欲セルニ由ル者ナレバ仲裁人ニ於テ不當ニ其責務ノ履行ヲ延フルヿアルニ於テハ之ヲ廢スルヲ得ザルヘカラズ而シテ又タ仲裁人ハ爭ノ決斷ヲ爲ス者ナレバ能力ハ充分ニ發達シ五種ノ管能ノ能ク具備ハレル者ニアラザレバ之ヲ忌避スルヿヲ得ザルベカラズ

第七百九十三條　仲裁契約ハ當事者ノ合意ヲ以テ左ノ塲合ノ爲メ豫定ヲ爲サヽリシトキハ其効力ヲ失フ

第一　契約ニ於テ一定ノ人ヲ仲裁人ニ撰定シ其仲裁人中ノ或ル人カ死亡シ又ハ其他ノ理由ニ因リ欠欽シ又ハ其職務ノ引受ヲ拒ミ又ハ仲裁人ノ取結ヒタル契約ヲ解キ又ハ其責務ノ履行ヲ不當ニ遲延シタルトキ

第二　仲裁人カ其意見ノ可否同數ナル旨ヲ當事者ニ通知シタルトキ

（解）仲裁契約ヲ以テ選定セル仲裁人ハ當事者ガ契約ヲ締結スルニ至レル一條欵ナルガ

仲裁人ガ証人又ハ鑑定人ニ對シテ有スル權力

故ニ之レニ變動アルニ於テハ其契約ハ成立ヲ保ツヘカラズ又此仲裁人カ其可否ノ意見ノ同數ナルコトヲ當事者ニ通知セル時ハ當事者ハ何レモ同一ノ地位ニ於テアリ其何レニモ優劣ヲ付スルヿ能ハサレハ其仲裁契約ハ固トヨリ効力ヲ失ハザルベカラザルナリ

第七百九十四條　仲裁人ハ仲裁判斷前ニ當事者ヲ審訊シ且必要トスル限リハ爭ノ原因タル事件關係ヲ探知ス可シ

仲裁手續ニ付キ當事者ノ合意アラサル塲合ニ於テハ其手續ハ仲裁人ノ意見ヲ以テ之ヲ定ム

第七百九十五條　仲裁人ハ其面前ニ任意ニ出頭スル證人及ヒ鑑定人ヲ訊問スルコトヲ得

仲裁人ハ證人又ハ鑑定人ヲシテ宣誓ヲ爲サシムル權ナシ

（解）仲裁人ハ仲裁契約ニヨリテ判斷ノ權力テ有スルニ過キザレハ當事者以外ノ者ヲ強制スルノ力アルヘキ筈ナク而メ又任意ニ出頭セル證人又ハ鑑定人ト雖モ之ニ宣誓ヲ爲サシムルノ權利ヲ有スベカラザルナリ

仲裁人ノ必要ト認ムル判斷上ノ行爲ニシテ仲裁人ノ爲スヲ得サルモノニ對スル裁判所ノ權能

當事者ガ爲ス仲裁手續ヲ許スヘカラズトノ主張ハ仲裁手續ノ續行ヲ妨ゲズ

第七百九十六條　仲裁人ノ必要ト認ムル判斷上ノ行爲ニシテ仲裁人ノ爲スコトヲ得サルモノハ當事者ノ申立ニ因リ管轄裁判所之ヲ爲ス可シ但其申立ヲ相當ト認メタルトキニ限ル

證人又ハ鑑定人ニ供述ヲ命シタル裁判所ハ證據ヲ述フルコト又ハ鑑定ヲ爲スコトヲ拒ミタル場合ニ於テ必要ナル裁判ヲモ亦爲ス權アリ

第七百九十七條　仲裁人ハ當事者カ仲裁手續ヲ許ス可カラサルコトヲ主張スルトキ殊ニ法律上有効ナル仲裁契約ノ成立セサルコト、仲裁契約カ判斷ス可キ爭ニ關係セサルコト又ハ仲裁人カ其職務ヲ施行スル權ナキコトヲ主張スルトキト雖モ仲裁手續ヲ續行シ且仲裁判斷ヲ爲スコトヲ得

（解）是レ速カニ、爭ヒノ終決ヲ爲サシムルガ爲メニハ其職務ノ施行ニ關スル疑ヲ仲裁人ニ自由ニ決セシムルノ必要ナルニ由ルナリ

數名ノ仲裁人カ爲ス仲裁判斷ハ過半數ヲ以テ定ム

第七百九十八條　數名ノ仲裁人カ仲裁判斷ヲ爲ス可キトキハ過半數ヲ以テ其判斷ヲ爲ス可シ但仲裁契約ニ別段ノ定アルトキハ此限ニ在ラス

仲裁判斷書

第七百九十九條　仲裁判斷ニハ其作リタル年月日ヲ記載シテ仲裁人之ニ署名捺印ス可シ

仲裁人ノ署名捺印シタル判斷ノ正本ハ之ヲ當事者ニ送達シ其原本ハ送達ノ證書ヲ添ヘテ管轄裁判所ノ書記課ニ之ヲ預ケ置ク可シ

仲裁判斷ノ効力

第八百條　仲裁判斷ハ當事者間ニ於テ確定シタル裁判所ノ判決ト同一ノ効力ヲ有ス

仲裁判斷ノ取消ヲ申立ツルヲ得ル場合

第八百一條　仲裁判斷ノ取消ハ左ノ場合ニ於テ之ヲ申立ツルコトヲ得

第一　仲裁手續ヲ許ス可カラサリシトキ

仲裁判斷ニヨリテ爲ス強制執行ヲ爲シ得ル場合及ヒ得サル場合

第二　仲裁判斷カ法律上禁止ノ行爲ヲ爲ス可キ旨ヲ當事者ニ言渡シタルトキ

第三　當事者カ仲裁手續ニ於テ法律ノ規定ニ從ヒ代理セラレサリシトキ

第四　仲裁手續ニ於テ當事者ヲ審訊セサリシトキ

第五　仲裁判斷ニ理由ヲ付セサリシトキ

第六　第四百六十九條第一號乃至第五號ノ場合ニ於テ原狀回復ノ訴ヲ許ス條件ノ存スルトキ

仲裁判斷ノ取消ハ當事者カ別段ノ行爲ヲ爲シタルトキハ本條第四號及ヒ第五號ニ掲ケタル理由ニ因リ之ヲ爲スコトヲ得ス

第八百二條　仲裁判斷ニ因リ爲ス強制執行ハ執行判決ヲ以テ其許スコトヲ言渡シタルトキニ限リ之ヲ爲スコトヲ得

右執行判決ハ仲裁判斷ノ取消ヲ申立ツルコトヲ得ヘキ理由ノ存

執行判決ヲ爲シタル後仲裁判斷ノ取消ヲ申立ツルヲ得ル場合

スルトキハ之ヲ爲スコトヲ得ズ

（解）確定セル裁判所ノ判決ハ執行判決ヲ以テ強制執行ヲ爲スコトヲ得、仲裁判斷ハ確定セル裁判所ノ判決ト同一ノ效力ヲ有ス故ニ仲裁判斷ハ執行判決ヲ以テ許サレタル時ニノミ強制執行ヲ爲スヲ得ベシ

第八百三條　執行判決ヲ爲シタル後ハ仲裁判斷ノ取消ハ第八百一條第六號ニ掲ケタル理由ニ因リテノミ之ヲ申立ツルコトヲ得、但當事者カ自己ノ過失ニ非スシテ前手續ニ於テ取消ノ理由ヲ主張スル能ハサリシコトヲ疏明シタルトキニ限ル

（解）執行判決アリタル後ニ於テハ第八百一條第六號ニ掲ゲタル理由ニ因ルノ外ハ仲裁判斷ノ取消ヲ申立ツルヲ許サヾルハ當事者ニ於テ已レニ不利ナリシ仲裁人ノ所爲ヲ認諾セリト見サルヘカラサルニ由ルヿハ本條ノ末段ニ但以下ノ例外カ設ケラレアルニヨリ充分之ヲ推知シ得ルモ仲裁判斷カ法律上禁止ノ行爲ヲ爲スヘキ旨ヲ當事者ニ爲セル𪜈迄ヲモ取消ノ申立ヲ爲シ得サル場合ヲ此中ニ置ケルハ法律ヲ以テ法律ノ禁スル行爲ヲ爲スヘ

仲裁判斷取消ノ訴ヲ爲サザルヘカラサル期間

此期間ノ始期

此期間ノ時効

仲裁判斷ヲ取消ストキハ執行判決ノ取消ヲモ言渡ス

仲裁人ノ選定、忌避仲裁契約ノ消滅等ニ關スル訴ノ管轄裁判所

ク強フルノ嫌アレハ余ハ之ヲ攻擊セザラント欲スルモ得ザルナリ

第八百四條　仲裁判斷取消ノ訴ハ前條ノ場合ニ於テハ一个月ノ不變期間內ニ之ヲ起ス可シ

右期間ハ當事者カ取消ノ理由ヲ知リタル日ヲ以テ始マル然レトモ執行決判ノ確定前ニハ始マラサルモノトス但執行判決ノ決定ト爲リタル日ヨリ起算シテ五个年ノ滿了後ハ此訴ヲ起スコトヲ許サス

仲裁判斷ヲ取消ストキハ執行判決ノ取消ヲモ亦言渡ス可シ

仲裁手續ニ付キ當事者ノ合意アラサル場合ニ於テハ其手續ハ仲裁人ノ意見ヲ以テ之ヲ定ム

第八百五條　仲裁人ヲ撰定シ若クハ忌避スルコト、仲裁契約ノ消滅スルコト、仲裁手續ヲ許ス可カラサルコト、仲裁判斷ヲ取消スコト、又ハ執行判決ヲ爲スコトヲ目的トスル訴ニ付テハ仲裁契

約ニ指定シタル區裁判所又ハ地方裁判所之ヲ管轄シ其指定ナキトキハ請求ヲ裁判上主張スル場合ニ於テ管轄ヲ有ス可キ區裁判所又ハ地方裁判所之ヲ管轄ス

前項ニ依リ管轄ヲ有スル裁判所數個アルトキハ當事者又ハ仲裁人カ最初ニ關係セシメタル裁判所之ヲ管轄ス

（解）然レトモ是レ合意ヲ以テ裁判所ノ管轄ヲ變更シ得ル場合ニノミ限ラサルモノナルコトヲ知ラサルヘカラズ合意ヲ以テ變シ能ハサル裁判所ノ管轄ハ合意ニ成ル仲裁契約ニ指定サルヽモ其効アルヘカラサルハ明ラカナリ

日本民事訴訟法註釋終

民事訴訟法施行條例

第一條　民事訴訟法實施前ニ提起シタル訴訟ニ付テノ爾後ノ訴訟手續ハ民事訴訟法ニ依リテ之ヲ完結ス

第二條　民事訴訟法實施前ニ闕席ノ儘、言渡シタル裁判ニ對シテハ民事訴訟法ニ依リ故障ヲ申立ツルコトヲ得

故障ノ期間ハ新法ニ依リ其言渡ノ日ヨリ起算ス但其期間ガ舊法ノ扣訴、上告期限ヲ超過スルトキハ其期限ニ從フ

第三條　民事訴訟法實施前ニ言渡シタル裁判ニ對スル扣訴、上告期限ハ新法ノ扣訴、上告期間ニ依リ其實施ノ日ヨリ起算ス但其期間ガ舊法ノ扣訴、上告期限ヲ超過スルトキハ其期限ニ從フ

第四條　民事訴訟法實施前ニ確定シタル裁判ニ對シテハ民事訴訟法ニ依リ再審ヲ求ムル訴ヲ爲スコトヲ得、但民事訴訟法實施前ニ再審ノ條件生ジタルトキハ其條件ノ生ジタ

ル日ヨリ再審ノ期間ヲ起算ス

第五條　民事訴訟法實施前ニ言渡シタル裁判ノ强制執行ハ民事訴訟法ニ依リテ之ヲ完結ス但既ニ身代限ノ掲示ヲ爲シ又ハ公賣ニ著手シタル事件ハ其手續ノ終了マテハ舊法ニ從フ

第六條　民事訴訟法實施前ニ言渡シタル裁判ノ執行命令ヲ得サル場合ニ於テ民事訴訟法第四百九十九條ノ規定ニ從ヒ証明書ヲ要スル者ハ其訴訟記錄ノ存在スル裁判所ニ之ヲ求ムルコトヲ得

第七條　民事訴訟法實施前、既ニ勸解ヲ出願シ未タ完結ニ至ラザル事件ハ民事訴訟法第三百八十一條ノ規定ニ從ヒ區裁判所、繼續シテ之ヲ完結スルコトヲ得

第八條　民事訴訟法ノ規定ニ依リ市町村長ノ爲ス可キ職務ハ市町村長ヲ置カザル地ニ在テハ其職務ヲ行フ吏員ニ屬ス

第九條　民事訴訟法ニ於テ親族ト稱スル者ハ當分ノ內、刑法ノ親族例ニ依ル

第十條　婚姻、離婚及ビ養子ノ緣組、離緣ニ關スル訴ニ付テハ特別ノ慣例アルモノハ當

分ノ内、其慣例ニ從フ
第十一條　明治八年第六號布告ハ當分ノ内其効力ヲ有スベキモノトス
第十二條　明治十年第十九號布告ハ扣訴、上告手續第十六條中、大審院トアルヲ上告裁判所ト改メ該條ハ當分ノ内、其効力ヲ有スルモノトス

民事訴訟法施行條例終

明治廿四年一月廿四日印刷
明治廿四年一月廿五日出版
明治廿六年一月十二日四版

正價金三拾錢

版權所有

編輯兼發行者　大橋新太郎
日本橋區本町三丁目八番地

印刷者　木村吉藏
京橋區采女町九番地　文英社

東京市日本橋區本町三丁目
發兌元　博文館

日本法典全書發兌規定

全部拾四卷　壹冊紙數五百頁餘　每卷讀切洋裝美本

紙數六千九百頁以上

正價　一冊三十錢三冊前金八十五錢六冊前金壹圓六拾錢十二冊前金三圓全部十四冊前金三圓五十錢郵稅一冊八錢ヅヽ

日本法典全書

本書總科目

- 第壹編　府縣制郡制註釋　全　法學士上條愼藏校閲　坪谷善四郎著
- 第二編　疑義説明適例參照 刑法實用大全　全　河津祐之龜山貞義校閲　金子源治著
- 第三編　大日本帝國憲法註釋　全　添田樋山兩學士閲　坪谷善四郎著
- 第四編 第五編　日本商法註釋　上下　法學士伊藤悌治校閲　坪谷善四郎著
- 第六編　日本民事訴訟法註釋　全　法學士城數馬校閲　宮川大壽著
- 第七編 第八編　疑義説明適例參照 刑事訴訟法註釋　上下　河津祐之龜山貞義校閲　金子源治著
- 第九編ゟ第十三編迄　日本民法註釋　全五冊　法學士城數馬校閲　坪谷善四郎著
- 第拾四編　日本行政法釋義　全　文學士有賀長文校閲　淺野多作加藤治之丞著

日本民事訴訟法註釋　全　　別巻 1442

2025(令和７)年４月20日　　復刻版第１刷発行

著　者　宮　川　大　壽
発行者　今　井　　　貴
発行所　信　山　社　出　版
〒113-0033　東京都文京区本郷６-２-９-102
モンテベルデ第２東大正門前
電　話　03（3818）1019
ＦＡＸ　03（3818）0344
郵便振替　00140-2-367777(信山社販売)
Printed in Japan.

制作／(株)信山社，印刷・製本／松澤印刷・日進堂

ISBN 978-4-7972-4455-7 C3332

別巻　巻数順一覧【1349 ～ 1530 巻】※網掛け巻数は、2021 年 11 月以降刊行

巻数	書　名	編・著・訳者　等	ISBN	定　価	本体価格
1349	國際公法	W・E・ホール、北條元篤、熊谷直太	978-4-7972-8953-4	41,800 円	38,000 円
1350	民法代理論 完	石尾一郎助	978-4-7972-8954-1	46,200 円	42,000 円
1351	民法總則編物權編債權編實用詳解	清浦奎吾、梅謙次郎、自治館編輯局	978-4-7972-8955-8	93,500 円	85,000 円
1352	民法親族編相續編實用詳解	細川潤次郎、梅謙次郎、自治館編輯局	978-4-7972-8956-5	60,500 円	55,000 円
1353	登記法實用全書	前田孝階、自治館編輯局(新井正三郎)	978-4-7972-8958-9	60,500 円	55,000 円
1354	民事訴訟法精義	東久世通禧、自治館編輯局	978-4-7972-8959-6	59,400 円	54,000 円
1355	民事訴訟法釋義	梶原仲治	978-4-7972-8960-2	41,800 円	38,000 円
1356	人事訴訟手續法	大森洪太	978-4-7972-8961-9	40,700 円	37,000 円
1357	法學通論	牧兒馬太郎	978-4-7972-8962-6	33,000 円	30,000 円
1358	刑法原理	城數馬	978-4-7972-8963-3	63,800 円	58,000 円
1359	行政法講義・佛國裁判所構成大要・日本古代法 完	パテルノストロ、曲木如長、坪谷善四郎	978-4-7972-8964-0	36,300 円	33,000 円
1360	民事訴訟法講義〔第一分冊〕	本多康直、今村信行、深野達	978-4-7972-8965-7	46,200 円	42,000 円
1361	民事訴訟法講義〔第二分冊〕	本多康直、今村信行、深野達	978-4-7972-8966-4	61,600 円	56,000 円
1362	民事訴訟法講義〔第三分冊〕	本多康直、今村信行、深野達	978-4-7972-8967-1	36,300 円	33,000 円
1505	地方財政及税制の改革〔昭和12年初版〕	三好重夫	978-4-7972-7705-0	62,700 円	57,000 円
1506	改正 市制町村制〔昭和13年第7版〕	法曹閣	978-4-7972-7706-7	30,800 円	28,000 円
1507	市制町村制 及 関係法令〔昭和13年第5版〕	市町村雑誌社	978-4-7972-7707-4	40,700 円	37,000 円
1508	東京府市区町村便覧〔昭和14年初版〕	東京地方改良協会	978-4-7972-7708-1	26,400 円	24,000 円
1509	改正 市制町村制 附 施行細則・執務條規〔明治44年第4版〕	矢島誠進堂	978-4-7972-7709-8	33,000 円	30,000 円
1510	地方財政改革問題〔昭和14年初版〕	高砂恒三郎、山根守道	978-4-7972-7710-4	46,200 円	42,000 円
1511	市町村事務必携〔昭和4年再版〕第1分冊	大塚辰治	978-4-7972-7711-1	66,000 円	60,000 円
1512	市町村事務必携〔昭和4年再版〕第2分冊	大塚辰治	978-4-7972-7712-8	81,400 円	74,000 円
1513	市制町村制逐条示解〔昭和11年第64版〕第1分冊	五十嵐鑛三郎、松本角太郎、中村淑人	978-4-7972-7713-5	74,800 円	68,000 円
1514	市制町村制逐条示解〔昭和11年第64版〕第2分冊	五十嵐鑛三郎、松本角太郎、中村淑人	978-4-7972-7714-2	74,800 円	68,000 円
1515	新旧対照 市制町村制 及 理由〔明治44年初版〕	平田東助、荒川五郎	978-4-7972-7715-9	30,800 円	28,000 円
1516	地方制度講話〔昭和5年再版〕	安井英二	978-4-7972-7716-6	33,000 円	30,000 円
1517	郡制注釈 完〔明治30年再版〕	岩田徳義	978-4-7972-7717-3	23,100 円	21,000 円
1518	改正 府県制郡制講義〔明治32年初版〕	樋山廣業	978-4-7972-7718-0	30,800 円	28,000 円
1519	改正 府県制郡制〔大正4年 訂正21版〕	山野金蔵	978-4-7972-7719-7	24,200 円	22,000 円
1520	改正 地方制度法典〔大正12第13版〕	自治研究会	978-4-7972-7720-3	52,800 円	48,000 円
1521	改正 市制町村制 及 附属法令〔大正2年第6版〕	市町村雑誌社	978-4-7972-7721-0	33,000 円	30,000 円
1522	実例判例 市制町村制釈義〔昭和9年改訂13版〕	梶康郎	978-4-7972-7722-7	52,800 円	48,000 円
1523	訂正 市制町村制 附 理由書〔明治33年第3版〕	明昇堂	978-4-7972-7723-4	30,800 円	28,000 円
1524	逐条解釈 改正 市町村財務規程〔昭和8年第9版〕	大塚辰治	978-4-7972-7724-1	59,400 円	54,000 円
1525	市制町村制 附 理由書〔明治21年初版〕	狩谷茂太郎	978-4-7972-7725-8	22,000 円	20,000 円
1526	改正 市制町村制〔大正10年第10版〕	井上圓三	978-4-7972-7726-5	24,200 円	22,000 円
1527	正文 市制町村制 並 選挙法規 附 陪審法〔昭和2年初版〕	法曹閣	978-4-7972-7727-2	30,800 円	28,000 円
1528	再版増訂 市制町村制註釈 附 市制町村制理由[明治21年増補再版]	坪谷善四郎	978-4-7972-7728-9	44,000 円	40,000 円
1529	五版 市町村制例規〔明治36年第5版〕	野元友三郎	978-4-7972-7729-6	30,800 円	28,000 円
1530	全国市町村便覧 附 全国学校名簿〔昭和10年初版〕第1分冊	藤谷崇文館	978-4-7972-7730-2	74,800 円	68,000 円

別巻　巻数順一覧【1309 ～ 1348 巻】※網掛け巻数は、2021 年 11 月以降刊行

巻数	書　名	編・著・訳者 等	ISBN	定　価	本体価格
1309	監獄學	谷野格	978-4-7972-7459-2	38,500 円	35,000 円
1310	警察學	宮國忠吉	978-4-7972-7460-8	38,500 円	35,000 円
1311	司法警察論	高井賢三	978-4-7972-7461-5	56,100 円	51,000 円
1312	增訂不動産登記法正解	三宅徳業	978-4-7972-7462-2	132,000 円	120,000 円
1313	現行不動産登記法要義	松本修平	978-4-7972-7463-9	44,000 円	40,000 円
1314	改正民事訴訟法要義 全〔第一分冊〕	早川彌三郎	978-4-7972-7464-6	56,100 円	51,000 円
1315	改正民事訴訟法要義 全〔第二分冊〕	早川彌三郎	978-4-7972-7465-3	77,000 円	70,000 円
1316	改正強制執行法要義	早川彌三郎	978-4-7972-7467-7	41,800 円	38,000 円
1317	非訟事件手續法	横田五郎、三宅徳業	978-4-7972-7468-4	49,500 円	45,000 円
1318	旧制對照改正官制全書	博文館編輯局	978-4-7972-7469-1	85,800 円	78,000 円
1319	日本政体史 完	秦政治郎	978-4-7972-7470-7	35,200 円	32,000 円
1320	萬國現行憲法比較	辰巳小二郎	978-4-7972-7471-4	33,000 円	30,000 円
1321	憲法要義 全	入江魁	978-4-7972-7472-1	37,400 円	34,000 円
1322	英國衆議院先例類集 巻之一・巻之二	ハッセル	978-4-7972-7473-8	71,500 円	65,000 円
1323	英國衆議院先例類集 巻之三	ハッセル	978-4-7972-7474-5	55,000 円	50,000 円
1324	會計法精義　全	三輪一夫、松岡萬次郎、木田川奎彦、石森憲治	978-4-7972-7476-9	77,000 円	70,000 円
1325	商法汎論	添田敬一郎	978-4-7972-7477-6	41,800 円	38,000 円
1326	商業登記法 全	新井正三郎	978-4-7972-7478-3	35,200 円	32,000 円
1327	商業登記法釋義	的場繁次郎	978-4-7972-7479-0	47,300 円	43,000 円
1328	株式及期米裁判例	繁田保吉	978-4-7972-7480-6	49,500 円	45,000 円
1329	刑事訴訟法論	溝淵孝雄	978-4-7972-7481-3	41,800 円	38,000 円
1330	修正刑事訴訟法義解 全	太田政弘、小濵松次郎、緒方惟一郎、前田兼寶、小田明次	978-4-7972-7482-0	44,000 円	40,000 円
1331	法律格言・法律格言義解	H・ブルーム、林健、鶴田忞	978-4-7972-7483-7	58,300 円	53,000 円
1332	法律名家纂論	氏家寅治	978-4-7972-7484-4	35,200 円	32,000 円
1333	歐米警察見聞録	松井茂	978-4-7972-7485-1	38,500 円	35,000 円
1334	各國警察制度・各國警察制度沿革史	松井茂	978-4-7972-7486-8	39,600 円	36,000 円
1335	新舊對照刑法蒐論	岸本辰雄、岡田朝太郎、山口慶一	978-4-7972-7487-5	82,500 円	75,000 円
1336	新刑法論	松原一雄	978-4-7972-7488-2	51,700 円	47,000 円
1337	日本刑法實用 完	千阪彦四郎、尾崎忠治、簑作麟祥、西周、宮城浩藏、菅生初雄	978-4-7972-7489-9	57,200 円	52,000 円
1338	刑法實用詳解〔第一分冊〕	西園寺公望、松田正久、自治館編輯局	978-4-7972-7490-5	56,100 円	51,000 円
1339	刑法實用詳解〔第二分冊〕	西園寺公望、松田正久、自治館編輯局	978-4-7972-7491-2	62,700 円	57,000 円
1340	日本商事會社法要論	堤定次郎	978-4-7972-7493-6	61,600 円	56,000 円
1341	手形法要論	山縣有朋、堤定次郎	978-4-7972-7494-3	42,900 円	39,000 円
1342	約束手形法義解 全	梅謙次郎、加古貞太郎	978-4-7972-7495-0	34,100 円	31,000 円
1343	戸籍法 全	島田鐵吉	978-4-7972-7496-7	41,800 円	38,000 円
1344	戸籍辭典	石渡敏一、自治館編輯局	978-4-7972-7497-4	66,000 円	60,000 円
1345	戸籍法實用大全	勝海舟、梅謙次郎、自治舘編輯局	978-4-7972-7498-1	45,100 円	41,000 円
1346	戸籍法詳解〔第一分冊〕	大隈重信、自治館編輯局	978-4-7972-7499-8	62,700 円	57,000 円
1347	戸籍法詳解〔第二分冊〕	大隈重信、自治館編輯局	978-4-7972-8950-3	96,800 円	88,000 円
1348	戸籍法釋義 完	板垣不二男、岡村司	978-4-7972-8952-7	80,300 円	73,000 円

別巻　巻数順一覧【1265 ～ 1308 巻】

巻数	書　名	編・著・訳者　等	ISBN	定　価	本体価格
1265	行政裁判法論	小林魁郎	978-4-7972-7386-1	41,800 円	38,000 円
1266	奎堂餘唾	清浦奎吾、和田鍊太、平野貞次郎	978-4-7972-7387-8	36,300 円	33,000 円
1267	公證人規則述義 全	箕作麟祥、小松濟治、岸本辰雄、大野太衛	978-4-7972-7388-5	39,600 円	36,000 円
1268	登記法公證人規則詳解 全・大日本登記法公證人規則註解 全	鶴田皓、今村長善、中野省吾、奥山政敬、河原田新	978-4-7972-7389-2	44,000 円	40,000 円
1269	現行警察法規 全	内務省警保局	978-4-7972-7390-8	55,000 円	50,000 円
1270	警察法規研究	有光金兵衛	978-4-7972-7391-5	33,000 円	30,000 円
1271	日本帝國憲法論	田中次郎	978-4-7972-7392-2	44,000 円	40,000 円
1272	國家哲論	松本重敏	978-4-7972-7393-9	49,500 円	45,000 円
1273	農業倉庫業法制定理由・小作調停法原義	法律新聞社	978-4-7972-7394-6	52,800 円	48,000 円
1274	改正刑事訴訟法精義〔第一分冊〕	法律新聞社	978-4-7972-7395-3	77,000 円	70,000 円
1275	改正刑事訴訟法精義〔第二分冊〕	法律新聞社	978-4-7972-7396-0	71,500 円	65,000 円
1276	刑法論	島田鐵吉、宮城長五郎	978-4-7972-7398-4	38,500 円	35,000 円
1277	特別民事訴訟論	松岡義正	978-4-7972-7399-1	55,000 円	50,000 円
1278	民事訴訟法釋義 上巻	樋山廣業	978-4-7972-7400-4	55,000 円	50,000 円
1279	民事訴訟法釋義 下巻	樋山廣業	978-4-7972-7401-1	50,600 円	46,000 円
1280	商法研究 完	猪股淇清	978-4-7972-7403-5	66,000 円	60,000 円
1281	新會社法講義	猪股淇清	978-4-7972-7404-2	60,500 円	55,000 円
1282	商法原理 完	神崎東藏	978-4-7972-7405-9	55,000 円	50,000 円
1283	實用行政法	佐々野章邦	978-4-7972-7406-6	50,600 円	46,000 円
1284	行政法汎論 全	小原新三	978-4-7972-7407-3	49,500 円	45,000 円
1285	行政法各論 全	小原新三	978-4-7972-7408-0	46,200 円	42,000 円
1286	帝國商法釋義〔第一分冊〕	栗本勇之助	978-4-7972-7409-7	77,000 円	70,000 円
1287	帝國商法釋義〔第二分冊〕	栗本勇之助	978-4-7972-7410-3	79,200 円	72,000 円
1288	改正日本商法講義	樋山廣業	978-4-7972-7412-7	94,600 円	86,000 円
1289	海損法	秋野沆	978-4-7972-7413-4	35,200 円	32,000 円
1290	舩舶論 全	赤松梅吉	978-4-7972-7414-1	38,500 円	35,000 円
1291	法理學 完	石原健三	978-4-7972-7415-8	49,500 円	45,000 円
1292	民約論 全	J・J・ルソー、市村光恵、森口繁治	978-4-7972-7416-5	44,000 円	40,000 円
1293	日本警察法汎論	小原新三	978-4-7972-7417-2	35,200 円	32,000 円
1294	衞生行政法釈釋義 全	小原新三	978-4-7972-7418-9	82,500 円	75,000 円
1295	訴訟法原理 完	平島及平	978-4-7972-7443-1	50,600 円	46,000 円
1296	民事手続規準	山内確三郎、高橋一郎	978-4-7972-7444-8	101,200 円	92,000 円
1297	國際私法 完	伊藤悌治	978-4-7972-7445-5	38,500 円	35,000 円
1298	新舊比照 刑事訴訟法釋義 上巻	樋山廣業	978-4-7972-7446-2	33,000 円	30,000 円
1299	新舊比照 刑事訴訟法釋義 下巻	樋山廣業	978-4-7972-7447-9	33,000 円	30,000 円
1300	刑事訴訟法原理 完	上條慎藏	978-4-7972-7449-3	52,800 円	48,000 円
1301	國際公法 完	石川錦一郎	978-4-7972-7450-9	47,300 円	43,000 円
1302	國際私法	中村太郎	978-4-7972-7451-6	38,500 円	35,000 円
1303	登記法公證人規則註釋 完・登記法公證人規則交渉令達註釋 完	元田肇、澁谷慥爾、渡邊覺二郎	978-4-7972-7452-3	33,000 円	30,000 円
1304	登記提要 上編	木下哲三郎、伊東忍、緩鹿實彰	978-4-7972-7453-0	50,600 円	46,000 円
1305	登記提要 下編	木下哲三郎、伊東忍、緩鹿實彰	978-4-7972-7454-7	38,500 円	35,000 円
1306	日本會計法要論 完・選擧原理 完	阪谷芳郎、亀井英三郎	978-4-7972-7456-1	52,800 円	48,000 円
1307	國法學 完・憲法原理 完・主權論 完	橋爪金三郎、谷口留三郎、高槻純之助	978-4-7972-7457-8	60,500 円	55,000 円
1308	圀家學	南弘	978-4-7972-7458-5	38,500 円	35,000 円